KB122397

동아시아 전통사회 재해 인식과 대응

Perceptions and Responses to Disaster in East Asian Traditional Societies

Huh, Tae-koo ed.

동아시아 전통사회 재해 인식과 대응

허태구 편저

혜안

인간, 재해, 역사의 만남과 성찰

근대 이래 인류문명은 급속한 산업화와 과학기술의 경이로운 발전 속에서 역사상 유례없는 물질적 부와 풍요를 누려 왔다. 그러나 이러한 경제 성장에 수반된 그늘은 오늘날 인류의 미래를 또 다른 형태로 위협하고 있다. 세계경제포럼(WWF, 일명 다보스 포럼)이 올해 초 발표한 「글로벌 리스크 보고서 2024」에 따르면 향후 10년간 장기 리스크 요인으로 선정된 10개 항목 가운데 무려 5개가 기후환경과 관련된 것이었다. 1위는 극심한 기상이변, 2위는 지구시스템의 심각한 변화, 3위는 생물 다양성 감소와 생태계 파괴, 4위는 천연자원 부족이었고, 10위는 환경오염이었다.

위의 목록과 연관하여 떠오르는 환경 재앙과 자연재해 역시 이루 열거할 수 없을 정도로 많다. 정례화된 전 세계의 기상 이변과 작황 부진, 지구 온난화와 해수면 상승, 사막화와 물 부족, 생태환경의 변화와 동식물의 멸종, 천연자원의 고갈과 에너지 부족, 각종의 산업공해와 환경오염, 인수(人獸) 공통전염병의 유행 등은 이제 먼 나라의 문제로만 치부할 수 없는 일이 되었다. 2020년부터 전 세계를 휩쓴 코로나19 바이러스의 유행과 충격은 아직도 우리에게 생생한 기억으로 남아 있다.

생태환경의 변화가 초래한 인류문명의 위기는 많은 연구자들의 관심을 끄는 계기가 되었다. 조야한 지리결정론 또는 기후결정론으로의 회귀라는 비판 속에서도 환경 변화와 자연재해 등의 주제는 생물학, 지리학, 기후학을 비롯한 다양한 분과학문의 조망을 받기 시작했다. 역사학 역시 이와 같은 대열에 동참하였다. 역사가들은 인간중심주의와 환경결정론의 이분법에서 벗어나 자연환경의 역사적 변화, 자연·인간의 상호작용과 관계, 양자의 지속가능성과 공존 등으로 연구 주제를 확장하며 새로운 대안과 실천을 모색 중이다.

그러나 이상 언급한 문제의식과 관련 주제를 다루기에 민족과 국가를 단위로 한 근대 역사학의 전통적 서술체계는 적합하지 않았다. 정치사, 경제사, 사회사, 군사사, 외교사, 사상사, 문화사, 종교사 등으로 구획되는 연구 분야 역시 몸에 맞지 않는 옷이었다. 민족과 국가를 초월하여 전 지구적 차원에서 나타나는 생태환경의 변화와 이것이 초래하는 각종 질병·재해의 탐구를 위해서는 새로운 시각과 접근이 필요하였다. 이러한 전환 속에서 환경사, 생태사, 기후사, 질병사, 재해사 등의 연구 분야가 새로이 주목받아 현재에 이르렀다. 아울러 자연과학과 인문과학의 경계를 초월한 학제 간 융·복합연구의 필요성이 함께 제기되기도 하였다.

전근대 한국과 중국의 경우, 유교적 재이(災異) 관념과 역사 편찬 시스템의 공유로 인해 방대한 분량의 재해 관련 사료가 존재한다. 1990년대부터 한국에서 시작된 소빙기 관련 연구는 『삼국사기』, 『고려사』, 『조선왕조실록』, 『승정원일기』 등의 관찬 사료와 일기류, 문집류, 금석문, 고문서에 산재한 기후·재이 관련 사료의 발굴과 정리를 통해 꾸준히 이루어져 왔다. 그러나 개인 연구자에 의해 산발적으로 이루어진 자료 정리는 그 선구적 기여에도 불구하고 질과 양의 측면에서 여러 한계를 드러내었다. 따라서 일관된 기준과 형태로 재해 관련 사료를 종합적으로 정리함으로써 양질의 데이터를 확보하는 것은 향후 한국의 재해사, 환경사, 생태사, 기후사, 질병사를 활성화하기 위해 긴요한 토대를 쌓는 사업이라 할 수 있다.

이러한 문제의식 아래 가톨릭대학교 인문사회연구소는 전근대 한국과 중국의 재해 자료를 집적·정리하고, 독립된 학문으로서 '재해학' 연구를 정립한다는 목표를 세웠다. 그리하여 2019년 9월부터는 한국연구재단의 지원으로 〈동아시아(한·중) 전통사회 재해 DB 구축과 사전 편찬〉 연구사업을 수행하고 있다. 그 결과 2022년 8월 1단계 사업을 종료하면서 111종의 한·중 원전자료에서 4,600여 개의 색인어와 100만여 건 이상의 기록을 추출하여 DB화하였다. 그리고, 1단계 DB 구축 사업과 관련된 학술적 성과는 『동아시아 전통사회 재해 사료의 특징과 활용』(채웅석 편, 혜안, 2023, 388면)으로 출간하였다. 현재는 1단계 사업의 성과물인 재해 DB를 기반으로 대표색인어를 추출하고 이 가운데 1,000여 개의 표제어를 선정하여 『동아시아(한·중) 전통사회 재해 기초 용어 사전』을 집필·편찬 중이다. 이와 같은 사전의 편찬은 지금까지 이루어진 한국학계의 재해 관련 연구성과를 집대성하는 작업임과 동시에 향후 학제 간 융·복합연구를 촉진하는 계기가 되리라 확신한다.

2022년 9월부터 시작된 2단계 사전 편찬 사업을 진행하면서 얻은 학문적 성과는 2023년 11월 〈『전통사회 재해 기초용어 사전』 편찬과 '재해학'〉이란 주제의 학술연구발표회를 개최하여 검토받았다. 동아시아(한·중) 전통사회의 재해 인식과 대응을 중심으로 5개 주제의 연구발표가 이루어졌으며, 심도 있는 토론을 통하여 연구의 장단점과 보완점이 논의되었다. 이 책에 수록된 9개의 논문은 위의 학술대회에서 발표된 초고와 함께 본 연구사업에 참여한 연구원이 다른 경로를 통해 발표한 글을 수정·보완한 것이다.

이 책의 간행까지 도움을 준 여러 기관에게 먼저 감사의 뜻을 표하고 싶다. 한국연구재단의 인문사회연구소지원사업을 통해 본 연구소는 재해 DB 구축과 용어 사전의 편찬이라는 목표에 조금씩 가까워질 수 있었다. 한국중세사학회, 조선대학교 재난인문학연구사업단, 서울대학교 세계

역사학계를 선도하는 한국사 혁신인재 교육연구단도 학술대회 공동개최, 연구자 교류, 자료 협조 등을 통하여 물심양면의 지원을 아끼지 않았다. 가톨릭대학교 성심교정의 산학협력단은 본 연구팀이 연구에만 전념할 수 있도록 행정적 지원을 제공하였다.

재해 관련 학제 간 융·복합연구를 촉진하기 위해 개최된 콜로키엄에 강연해주신 다양한 전공과 분야의 전문가 선생님들께도 깊은 감사의 말씀을 드린다. 그들은 시간과 장소를 마다하지 않고 열과 성을 다하여 자신들이 평생 쌓아온 학문적 성과를 아낌없이 우리에게 나누어 주었다. 본 연구소와 오랜 인연을 맺어온 도서출판 혜안의 오일주 사장님과 편집부에게도 고마운 마음을 전한다. 마지막으로 장기간의 공동연구가 차질 없이 진행될 수 있도록 헌신해 온 본 연구팀의 초대 연구책임자이신 채웅석 선생님을 비롯한 전임연구원, 공동연구원, 보조연구원, 행정원 여러분께도 감사의 마음을 전하고 싶다.

본 연구사업이 개시된 2019년 9월 이래 4년 반의 시간이 그야말로 쏜살같이 지나갔다. 아직 '재해학' 정립이란 원대한 목표의 달성은 멀기만 해 보이지만, 연구팀의 초심(初心)만 변하지 않는다면 언젠가 먼발치에서나마 그 종착점을 보게 되리라는 희망을 품어 본다. 부디 이 책의 출간이 한국 재해사 연구의 작은 밑거름이 되기를 바라며 글을 맺는다.

2024년 4월 30일

연구원들을 대표하여 허태구 씀

제2부 재해와 대응

지성사의 관점에서 다시 본
조선 초 천변재이(天變災異) 기록의 역사성

허 태 구

1. 머리말

널리 알려진 바와 같이 전근대 한국과 중국의 관찬 사서(史書)에는 무수한 천변재이 기록이 체계적으로 정리되어 남아 있다. 정사(正史)의 「천문지(天文志)」나 「오행지(五行志)」뿐만 아니라 실록 등의 연대기에도 수재(水災)·한재(旱災)와 같이 인간에게 피해를 주는 재해(災害)와 유성·혜성처럼 당대인에 눈에는 신비하고 괴이한 일로 비추어진 변이(變異)가 함께 수록되었다. 양자를 통칭하여 재이(災異)라 하였는데, 대체로 천(天)과 연관된 자연 현상에 속하는 것이었다.[1] 이러한 까닭에 필자는 본 논문의 제목에 '천변재이(天變災異)'라는 용어를 사용하였다.

'재이의 역사기록화'라는 현상 이면에는 같은 시기 서양과 달랐던 세계관 또는 인식론적 틀의 차이가 내재해 있었다. 바로 천인감응론(天人感應論)에 기반한 동중서(董仲舒)의 재이론이 그것이다. 휴상재이설(休祥災異

---

1) 전근대 재해, 변이, 재이 개념의 정의는 경석현, 『조선후기 재이론(災異論)의 변화—이론체계와 정치적 기능을 중심으로—』, 경희대학교 대학원 사학과 박사학위논문, 2018, 2쪽을 참조하였다.

說)과 천견론(天譴論)을 골자로 하는 그의 이론은 하늘의 자연 현상과 지상의 정치 활동을 연관하여 인식하는 독특한 사고방식이었다.[2] 이에 따르면 하늘의 상서나 재이는 군주의 도덕적·정치적 선악이 원인이 되어 발생하는 것이었으므로, 하늘을 대신하여 천하(天下) 만민(萬民)을 교화시킬 의무가 있는 천자(天子)는 덕치(德治)에 기반한 선정(善政)을 펼쳐야만 자신이 받은 천명(天命)을 대대손손 이어갈 수 있었다. 그렇지 않을 경우, 하늘은 먼저 재해를 내려 꾸짖고 그래도 군주가 깨닫지 못하면 다시 괴이(怪異)를 내려 두렵게 만들었다. 그의 재이론은 전한(前漢) 한무제 이후의 황제지배 체제를 정당화하는 데 크게 기여했으며, 전한 말기 이후 크게 유행한 참위설(讖緯說)과 결합되어 도참(圖讖)과 같은 신비적 예언 사상으로 변질되었다. 그러나 재이론은 전한과 후한의 두 시대에 걸쳐 단순한 학설로서가 아니라 지배적 정치 이념으로서 현실 정치에 커다란 영향을 미쳤다.[3] 그 결과 『사기』「천관서(天官書)」에는 보이지 않던 모사모응식(某事某應式) 역사서술이 『한서』「오행지」에 등장하였다. 『삼국사기』, 『고려사』 등에 보이는 재이 기사 역시 이러한 중국식 재이론의 수용과 변주 속에 작성된 것이다.[4]

서두에서 언급한 전근대 재이 기록은 최근 기상이변의 빈발과 환경 위기의 고조라는 흐름 속에서 한국사학계의 주목을 받고 있다. 필자가 속해 있는 가톨릭대학교 인문사회연구소도 이러한 추세에 발맞추어 2019년 9월부터 한국연구재단의 지원을 받아 〈동아시아(한·중) 전통사회 재해 DB 구축과 사전 편찬〉이라는 연구사업을 수행 중이다.[5] 1단계 사업의

---

2) 미조구치 유조(溝口雄三), 최진석 역, 『개념과 시대로 읽는 중국사상 명강의』, 소나무, 2004, 21~23쪽.

3) 히하라 도시쿠니(日原利國), 김동민 역, 『국가와 백성 사이의 漢』, 글항아리, 2013, 118~143쪽 참조.

4) 이희덕, 「머리말」『韓國古代自然觀과 王道政治』, 한국연구원, 1994.

5) 한·중 전통사회 재해 DB 구축의 의의에 대해서는 신안식, 「동아시아(한·중)

14

연구성과로『동아시아 전통사회 재해 사료의 특징과 활용』(채웅석 편저, 혜안, 2023)을 출간한 데 이어, 2단계 사업의 성과물로 본서를 출간하게 되었다. 필자는 2단계 사업의 연구책임자로서 총론의 집필을 맡았다.

총론의 성격을 감안하여, 이 책에 수록된 연구논문의 내용과 의의를 소개함과 동시에 본 사업의 참여자로서 필자가 가지고 있는 문제의식을 간략히 피력하고자 한다. 제목에서 지성사적 관점에서 접근한다는 포부를 밝혔지만, 본격적 학술논문이라기보다 선행 연구 및 관련 사료를 검토하면서 느낀 가벼운 코멘트와 아이디어를 나열한 글에 불과하다.[6]

이하 총론의 2·3장에서는 조선 초 군주와 신료들의 재이 인식과 대응을 재검토하고자 한다. 궁극적으로는 여말선초를 경과하며 변화된 '공구수성론(恐懼修省論)'[7] 실천의 맥락과 함의를 다시 살펴볼 예정이다. 이를 위해 먼저 조선 초 재이론의 실체가 통설에서 주장하는 바와 같이 동중서(董仲舒)의 모사모응식(某事某應式) 재이론이었는지 검증해보겠다. 이어서 조선 초 불교·무속·도교 등의 기양(祈禳) 의례와 같은 비유교적 재이 대응의 양상을 기우제를 중심으로 검토하겠다. 고려식 기우제의 공존·지속 또는 잔존·약화라는 표면적 현상의 저류(底流)에 있는 본질적 맥락의 변화와 차이를 구명(究明)하기 위함이다. 총론의 4장에서는 총론 다음에 수록된 학술논문 8편의 주요 내용을 정리하고 연구사적 의미를 짚어볼 예정이다.

전통사회의 재해 DB 구축과 의의」『한국중세사연구』67, 한국중세사학회, 2021 참조.

6) 이 논문은 가톨릭대학교 인문사회연구소 한국재해학연구센터 제8차 콜로키움 (2021.03.05.)에서 필자가 「지성사의 관점에서 본 천변재이(天變災異) 기록과 역사서술」이란 제목으로 발표한 글을 수정·보완한 것이다.

7) '공구수성'은 재이를 당한 군주의 자세를 가리키는 말로 '몹시 두려워하며 수양하고 반성한다'는 의미이다.

2. 조선 초 재이론과 동중서

동중서식 재이론 도입 시기는 삼국시대라고 설명되며, 고려 전반기는 이것의 심화·정착·활용기로 흔히 이해된다.[8] 송대 신유학의 영향을 받은 고려 중반기부터는 자연(自然) 현상과 인사(人事)를 일대일로 연관 지어 사유하는 모사모응식 대응에서 벗어나려는 움직임이 이미 김부식의『삼국사기』편찬 시점부터 포착된다. 그리고 주자성리학의 도입이 본격화된 고려 말기부터는 이법(理法)적 천관(天觀)에 기초한 주자학적 재이론으로의 전환이 점진적으로 시작되었다고 한다.[9] 눈길을 끄는 것은 많은 연구자가 공통적으로 조선 초의 재해 인식과 대응이 주자가 아닌 동중서의 재이론에 기반하였다고 설명하는 지점이다.

조선 건국 전후 동중서식 천인감응설·음양오행설의 정치적 활용, 그리고 동중서식 기우법의 제도 입안과 시행을 근거로 하여 "적어도 천변재이에 대한 반응에서 조선왕조 초기의 왕정은 동중서 세계에의 의존도가 높았던 것"이라는 해석이 선구적으로 학계에 제출되었다.[10] 더불어 주자학적 재이론의 정착 시기로는 16세기 기묘사림(己卯士林)의 진출기인 중종대가 지적되었다.[11] 이와 유사하게 조선 건국의 주체 세력에 의한 동중서 재이론의 양면적 활용 양상과 함께 불교·도교식 기양 의례의 잔존 현상을 부각한 연구도 제출되었다. 즉 고려말 공양왕을 향한 정치적 공세와 조선왕조 창건의 명분 모두 동중서 재이론에서 마련되었다는 것이 주요 논지이다. 이 논문은 "조선 건국의 주체 세력은 주자학을 학습했고 주자학에 입각한 국가체제를 구상했지만 재이론만큼은 이것과 거리가 멀었다"고

---

8) 이희덕,『高麗時代 天文思想과 五行說 硏究』, 일조각, 2000 참조.

9) 경석현, 앞의 논문, 2018, 53~65쪽 참조.

10) 이태진,「고려~조선 중기 天災地變과 天觀의 변천」『韓國思想史方法論』(한림과학원 총서), 도서출판 소화, 1997, 120쪽.

11) 이태진, 위의 논문, 123~142쪽.

주장하였다.[12] 그리고 주자학적 재이론의 대두 계기로 세조 치세의 패권 정치를 강조하였다. 이를 극복하고 도학정치의 구현을 위한 정치·사상적 기제로서 주자학적 재이론이 비로소 본격적으로 활용되기 시작했다는 논지이다.[13]

『성종실록』의 재이 관련 기록을 검토한 연구도 성종기 재이관의 특징으로 '주자학적 재이론이 등장하는 시기임에도 불구하고 동중서의 견책적(譴責的) 재이관이 지배적이었다'는 점과 함께 고려 이래로 시행된 불교·도교를 비롯한 미신적 기우(祈雨)·기청(祈晴) 의례의 존속 현상을 강조하였다. 그리하여 결론에서는 "조선은 주자학적 이념으로 무장된 사회이다. 그러나 재이라는 현실 앞에서는 조선 건국 100여 년이 지나도록 여전히 '국가 창건의 당위와 왕의 재위 명분'을 제공하는 동중서의 한대 유학에 영향을 받고 있음을 알 수 있다."고 주장하였다.[14]

세 연구 모두 조선 초 동중서식 재이론의 회귀 또는 활용을 강조하면서, 재이 대책의 일환으로 시행된 고려식 기양 의례의 존속을 주요 사례로 언급한 점이 특징이다. 좀 더 범위를 좁혀보자면 '모사모응식 고려 기우제의 계승과 빈번한 시행'이 핵심 논거라 할 수 있다.[15] 실제로 이와 같은 주장을 뒷받침할 만한 기록이 조선왕조실록에 무수히 존재한다.[16] 성현

---

12) 경석현, 앞의 논문, 2018, 66쪽.

13) 경석현, 위의 논문, 88~90쪽.

14) 이상호, 「『조선왕조실록朝鮮王朝實錄』에 나타난 성종기成宗期 재이관災異觀의 특징」『국학연구』 21, 한국국학진흥원, 2012, 383쪽.

15) 본 논문에서 언급된 동중서식 기우제는 가뭄이 들 때에만 실시하는 비정기적 유교 의례이다. 이러한 동중서식 기우제와 별도로, 고려시대에는 수·당·송대를 거치며 유교적으로 정비된 우사(雩祀)를 도입하여 환구단에서 정기적으로 기우제를 시행하고 있었다. 아울러 가뭄이 지속될 경우에는 비정기적 우사 기우제를 따로 지내기도 하였다(이승민, 「고려시대 우사(雩祀) 시행과 운영」『한국사상사학』 73, 한국사상사학회, 2023, 39~48쪽 참조).

16) 『태종실록』 권31, 태종 16년 6월 을축 "禮曹上祈雨啓目一 文獻通考內四月後旱 則徧祈社稷山林川澤 就故處大雩 舞童十四人皆服玄衣 爲八列 各執羽翳 每列歌雲漢詩."; 『세종실록』 권52, 세종 13년 5월 갑술 "禮曹啓 今旱災太甚 請依董仲舒祈雨 閉都城南門

(成俔 : 1439~1504)이 저술한『용재총화(慵齋叢話)』에는 조선의「기우절목
(祈雨節目)」이,『고려사』세가(世家) 정종(靖宗) 2년조에는 성종대 이후 정비
된 고려의「기우절목」이 정리되어 있다. 이 둘을 동중서의 모사모응식
기우제와 비교하면 3자의 친연성을 쉽게 파악할 수 있다.[17]

　　기우제를 지내는 절차는 먼저 오부(五部)로 하여금 개천을 수리하고
밭두둑 길을 깨끗이 하게 한 다음 종묘·사직에 제사를 지내고, 다음에
사대문(四大門)에 제사를 지내며, 다음에 오방(五方) 용신(龍身)에 제사를
베푸나니 동쪽 교외에는 청룡, 남쪽 교외에는 적룡, 서쪽 교외에는 백룡,
북쪽 교외에는 흑룡이요, 중앙 종루(鐘樓) 거리에는 황룡을 만들어 놓고,
관리에게 명하여 제사를 지내게 하되 3일만에 끝낸다. 또 저자도(楮子島)
에다 용제(龍祭)를 베풀어 도가자류(道家者流)로 하여금『용왕경(龍王經)』
을 외우게 하고 또 호두(虎頭)를 박연(朴淵)과 양진(楊津) 등지에 던지며,
또 창덕궁 후원, 경회루, 모화관 연못가 세 곳에 도마뱀을 물동이 속에
띄우고, 푸른 옷 입은 동자 수십 명이 버들가지로 동이를 두드리며 소라
를 울리면서 "도마뱀아, 도마뱀아, 구름을 일으키고 안개를 토하여 비를
퍼붓게 하면 너를 놓아 돌아가게 하리라."고 크게 소리 지르고, 헌관(獻
官)과 감찰(監察)이 관과 홀(笏)을 정제하고 서서 제(祭)를 지내되 3일만에
끝낸다. 또 성내 모든 부락에 물병을 놓고 버들가지를 꽂아 향을 피우고

　　開北門 從之." ;『세종실록』권72, 세종 18년 5월 갑오 "議政府啓 歷代祈雨及董仲舒四
　　時祈雨之術 已曾參酌舉行." 등.
17) 동중서,『春秋繁露』권16 구우 "春旱求雨 今縣邑以水日禱社稷山川 家人祀戶 無伐名木
　　無斬山林." ; 이희덕,「高麗時代 祈雨行事에 대하여-「高麗史」五行志를 중심으로-」
　　『동양학』11, 단국대학교 동양학연구소, 1981 참조. 다만 이 동중서식 기우제는
　　동중서 당대에 강구된 것이 아니라 그의 주장에 찬동해 후대에 만들어진 의식(儀式)
　　임을 유의해야 한다(이태진, 앞의 논문, 1997, 120쪽). 이와 관련하여 현재 전해지는
　　『춘추번로』가 동중서의 순수한 저작인지의 여부가 청대부터 논란이 되었다는
　　점도 주목된다(이연승,「董仲舒 연구사」『한국종교연구회회보』8, 한국종교연구
　　회, 1999, 3~4쪽).

방방곡곡에 누각을 만들어서 여러 아이들이 모여 비를 부르며, 또 저자 [市]를 남쪽 길로 옮기어 남문을 닫고 북문을 열며, 가뭄이 심하면 왕이 대궐을 피하고 반찬을 줄이고 북을 올리지 않으며 억울하게 갇힌 죄인을 심사하고 중외(中外)의 죄인에게 사면령을 내린다.[18]

유사(有司)가 "봄부터 비가 적게 왔습니다. 청컨대 고전(古典)에 의거하여 억울한 옥사(獄事)를 살펴 다스리시고 궁핍한 자들을 진휼하시며 길가의 시신을 묻어 주시기 바랍니다. 우선은 악진해독(岳鎭海瀆)과 여러 산천(山川) 가운데 구름을 일으켜 비를 내리게 할 수 있는 곳을 대상으로 하여 북교(北郊)에서 기도하고, 다음으로는 종묘(宗廟)에 기도하십시오. 매 7일마다 한 번씩 기도를 하시되 비가 내리지 않으면 다시 처음과 같이 악진해독에게 비를 빌어야 합니다. 가뭄이 심해지면 기우제를 올리고 시장을 옮긴 뒤 일산(日傘)과 부채를 그만 쓰고 도살을 금지하며, 관청의 말에게 곡식을 먹이지 마십시오."라고 아뢰었다. 왕이 이를 따랐다. 정전(正殿)을 피하고 상선(常膳)을 줄였다.[19]

위에서 살펴본 바와 같이 드러난 현상만 놓고 보면 고려식 기우제의 존속은 부인할 수 없는 사실이다. 그러나 이것을 근거로 동중서의 재이론이 조선 초에 지배적 담론 또는 국가적 재이관으로 정립되었다는 식으로 결론 내린다면, 논리적 비약에 가깝다고 하지 않을 수 없다. 고려식 기우제의 존속이라는 현상 주변의 담론과 맥락을 들여다보면 다른 모습이 부각되기 때문이다. 우선 이러한 기우 방식에 대한 무수한 의심과 반론이 군주와 신하들 양쪽에서 국초(國初)부터 제기되었다는 사실에 주목할 필요가 있다.

---

18) 성현, 『용재총화』 권7.
19) 『고려사』 권6, 세가6 정종 2년 5월 신묘.

태종 6년(1406) 9월 재이를 핑계로 도성 밖으로 나가려는 임금을 만류하는 사간원의 상소가 들어 왔다. 간원들은 은(殷)·주(周)의 선왕(先王)이 재이를 피한 것은 장소를 옮겨 기양했기 때문이 아니라, 군주의 수덕(修德)과 정성에서 비롯된 것이라는 점을 호소하며 태종의 공구수성을 요청하였다.[20] 비슷한 맥락에서 명분이 없는 귀신이나 부처에게 기도하여 재이를 피하는 방법은 옳지도 않을뿐더러 효과가 없는 것이라고 여겨졌다.[21] 미재(弭災)의 방법으로 신료들에 의해 강조된 것은 다름 아닌 군주의 수덕과 공구수성이었다. 하늘이 견책을 보여도 군주가 천리(天理)에 순응하여 공구수성으로 수덕하고 구언(求言)을 통하여 시정(時政)을 개혁하고자 한다면, 재이는 사라지거나 도리어 복(福)으로 변한다는 주장이 상소문에서 관행적으로 반복되었다.[22] 나아가 천변(天變)과 인사(人事)를 일대일로 연관 짓는 모사모응식 사고를 명백히 부정하는 신료들의 발언도 흔히 보인다.[23] 세종 25년(1443) 7월 환구제 시행 논의에서 나온 권제(權踶)의 발언은 이법적 천관에 입각하여 모사모응식의 재이 해소를 부정하는

---

20) 『태종실록』 권12, 태종 6년 9월 정사.
21) 『세종실록』 권34, 세종 8년 11월 병신 "司諫院上疏曰 鬼神之道 作善則降之百祥 作不善則降之百殃 然則降福降殃 莫非爲善爲惡之致然也 豈有諂神邀福之理乎.";『세종실록』 권126, 세종 31년 12월 기사 "僉曰 古人於災變 皆云恐懼修省 此意甚好 當今急務 莫若息民養兵 除不急之務 此外他無可爲之事 消災道場 高麗弊法 豈以此弭天之災乎." 등.
22) 『태조실록』 권7, 태조 4년 4월 무자 "大司憲朴經等上疏曰…其或有水旱之災雷電之變 惕然修省 延訪得失 恐懼改行 以消變異 故能變禍爲福 化弱爲强 而垂基業於無窮.";『태종실록』 권1, 태종 1년 1월 갑술 "參贊門下府事權近上書 書曰 伏覩去月二十六日開讀敎旨 爲因壽昌宮失火 以八事自責 欲聞讜言 以消災變…近日 大明雷震謹身殿 其變極矣 而帝勤謹守法 不貳其心 故能在位三十餘年 享壽七十餘歲 此修德弭災 變妖爲吉之效也.";『세종실록』 권29, 세종 7년 9월 정미 "領敦寧柳廷顯對曰 凡政治 順其常而已 人事順則天道亦順 旣盡惠迪之道 不幸而有災變 恐懼修省 悔過自新 庶可以回天之心 若平日不能盡事天之道 而遽欲祈免 則不可得矣." 등.
23) 『태종실록』 권13, 태종 7년 6월 계미 "諫院又上疏言 天人之際 感應之理 至難言也 不可指言某事之失 致某災之應也 然不可謂人事旣盡 而氣數適爾 蓋天之視聽 卽人爲有以動天者矣." 등.

당대인의 신념을 보여주는 대표적 사료이다.

> 신(神)은 예(禮)가 아닌 것을 흠향(歆饗)하지 아니하옵니다. 예가 아닌
> 제사에 하늘이 어찌 흠향하겠습니까. 하늘이라는 것은 이치[理]일 뿐이
> 오니, 만약 털끝만치라도 이치에 따르지 아니한다면 하늘이 돕겠습니
> 까? 비록 재변을 만났어도 결단코 제사 지낼 수 없사옵니다.[24]

아래 인용된 사료 역시 이러한 분위기와 조응하였던 태종과 세종의
재이 인식과 대책을 적나라하게 보여준다는 점에서 매우 흥미롭다. 요컨
대 조선 초의 기우제는 모사모응식 대응의 효험성과 당위성이 이미 부정·
훼손된 상태에서 거행되고 있었다는 점이 고려와 크게 구별되는 특징이라
할 수 있다.

> 내가 정사(政事)를 듣지 아니하는 것은 게을러서가 아니라, 마음이 편치
> 못하기 때문이며, 내가 가볍게 죄인을 용서하는 것은 이로써 비를 기도
> 하는 것이 아니라, 몹시 비를 바라는 지극한 마음에 (할 수 있는 일이면
> 무엇이든) 행하지 않는 바가 없기 때문이다.[25]

> 가뭄을 걱정하여 기우하는 것은 말절(末節)이다. 내가 시행하지 않으려
> 고 하였으나, 백성들이 재해를 입는 것을 돌이켜 생각해 보니, 도리어
> 내가 하늘을 두려워하지 않고 백성을 염려하지 않았다고 할 수 있기
> 때문에 나의 뜻을 굽혀서 이를 거행하였다.[26]

---

24) 『세종실록』 권101, 세종 25년 7월 계해 "權踶議曰…神不享非禮 非禮之事 天豈享之
   天者 理而已矣 若有一毫不循乎理 則上天其右之乎 雖遇災變 斷不可祭也."
25) 『태종실록』 권9, 태종 5년 5월 신해.
26) 『태종실록』 권27, 태종 14년 6월 정사.

권채(權採)가 "우레나 번개는 천변(天變)의 작은 것이고, 지진은 재변의 큰 것입니다. 그러나 반드시 어느 일을 잘하였으니 어느 좋은 징조가 감응(感應)하고, 어느 일을 잘못하였으니 어떤 좋지 못한 징조가 감응한다고 하는 것은 억지로 끌어다 붙여 말이 안 되는 주장입니다."라고 아뢰었다. 임금이 "경의 말이 맞다. 천재지이(天災地異)의 응보(應報)는 혹은 가깝기도 하고 혹은 멀기도 한 것이다. 10년 사이에 반드시 응보가 없다고 말할 수는 없으나, 한·당의 여러 선비들이 다 재이설에 빠져서 견강부회한 것은 내 채택하지 않겠다."라고 하였다.[27]

위에서 살펴본 모사모응식 기우제의 형식은 조선왕조 내내 장구(長久)하게 존속하였다. 이른바 주자학적 재이론이 의심할 바 없이 정착된 선조대 이후에도 변함없이 말이다. 국행(國行) 기우의례의 주술성은 18세기 영·정조대에 이르러서야 기우제룡(祈雨祭龍)의 강요의례적 성격을 걷어냄으로써 유교의 보본(報本) 정신에 기반한 형식으로 완성되었다고 한다.[28] 이러한 현상을 기존의 동중서 재이론에서 주자학 재이론으로의 전환이란 틀로만 설명하기에는 무리가 따른다.

마지막으로 동중서 재이론과 주자학적 재이론을 비교하여 그 차이점과 공통점을 살펴보고자 한다. 이를 위해서는 당·송대 천관(天觀)의 변동에 따른 재이론의 전환을 거칠게나마 검토할 필요가 있다. 통설에 의하면 후한대 이후 천문 지식의 축적과 일·월식의 예측 가능, 도교와 위·진 현학(玄學)이 공유한 자생자화(自生自化)적 자연관의 발달로 인한 인격신적 천관의 소멸, 송대 이법(理法)적 천관의 확립은 동중서의 이론과 연관된

---

27) 『세종실록』 권56, 세종 14년 5월 임술 "權採對曰 雷電 天變之小者 地震 災變之大者 然必曰 某事得 則某休徵應 某事失 則某咎徵應 則牽合不通之論也 上曰 卿之言然矣 天地災異之應 或近或遠 十年之間 未可謂之必無也 漢唐諸儒 皆泥於災異 牽合附會 予不取焉."

28) 최종성, 『조선조 무속 國行儀禮 연구』, 일지사, 2002, 257~272쪽 참조.

모사모응적 재이 대응의 허구성을 드러내었다고 한다.[29]

　그러나 송대 주자학자들은 동중서의 천견론적 재이론을 폐기하지 않고 정치적 활용의 계기로 삼았다. 주자학적 체계 내에서 재이의 발생은 신료들이 군주의 수덕과 정심(正心)을 촉구하는 계기이자 시정(時政)의 폐단 제거를 건의하는 명분으로서 중시되었다.[30] 군주는 이제 특정 재이가 발생하면 구체적 행위로 재이를 소멸하려 하지 않았다. 대신 그 이유가 무엇인지 여러모로 생각하여 자신의 정치가 천리에 부합했던 것인지 반성함과 동시에 개선책을 신료들에게 구언(求言)을 통해 요구하였다. 이전과 같이 공구수성하였지만 유의지(有意志)의 인격을 가진 천의 존재가 두려워 그런 것은 아니었다. 다만 군주 자신이 할 수 있는 최선을 재이가 없어질 때까지 정성스러운 마음으로 다할 뿐이었다. 이와 같이 송대 이후에는 천견(天譴)을 인사(人事)와 일대일로 대응하여 사유하는 재이론은 소멸하고, 재이의 발생을 공구수성의 계기로 인식하는 주자학적 재이론이 대세를 차지하게 되었다.[31]

　위에서 살펴본 바와 같이 동중서와 주자학의 재이론은 천관의 개념 및 재이 해소의 방식 등에 있어서는 차이가 있지만, 군주의 수덕과 선정을 강조한다는 측면에서는 교집합이 존재한다. 따라서 조선 초 사료에 보이

---

29) 이하 당·송대 천관의 변동과 재이론의 전환은 미조구치 유조, 앞의 책, 2004, 37~44쪽 ; 고지마 쓰요시(小島毅), 신현승 역, 『송학의 형성과 전개』, 논형, 2004, 23~94쪽 ; 미조구치 유조, 이케다 도모히사(池田知久), 고지마 쓰요시, 조영렬 역, 『중국 제국을 움직인 네 가지 힘』, 글항아리, 2012, 39~50쪽 참조.

30) 재해 대책에 대한 고려와 조선 조정의 차이를 고찰한 연구로는 이정호, 「여말선초 자연재해 발생과 고려·조선정부의 대책」『한국사학보』40, 고려사학회, 2010 ; 한정수, 「조선 초 月令의 이해와 국가운영」『한국사상사학』36, 한국사상사학회, 2010 참조.

31) 조선 전기의 주자학적 재이론과 공구수성론에 대해서는 이태진, 앞의 논문, 1997, 123~142쪽 ; 권연웅, 「朝鮮前期 經筵의 災異論」『역사교육논집』13·14, 역사교육학회, 1990, 605~610쪽 ; 이석규, 「朝鮮初期의 天人合一論과 災異論」『진단학보』81, 진단학회, 1996, 99~105쪽 참조.

는 동중서에 대한 언급은 주자학적 공구수성론의 기원적 존재이자 전거라는 맥락에서 소환된 것이지,[32] 모사모응식 대응으로의 회귀를 의미하는 것이라 보기 어렵다.[33] 즉 동중서의 재이론은 모사모응식 대응 방식이 탈각된 채로 주자학적 재이론에 포섭된 상태였다고 생각된다. 조선시대 동중서의 이미지가 이단(異端)을 척결하고 도통(道統)을 한유(韓愈)에게 이어준 순유(醇儒)였던 것[34]도 이와 무관하지 않다고 보인다. 동중서의 주술적 재이 해소책[35]에 대해 의문을 표하는 세종의 발언도 이와 같은 맥락에서 나왔을 것이다.

> 동중서는 참된 선비인데도 음(陰 : 여성)을 방종하게 하고, 양(陽 : 남성)을 숨기라는 설[縱陰閉陽之說]이 있으니 매우 괴이한 일이다. 그러나, 옛사람도 '신에게 제사를 드리지 않음이 없다[靡神不擧]'고 하였다. 이토록 절박한 사정이 있으니 어찌 괴이하다고 해서 행하지 아니하겠는가. 지금 이후로는 한재(旱災)가 있을 것 같으면 중외(中外)로 하여금 명령을 기다리지 말고, 음을 잘 어울려 즐겁게 하고, 양을 숨기어 하늘의 경계를 삼가게 하라.[36]

---

32) 『문종실록』 권4, 문종 즉위년 10월 정유 "大司憲安完慶執義魚孝瞻掌令申叔舟河緯地持平李英耇尹沔等 上書辭職 其書…夫飛流失躔 似不關於民生 而君子憂之 況陰陽不順 寒燠易位 怪雨害麥 災切於民者乎 董子曰 人之所爲 其美惡與天地流通 而往來相應 今殿下聖性寬仁 而惠不及民 民力旣困 而興作不息 求言雖切 而無從諫之實."; 『성종실록』 권55, 성종 6년 5월 신유 "司憲府大司憲李恕長等上疏曰…臣等聞 董子之言曰 天心仁愛人君 必降之以非常之變 使之恐懼修省 以有爲也." 등.

33) 고려시대 일관(日官)의 재이 점사(占辭)에 반영된 모사모응식 사고 방식과 예언적 성격에 대해서는 채웅석, 「고려시대 日官 災異 占辭의 자료적 특징과 기능」 『한국사학보』 90, 고려사학회, 2023, 143~157쪽 참조.

34) 구지현, 「조선 시대 동중서(董仲舒)의 이미지 형성 양상」 『동아인문학』 37, 동아인문학회, 2016 참조.

35) 동중서, 『춘추번로』 권16, 구우 "凡求雨之大體 丈夫欲藏匿 女子欲和而樂."

36) 『세종실록』 권72, 세종 18년 4월 신유.

3. 조선 초 비유교적 기우 의례의 존속과 함의

앞 장의 서두에서 살펴보았듯이, 조선 초 고려식 기우제의 존속이란 현상은 이미 여러 선행 연구에서 지적된 바 있다. 이에 의하면 동중서식의 유교적 기우제와 함께 불교·도교·무속식 기우제도 음사(淫祀) 폐지의 슬로건 속에서도 완전히 폐지되지 않고 살아남았다. 대표적 사례 몇 개만 적시하면 다음과 같다.

비를 비는 기도회[禱雨精勤]를 연복사(演福寺)에서 행하였다.[37]

비를 비는 태일초제(太一醮祭)를 행하였다.[38]

무녀(巫女)를 동교(東郊)에 모아놓고 사흘 동안 비를 빌었다.[39]

한국사, 과학사 분야를 비롯한 대부분의 선행 연구는 조선 초 비유교적 기우 의례의 지속이란 현상을 주로 '유교화의 미성숙'이란 시각에서 설명하였다.[40] 즉 성리학에 기반한 유교화의 진전 정도 또는 사림 세력의 유무(有無)에 따라 이러한 의례의 존속 여부가 결정되었다는 틀이다. 그러나, 이 연구들은 이러한 현상 주변에 있는 담론이나 여말선초의 상이한 지적(知的) 환경에 대해서는 큰 관심을 기울이지 않았다. 필자가 파악하는

---

37) 『태종실록』 권9, 태종 5년 5월 임인.
38) 『세종실록』 권72, 세종 18년 6월 신축.
39) 『세종실록』 권20, 세종 5년 5월 경진.
40) 이태진, 앞의 논문, 1997, 143~144쪽 : 박성래, 『한국과학사상사』, 유스북, 2005, 452~470쪽 : 김효경, 『조선시대의 祈禳儀禮 연구─國家와 王室을 중심으로─』, 고려대학교 대학원 문화재협동과정(민속학전공) 박사학위논문, 2008, 107~149쪽 ; 이욱, 『조선시대 재난과 국가의례』, 창비, 2009, 388~396쪽 ; 이상호, 앞의 논문, 2012, 382~383쪽 ; 경석현, 앞의 논문, 2018, 74~78쪽 등.

한 종교학, 지성사 분야의 소수 연구자만이 이 주제에 천착하여 선구적 업적을 남겼다.[41] 따라서, 아래에서는 이러한 선행 연구를 토대로 하여 비유교적 기우 의례의 존속 원인 및 관련 의례를 둘러싼 여말선초의 인식론적 전환에 초점을 맞추어 조선 초의 상황과 맥락을 재검토해보고자 한다.

조선 초 집권 세력은 고려의 국행 의례를 정비하는 과정에서, 국가와 민인(民人)에게 공덕(功德)이 있으며 분한(分限)에 어긋나지 않는 신(神)을 국가의 제사 예규인 사전(祀典)에 등재하였다. 이러한 기준에 맞지 않는 의례는 음사(淫祀)로 간주되어 척결되었고, 해당 신의 영험성은 더 이상 유효한 자격으로 기능하지 않았다.[42] 가뭄 해소를 위한 기우제의 시행에 도 유사한 양상이 확인된다.

표면상으로는 조선 초에도 고려시대와 다름없이 이단적 신에게 바치는 제사가 재이 해소를 위해 거행되고 있었지만, 이를 둘러싼 인식론적 환경 은 상당히 달라져 있었다. 동중서식의 모사모응적 대응의 정당성과 효용 성을 인정하지 않았던 당대인들은 비유교적 기우제의 영험성 역시 부정하 였다. 소재도량(消災道場)을 비롯한 부처에 대한 기도는 아무런 효험 없이 비용만 낭비하는 폐단으로 비난받기 일쑤였고,[43] 설혹 효험이 있다 하더 라도 제사에 드린 정성이 하늘을 감동시켰기 때문이지 부처의 능력이 그렇게 한 것은 아니라고 보았다.[44] 즉 제사 성공의 여부는 해당 신의

---

41) 최종성, 앞의 책, 2002, 52~59쪽 ; 최종성, 「제의와 영험」『고려 역사상의 탐색 : 국 가체계에서 가족과 삶의 문제까지』(노명호 외 18인 공저), 집문당, 2017, 323~327쪽 등.
42) 최종석, 「조선초기 종교 심성의 전환과 불교 – 제의 감각의 변환의 시각에서 본 佛事 인식」『불교학연구』61, 불교학연구회, 2019, 1~5쪽.
43) 『태조실록』권1, 태조 1년 7월 기해 "司憲府又上疏曰…前朝小有災變 則不知恐懼修省 惟務事佛事神 糜費不可殫記 此殿下之所明知也.";『세종실록』권126, 세종 31년 12월 기사 "召河演皇甫仁朴從愚鄭甲孫鄭麟趾許詡謂曰 今彗出玄菟樂浪分度 弭災之道 當何 如 消災道場之事 亦可行乎…僉曰…消災道場 高麗弊法 豈以此弭天之災乎." 등.
44) 『세종실록』권72, 세종 18년 6월 을사 "集賢殿副提學安止等上言曰…天之降雨 乃殿下

전지전능한 능력이 아니라 주재자의 정성과 공경에 있다는 논법이다.[45]

생사(生死)와 화복(禍福) 역시 자기의 수신·선악 여부에 달려 있는 것이므로 명분 없는 지내는 제사는 부처나 귀신에게 아첨하는 것에 불과할 뿐 효험을 기대할 수 없는 것이라 여겼다.[46] 무당과 박수는 어리석은 백성의 재물만 축내는 요망(妖妄)한 존재로 그들의 음사는 강력한 처벌의 대상이었다.[47] 도사(道士)의 말 역시 허황되기는 마찬가지였으나 고제(古制)라는 이유로 초제(醮祭)는 폐지의 운명에서 벗어났다.[48] 불교·도교·무속 제례의 영험을 믿지 않았던 국왕의 속내는 아래 제시된 태종의 발언을 통해서도 확인할 수 있다.

> 옛부터 홍수나 가뭄의 재앙은 모두 부덕(不德)한 임금 때문이었다. 이제 승려와 무당을 모아서 비를 빌지만, 마음은 실로 편하지 못하다. 비록 비의 혜택을 얻는다 하더라도 이것은 결코 승려와 무당의 힘이 아니며, 다만 비를 걱정하는 나의 마음이 이르지 않는 바가 없기 때문이다. 나는 또한 마음속으로 기도나 제사를 폐지하고 인사(人事)를 바로잡는 것이 옳다고 생각한다. 문리(文理)도 조금 알기에 승려와 무당의 허황되고

側身修行至誠所感 豈彼枯骨所能致也 況祀神禱雨 固非一所 而得雨之賞 偏及於僧徒 臣等私竊惑焉."

45) 『태종실록』 권31, 태종 16년 1월 무오 "上曰 祀事予嘗恨不能盡意 行香使須知大體 所謂鬼神無常享 享于克誠 是乃大體也."

46) 『세종실록』 권34, 세종 8년 11월 병신 "司諫院上疏曰 鬼神之道 作善則降之百祥 作不善則降之百殃 然則降福降殃 莫非爲善爲惡之致然也 豈有諂神邀福之理乎 而況非其鬼而祭之乎.";『세종실록』 권72, 세종 18년 6월 계축 "司憲府大司憲李叔時等 條列時弊以進…其二曰 死生有命 禍福由己 不可以幸而致 亦不可以幸而免 雖慕獲福 而諂瀆淫昏 安有受福之理乎." 등.

47) 『세종실록』 권72, 세종 18년 6월 계축;『세종실록』 권101, 세종 25년 8월 정미 등.

48) 『세종실록』 권29, 세종 7년 7월 임오 "視事 上曰 道士之法 其爲虛誕甚矣 中國亦有之乎 領議政李稷對曰 亦有之 每日朝會皆與焉 上曰 道佛之道 皆不足信 然道士之言 尤爲誕也 我國昭格殿之事 是亦道敎也 然祭星大事 故歷代相傳 至于今不廢."

망령됨을 안다.[49]

　물론 공적인 영역과 사적인 영역에서의 인식과 실천은 일치하지 않았다. 주지하다시피 기양의례를 둘러싼 집권 세력과 사회 기층(基層)의 분위기는 더욱 달랐다. 치병(治病) 등의 영역에서는 사대부는 물론 왕실조차 여전히 무당과 승려에 대한 의존도가 높았다.[50] 아울러 그들이 주재하는 음사에 대한 신료들의 엄중한 처벌 주장이 역설적으로 보여주듯이,[51] 부처와 귀신의 영험성은 민인들로부터 강력한 지지를 받고 있었다. 이와 관련해 세종 6년(1424)에 사망한 판우군도총제부사(判右軍都摠制府事) 조용(趙庸)의 졸기(卒記)에 보이는 "무당·박수 따위를 좋아하지 않아서 제사할 만한 귀신이 아니면 제사하지 않았고, 임종 때에는 자제(子弟)에게 경계하여 불사(佛事)를 하지 않도록 하였다."라는 구절[52]은 두 가지 사실을 암시한다. 우선 이러한 행동 양식이 실록의 인물평에 부기(付記)될 정도로 사대부 계층 내에서도 흔치 않았다는 점을 보여준다. 그렇지만 그의 드문 행적은 당대 지배층인 유자들에게 '옳고 바른 것'으로 여겨졌다는 점 또한 알려준다. 태종 10년(1410) 6월 예조 건물 내에서 거행된 기우제에 대한 사람들의 관심과 호응, 그리고 이것을 비판적으로 바라보는 여론 역시 승·무(僧巫) 주재의 기우제에 대한 사람들의 열망과 함께 집권 세력의 변화된 인식을 동시에 보여주는 것이라 흥미롭다.[53]

　그렇다면 조선 초 음사(淫祀) 비판의 지배적 분위기 속에서도 불교·도교·무속의 국행 기우제가 존속될 수 있었던 이유는 무엇이었을까? 우선

49)『태종실록』권26, 태종 13년 7월 임오.
50) 최종성, 앞의 책, 2002, 376~385쪽 참조.
51)『세종실록』권101, 세종 25년 8월 정미.
52)『세종실록』권24, 세종 6년 6월 신미 "不喜巫覡 非其鬼不祀 臨終戒子弟不作佛事."
53)『태종실록』권19, 태종 10년 6월 기미 "聚僧巫禱雨三日而止 禮曹聚巫禱於庭中 觀者雲集 曹中禱雨 非古也 時人譏之."

그 합리화 과정에서 동원된 레토릭을 먼저 살펴볼 필요가 있다. 가뭄이라
는 비정상적 상황을 맞이하였을 때 집권 세력이 좌도(左道)의 기우제를
정당화한 근거는 그것이 고제(古制) 또는 오랜 전례(前例)라는 점이었다.[54]
선왕(先王)의 사전(祀典)에 등재된 제도, 오랫동안 시행되어 온 제도이기
때문에 당장 폐지하기는 어렵다는 식의 논리였다.[55] 급속한 제도 개편에
따른 민심의 이반도 속도 조절의 배경으로 당연히 고려되었을 것이다.
그것이 종교나 심성의 영역이라면 더욱 그러하다. 조선 건국 이래 국가의
공적 영역에서는 서서히 분리·배제되어 갔지만 민간 영역에서 끈질기게
존속한 불교·무속 의례의 생명력은 이를 반증(反證)한다. 아래 인용된
세종의 발언은 음사 개편과 관련된 국왕의 속내와 고민을 잘 보여주는
사례이다.

> 전일에 사간원에서 음사를 금하자고 청한 소장(疏章)은 내 심히 가상히
> 여기노라. 그러나 조종(祖宗)이 이루어 놓으신 법을 갑자기 고칠 수가
> 없다. 불교의 도로 보더라도 그 폐단이 더욱 심하니 마땅히 속히 고쳐야
> 하나, 이제 그렇지 아니한 것은 태종께서 이미 참작해서 폐단을 없앴기
> 때문이었다. 또 무당과 박수의 일은 『주례(周禮)』에 실려 있는 바로서
> 옛 사람이 말하기를, '사람에게 항심(恒心)이 없다면 무당이나 의원도
> 될 수 없다.'고 하였으니, 이는 근거가 없는 일이 아닐 것인즉 마땅히
> 하지 않을 수도 없는 것이다. 다만 지금의 무당과 박수는 마치 어린아이
> 들의 장난과 같을 뿐이지만 그러나 옛 풍속이 이미 오래 되어서 모두

---

54) 최종성, 앞의 책, 2002, 52~59쪽 참조.
55) 『태종실록』 권22, 태종 11년 7월 갑술 "上曰 宗廟社稷山川北郊畫龍土龍蜥蜴等祈雨
載諸禮文 宜擧行 若佛宇祈雨 古無其禮 況予前此祈雨於佛 略無其應.";『세종실록』 권
104, 세종 26년 6월 정미 "行聚巫僧徒蜥蜴祈雨 沈虎頭于漢江朴淵楊津.";『문종실록』
권7, 문종 1년 5월 임자 "上謂經筵官曰…且故事 旱甚則徧擧群祀 又行僧徒巫女祈禱
今欲徧擧正祀 不雨然後令僧巫祈禱 其考祈雨故事 以啓." 등.

없앨 수는 없으니, 그대들은 이 뜻을 간신(諫臣)에게 전하도록 하라.[56]

비유교적 기우제를 존속시킨 또 하나의 명분이자 이유는 『시경』 「운한 (雲漢)」에 나오는 '미신불거(靡神不擧)'였다.[57] 「운한」은 가뭄을 당해 백성의 고초를 걱정하며 비를 기원하는 왕의 모습을 묘사한 시이고, 미신불거의 뜻은 '제사를 거행하지 않는 신이 없다'라는 의미였다.[58] 일종의 권도(權道)로서 명분에 맞지 않는 음사적 기우제를 거행하려고 할 때, '미신불거'의 논리는 태종대부터 빈번하게 소환되었다.[59] 몇 가지 대표적 사례만 들어보면 다음과 같다.

임금이 의정부에 전지(傳旨)하여 "가물면 제사 지내지 않는 신이 없는데, (이런 제도는) 옛날에도 있었다. … 이제 비를 비는 데는 마땅히 사람을 골라서 보내고, 또 승무(僧巫)를 모아서 기도하라."라고 하였다.[60]

신(인용자 : 변계량)이 또 살펴보건대, 대아(大雅 : 『시경』의 편명) 「운한」에 '모든 신에게 제사 지내지 아니함이 없다[靡神不擧]'고 하였고, 주서(周書 : 『서경』의 편명) 「낙고(洛誥)」에 '모두 질서를 따라 문란하지 않게 한다[咸秩無文]'고 하였으니, 비록 예문(禮文)에 실려 있지 않다고 하더라도 무릇 세속(世俗)에서 전하는 기우(祈雨)의 일을 모두 거행하소서.[61]

---

56) 『세종실록』 권34, 세종 8년 11월 무술.
57) 최종성, 앞의 책, 2002, 52~59쪽.
58) 『시경』, 대아삼(大雅三)－탕지십(蕩之什) 「운한」 "倬彼雲漢 昭回于天/ 王曰於乎 何辜 今之人/ 天降喪亂 饑饉薦臻/ 靡神不擧 靡愛斯牲/ 圭璧既卒 寧莫我聽."
59) 최종석, 앞의 논문, 2019, 14~26쪽.
60) 『태종실록』 권26, 태종 13년 7월 기묘.
61) 『태종실록』 권31, 태종 16년 6월 신유.

도류승(道流僧) 14인을 모아서 밤에 도지정근(桃枝精勤)을 베풀었다. 임금이 깊이 근심하므로 제사 지내지 않는 신이 없으니[靡神不擧] 역마를 탄 자가 이어지며 그치지 아니하였다.[62]

  이상에서 알 수 있듯이, '미신불거'는 절박한 재난 상황에서 '무엇이라도 하지 않으면 안 된다'는 위정자의 자세와 지향을 백성들에게 보여주기 위해 동원된 논리였다. 기층 민인의 강고한 지지를 받았던 비유교적 종교적 심성에 조응하는 논법이기도 하였다. 비가 내릴 때까지 기다리며 모든 신에게 돌아가며 제사를 지내는 방식 자체는 고려와 조선이 동일하였다.[63] 그러나 고려와 달리 모사모응식 대응을 전제로 하지 않았다는 점, 특정 신에 대한 영험을 기대하지 않았다는 점에서 '미신불거'는 '공구수성'과 함께 조선 초 군왕에게 규범적으로 요구되었던 선정(善政)과 애민(愛民)의 상징이기도 하였다.

  마지막으로 이상의 고찰을 토대로 하여 조선 초 공구수성론의 역사성을 재검토해보겠다. 성종대 전후 동중서식 천인감응론의 도입과 함께 고려에도 군주의 책기수덕(責己修德)과 공구수성을 전제로 한 재이 해소책이 이미 존재하고 있었다.[64] 피정전(避正殿), 감상선(減常膳), 금제궁원음주작악(禁諸宮院飮酒作樂), 휼형(恤刑), 구언(求言) 등은 조선 초 공구수성론이 제기될 때에도 동시에 언급되는 재이 해소책이다.[65] 『삼국사기』에 등장하

---

62) 『세종실록』권8, 세종 2년 6월 무신.
63) 『고려사』권6, 세가6 정종 2년 5월 신묘 "有司奏 自春少雨 請依古典 審理冤獄 賑恤窮乏 掩骼埋胔 先祈岳鎭海瀆諸山川能興雲雨者於北郊 次祈宗廟 每七日一祈 不雨 還從岳鎭海瀆如初 旱甚則修雩 徙市 斷徹屠扇 禁屠殺 勿飼官馬以穀 王從之 避正殿 減常膳.";『세종실록』권8, 세종 2년 4월 을축 "禮曹啓 曾奉王旨 北郊望祈及社稷宗廟嶽海瀆諸山川就祈 靡不擧行 而至今不雨 請還從嶽瀆如初 從之."
64) 이희덕,「高麗初期의 自然觀과 儒教政治思想」『역사학보』94·95, 역사학회, 1982, 173~178쪽 ; 이태진, 앞의 논문, 122~126쪽 ; 채웅석,「고려~조선시기의 황재(蝗災) 인식과 대응」『한국중세사연구』76, 한국중세사학회, 2024, 108~109쪽 참조.
65) 『태종실록』권2, 태종 1년 7월 경술 ;『태종실록』권18, 태종 9년 7월 정유 ;『태종실

는 '공구수성'은 고구려로부터 전승(傳承)된 기록이라기보다, 책의 편찬자인 김부식(金富軾 : 1075~1151) 당대의 지적 분위기를 반영한 표현일 가능성이 높다.[66] 요컨대 '재이 해소를 위해서는 위정자가 성심(誠心)으로 공구수성하여 하늘의 마음을 움직이게 해야 한다'라는 식의 사고가 이미 고려시대에도 존재하였던 것이다.

그러나 고려의 공구수성론과 피정전, 감상선 등의 재이 해소책은 조선과 다른 지적 환경과 맥락 속에서 실천되었다는 점에서 중요한 차이가 있다.[67] 유교에 기반한 동중서식 기우제 이외에 불교·도교·무속 기우제가 고려시대에 성행한 것은 주지의 사실이다. 그런데 이 배후에는 기도와 제사의 영험을 신봉하는 당대인의 심성이 자리 잡고 있었다.[68] 이를 반영하듯 인종 1년(1123) 고려에 왔던 송의 사신 서긍(徐兢)은 당시의 종교 문화에 대해 "음사(淫祀)에 아첨하여 제사 지내기를 좋아하고, 부처[浮圖]를 좋아하여 종묘의 사당에 중을 참여시켜 범패(梵唄)를 부르게 하니 그 말이 통하지 않는다"라는 코멘트를 남겼다.[69] 유교의 대표적 제의라 할 수 있는 종묘제례에서조차 승려의 범패가 울려 퍼질 수 있었던 것은, 승·무(僧巫)의 존재가 영험을 부르기 위해 접신(接神)하는 인물로 여겨졌

록』 권31, 태종 16년 5월 신해 등 ; 이정호, 앞의 논문, 2010, 365쪽.

66) 『삼국사기』 권15, 고구려본기 제3 차대왕 3년 7월 "王田于平儒原 白狐隨而鳴 王射之不中 問於師巫曰 狐者妖獸 非吉祥 況白其色 尤可怪也 然天不能諄諄其言 故示以妖怪者 欲令人君恐懼修省 以自新也 君若修德 則可以轉禍爲福 王曰 凶則爲凶 吉則爲吉 爾旣以爲妖 又以爲福 何其誣耶 遂殺之." ; 『삼국사기』 권17, 고구려본기 제5 봉상왕 9년 8월 "王發國內男女年十五已上 修理宮室 民乏於食 困於役 因之以流亡 倉助利諫曰 天災荐至 年穀不登 黎民失所 壯者流離四方 老幼轉乎溝壑 此誠畏天憂民 恐懼修省之時也."

67) 기우제와 관련한 조선시대 공구수성론의 역사성에 대해서는 최종석, 「조선초기 風雲雷雨山川城隍祭의 수용·지속과 그 인식적 기반」 『한국학연구』 42, 인하대학교 한국학연구소, 2016, 394~403쪽을 참조.

68) 강은경, 「고려시대의 국가, 지역 차원 祭儀와 개인적 신앙」 『동방학지』 129, 연세대학교 국학연구원, 2005 ; 최종석, 앞의 논문, 2017.

69) 서긍, 『고려도경』 권22, 잡속1 "淫祀諂祭 好浮圖 宗廟之祠 參以桑門歌唄 其間 加以言語 不通."

기 때문이었다.[70] 이처럼 영험을 가진 인격신적 존재인 고려의 신(神)은 시각적 효과가 뚜렷한 소상(塑像) 등의 형태로 숭배되었다.[71]

고려 중기의 유신 함유일(咸有一 : 1106~1185)의 사례도 인상적이다. 그는 음사 척결을 상징하는 인물로 유명하지만,[72] 정작 그가 영험의 유무 (有無)를 가려 신사의 폐지 여부를 결정하였다는 점이 주목된다. 그의 활동을 달리 보면 영험이 입증된 사당은 철폐하지 못한 셈인데, 함유일조차 영험의 존재 자체를 부정하지 않았다는 사실을 새삼 일깨워준다.[73] 이와 관련해『고려사』오행지 등에 비유교적 심성에 기반한 다양한 기우제가 기재되어 있는 사실은 물론이요,[74] 이러한 의례를 국왕이 직접 참여하여 주관하였다는 점도 눈에 띈다. 기도의 영험성 자체를 인정하지 않았던 조선 초 집권 세력의 분위기와 원구단(圜丘壇) 기우제의 친제마저 제후의 명분에 위배된다는 이유로 논란이 되었던 상황을 고려한다면,[75] 좌도의 신에 대해 국왕이 헌관으로 직접 참여하여 제사를 주재한다는 것은 당대 조선인에게 상상조차하기 힘든 일이었을 것이다.

반면 고려시대에는 불교나 도교는 물론이고 유교식 제례 및 대응책조차

---

70) 강은경, 앞의 논문, 2005, 161쪽.

71) 서긍,『고려도경』권17, 사우「동신사」"東神祠 在宣仁門內 地稍平廣 殿宇卑陋 廊廡三十間 荒涼不葺 正殿榜曰東神聖母之堂 以帟幕蔽之 不令人見 神像 蓋刻木作女人狀."; 『고려사』권11, 세가11 숙종 5년 6월 을묘 "禱雨于大廟八陵及松嶽東神祠."; 노명호, 「高麗太祖 王建 銅像의 流轉과 문화적 배경」『한국사론』50, 서울대학교 국사학과, 2004, 178~200쪽 참조.

72)『고려사』권99, 열전12「함유일」"毅宗朝 復入內侍 掌橋路都監 有一嘗酷排巫覡 以爲人神雜處 人多疵癘 及爲都監 凡京城巫家 悉徙郊外 民家所畜淫祀 盡取而焚之 諸山神祠無異跡者 亦皆毁之 聞九龍山神最靈 乃詣祠射神像 旋風忽起 闔門兩扇 以防其矢 又至龍首山祠 試靈無驗 焚之."

73) 최종석, 앞의 논문, 2017, 319~320쪽.

74)『고려사』권54, 지8 오행2 "德宗元年…四月辛酉 親醮于毬庭 禱雨."; "仁宗…八年閏六月丁亥 設金經道場於金明殿 禱雨 己丑 聚巫又禱 辛卯 親禱于法雲寺 丁酉 醮于宣慶殿 以禱 戊戌 又親禱于外帝釋院.";『고려사』권135, 열전48 신우3 "九年…禱如寶源庫祈雨壇 親自擊鼓以禱." 등.

75)『세종실록』권101, 세종 25년 7월 계해.

다소의 효험을 기대하며 시행되었을 가능성이 없지 않아 보인다. 같은 시기 중국의 사례를 참고해보면 당대(唐代)에는 군주의 수덕 그 자체의 행위가 하늘의 주재자를 직접 움직여서 메뚜기를 소멸시켜 준다고 하는 신앙에 가까웠던 반면에, 송대(宋代)의 식자들은 같은 주장을 하기는 하였지만 마치 조선 초의 신료들처럼 공구수성을 계기로 정책의 잘못을 시정하는 데에 방점을 두었다고 한다.[76] 관련하여 부채를 끊는 것, 정전을 피하여 정사를 돌보는 것, 시장을 옮기는 것, 도살 금지 등의 방책이 주술적 의미와 함께 유교정치 이념의 시각에 포섭되는 것이라 지적한 연구도 주목된다.[77] 아래의 사료들은 이상에서 살펴본 당대인의 심성과 감각과 무관하지 않은 기록이라 생각되어 흥미롭다.

왕이 친히 초제를 지내니, 이에 비가 왔다.[78]

(왕이) 친히 묘통사(妙通寺)에서 비를 내려달라고 빌자 큰비가 내렸다.[79]

가뭄이 들어 원구(圓丘)에서 빌자 곧 비가 왔다[80]

영전(影殿) 공사에 동원된 일꾼들을 돌려보내고 공장(工匠)과 승도(僧徒)는 남겨두라고 명하였다. 당시 6도(道)의 정부(丁夫)들을 징발하여 공사를 매우 급하게 독촉하였으므로 도망자가 잇달았는데, 오랫동안 가물었다는 이유로 돌려보내게 하니 이에 비가 내렸다.[81]

---

76) 고지마 쓰요시, 앞의 책, 2004, 37쪽.
77) 최봉준, 「고려 기우제 거행과 용신신앙」 『역사교육』 168, 역사교육연구회, 2023, 182쪽.
78) 『고려사』 권54, 지8 오행2 "靖宗 二年 六月…乙丑 王親醮 乃雨."
79) 『고려사』 권54, 지8 오행2 "明宗 二十四年六月戊戌 親禱雨于妙通寺 大雨."
80) 『고려사』 권54, 지8 오행2 "元宗 二年 四月 辛丑…以旱 禱于圓丘 乃雨."

이러한 분위기 속에서 고려의 비유교적 기우제는 미신불거 등의 구차한 명분을 동원할 필요 없이 국가 차원에서 당연하게 시행되었다.[82] 유교에 기반한 동중서식 기우제는 다른 종교의 기우제와 함께 재이가 해소되는 시점까지 번갈아 시행되었을 뿐 조선 초와 같이 유일한 정사(正祀)의 위상을 갖지 못했다. 불교·도교·무속 등에 기반한 기우제는 조선시대처럼 말절(末節)로 간주되지도 않았을 뿐더러, 재난을 없앨 수 있는 해법이라는 확신이 부재한 상태에서 거행되지도 않았다. 요컨대 고려와 조선의 공구수성론 그리고 이와 연관된 기우책은 외관상 동일하였으나, 서로 다른 지적·사회적 분위기와 맥락 속에서 인식되고 실천되었다고 결론 내릴 수 있겠다.

4. 재해 인식과 대응의 다양한 양상들

이 책은 제1부 '재해와 인식', 제2부 '재해와 대응'으로 나뉘는데 각각 4편의 논문으로 구성되어 있다. 제1부는 이정호, 채웅석, 최봉준, 이정호의 논문을, 제2부는 신안식, 이승민, 최봉준, 이승민의 논문을 수록하였다. 이하 본 장에서는 각 논문의 내용과 특징을 차례로 정리하여 소개하고자 한다.

이정호는 「12세기 전반기 고려(高麗)에서의 자연재해 발생과 사회변화 -'기후위기론'의 검토와 새로운 연구방법의 모색-」에서 이 시기의 자연재해와 사회변화의 상관관계에 주목하였다. 12세기 전반의 고려는 불규칙한 기후변동으로 인한 기후위기에 시달렸다. 반복적 자연재해의 발생

---

81) 『고려사』 권41, 세가41 공민왕4 16년 4월 병인 "…以久旱放之 乃雨."
82) 고려시대의 기우제 시행 방식과 이와 연관된 당대인의 심성에 대해서는 최종석, 앞의 논문, 2017, 328~331쪽 참조.

은 인간의 생산활동과 수명, 지배 세력의 역할 및 위상 등 여러 측면에 영향을 미쳤다. 아울러 사회구성 혹은 사회운영의 측면에서도 변동을 초래하였다. 반복적 자연재해와 이를 극복하기 위한 인간의 노력이 역설적이게도 당대의 사회발전을 추동하였던 것이다. 저자는 이와 같은 성과를 바탕으로 '재해 피해사' 또는 '재해 극복사'가 아닌 '재해 구성사'라는 새로운 연구방법의 모색이 필요하다고 역설하였다.

채웅석은 「고려~조선시기의 황재(蝗災) 인식과 대응」에서 10~19세기의 한·중 자료를 검토하여 황재에 대한 전근대 한국인의 인식과 대응을 고찰하였다. 협의의 황충이 풀무치 내지 메뚜기 떼를 지칭한 반면, 광의의 황충은 수목이나 작물에 피해를 주는 모든 곤충을 의미하였다. 천인감응론의 영향력이 컸던 시기에는 황재를 인사(人事)의 잘못에 대한 하늘의 견책(譴責)으로 보아 '모사모응'식으로 해석하고 대응하였다. 성리학 도입 이후에는 재이의 발생이 천의(天意)가 아닌 천리(天理)의 어긋남에서 비롯되었다고 보았다. 천인감응론에 따른 황재 대책은 군주의 공구수성 방식이 중심이었다. 사상·종교의 다원성이 두드러졌던 고려시대에는 사제(蜡祭)·포제(酺祭)와 함께 각종 도량(道場)과 재초(齋醮)를 많이 설행하였으나, 조선 건국 이후에는 불교·도교식의 기양 의례를 축소하는 한편, 황충을 잡아 없애는 정책을 적극적으로 시행하였다. 16세기 후반부터는 명대(明代)의 명물고증학(名物考證學)이나 서학(西學)의 영향을 받게 되면서 객관적 관찰과 경험에 의해 황재를 파악하게 되었다.

최봉준은 「고려시대의 재이론과 사상 간의 다원적 교섭」에서 고려의 복합적 사상지형 아래 형성된 재이론의 다원적 성격을 살펴보았다. 고려시대의 재이론은 대체로 유교정치 이념의 테두리 안에 있는 것으로 간주되었다. 그러나 고려가 수용한 중국의 재이론은 참위설과 같이 유학 이외의 사상도 받아들이면서 형성된 것이었다. 고려의 재이는 주로 국왕의 절대적 권위를 합리화하는 도구로 활용되었으며, 신이(神異)·점사(占辭)·

점서(占書) 등이 폭넓게 동원되었다. 고려의 유학자들은 천인감응설을 비판하면서도 그 정치적 효용성만큼은 인정하였다. 유학자가 작성한 재이 관련 의례의 시문(詩文)에는 유학·불교·도교·민간신앙이 상호 교섭하면서 공존했던 당대의 역사상이 반영되었다. 이와 함께 영험하다고 인정된 민간신앙적 전통도 널리 허용되었다.

이정호는 「고려전기 이변현상(異變現象) 기록을 통해본 재이관(災異觀)과 위기인식-『고려사』오행지 기록을 중심으로-」에서 『고려사』오행지의 기사를 자연재해와 이변현상으로 구분하여 분석함으로써 고려전기 이변현상의 의미를 재검토하였다. 현종·숙종·예종대처럼 자연재해와 이변현상 기록의 비중이 동시에 높았던 때는 대체로 와언(訛言)이 유행하여 민심이 동요하는 위기의 시절이었다. 자연재해보다 이변현상의 기록의 비중이 상대적으로 높은 때를 보면 왕조 개창, 왕위계승과정의 갈등, 이자겸(李資謙)의 반란, 묘청(妙淸)의 서경천도(西京遷都) 시도 등의 사건이 발생하여 커다란 정치·사회적 변동이 뒤따른 시기였다. 이처럼 자연재해, 이변현상, 위기인식, 정치·사회적 변동 등이 잇달아 나타나게 된 것은 당시의 재이관에 말미암은 것으로 여겨진다. 당대인들이 이변현상 발생에 영향을 미치는 요소로 자연재해와 같은 인간 외부의 현상과 인위적인 행위의 결과를 함께 인식하였기 때문이다.

신안식은 「고려시대 한재(旱災)의 발생과 그 영향」에서 『고려사』·『송사』·『요사』·『금사』·『원사』에서 추출한 '한재(旱災)' 관련 용어를 비교·분석하고, 고려시대의 용례를 검토하였다. 아울러 중국 측 자료를 활용·보완함으로써 고려시대 가뭄의 발생 추이와 그 영향에 대한 보다 진전된 이해를 추구하였다. 가뭄에는 '큰 가뭄'과 일반적인 '가뭄'이 있다. 큰 가뭄으로 읽힐 수 있는 검색어는 '대한(大旱)'·'구한(久旱)'·'불우(不雨)' 등이며, 일반적 가뭄은 '한(旱)' 등의 검색어가 있다. 고려시대의 가뭄은 매우 자주 발생했고, 특히 고려말의 가뭄은 이전 시기보다 훨씬 빈번하였다. 가뭄의 영향으로 병충해, 질병, 작황 부진 등 다양한 피해가 발생하였다. 심지어 오랜 가뭄으로 인해 흉년이 들자 대기근이 발생하여 '인상식(人相食)'이라는 참상이 빚어지기도 하였다. 이상의 검토를 통해 앞으로 고려시대의 가뭄 자료의 부족과 미비를 중국 자료를 통해 보완하는 방법론에 대한 고민이 필요하다는 점을 역설하였다.

이승민은 「고려시대 우사(雩祀) 시행과 운영」에서 고려시대의 자연재해와 기우의례의 상관관계와 더불어 다른 기우제와 차별되는 우사의 역할 및 기능에 대해 살펴보았다. 고려의 기우제는 정규 의례와 가뭄에 대응한 비정규 의례로 구분된다. 정규적 기우제는 가뭄에 비를 구함이 아니라 안정적이고 정상적인 기후를 기원하며 시행한 의례이다. 고려에서는 성종대 국가 제사 체계를 정비하는 과정에서 우사가 정규 의례로서 제정되었다. 풍작의 조건이 되는 비가 때를 맞춰 적당히 내리길 기원하는 우사는, 맹하 곧 음력 4월의 길일을 택해 지냈다.『고려사』의 우사 기록 가운데 상당수는 4~5월에 걸쳐 시행된 '재우(再雩)'였다. 두 번째로 거행된 우사, 즉 '재우'는 가뭄과 자연재해가 지속될 때 후속 조처로서 다른 가뭄 대책과 함께 추가로 시행된 것이다. 봄에 가물고 여름에 비가 내리는 한반도의 기후 때문에, 봄이 끝나가고 여름이 시작되는 시기에 지내는 우사는 그 효과를 경험적으로 보장할 수 있는 기우제였다.

최봉준은 「고려시대 기우제 거행과 용신신앙」에서 고려시대 기우제의 성격과 의미, 그리고 그 구체적 특징을 검토하였다. 고려는 1036년 당의 「기우제차(祈雨祭次)」, 즉 「기후절목」을 수용하였다. 기우제는 북교(北郊)와 태묘(太廟), 악진해독(嶽鎭海瀆)에 대해 거행되었다. 부채를 끊고 도살을 금지하며, 정전을 피하고, 상선을 줄이는 등의 모사모응식 기우 행위도 수반되었다. 특히 고려시대에는 토룡(土龍)을 이용한 기우제도 시행되고 있었다. 1036년의 「기우제차」에 토룡기우를 포함시켜 기우제 순서를 복원하면, '산천 → 태묘 → 우사 → 토룡기우' 순으로 정리된다. 고려~조선의 용신신앙과 관련되는 기우제는 상룡(像龍), 대룡(代龍), 잠룡(潛龍)의 3가지였다. 토룡과 화룡을 활용하는 상룡기우는 국행 의례에 자주 등장한다. 도룡뇽이나 도마뱀을 이용하는 대룡기우는 조선 태종대 송의 기우제를 도입하면서 수용된 것으로 보인다. 침호두(沈虎頭)와 같은 잠룡기우는 『고려사』 함유일 열전 등에서 확인된다. 민간의례로 거행되던 침호두 등이 조선시대에는 국행 의례로 흡수되었다. 이처럼 고려의 기우제는 용신신앙에서 보이듯 민간신앙적 전통이 매우 강했다.

이승민은 「10~14세기 동아시아(한·중) 온난-건조 기후와 기설제(祈雪祭)의 시행」에서 기설제의 시행과 성립 배경 등에 대해 살펴보았다. 기설제는 겨울에 눈이 오지 않는 것을 재해라고 여기고 올리는 제례이다. 중국에서 기설제는 오대십국 시기인 924년에 처음 시행되었다. 한반도에서는 1016년(고려 현종 7)에 최초로 시행되었다. 기우제와 같은 의례보다 성립 시기가 늦을뿐더러 고전에 기재된 근거도 없는 의식이었다. 동아시아는 10세기부터 온난하고 건조한 기후로 변화하면서 따뜻한 겨울이 지속되었다. 겨울의 이상고온은 이듬해 병충해를 유발할 수 있다는 점과 겨울 가뭄으로 초래하여 맥류(麥類)와 같은 작물의 흉작이 발생할 수 있다는 점에서 문제였다. 비슷한 기후 환경에 처해 맥류를 재배하고 있었던 고려도 송과의 교류를 통하여 기설제를 받아들인 것으로 추정된다. 기설제는 불교나 도교 혹은 천상(川上)과 종묘 등 여러 장소에서 거행되었으나 정규적으로 시행되지 않았다. 겨울 기후가 정상화된 14세기 이후에는 기설제의 시행이 중지되었다.

이상의 8편의 논문은 각기 다른 주제와 시기의 사례를 가지고 연구되었지만 전근대 재이 인식의 단면을 제시하기에 충분하다고 생각한다. 아울러 이러한 사고에서 파생된 재이 대책의 특징과 변화상을 생생하게 보여줄 것이다.

5. 맺음말

이상에서 이 책에 수록된 학술논문 8편의 주요 내용을 소개함과 동시에 조선 초 재이 인식 및 대응에 대한 필자의 문제의식을 기우제를 중심으로 정리해보았다. 후자를 요약하면 다음과 같다.

조선 초의 재이 인식과 대응은 흔히 '동중서식 재이론의 회귀 또는 활용'이란 틀 안에서 이해되어 왔다. 더불어 불교·도교·무속 등의 고려식 기우제가 약화·존속된 현상도 함께 강조되었다. 이러한 설명의 배후에는 유교화의 진전, 성리학 이해의 심화, 훈구·사림의 대두라는 한국사의 좀 더 거시적인 해석틀과 기준이 존재한다. 그러나 재이론을 둘러싼 조선 초의 상황을 면밀히 검토하면 이전 시기와 유사해 보이는 현상이 존재하는 것은 사실이나 무시 못할 중대한 변화 또한 감지된다. 고려와 유사한 (동중서식) 유교, 불교, 도교, 무속의 기우제가 조선 초에 여전히 시행된 것은 사실이다. 그러나 주변의 지적 환경과 인식론적 기반은 주자학적 재이론의 도입 이래 이미 큰 변동과 해체의 과정을 겪은 상태라는 점이 당대 군신(君臣)의 발화와 인식에서 다음과 같이 확인된다.

첫째, 조선 초의 집권 세력이 고려의 방식을 계승하여 동중서식 기우제를 시행한 것은 사실이나, 모사모응식 대응과 사고에 기반한 것은 아니었다. 어떤 재이가 특정 인사(人事)의 잘못에서 비롯된 천견(天譴)이라는 감각은 집권층 내부에서 대세가 아니었고, 그 효용성과 정당성 또한 부정되었다. 대신 군주의 수덕과 공구수성이 근본적 해결책으로 강조되었다. 그러나 이 역시 특정 재이의 실질적 해소를 기대하고 시행된 것은 아니었다. 군주의 통치가 천리(天理)에 부합되는 것인지 자문하고 반성하는 계기로 인식되었을 뿐이다.

둘째, 조선 초 불교·도교·무속에 기반한 비유교적 국행 기우제가 고려의 방식을 계승하여 시행된 것은 사실이다. 그러나 국왕과 신료들은 이러한 제의의 영험성을 더이상 믿지 않았다. 영험을 기대하며 귀신에게 올리는 기도나 제사는 예(禮)에 어긋날뿐더러, 효험도 없이 비용만 소비하게 만드는 폐단으로 간주되었다. 조선 초의 비유교적 국행 기우제는 애민과 권도의 차원에서 시행된 것이었고, 이를 정당화하기 위해 고제(古制) 또는 오래된 전례(前例)의 시행이라는 명분이 동원되었다. 배후에는 급속한 의례의 변동이 민심을 자극할지도 모른다는 우려도 있었다. 아울러 재해로 고통받는 백성을 위해서는 비록 효과는 없을지라도 무엇이든 국왕이 해야만 한다는 미신불거, 즉 '모든 신에게 제사를 지낸다'는 논거가 동원되었다. 따라서 조선의 기우제는 고려처럼 해당 신의 위력을 경배하며 바치는 의례가 아니라, 군주의 애민 정신과 천리에 부합하고자 노력하는 공경한 자세를 백성에게 보여주기 위한 의례였다고 할 수 있다. 고려와 유사한 방식의 기우제가 시행되고 있었지만 조선 초의 인식과 맥락은 이처럼 달랐다.

요컨대, 조선 초의 '공구수성론과 이에 연관된 재이 해소책'은 여말선초를 경과하며 이미 변화된 지적·사회적 분위기와 맥락 아래 인식되고 실천되었던 것이다. 다시 말해 조선 초의 재이론은 동중서식 재이론으로 회귀했다기보다, 주자학적 재이론의 영향 아래 이미 큰 변동을 겪고 있었던 것이다. 이러한 관점에서 보아야만 조선 초 비유교적 기우제의 존속이란 현상도 축소·약화라는 표피적 관찰에서 벗어나 배후에 존재한 지적 환경이나 사회적 맥락의 중대한 변화를 감지할 수 있게 된다. 물론 이러한 주자학적 재이 인식과 실천이 집권층 내부에서 사회 기층으로 전파되는 과정은 그들의 기대와 달리 자연스럽지도 순탄하지도 않았다.[83]

이상에서 고찰한 바와 같이 한국의 재해 관련 사료는 당대의 자연환경과 기후변동, 당대인의 세계관과 정신세계가 오랜 시간 복합적으로 영향

83) 최종성, 앞의 책, 2002 ; 한승훈,『무당과 유생의 대결－조선의 성상파괴와 종교개혁』, 시우, 2021 참조.

을 주고받으며 만들어 낸 결과물이다. 부디 이 책의 출간이 전근대 한국의
재이 인식과 대응에 대한 논의를 조금이라도 진전시키는 계기가 되기를
바라며 글을 맺는다.

제1부

재해와 인식

제1장

12세기 전반기 고려에서의 자연재해 발생과 사회변화
- '기후위기론'의 검토와 새로운 연구방법의 모색 -

이 정 호

1. 머리말

자연환경의 변화는 인류사회에 많은 영향을 미치고 있다. 최근 발생한 팬데믹, 대규모 지진 등이 가져온 사회변화는 이러한 사실을 여실히 증명해 준다. 많은 분과 학문에서도 자연환경과 사회변화의 관계를 규명하려는 노력이 증가하고 있다. 역사학에서도 환경사(環境史)의 관점에서 다양한 연구성과가 계속 축적되고 있으며, 특히 한국사 연구자들의 환경사 연구가 최근 다시금 활성화되기 시작하였다. 관련된 학회의 결성[1] 뿐만

---

[1] 한국사에서 자연재해와 관련한 연구는 사료의 신빙성 문제를 비롯해 당시의 인식·정치운영과 연관하여 이른 시기부터 이뤄져 왔다. 한편 환경사의 관점에서 연구가 본격화한 것은 1990년대 후반 서구학계의 환경사 연구경향이 소개되고 연구의 필요성이 제기되기 시작한 것으로부터 비롯되었다. 이후 2000년대에 개별 연구자의 연구는 물론 공통주제로 학술대회가 개최되거나 연구모임 혹은 연구사업팀의 결성 등을 통해 연구성과가 축적되고, 2015년에는 한국생태환경사학회가 결성되었다.
기존의 재해사 및 환경사 연구경향에 대해서는 다음의 논고 참조. 고태우, 「한국 재난 인식 연구의 성과와 과제-근대 이전 시기 역사학계의 연구를 중심으로」 『인문학연구』 59, 2020 ; 「총론 : 기후위기 시대의 생태환경사-한국기후사의 모색-」 『역사와 현실』 118, 2020, 44~47쪽.

아니라 자료의 DB화2)를 비롯해 새로운 시각과 연구방법의 모색3) 등을
통해 연구성과가 축적되면서, 연구사적 전환기라 불릴 만한 상황이 전개
되고 있다.

이러한 상황에서 그동안의 연구성과를 재검토 혹은 심화하여 규명해
나갈 필요가 있게 되었다. 역사 속 '기후(氣候)와 사회변화의 관계'가 대표
적인 주제 가운데 하나이다. 한국사 혹은 동아시아에서 그러한 모습을
고찰할 수 있는 시기를 재검토 혹은 심화하여 연구가 이뤄질 필요가
있다고 여겨진다. 이와 관련해 본고에서 주목하는 시기는 '12세기 전반기'
이다.4)

연구의 출발점은 기후 및 재해 현상의 정확한 파악일 것이다. 이를
토대로 사회 혹은 역사와의 관계로 진전되어 나가야 할 것이다. 이를
위해서는 최근 동아시아 삼국, 즉 한국, 중국, 일본에서 축적된 연구성과를
적극 활용할 필요가 있다. 왜냐하면 중국과 일본에서의 최근 연구성과는
이전과는 다른 해석 혹은 보다 정밀한 고기후(古氣候) 상황에 대한 파악이
가능한 수준으로 향상되어 있어서 한반도의 기후 상황을 파악하는 데
큰 도움이 되기 때문이다.

중국학계의 경우 기존에 주커쩐(쓰可楨)의 견해5)를 토대로 12~13세기

---

2) 대표적인 사례로서, 2019년 이래 가톨릭대학교 한국재해학연구센터에서 진행하
고 있는 '동아시아(한·중) 전통사회 재해DB 구축과 사전 편찬' 연구과제를 들
수 있다.

3) 최근 한국 학계에서도 인문학과 자연학의 연계 속에 古氣候를 복원하려는 노력이
시도되고 있다.

4) 12세기 전반기는 고려시대 자연재해 발생 기록이 가장 많은 시기 가운데 하나이고
(이정호,『고려시대의 농업생산과 권농정책』, 경인문화사, 2009, 6~8쪽), 후술하듯
이 기후변동을 비롯한 자연재해와 사회변화의 관계를 고찰하기에 적절한 시기이
기도 하다. 기존의 고려시대 재해사에 대한 연구성과는 다음의 논고 참조. 채웅석,
「고려시대사 연구와 재이(災異) 사료의 활용」『한국중세사연구』71, 2022 ;『동아
시아 전통사회 재해 사료의 특징과 활용』, 혜안, 2023(재수록).

5) 쓰可楨,「南宋時代我國气候之揣測」, 1924 ;「中國歷史上气候之變遷」, 1925 ;「中國歷
史上气候之變遷」, 1933 ;「歷史時代世界氣候的波動」, 1962(이상의 논문은『쓰可楨全

를 한랭기로 간주하는 경향이 많은 영향을 미쳤다. 그러나 최근에는 '중세
온난기(MWP : Medieval Warm Period)' 존재 여부를 비롯해 여러 단계의
논의와 심화 연구를 거쳐,[6] '중세온난기 속 일시적 파동기' 혹은 '중세온난
기의 작은 V계곡'으로 파악하는 견해가 증가하고 있다.[7]

일본학계의 경우 페어브리지(Fairbridge) 곡선(曲線)[8]의 일본 기후사
적용 가능성을 비롯해 '중세온난기' 존재 여부에 대해 많은 논의가 전개되
었다. 2013년 이후에는 아시아 광역(廣域)에서 추출한 수목(樹木)의 연륜폭
(年輪幅) 복원 데이터 및 이를 통해 1년 단위로 추정한 하계(夏季) 평균기온
그래프를 활용하여 연구를 진행하고 있다.[9] 최근에는 학제간 융합연구과
제로서 고기후 복원 연구가 장기간 이뤄지면서,[10] 일본 주변 해수면(海水

集』[上海科學技術教育出版社, 2004] 1卷·2卷·4卷에 재수록) ; 「中國近五千年來气候変
遷的初步研究」『考古學報』 1972(1), 1972.

6) 김문기는 중국학계의 기후사 연구경향 변화과정을 크게 4가지, 즉 ① 주커쩐(쓰可
楨)의 연구성과 ② 만즈민(滿志敏) 논쟁 ③ 마이클 만(Michael Mann)의 하키스틱
(Hockey Stick) ④ 거촨성(葛全胜)의 연구성과 등으로 정리한 바 있다. 김문기,
「중세온난기와 11세기 동아시아의 기후변동」『생태환경과 역사』 7, 2021.

7) 대표적인 견해로 다음의 논고 참조. 葛全胜,『中國歷朝气候變化』, 科學出版社, 2011 ;
김대기, 「12세기 중국의 기후변동과 기근」『생태환경과 역사』 9, 2022 ; 김문기,
「중세온난기의 작은 V 계곡 : 12세기 동아시아의 기후변동」『생태환경과 역사』
9, 2022.

8) Fairbridge는 역사시대 이래 海水面의 변동과 기후변화의 연관성에 주목하여,
전세계적으로 "중세초기는 온난기"였다가 중세후기에 소빙기로 전환하였다고
해석하였다. Fairbridge R. W., Convergence of evidence on climate change and
ice ages, Annuals of the New York Academy of Sciences 95-1, 1961.

9) E. R. Cook, P. J. Krusic, K. J. Anchukaitis, B. M. Buckley, T. Nakatsuka, M.
Sano, and PAGES Asia 2k Members, Tree-ring Reconstructed Summer Temperature
Anomalies for Temperate East Asia since 800 C.E., Climate Dynamics 41(11-12),
2013.

10) 대표적으로 日本學術振興會의 지원하에 진행되고 있는 基盤研究를 들 수 있다.
「酸素同位体比を用いた新しい木材年輪年代法の開發とその考古學的応用」(2011~2013
년), 「酸素同位体比を用いた新しい木材年輪年代法の高度化に關する研究」(2014~2016
년), 「年輪酸素同位体比を用いた日本列島における先史曆年代体系の再構築と氣候変動
影響評価」(2017~2021년).

面)의 여름철 표면수온 변화 및 자체 수목 자료(야쿠시마[屋久島] 혹은 고가[古家] 목재)의 연륜을 활용해 1년 단위로 고기후를 복원하는 성과를 내놓고 있다. 연구결과 일본의 경우 12세기 전반기는 '기후적 위기'의 시기로서, 한랭습윤한 기후로 변화되었을 뿐만 아니라 약 10년 단위로 주기적인 변화가 나타난 것으로 보고 있다.[11]

한·중·일 학계 모두 12세기 전반기에 한랭화 현상이 나타난 점에 대해서 공통된 의견을 내놓고 있다.[12] 뿐만 아니라 이 시기 경관(景觀)의 변화(한·중·일 공통), 농업생산력의 발달(한·중·일 공통), 사회 구조의 변화(문벌귀족사회의 동요[한국], 유목민족의 남하, 경제중심의 남해[이상 중국의 경우], 장원제의 성립, 무사의 출현[이상 일본의 경우]) 등 사회변화 상황을 기술하고 있는 점도 공통적이다.[13]

---

11) 대표적인 연구성과로 다음의 논고 참조. 中塚武,「時代間での社會對應の相違 : 先史·古代から近世まで」『新しい氣候觀と日本史の新たな可能性』, 臨川書店, 2021 ; 田村憲美,「10~12世紀の氣候變動と中世莊園制の形成」『氣候変動と中世社會』, 臨川書店, 2021. 한편 최근에는 대체로 12세기 후반기의 내용으로서, 지쇼(治承) 4년(1180)에서 가테이(嘉禎) 원년(1235)까지 日記 기록(후지와라노 사다이에[藤原定家]가 기록한 『메이게츠기[明月記]』)을 통해 일본의 기후상황을 고찰하기도 하였다(고바야시 다케히코[小林健彦],「12세기 일본의 기후변동과 기상에 대한 관념－"天變頻示, 凶事間聞"이란 무엇인가?」『생태환경과 역사』 10, 2023). 이에 따르면 12세기(필자가 판단하기에는 대체로 12세기 후반기)에 견디기 힘들 정도의 여름철 더위와 겨울철의 추위라는 양극단의 기후가 나타난 것으로 보았다.

12) 고려시대 12세기 전반기 기후변화 및 자연재해의 발생에 대해서는 다음의 논고 참조. Lee Jung-Ho, Climate Change in East Asia and Agricultural Production Activities in Koryŏ and Japan during the 12th~13th Centuries, *International Journal of Korean History* 12, 2008.
한편 한·중·일 12세기의 기후변화 가운데 전반기와 후반기의 기후를 파악하는 데 다소의 의견차이가 존재한다. 예를 들어 중국의 경우 12세기 전반기 보다 후반기에 이상 한랭현상과 겨울철 이상 온난현상이 가장 빈번하였던 것으로 보기도 한다(김대기, 앞의 논문). 또한 일본의 경우 12세기는 헤이안(平安) 해진기(Rottnest 海進期)가 서서히 끝나가는 '무더위(暑熱)의 시기'가 시작된 때로서, 그 후반기의 극심한 온난현상과 겨울철 혹한을 주목하기도 하여(고바야시 다케히코, 앞의 논문), 한·중·일과 같은 인접한 동아시아 국가라 하더라도 지역에 따라 다소간의 차이가 존재했던 것으로 보아야 할 것이다.

그럼에도 불구하고 기후와 사회변화 사이의 관계를 설득력 있게 설명하고 있는 경우는 아직 드문 것으로 여겨진다.[14] 12세기 전반기 '(온난기 속의) 한랭화 현상'과 사회변화(사회발전)는 일견하기에 모순된 것은 아닐까? 이러한 모순을 해결할 수 있는 실마리가 당시 기후변화의 특성으로부터 찾아볼 수 있는 것은 아닐까?[15] 아울러 12세기 전반기 동아시아 기후변화가 여타 지역, 특히 유럽과 차이를 보이고 있다고 한다면, 과연 그 이유는 무엇인지 규명하는 노력도 필요하다.[16]

본고에서는 12세기 전반기 '기후위기'[17]에 주목하면서, 자연재해와 사회변화의 관계에 대해 고찰해 보고자 한다. 이에 본고에서는 먼저 기후 및 재해 현상의 정확한 파악을 위해, 자연재해 기록의 보완 방법과 한계점에 대해 살펴보도록 하겠다. 왜냐하면 자연재해 기록은 기후변화와 밀접한 관련을 지니고 있었던 것으로 여겨지며, 따라서 기후변화를 파악하기

---

13) 이정호, 「高麗中期 自然災害의 발생과 生活環境」 『韓國史硏究』 157, 2012 ; 김문기, 앞의 논문, 2022 ; 磯貝富士男, 『武家政權成立史－氣候変動と歷史學』, 吉川弘文館, 2013.

14) 이와 관련해 14세기 기후의 불안정과 우왕대 천도론을 주목한 연구(한정수, 「고려 우왕대 재이·병란과 천도론의 정치적 의미」 『서울과 역사』 106, 2020), 한랭화 현상과 결빙, 그리고 수산업의 발달을 연관지어 주목한 연구(김문기, 앞의 논문, 2022, 26~27쪽) 등을 참고할 수 있다.

15) 앞으로 연구를 통해 규명해 나가야 할 부분이지만, 필자가 주목하는 부분은 첫째 12세기 전반기는 기본적으로 '온난기' 속의 한랭화 현상이 나타난 시기라는 점, 둘째 '반복적' 혹은 '주기적'인 기후변동과 재해 발생으로 이로 말미암은 피해의 '예상' 혹은 '대비' 노력이 나타날 수 있는 시기라는 점이다.

16) 12세기 전반기 동아시아 기후의 한랭화 현상이 발생한 원인에 대해, 기존의 경우 태양의 활동 변화, 지진 발생, 화산 폭발 등에 말미암은 것으로 추측하는 견해가 있었다. 그러나 태양 활동 변화의 경우 동아시아에 국한하여 설명할 수 없다는 문제점이 있다. 또한 지진 발생 혹은 화산 폭발의 경우 역시 그로 말미암은 영향은 대체로 2~3년에 그치는 것이어서, 12세기 전반기처럼 40~50년에 걸친 변화의 원인으로 상정하기에 어려움이 있다는 문제점이 있다.

17) '기후위기'의 개념에 대해서는 향후 면밀한 검토가 필요할 것으로 여겨지지만, 본고에서는 일단 기후변동으로 인해 사회운영에 지장이 초래하거나 또는 그러하다고 인식되고 있던 시기를 가리키는 것으로 사용하였다.

위해서는 자연재해 기록의 보다 정확한 파악이 전제되어야 할 것이기 때문이다. 이어서 12세기 전반기 자연재해의 발생 추세에 대해 살펴보는 가운데 기후변화를 비롯해 특히 '기후위기론'이 이 시기에 해당되는지 여부에 대해 살펴보도록 하겠다. 마지막으로 이러한 기후변화 및 자연재해가 당시 사회에 미친 영향을 고찰하는 가운데 새로운 연구방법의 시도를 통해 사회변화와의 연관성에 대해 살펴보도록 하겠다.

2. 자연재해 기록의 보완 방법과 한계점

1) 비교사적 방법론의 장점과 한계점

고려시대 사료는 대체로 정치, 사회, 문화와 관련된 내용이 주를 이루고 있다. 본고에서 고찰하고자 하는 자연재해 사료는 상대적으로 부족하다. 뿐만 아니라 사료 자체만으로는 재해 여부를 판단하기 어려운 경우가 있고, 사료의 신빙성 여부도 일부 문제시되고 있다. 그런 까닭에 이를 보완할 수 있는 연구방법론의 모색이 필요하다. 그 방법 가운데 하나는 중국측 사료와의 비교가 일정 부분 유용할 것으로 여겨지지만, 이 또한 한계점이 여전히 남아 있어 문제가 된다.

중국측 사료와의 비교를 통해 고려의 재해 기록을 보완할 수 있는 사례를 몇 가지 제시해 보면 다음과 같다.[18]

예종 15년(1120) 고려와 중국 송(宋)의 재해 발생 기록이 유사하게 나타

---

18) 한국측 여러 사서(예를 들어 『高麗史』, 『高麗史節要』 등)와 중국의 사서(『宋史』, 『宋會要輯稿』 등)를 비교 분석하여 재해 여부의 판단을 시도한 경우로, 이승민, 「11~12세기 한·중 재해 기록과 오행지(五行志)의 자료적 성격」, 『한국중세사연구』 67, 2021 ; 『동아시아 전통사회 재해 사료의 특징과 활용』, 혜안, 2023(재수록), 100~111쪽 참조.

난다. 이 해(1120)의 경우 장기간 한재(旱災)로 말미암아 기근(饑饉)이 발생한 점에서 양국의 기록이 일치한다. 즉 고려의 경우 이 해 여름부터 7월에 걸쳐 장기간 한재가 발생한 까닭에 8월 전염병이 발생하는 피해가 있었다.[19] 중국 송나라 역시 이 해 회남(淮南) 지역에 한재가 발생하고,[20] 6월에는 개봉부(開封府)에 조서를 내려 기민(饑民)을 구휼하고 있다.[21]

또한 고려측 기록만으로는 재해 여부를 판단하기 힘들지만, 송나라 기록과 비교함으로써 비로소 재해임을 확인할 수 있는 경우도 있다. 인종 원년(1123) 양국 모두 한재 발생 기록이 있어 유사한 점을 살펴볼 수 있는데,[22] 고려의 경우 10월에 눈비가 오고 나무에 얼음이 언 사실[雨雪木冰]이 기록되어 있다.[23] '목빙(木氷)'의 경우 그 자체만으로는 재해 여부를 판단하기 힘들지만,[24] 같은 시기 송나라 기록에서도 동일한 기사가 기록된 것을 발견할 수 있어[雨木氷],[25] 이는 이상저온 현상일 가능성이 높다.

이와 유사한 사례로서, '우박(雨雹)'의 경우 역시 재해(이상저온 현상) 여부를 판단하기 어려운 경우가 많다. 예를 들어 고려측 기록에서 인종 5년 4월 병인일(7일)에 우박이 다수 내린 기록이 있는데,[26] 이 기록 자체만으로는 재해 여부를 판단하기 어렵다. 하지만 이 시기(4월 辛酉[2일]) 송나라 기록에 한파 기록[苦寒]이 있다는 점[27]을 고려할 때, 이 기록이 비로소

---

19) 『고려사』 권14, 예종 15년 8월, "自夏不雨 至于是月 五穀不登 疫癘大興."

20) 『송사』 권22, 徽宗4 宣和 2년, "是歲 淮南旱."

21) 『송사』 권22, 徽宗4 宣和 2년 6월 癸酉, "詔開封府 振濟饑民."

22) 『고려사』 권15, 인종 원년 5월 丁巳, "以旱 避正殿 集僧內殿 講佛經禱雨." ; 『송사』 권22, 徽宗4 宣和 5년, "是歲 秦鳳旱 河北京東淮南饑 遣官振濟."

23) 『고려사』 권53, 오행3 五行三曰水 인종 원년 10월 丙午, "雨雪木冰."

24) 木氷의 경우, 한파에 의한 발생 이외에도 忠臣·高官의 사망을 자연현상을 통해 보여주는 것으로 간주하여 기록된 경우가 있다(李熙德,「『高麗史』五行志 譯註(3)」 『東方學志』90, 1995 :『高麗時代 天文思想과 五行說 研究』, 一潮閣, 2000[재수록], 269쪽).

25) 『송사』 권22, 徽宗4 宣和 5년 10월 乙酉, "雨木冰."

26) 『고려사』 권15, 인종 5년 4월 丙寅, "大雨雹."

이상저온 현상으로서 재해임을 판단하는 데 도움이 된다.

그러나 이처럼 한국과 중국 사료 사이에 동일한 양상을 살펴볼 수 있는 시기가 존재하지만, 그러한 경우는 그다지 많지 않다. 중국과 한반도의 지역 차이에 따른 재해 발생의 상이성도 염두에 두어야 하기 때문이다. 비교 검토를 통한 자료의 보완에는 지역 차이로 말미암아 여전히 한계가 있다는 것이다.

2) 재이(災異) 기록과 정치적 해석

한편 재해(災害) 혹은 재이(災異) 기록은 정치 사건이 발생하거나 불안한 사회 정세에 영향을 받아 실상보다 다수 기록된 측면도 있기 때문에, 그 사실성 여부를 판단하는 데 경계해야 할 부분이 있다. 예를 들어 재이 현상은 정치적 사건의 전조로서 주목되는 경향이 있다.[28] 이러한 점은 대표적으로 헌종(獻宗)을 이어 계림공 희(鷄林公 熙), 즉 숙종(肅宗)이 즉위하는 과정에서 나타난다. 숙종 원년 3월 이래 우박이 내리고 서리에 의한 농작물 피해가 발생하는 등 이상저온 현상이 나타나자,[29] 4월에 중서성(中書省)에서 이러한 우박과 서리에 대해 직전의 왕위 계승 과정(李資義의 반란, 獻宗代의 상황)과 관련해 설명하면서 형정(刑政)을 바르게 할 것을 건의하고 있었다. 즉『홍범오행전(洪範五行傳)』을 인용해, '우박은 음(陰)이 양(陽)을 위협하는 형상[雹 陰脅陽之象也]'으로 설명하고,『경방역전(京房易傳)』을 인용해, '형벌의 부적절함으로 말미암아 서리가 내리는 것[誅罰絕理

---

27) 『송사』 권23, 欽宗 靖康 원년 4월 辛酉, "北風大起, 苦寒."

28) 재이에 대한 정치적 해석 문제에 대해서는, 이정호,「高麗前期 異變現象 기록을 통해 본 災異觀과 위기인식－『高麗史』 五行志 기록을 중심으로－」『역사와 담론』 80, 2016, 242~243쪽 참조.

29) 『고려사』 권53, 오행1 五行一曰水 숙종 원년 3월 丙午, "京西雨雹"; 권11, 숙종 원년 4월 壬戌, "霜"; 권53, 오행1 五行一曰水 숙종 원년 4월 癸亥, "又霜雹."

厥灾隕霜]'으로 설명하고 있다. 또한 상한(常寒 : 이상저온 현상)은 '임금이 한편의 말에만 귀를 기울인 탓에 아랫사람들의 의견이 전달되지 못하여, 올바른 정치를 행하지 못하거나 엄하고 조급히 처리할 때[上偏聽 下情隔塞 不能謀慮利害 失在嚴急 其罰常寒]' 그 징벌의 현상으로 설명하고 있다. 아울러 서리에 대해서는 '전쟁을 일으켜 멋대로 주살할 경우 이를 망법(亡法)이라고 하는데, 그 재앙으로 서리가 내려 여름에 오곡(五穀)에 피해를 주는 것[興兵妄誅 玆謂亡法 厥灾降霜 夏殺五穀]'이라고 설명하고 있다.[30]

정치적 사건 혹은 변동이 발생할 때도 재이 기록이 증가하는 점을 살펴볼 수 있다. 예를 들어 금(金)에 대한 사대를 결정하고 이자겸(李資謙)의 난이 발생한 인종 4년(1126)은 다른 해에 비해 유난히 천문현상에 대한 기록이 많다. 이 해 겨울 중국의 경우 혹한과 설재(雪災) 등 이상저온 현상 기록이 많은[31] 반면 고려측 기록을 살펴볼 수 없는 점도, 기록에 있어 정치적 해석이 영향을 주었던 점을 생각해 볼 만하다.

또한 인종 6년(1128) 9월 묘청(妙淸) 등의 건의로 임원역(林原驛) 부근에 새로운 궁궐터를 살피게 하는 날,[32] 바람이 세차게 불고 천둥 우박이

---

30) 『고려사』 권11, 숙종 원년 4월 癸酉, "御宣政殿 聽朝 至日昃 中書省奏 時當長養萬物 三月以來 時令舛違 水結爲冰 降霜殺物 夜雹暴至 洪範五行傳曰 雹 陰脅陽之象也 京房易傳曰 誅罰絶理 厥灾隕霜 又云 上偏聽 下情隔塞 不能謀慮利害 失在嚴急 其罰常寒 又云 興兵妄誅 玆謂亡法 厥灾降霜 夏殺五穀."

31) 『송사』 권23, 欽宗 靖康 원년(1126년) 기사에서 해당 사료를 정리해 보면 다음과 같다.
　윤11월 癸巳(2일) 京師苦寒 用日者言 借土牛迎春
　　　甲午(3일) 時雨雪交作 帝被甲登城 以御膳賜士卒 易火飯以進 人皆感激流涕
　　　甲辰(13일) 大雨雪
　　　乙巳(14일) 大寒 士卒噤戰不能執兵 有僵仆者 帝在禁中徒跣祈晴 時勤王兵不至 城中兵可用者惟衛士三萬 然亦十失五六 金人攻城急
　　　丙午(15일) 雨木冰
　　　甲寅(23일) 大風自北起 俄大雨雪 連日夜不止
　　　戊午(27일) 自乙卯(24)雪不止 是日霽
　12월 庚辰(19일) 雨雹
　　　癸未(22일) 大雪 寒 縱民伐紫筠館花木爲薪

내렸으며 붉은 기운과 검은 기운이 충돌하는 천문현상을 기록하고 있다.33) 같은 해 11월 무신일(28일) 마침내 임원역지(林原驛址)에 새 궁궐을 짓게 되는 날에는, 혹한으로 백성이 고통받고 있었음을 기록34)한 것과 함께 이를 전후하여 유난히 다수의 천문현상을 기록하고,35) 안개가 짙게 끼었다는 기록이 나타난다.36) 역시 서경(西京) 천도(遷都)에 대한 부정적 생각을 재해에 기대어 표현했을 가능성이 있다.

인종 7년 2월 서경에 새로운 궁궐이 완성37)된 이후에도, 정치적 해석이 적용되었을 가능성이 높은 기록이 다수 발견된다.38) 인종 9년 4월에 서경

---

32) 『고려사』 권15, 인종 6년 9월 丙午, "命行從宰樞 與妙淸白壽翰 相定新宮于林原驛地."

33) 『고려사』 권55, 오행3 五行三曰土 인종 6년 9월 丙午, "大風雷雨雹 赤氣自乾方 從紫微 入艮方 又黑氣南北相衝."

34) 『고려사』 권15, 인종 6년 11월 戊申, "移林原驛 作新宮 命內侍郎中金安督役 時方寒沍 民甚怨咨."

35) 인종 6년 11월 林原驛址에 새로운 궁궐을 조성하기 시작한 시기에 앞서, 10월~11월에 천문현상이 유난히 다수 기록되어 있다. 이를 『고려사』 世家 및 天文志 사료를 통해 정리해 보면 다음과 같다.
   10월 기미(8일) 유성
      갑자(13일) 검은 기운
      을축(14일) 개기월식
      무진(17일) 유성
      경오(19일) 유성
      기묘(28일) 태백성이 세성 범하다.
   11월 기해(19일) 세성이 방성좌를 범하다.
      경자(20일) 붉은 기운
      신축(21일) 달이 태미원 범하다.
      임인(22일) 달이 태미원 삼공성좌 범하다.
      갑진(24일) 유성
      을사(25일) 세성이 구검성좌 범하다.
      정미(27일) 유성
      무신(28일) 林原驛址에 새 궁궐을 짓다.
      기유(29일) 유성

36) 『고려사』 권55, 오행3 五行三曰土 인종 6년 10월 戊午[7일], "昏霧四塞 二日"; 11월 甲午[14일]), "大霧四塞 三日."

37) 『고려사』 권16, 인종 7년 2월 己巳, "西京新宮成."

38) 『고려사』 권53, 오행1 五行一曰水 인종 7년 4월 癸酉, "長平鎭官婢 産卵三斗許 大者如

임원궐(林原闕) 내에 다수의 새 발자국이 발견되자, 이를 장차 궁궐이
폐허로 변하고 새와 짐승이 모여들 징조로 여겨지기도 했다.[39] 또한 다음
의 사례는 사료 자체에 재해(안개)와 묘청의 행위(西京 행차 권유)를 직접
연관지어 설명하고 있어, 재해의 정치적 해석이 사료에 내포되어 있었던
점을 보다 분명히 알려준다.

> 가) 5일 동안 안개가 자욱하고 나무에 얼음이 얼었다[木氷]. 태사(太史)가
> 아뢰기를, "하늘에서 차가운 안개가 내리는 것을 재앙이 내린 것[降殃]
> 이라고 부르니 나라에 큰 우환이 있을 것인데, 생각건대 도적이 일어
> 날 징조입니다."라고 하였다. 당시 묘청 등이 서경 행차를 권하였으
> 므로 이렇게 아뢴 것이다(『고려사』권55, 오행3 五行五日土 인종 11년
> 12월 丙戌).

인종 12년 2월 기유(29일) 인종이 뱃놀이 도중 큰 바람이 불고 추위
급히 환궁하였다거나,[40] 3월 갑인(4일) 인종이 대화궐(大華闕)로 거처를
옮기려고 어가(御駕)가 막 출발하려는 참에 갑자기 폭풍이 일어나 앞으로
나아갈 수 없었다는 기록[41] 등 역시 이러한 정치적 해석 차원에서 이해할
수 있는 부분이다.

鴨卵 小者如雀卵 皆拆出小蛇 長寸許"；9월 戊申, "震西京重興寺塔"；권53, 오행1 五行
二日火 인종 7년 10월 丁丑, "黃昏 有鴟鳥數千 飛翔廣化門上 夜至壽昌宮 盤旋良久
向東南而散 凡十餘日"；권54, 오행2 五行四日金 인종 7년 10월 丙戌, "狐鳴都省廳
及大倉北垣"；권55, 오행3 五行五日土 인종 7년 10월 丁亥, "大霧四塞"；11월 庚申,
"大霧終月."
39) 『고려사』권53, 오행1 五行二日火 인종 9년 4월 乙未, "西京林原闕內 自庭除沙土
至宮內幽深塵埃之處 皆有鳥雀之跡 人以謂 將爲丘墟 鳥獸聚集之兆."
40) 『고려사』권16, 인종 12년 2월 己酉, "駕至大同江 御龍船 宴扈從宰樞侍臣 及西京留守官
忽北風暴起 船上帷幕器皿 皆震動 天氣大寒 王遽起更衣 促駕入宮."
41) 『고려사』권16, 인종 12년 3월 甲寅, "移御大華闕 駕初發 暴風揚塵 人馬不能前 執傘者亦
不能行 王手執幞頭入闕 風小止."

이상에서 고찰한 것처럼 고려측 자연재해 기록은 중국측 자료와 비교 검토를 통해 보완할 수 있는 부분이 있다. 이로써 최대한 고려의 자연재해 기록을 사실에 가깝게 복원해 나가는 과정을 진행해 나가야 할 것이다(본고의 3장). 그러나 한편 그러한 복원 과정은 재해 기록의 정치적 해석 문제를 비롯해 지역 간 차이로 말미암아 한계점을 지닌다는 점 역시 부정할 수 없다. 이에 이러한 재해 기록의 특성을 감안해 이를 활용할 수 있는 새로운 연구방법론의 모색이 필요할 것으로 여겨진다(본고의 4장).

3. 자연재해 발생의 추세와 특징

1) 자연과학 연구성과의 활용

앞서 언급했듯이 현존하는 고려시대 자연재해 기록은 당시 사회의 정치적 동향 혹은 해석에 일정 정도 영향을 받아 기록된 측면이 있다. 이처럼 문헌사학의 입장에서 고려시대 자연재해 기록을 통해 그 실상을 파악하는 데는 여러 가지로 어려움이 직면해 있는 실정이다. 더욱이 그러한 자연재해 사료 가운데 기후상황을 고찰할 수 있는 부분은 그다지 많지 않다. 따라서 이를 보완할 수 있는 방법이 필요하다. 그 가운데 하나는 자연과학 분야의 연구결과를 활용하는 일이다.

역사학과 자연과학의 연계 속에 기후변화 연구가 진전되기에는 아직은 기초적인 연구성과의 축적이 필요한 상황인 것으로 여겨진다. 그럼에도 양자(兩者)는 상호보완적 관계에 있다. 양자를 상호 대조하고 면밀히 검토함으로써, 당시의 기후상황을 보다 정확하게 도출할 수 있을 것이다.

논문43)	연구방법		연구대상지역	시기									
				10세기 전반	10세기 후반	11세기 전반	11세기 후반	12세기 전반	12세기 후반	13세기 전반	13세기 후반	14세기 전반	14세기 후반
1	문헌사료	온랭지수		온난							한랭		
		건습지수			건조			습윤		건조			습윤
2	문헌사료					(유럽 대비 상대적) 한랭기							
3	문헌사료	기후한랭현상				온난기		한랭기	(한랭기후의 일시적) 소강기	한랭기	소강기	한랭기	
		이상기온					이상기온		이상기온 / 이상기온	이상기온 주기적 반복		
4	문헌사료	가뭄빈도				가뭄빈도 低				가뭄빈도 高			
5	식물규소체분석		경포호		온난습윤			냉랭 습윤					
6	고산습지퇴적화분분석		점봉산, 정족산, 대암산, 오대산, 지리산					온난 습윤					
7	식물규소체분석		공검지		온난			냉량, 온난한 시기 반복		냉량			
8	습지시료분석		제주도 물영아리			건조			건조(장기간 가뭄)				
9	화분분석	상록활엽수	제주도	온난(주기적인 파동)							한랭	온난	
10	화석화분분석		지리산 왕등재 늪		강수량 저하(온난기)								
							기온 저하, 강수량 증가					
11	동굴석순성장도		제주도 당처물동굴			강수량 저하				강수량 증가(습윤)			
12	동굴석순성장도		강원도 평창동굴							강수량 증가			

〈표 1〉을 통해 살펴볼 수 있듯이, 기존 견해의 경우 대체로 11세기까지는 온난기였던 것으로 보는 데 어느 정도 공통점을 보인다. 그러나 12세기 이후에 대해서는 온난기 혹은 한랭기의 상반된 견해뿐만 아니라 구체적인 시기 및 강수량, 기상현상 등에서 의견의 차이가 나타난다. 본고에서 검토하는 12세기 전반기의 경우 역시 대체로 한랭 습윤한 시기가 시작된

---

42) 〈표 1〉은 채웅석, 「고려시대사 연구와 재이(災異) 사료의 활용」 『한국중세사연구』 71, 2022 ; 「고려시대 재이(災異) 연구의 현황과 과제」 『동아시아 전통사회 재해 사료의 특징과 활용』, 혜안, 2023(재수록), 64~68쪽에 정리된 내용을 토대로 하고, 일부 추가하여 작성한 것이다.

43) ○ 논문 전거(1) : 한국사학 논문
1. 金蓮玉, 「高麗時代의 氣候環境－史料分析을 中心으로」 『韓國文化研究院論叢』 44, 1984.
2. 金蓮玉, 「中世 溫暖期의 氣候史的 研究」 『문화역사지리』 4, 1992.
3. Lee Jung-Ho, "Climate Change in East Asia and Agricultural Production Activities in Koryŏ and Japan during the 12th~13th Centuries", *International Journal of Korean History* 12, 2008.
○ 논문 전거(2) : 자연과학 논문
4. 윤순옥·황상일, 「고려사를 통해 본 한국 중세의 자연재해와 가뭄주기」 『한국지형학회지』 17, 2010.
5. 윤순옥·김효선·황상일, 「경포호의 식물규소체(Phytoliths) 분석과 Holocene 기후변화」 『대한지리학회지』 44-5, 2009.
6. 윤순옥·김민지·황상일, 「점봉산 고산습지의 화분분석과 홀로세 후기 기후변화」 『한국지형학회지』 20-4, 2013 ; 「한반도 고산습지의 식생환경과 역사시대 기후변화」 『한국지형학회지』 21-4, 2014.
7. 윤순옥·안은정·김효선·황상일, 「상주 공검지 일대의 고대 이후 고기후 변화와 농경활동」 『한국지형학회지』 20-4, 2013.
8. 박정재, 「한반도 홀로세 후기 기후와 적도 태평양 해수면 온도 간의 연관성」 『한국지역지리학회지』 24-1, 2018.
9. Park, J., Solar and tropical ocean forcing of late-Holocene climate change in coastal East Asia, *Palaeogeography, Palaeoclimatology, Palaeoecology* 469, 2017 ; 박정재, 『기후의 힘』, 바다출판사, 2021.
10. 이재영·전창표·이상헌·김동욱, 「현생화분을 이용한 화석화분 기반의 정량적 고기후 복원－연구방법 소개 및 사례연구」 『지질학회지』 56-5, 2020.
11. 홍석우·우경식·이상헌·조경남, 「제주도 당처물동굴 석순의 조직적 특징을 이용한 지난 2000년간의 고기후 변화 연구」 『지질학회지』 48-6, 2012.
12. 유근배·공달용·이현아·김찬웅·임종서, 「동굴생성물(석순)을 이용한 한반도 고기후 연구－홀로세의 몬순 변화를 중심으로」 『한국지역지리학회지』 22-2, 2016.

것으로 보는 경향이 있으나, 이에 못지않게 상반된 견해도 존재한다. 이러한 상이한 견해는 분석방법, 연구대상지역 등에 따라 측정된 결과가 다르기 때문이라고 여겨진다.[44]

더욱이 기존 견해의 경우, 30여 년(전기, 중기, 말기) 혹은 50년(반세기) 등 비교적 장기간을 기후변화의 판단 시기로 분석하고 있다. 이러한 분석 시기 설정이 장기간의 변화 추세를 파악하는 데는 유용할지 모르나, 역사학계에서 사회변화를 연관지어 연구를 진행하기에 효용성이 떨어지는 문제점이 있다. 또한 자연과학 연구에서도 지역에 따라 분석결과가 다르게 나타난다는 점을, 대부분 지역이 명기되어 있지 않은 사료를 토대로 연구하는 문헌사학연구와 어떻게 연결시킬 수 있을지도 여전히 문제로 남는다.

2) 자연재해 발생 추세 : '12세기 전반기 기후위기론'

본고 역시 연구방법론상의 한계를 인정하면서 최대한 자료를 보완하는 한편, 12세기 전반기 고려(高麗)에서의 기후변동과 자연재해 발생의 연관성[45]을 염두에 두고 고찰해 보고자 한다.[46] 자연재해 발생 추세를 보다 정밀히 분석한 후, 이를 통해 기후변동 상황을 도출해 보고자 한다.

특히 본고에서는 이른바 '12세기 전반기 기후위기' 여부를 파악해 보기

---

44) 채웅석, 앞의 책, 2023, 68쪽.
45) 12세기 전반기를 비롯해 고려시대 기후변화의 과학적 연구가 제대로 이뤄지지 못한 상태에서, 기후변화와 재해의 상관성을 고찰하기는 어려운 상황이다. 그러나 兩者의 관계를 분석한 외국의 연구결과를 염두에 둘 때(中塚武, 「中世における氣候變動の概觀」 『氣候變動と中世社會』, 臨川書店, 2020, 26쪽), 기후변화는 재해 발생과 관련성을 지닌 것임은 어느 정도 인정될 수 있을 것으로 여겨진다.
46) 기존의 연구성과로서, 12세기 자연재해의 발생과 기후변화, 그리고 이에 따른 피해 및 영향에 대해서는 다음의 논고 참조. 이정호, 「高麗中期 自然災害의 발생과 生活環境」 『韓國史研究』 157, 2012 : 신안식, 「한·중 재해 DB와 활용─12세기 고려사회의 재해와 그 영향」 『한국중세사연구』 71, 2022.

위해, 1년 단위로 자연재해 발생 기록을 정리해 보았다.

<표 2> 12세기 전반기 자연재해 기록수[47]

연도	旱災	水災	雨雹서리木氷	雪災	風災	蟲災	雷電雨雷	地震붕괴용암	안개雨土	기근질병전염병	농작물수확감소	합계
헌종 원년/숙종 즉위년(1095)					1		1					2
숙종 원년(1096)	1	2	3									6
숙종 2년(1097)												0
숙종 3년(1098)	1	1	1				1					4
숙종 4년(1099)	2	2	1				1					6
숙종 5년(1100)	1					1						2
숙종 6년(1101)	17	1		1		4				1		24
숙종 7년(1102)	1			2		4			1	1		9
숙종 8년(1103)			1				1	2	1			5
숙종 9년(1104)	1	1	1	3								6
숙종 10년/예종 즉위년(1105)				2								2
예종 원년(1106)	10	1	1				1		1	1		15
예종 2년(1107)	8		1				2	1				12
예종 3년(1108)	2		1				1					4
예종 4년(1109)	1						1		4			6
예종 5년(1110)		1	2		2		2			1		8
예종 6년(1111)	2										1	3
예종 7년(1112)	1		1									2
예종 8년(1113)	1	2	1		1		2					7
예종 9년(1114)	2		1	1			3					7
예종 10년(1115)			3				3		1			7
예종 11년(1116)	3			1	2		1					8
예종 12년(1117)			2		1		2	2				7
예종 13년(1118)				1			3					4
예종 14년(1119)					1				2			3
예종 15년(1120)	3		1				3			1		8
예종 16년(1121)	23		1					2				26
예종 17년/인종 즉위년(1122)			2			1	3					6
인종 원년(1123)	5		1	1	1				1			9
인종 2년(1124)		1	2	1	5					3		13
인종 3년(1125)	4			1								5

											합계
인종 4년(1126)	1		1				1					3
인종 5년(1127)			1		1	1	1		2			6
인종 6년(1128)	1		1		1		1		2	1	1	8
인종 7년(1129)		1	1				1		2			5
인종 8년(1130)	3		1		3		3	1	1			12
인종 9년(1131)	2	4	5	2	8		9		6	3	1	40
인종 10년(1132)		1			1		2		2	1		7
인종 11년(1133)	9					1						10
인종 12년(1134)	13		1	1	3		2	1	1	1		23
인종 13년(1135)			1		1							2
인종 14년(1136)		1					1					2
인종 15년(1137)	4		2					1				7
인종 16년(1138)		1	3		2		4		4			14
인종 17년(1139)			4				1					5
인종 18년(1140)	6			3					1		1	11
인종 19년(1141)							1		1			2
인종 20년(1142)			2		2		3		2	1		10
인종 21년(1143)			2	1					1			4
인종 22년(1144)		1	2	1			2					6
인종 23년(1145)		1	1		1							3
인종 24년/ 의종 즉위년(1146)			2	1								3
의종 원년(1147)		1	3	1	2		2	1				10
의종 2년(1148)		1	1	1	1		1	1	2			8
의종 3년(1149)	2		1			1	1		1	1		7
의종 4년(1150)							2					2
합계	130	25	62	25	39	14	69	12	39	17	4	436

〈표 2〉에 따르면, 12세기 전반기 재해 기록 가운데 한재(旱災)의 비중이 가장 높았던 것을 살펴볼 수 있다. 우박, 서리, 목빙(木氷) 기사도 다수 나타나며, 설재(雪災) 또한 그러하다. 이 시기 한재 못지 않게 한랭한 기후와 관련된 재해가 주목되어 기록된 사실을 확인할 수 있다.

우박과 관련하여 한 가지 주목해야 할 사항이 있다. 우박에 대한 기록이 12세기 전반기에 다수 발견된다. 우박 기록은 이전이나 이후에도 살펴볼

47) 〈표 2〉는 『高麗史』 世家·天文志·五行志·食貨志, 『高麗史節要』의 기사를 토대로 하되, 『宋史』의 기사를 비교하여 보완하는 과정을 통해 작성한 것이다.

수 있지만, 주목되는 점은 12세기 전반기 이전 시기의 경우 우박에 의한 농작물 피해에 중점을 두어 기록하고 있는 데 반해,[48] 12세기 전반기에는 우박 자체에 대한 기록이 대부분이라는 점이다. 우박이 내린 것 자체가 관심이 되었던 셈이고, 이는 그 당시 우박이 내릴 정도로 이상저온 현상이 있었던 점을 반영하는 것으로 생각된다.

이와 관련해 12세기 전반기 우박이 기록된 '시기'를 주목할 필요가 있다. 왜냐하면 이 시기 고려의 우박 기록은 대체로 양력 4~6월에 해당하기 때문이다.[49] 또한 사료 자체로부터 이상저온 현상임을 짐작해 볼 수 있는 경우도 있다. 예를 들어 인종 17년 4월에 서리가 내렸는데, 해당 사료에 시기를 '여름' 4월[夏四月]이라 표기하고 있어,[50] 이때 내린 서리는 이상저온 현상일 가능성이 높아 보인다. 이로부터 12세기 전반기 기후변동에서 주목할 점 가운데 하나는 불규칙한 기후변동, 즉 이상저온 현상임을 알 수 있다.

또한 인종 12년의 기록을 보면 이와 같은 불규칙한 기후변동 현상을 당시 조정에서도 심각하게 생각하고 있었던 점을 알 수 있다.

> 나-1) 조서를 내려 이르기를, "요즈음 하늘의 변화가 이상하고 가뭄 또한 심하여 아침 일찍부터 저녁 늦게까지 걱정하지만 어찌할 바를 모르겠다. 너희 3품 이상의 관원들은 각자 봉사(封事)를 올려 정치의 폐단과 백성들의 어려움을 숨김없이 진술하라."라고 하였다(『고려사』 권16, 인종 12년 5월 丙寅).

---

48) 『고려사절요』 권3, 현종 18년 5월, "公州隕霜殺苗" ; 『고려사』 권9, 문종 35년 8월 己巳, "雨雹傷禾" ; 권9, 문종 37년 4월 癸酉, "制曰 自春而夏 農事方興 霜雹爲災 言念獄 囚 慮有冤滯 內外罪囚 宜從寬典 凡內外土木之役 悉令停罷."

49) 몇 가지 예를 들면, 『高麗史』 世家 기록에 따르면 인종 22년 4월 경술(29일)에 우박이 내렸는데, 이 날은 양력으로 6월 2일에 해당하며, 의종 즉위년 6월 기해에 우박이 내렸는데, 이 날은 양력으로 7월 11일에 해당한다.

50) 『고려사』 권17, 인종 17년, "夏四月 丁卯 隕霜."

나-2) 여러 왕릉과 종묘사직(宗廟社稷), 산천(山川)에 비를 빌었다. 왕이
    태조 진전(眞殿)을 알현하고 눈물을 흘리며 고하기를, "신(臣)이 진실
    로 부덕(不德)하여 선왕께서 만든 규범을 따르지 못하였으며, 정치도
    하늘과 땅을 기쁘게 하고 음양을 조화롭게 하는 데 부족했습니다.
    이런 까닭에 하늘은 재이(災異)를 내려 3월에 눈이 오고, 4월에는
    서리가 내렸으며, 이에 더해 사람과 물건에 벼락이 친 곳이 40여
    곳이나 되었습니다. 한 달이 넘도록 비가 내리지 않아 메마른 땅이
    천 리나 되니 백성들은 삶을 잇지 못하고 굶어 죽는 자들은 서로를
    베개로 베고 누웠습니다. 죄는 실로 신에게 있는데 백성들이 무슨
    잘못이 있겠습니까? …"라고 하였다(『고려사』 권16, 인종 12년 5월
    戊辰).

또한 이 시기에는 이상고온 현상 기록도 나타나, 불규칙한 기후변동의
가능성을 더욱 높여주고 있다. 이처럼 한랭한 기후와 불규칙한 이상기후
변동이야말로 12세기 전반기 '기후위기'의 내용이라고 생각된다.

다-1) 無氷(『고려사』 권53, 오행1 五行二曰火 예종 16년 11월)
다-2) 祈雪(『고려사』 권59, 예1 吉禮大祀 社稷 인종 9년 11월 癸酉)
다-3) 祈雪(『고려사』 권59, 예1 吉禮大祀 社稷 인종 9년 12월 甲子)
다-4) 大雨 溝渠解凍 如三月時(『고려사』 권53, 오행1 五行二曰火 인종 9년
    12월 壬辰)
다-5) 太史奏 立冬以來 無大雪 請祈雪(『고려사』 권53, 오행1 五行二曰火 인종
    24년 11월)
다-6) 祈雪(『고려사』 권53, 오행1 五行二曰火 의종 원년 11월 甲申)
다-7) 恒燠(『고려사』 권53 오행1 五行二曰火 의종 4년 10월)

다-1), 4), 7)의 경우처럼 겨울철 혹은 적어도 늦가을에 '無氷', '如三月時', '恒燠'이라 하고 있어, 해당 시기(예종 16년, 인종 9년, 의종 4년)에 이상고온 현상이 발생한 것을 알 수 있다. 한편 다-2), 3)의 경우는 겨울철에 '祈雪'이라고만 하고 있어, 그것이 정기적인 의례(儀禮)인지 눈이 안올 정도[無雪]로 기후가 온난하여 기설제(祈雪祭)를 올린 것인지 판단하기 어렵다. 그러나 이로부터 얼마후 기사인 다-4) 기사는 "마치 3월처럼 도랑의 얼음이 모두 녹았다"라고 하고 있어 이 시기에 이상고온 현상이 나타난 것을 알 수 있다. 이를 미루어 볼 때, 다-2), 3)의 '祈雪'은 이상고온 현상에 따른 무설(無雪)로 말미암아 기설제를 올린 것으로 판단된다.

다-5)의 경우 인종 24년 11월(실제로는 의종 즉위년 11월)의 기설제는 태사가 입동(立冬) 이래 '無大雪'에 따른 건의로 이뤄지고 있어, 당시에 이상고온 현상이 있었던 것으로 판단된다. 아울러 이 기사가 오행지 가운데 화(火) 항목에 기재된 점도 이를 추정하는 데 도움이 된다. 같은 맥락에서 다-6) 의종 원년 11월 갑신의 '祈雪'도 이상고온 현상을 반영한 것이었을 가능성이 높다.

한편 〈표 2〉에서 주목되는 것은 12세기 전반기에 재해가 다수 기록된 시기가 '반복적'으로 나타난다는 점이다. 이를 고찰하기 위해 〈그래프 1〉을 작성해 보았다.

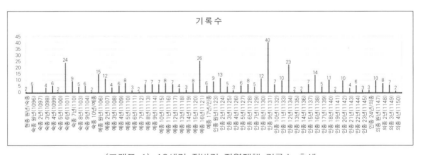

〈그래프 1〉 12세기 전반기 자연재해 기록수 추세

후술하듯이 이로 말미암은 피해 역시 반복하여 발생하고 있었던 것을 고찰할 수 있다. 12세기 전반기의 경우, 전후 시기를 감안해 생각해 본다면, 중세 온난기 속 일시적 한랭기였으며, 그 속에서 불규칙한 이상기후변동 현상이 나타났던 시기로서, '12세기 전반기 기후위기'로 불릴 만한 시기였다고 생각된다.[51]

3) '기후위기'의 원인

그러면 이 시기 '기후위기'의 원인은 무엇이었을까? 기존의 연구에 따르면 화산 폭발로 인한 영향일 가능성을 지적한 견해가 있었다. 백두산 (白頭山)의 경우 지금까지 여러 차례 분화가 있었던 것으로 보고되고 있는데, 본고에서 검토하고 있는 12세기 전반기와 관련해서는 인종 2년(1124)에 분화가 있었던 것으로 보고 있다.[52] 1108년에 발생한 일본 아사마산淺間山의 대규모 분화와 이탈리아 에토나화산 분화의 영향으로 고려후기 이상기상을 추정한 견해도 있다.[53] 『고려사』의 기록 가운데도 인종 8년 (1130)에 용암 분출 현상으로 추정되는 기사를 찾아볼 수 있다.[54] 이러한 화산의 분화 과정에서 생성된 화산재가 햇빛을 가려 한랭한 기후를 초래하였을 가능성이 있다. 그러나 화산 분화에 의한 기후영향은 그다지 장기간 지속되지 않는다는 점을 감안한다면, 12세기 전반기처럼 40~50년간의

---

51) 이를 규정하기 위해서는 습윤, 건조 정도에 대한 파악 역시 필요할 것으로 여겨지나, 자료의 한계상 이를 고찰하기에는 아직 어려움이 있는 상태이다. 자연과학 분야와의 학제적 연구가 필요한 이유가 여기에도 있다 하겠다.

52) 윤성효, 「백두산의 역사시대 분화 기록에 대한 화산학적 해석」 『韓國地球科學會誌』 34-6, 2013.

53) 須長泰一, 「高麗後期の異常氣象に關する一試考」 『朝鮮學報』 119·120, 1986.

54) 『고려사』 권53, 오행1 五行二曰火 인종 8년 11월 庚子, "日官奏 白州兎山西南方 火從地中出 焚草木 燃沙石泥土 赤如灰 入地二尺 其下閏濕 而土色黑 東西一千三百二十尺 許 南北三千三百六十尺 自六月二十日 至九月十五日 通晝夜 光明遍地 至今月三日 因雨漸 息."

기후변화의 원인으로 상정하기에 어려움이 있다고 여겨진다.

아울러 태양 활동의 변화, 유성(流星) 등 외계 충격을 비롯해 천문현상의 변화와 연관하여 고찰한 연구도 있다.[55] 자연재해, 기상이변 현상 등이 다수 발생한 12세기 전반기에 천문현상에 대한 기록 또한 다수 살펴진다는 점에서 가능성이 엿보인다. 그러나 천문현상과 재해의 상관성에 대해서는 좀더 규명이 필요하고, 천문현상을 동아시아에 국한하여 설명하는 것도 면밀한 검토가 필요하다.

그런 까닭에 본고에서는 12세기 전반기 '기후위기'의 원인으로 특히 불규칙한 이상기후 변동을 주목해 볼 필요가 있을 것으로 여겨진다. 즉 앞으로 좀더 면밀한 고찰이 필요할 것으로 여겨지지만, 이 시기 혹시 엘리뇨 현상에 의한 것은 아닌지 추측해 본다. 중세온난기에 엘리뇨 혹은 라니뇨 현상으로 동아시아지역의 기상이변을 초래한 것은 아닌지 향후 고찰이 필요하다.[56]

---

55) 李泰鎭, 「고려~조선 중기 天災地變과 天觀의 변천」 『韓國思想史方法論』, 小花, 1997 ; 이태진, 『새 韓國史』, 까치, 2012, 208~212쪽.

56) 강인식, 「엘리뇨와 한반도 기후변동의 관련성」 『한국기상학회지』 34-3, 1998 ; 박정재, 「남한 지역의 홀로세 중후기 기후변화」 『기후연구』 8-2, 2013 ; 박정재, 「한반도 홀로세 후기 기후와 적도 태평양 해수면 온도 간의 연관성」 『한국지역지리학회지』 24-1, 2018 ; 이재영·전창표·이상헌·김동욱, 「현생화분을 이용한 화석화분 기반의 정량적 고기후 복원 – 연구방법 소개 및 사례연구」 『지질학회지』 56-5, 2020.
중세온난기 엘리뇨 및 라니뇨의 영향에 대한 연구성과를 정리한 경우로, 채웅석, 앞의 논문, 2022 ; 앞의 책, 2023, 67쪽 참조. 한편 기존 견해의 경우 대체로 그 영향으로 12세기 후반기 한랭습윤한 기후로 변화된 것으로 추정하고 있다. 본고에서 고찰하는 12세기 전반기에 대한 언급은 부족한 편이어서, 향후 연구가 필요할 것으로 여겨진다.

4. 자연재해의 영향과 사회변화

1) 자연재해로 인한 피해

12세기 전반기 고려시대에는 한재, 수재, 풍재 등 자연재해로 인한 피해가 다양하게 발생하고 있었다. 자연재해는 직간접적으로 생산활동, 인명(人命) 등 여러 부분에서 피해를 초래하였다. 대표적으로 자연재해로 인한 농작물의 피해가 흉작, 기근, 인명 피해 등으로 연결되는 사례를 들 수 있다.

특히 한재는 고려시대 전체 기간 가운데 12세기 전반기에 발생 빈도가 높게 나타나고 더욱이 장기간에 걸쳐 한재가 거듭되면서 그 피해가 가중되어 나타났다. 예를 들어 숙종 3년~6년, 예종 원년~4년, 6년~9년의 경우 연이은 한재의 발생으로 농업생산활동에 지장을 초래함은 물론 흉년, 기근, 전염병의 발생으로까지 연계되어 피해가 확산되었다. 그 결과 예종 대에는 심할 경우 생존을 위해 '인상식(人相食)'하는 지경에 이른 경우도 나타난다.[57]

태풍을 비롯한 수재 또한 수확물의 감소 및 곡물 가격 급등, 아사자(餓死者) 발생 등을 가져오는 중요 원인 가운데 하나였다.

> 라-1) 지리산(地理山) 남쪽에서 장성현(長城縣)에 이르기까지 종종 벼락이 떨어지고, 천둥 번개가 치고, 바람이 세게 불고, 큰비가 내려 나무가 엎어지고, 벼가 익지 못하였다(『고려사』 권53, 오행1 五行一曰水 인종 9년 5월).
>
> 라-2) 경성(京城)에 기근이 들어 곡식은 귀해지고 물건값은 떨어졌다.

---

57) 이정호, 『고려시대의 농업생산과 권농정책』, 경인문화사, 2009, 14~15쪽.

은병(銀瓶) 1개는 쌀 5석(碩), 작은 말 1필은 쌀 1석, 암소 1마리는 쌀 4두(斗), 베 1필은 쌀 6승(升)이었다. 거리에는 굶어 죽은 시체가 즐비했다(『고려사』 권16, 인종 10년 7월 庚午).

라-3) 큰비가 내려 잠기거나 떠내려간 민가(民家)가 이루 다 헤아릴 수 없었다. 또 봉은사(奉恩寺) 뒷산의 오래된 우물에서 물이 솟구쳐 나와서 국학청(國學廳)으로 쏟아져 들어가 경(經)·사(史)·백가(百家)의 문서가 잠기거나 떠내려갔다(『고려사』 권53, 오행1 五行一曰水 인종 10년 8월 戊子).

라-4) 경기(京畿)에 큰비가 내려, 많은 사람과 말[馬]이 빠져 죽었다(『고려사』 권53, 오행1 五行一曰水 의종 원년 7월 戊辰).

라-5) 밤에 큰비가 내려 영통사(靈通寺) 산에서 물이 솟구쳐 나와서 많은 사람이 물에 빠지거나 떠내려갔다. 또 송악(松嶽)의 여러 산에서 큰물이 쏟아져 나와 흙과 돌이 무너졌다(『고려사』 권53, 오행1 五行一曰水 의종 2년 6월 丁酉).

라-1)의 경우 인종 9년(1131) 5월 지리산 남부 지역에서 태풍으로 추측되는 재해로 말미암아 벼이삭이 익지 못했던 사실을 기록하고 있다. 이러한 재해는 이듬해 인종 10년 7월 기근과 곡물 가격 급등 및 아사자의 발생이라는 피해로 연결되었다(라-2)). 또한 수재로 인한 피해는 8월에도 거듭되어 민가의 유실을 비롯해 각종 시설물의 피해로 이어지기도 하였다(라-3)). 라-4), 5)에서 살펴볼 수 있듯이, 의종 원년(1147)과 2년(1148)에도 홍수로 인명, 가축의 사망을 비롯해 산악 붕괴 등 피해가 발생하였다.

또한 거듭된 재해는 기근과 아사자의 발생을 초래할 정도로 피해가 컸고, 경우에 따라 전염병의 발생으로 이어지기도 하였다. 전염병은 사람뿐아니라 가축에게도 발생한 경우를 살펴볼 수 있다.[58] 기근, 질병, 전염병은 여러 자연재해로 인하여 피해가 가중되는 가운데 발생하는 경우가 많다. 그런 측면에서 이에 대한 검토는 12세기 전반기 자연재해의 피해 정도를 가늠하는 데 도움이 될 것이다.

〈표 3〉 12세기 전반기 기근, 질병, 전염병 사료

연도	왕대 (연월일)	기근, 질병, 전염병	대응책	지역	사료	전거[59]
1101	숙종 6년 3월 병술	전염병	기타 祭祀		丙戌 祭五瘟神	사11
1101	숙종 6년 4월	기근	진휼		詔 民貧不能自存者 令濟危鋪限麥熟賑恤	절6
1101	숙종 6년 4월	기근	진휼 (시신 수습)		詔曰 今方農時 天久不雨 恐州郡吏不體予意 逗撓德音 所免租稅 使民不被其澤 或冤獄滯囚 久而不決 餓莩曝骸 棄而不葬 又公私收稅甚重 召民怨傷和氣而致然也 有司其布德惠 禁非法 平訊其獄 掩骼埋胔 亟答天譴	절6
1102	숙종 7년 3월	기근	진휼 (조세 감면)	東京管內 州郡鄕部 曲十九所	三司奏 東京管內州郡鄕部曲十九所 因去年久旱 民多飢困 乞依令文 損四分以上 免租 六分以上 免租調 七分以上 課役俱免 已輸者 聽折减來年租稅 從之	절6
1102	숙종 7년	기근			命有司 設食賜飢民 限自四月 至立秋	사80 수한역 려진대지제
1106	예종 원년 3월	기근, 질병			命東西濟危都監 賑貧病	절7
1109	예종 4년 정월	기근	진휼	西京驛路	以西京驛路百姓飢饉 發倉賑之	절7
1109	예종 4년 4월 갑진	전염병	佛道場		遣近臣 禱雨于朴淵及諸神廟 祭瘟神于五部 仍設般若道場 以禳疾疫	사13
1109	예종 4년 5월	전염병		京內	制曰 京內人民罹于疫厲 死者多 宜置救濟都監 療之 且收瘞屍骨 勿令暴露	절7
1109	예종 4년 5월	기근	진휼	東北西 南二道	分遣近臣 賑東北西南二道飢民	절7
1109	예종 4년 12월 을유	전염병	기타 祭祀	松嶽, 祭神祠	命有司 分祭于松嶽及諸神祠 以禳疾疫	사13
1109	예종 4년 12월	기근		諸道	分遣近臣 賑興化雲中西海南京廣州忠淸州等諸道飢民	절7
1110	예종 5년 4월 갑술	전염병	시신 수습		司天臺奏 今年 疫厲大興 戶骸載路 請令有司 收瘞 從之	사13
1110	예종 5년 6월 병자	기근, 농사 피해	寬刑, 대민시책		詔曰 朕謬以眇躬 紹御三韓 萬機至廣 不能視聽 刑政不中 節候不調 三四年間 田穀凶荒 人民飢病 宵旰憂勞 未嘗暫已 況又乾文屢怪 無日不見 夏月以來 凄風雨霜 此乃涼德所致 恐懼增深 意欲推恩 上答天譴 下慰民心 召集和氣 以報平安 自宜旨前 凡在獄凶犯以下 並除免之 二罪以上 除刑付處 曾坐罪流謫者 並量輕移 以至敍用 或有所犯 父母妻子分居各處者 完聚一處	사13
1117	예종 12년 8월	기근		北鄙	及王卽位 以中書舍人奉使于遼 道見北鄙大饑 人相食 馳驛上書 請發倉廩賑之	절7

58) 『고려사』 권55, 오행3 五行五曰土 인종 20년 10월 戊寅, "以西南路州郡 牛馬疫 遣日官 分道祈禳."

1120	예종 15년 8월	기근	농사 피해		自夏不雨 至于是月 五穀不登 疫癘大興	사14
1120	예종 15년 8월	전염병	농사 피해		自夏不雨 至于是月 五穀不登 疫癘大興	사14
1120	예종 15년 8월 신미	전염병	讀經		幸外帝釋院 命五部 讀般若經三日 以禳疫癘	사14
1122	예종 17년 4월 기축	전염병	기타 제사, 寬刑		制曰 寡人祗承天命 叨纘丕緒 御于家邦 多歷年所 然臨事制宜 莫知其方 以致陰陽失序 穹壤挺妖 加疾病以彌留 愈憂懼而自勵 冀推渙汗 以謝幽明 凡各山大川 秩在祀典者 各加名號 諸有罪者 除斬絞外 皆原之 流配者量移	사14
1127	인종 5년 3월	기근	구휼		詔 務儲官穀 以待救民	사80상평의창
1127	인종 5년 3월	전염병			詔 濟危鋪大悲院 厚蓄積 以救疾病	사80 수한역려진대지제
1128	인종 6년 3월	기근		定州	定州饑	사55(土)
1131	인종 9년 3월 계해	전염병	의료		制 無伐木 無覆巢 掩骼埋胔 葺東西大悲院濟危鋪 以救民疾	사16
1131	인종 9년 6월	기근		塩州	塩州旱饑	사55(土)
1131	인종 9년 7월	기근	진휼		發大倉 賑貧民	절9
1132	인종 10년 7월 경오	기근, 물가		京城	京城饑 穀貴物賤 銀瓶一事 直米五碩 小馬一匹一碩 牸牛一頭四斗 布一匹六升 街巷 餓殍相望	사16
1149	의종 3년 2월	기근		尙州, 慶州	以尙州慶州饑 遣使賑之	절11

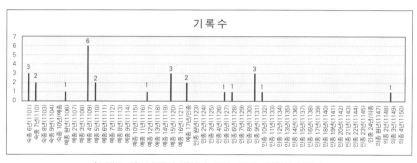

〈그래프 2〉 12세기 전반기 기근, 질병, 전염병 기록수

〈그래프 2〉는 12세기 전반기 기근, 질병, 전염병 기록수를 그래프로 표시해 본 것이다. 이에 따르면 그러한 피해가 '반복적'으로 발생한 추세가 엿보여, 이 시기에 자연재해로 인한 피해가 되풀이하여 나타나거나 일정 정도 '주기성'을 나타내고 있는 점이 주목된다. 한편 앞서 살펴본 〈그래프

---

59) 〈표 3〉의 전거를 표기함에 있어, 『高麗史』卷1·『高麗史節要』卷1은 각각 '사1'·'절1'로 略稱하고, 『高麗史』 五行志의 경우 '『高麗史』卷53, 五行二日火'는 '사53(火)'로 略稱하였다.

1)과 비교해 보면, 기록수의 추세에서 공통된 시기와 차이를 보이는 시기가 나타난다. 공통적으로 기록수가 높은 시기로는 숙종 6~7년, 예종 15~17년, 인종 9년 등을 살펴볼 수 있어, 이 시기 자연재해로 인한 피해가 컸던 사정을 엿볼 수 있다. 차이가 나는 시기로는 〈그래프 1〉에서 예종 원~2년이 높은 반면 〈그래프 2〉에서는 예종 4~5년에 높은 수치가 나타난다. 이는 자연재해 발생 후 이에 대한 결과 혹은 대응으로서 기근, 질병, 전염병 기사가 시간상 뒤이어 기재된 때문인 것으로 여겨진다. 대체로 자연재해 발생과 기근, 질병, 전염병의 발생 추세가 상관성이 있음을 확인할 수 있다.

  아울러 이 시기의 경우 이상기후 현상으로 인한 피해도 살펴볼 수 있다.

  마) 동북풍[艮風]이 5일 동안 불어 백곡(百穀)과 초목(草木)이 절반 이상
      말라 죽었고, 지렁이[蚯蚓]가 도로에 나와 죽은 것이 한 움큼이나
      되었다(『고려사』 권55, 오행3 五行五曰土 인종 18년 6월 戊辰).

인종 18년(1140) 6월 무진일(양력 7월 11일)에는 동북풍이 5일 동안 불어, 백곡과 초목이 절반 이상 말라 죽는 일이 있었다. 한재 혹은 무더위 등 어떤 원인에 의한 피해인지 정확히 알기는 힘들다. 한편 이 해 3월에 대설(大雪), 우박 등 이상저온 현상에 대한 기록이 있고,[60] 6월에 마)와 같은 이상기후 현상이 있은 이후 윤6월에는 한재가 발생하고 있어,[61] 이 시기 불규칙한 기후변화의 양상이 나타나고 있었던 것을 알 수 있다. 이를

  60) 『고려사』 권53, 오행1 五行一曰水 인종 18년 3월 甲申[양력 3월 29일], "大雪"; 丁亥[양
      력 4월 1일], "大雪 雨土"; 丁酉[양력 4월 11일], "雨雹."
  61) 『고려사』 권17, 인종 18년 윤6월 丁亥, "設金經道場於金明殿 禱雨"; 己丑, "聚巫又
      禱"; 辛卯, "親禱于法雲寺"; 丁酉, "醮于宣慶殿 禱雨"; 戊戌, "親禱于外帝釋院."

감안할 때 마) 사료는 불규칙한 기후변화 속의 여름철 이상고온 현상을 의미하는 것은 아닐까 추정해 본다. 만약 그러하다면 불규칙한 기후변화가 이 시기에 피해를 초래한 원인 가운데 하나가 아닌가 추측된다.

2) 자연재해와 사회변화

이처럼 자연재해의 발생은 농업에의 피해를 비롯해 전염병의 발생, 인명 손실 등 사회에 큰 영향을 미쳤다. 뿐만 아니라 본고에서 주목하고자 하는 것은 이러한 자연재해의 발생이 사회구성 혹은 운영의 측면에서도 영향을 미쳤고, 그 피해가 역설적이게도 사회발전에도 영향을 미쳤던 것이 아닐까 생각된다는 점이다. 이를 감안할 때 자연재해 및 기후사 등 환경사의 연구방법에 새로운 모색을 시도할 필요가 있다고 여겨진다.

즉 과거 역사 속 재해와 같은 환경 문제는, 경우에 따라 근대적 관점(과학적 분석, 실상 파악, 災害史의 관점)도 필요하겠지만, 당시의 재해관(災害觀) 혹은 재이관(災異觀)·자연관(自然觀) 등을 토대로 당시의 실상을 파악하는 것 역시 무척 중요하지 않을까 한다. 그러할 때 재해가 사회에 미친 영향, 예를 들어 "재해가 당시 사회변화 속에서 어떻게 구성되고 받아들였는지", 또 나아가 "그러한 상황이 권력관계 및 사회구조, 생활 등에 영향을 미치고 있었던 사실을 파악"하는 방향으로 연구를 진전시켜 나가는 것도[62] 하나의 유용한 방법이 될 수 있을 것이다.

주지하듯이 자연재해에 대해 당시 사람들은 천인감응론(天人感應論)에 입각하여 해석하고 대응하는 경향이 있었다. 대표적으로 자연재해가 발생하면 이를 지상의 잘못된 정치행위에 대한 천견(天譴)으로 간주하여

---

62) Charles E. Rosenberg, *The Cholera Years*, University of Chicago Press, 1962, 1987 ; 박범순, 「영웅 없는 『콜레라 시대』」 『한국과학사학회지』 42-1, 2020, 304~308쪽에서 재인용.

국왕이 책기수덕(責己修德)하고 관료에게도 이를 준수하도록 지시를 내리곤 하였다.

바) 유사(有司)에게 명하여 죄수들의 죄상을 조사하게 하고 조서를 내려 말하기를, "짐이 덕(德)이 부족하고 우매하여 존위(尊位)에 앉기는 하였지만 하늘의 뜻에 맞는 덕이 없어 만물에 은택을 입히지 못하였다. 나라의 기강은 날로 폐하여져가고 백성들은 시름시름 앓고 피폐해지니 아침 일찍부터 밤늦게까지 매우 두려워 감히 편안히 지낼 겨를이 없다. 원하건대 지성(至誠)을 다하여 천지(天地)의 화기(和氣)에 맞추고자 하니 마땅히 유사에서는 제물을 갖추어 국내의 명산대천(名山大川)에 제사 지내도록 하라. …"라고 하였다(『고려사』 권16, 인종 16년 5월 庚子).

이 사료는 기존에 천인감응설에 따른 국왕의 책기수덕 차원에서 설명한 부분이다. 물론 이러한 설명이 타당한 것으로 여겨지지만, 한편으로 국왕의 이러한 인식과 행위가 이전의 거듭된 재해를 경험한 후에 출현한 것임은 분명하다. 이를 감안하여 본고에서는 재해 발생에 따른 경험이 사회 운영에서 작용하고 있음을 고찰해 보고자 한다.

본고에서 주목하고자 하는 것은, 그러한 가운데 자연재해가 국왕과 관료들 사이의 관계 및 정치세력의 동향에도 일정 부분 영향을 미치는 등 사회 운영 혹은 구성에 변화를 초래하는 경우가 살펴진다는 점이다. 또한 그러한 경우가 특히 자연재해로 말미암은 피해를 경험한 이후 어느 정도 소강상태에 이른 시기에 자주 나타나고 있다는 점도 주목된다.

사) 우박이 쏟아졌다. 어사대부(御史大夫) 임유문(林有文) 등이 천재지변에 대해 스스로 책임을 지고 사직을 청하였으나, 왕이 명령하여 다시

돌아와 정사(政事)를 보도록 하였다(『고려사』 권13, 예종 9년 4월 丙
寅).

  예를 들어 예종 9년(1114)은 이상저온, 이상고온 등 불규칙한 기후변화
가 있기는 하지만,[63] 이전의 빈번한 재해로 피해를 입었던 시기에 비해,
상대적으로 재해의 발생이 소강상태에 있던 때이다.[64] 이 시기에 4월
병인일 우박이 내리자, 이를 계기로 관료 스스로 사직하려 하였으나 국왕
이 저지하고 있다. 이는 "재해가 사회구성적 요소로 작용하고 있다"[65]는
점에서 주목된다. 빈번한 재해 발생으로 피해를 경험한 이후, 이러한
재이 발생이 관료들로 하여금 스스로 사직을 생각할 정도로 관료들에게
영향을 미치고 있다는 것이다.
  국왕과 관료의 관계가 재해 발생을 계기로 다시금 확인되고 있었던
것인데, 다음의 기사 또한 유사한 경우이다.

---

63) 『고려사』 권13, 예종 9년 4월 乙丑, "大雨雹 震文德殿東廊柱及南山浿江月盖窯等處樹
  木"; 권53, 오행1 五行一曰水 예종 9년 4월 壬辰, "風雨寒甚 凡二日"; 睿宗 9年 11月,
  "無雪."
  중국의 경우, 이해(1114년, 예종 9년)에 야생누에가 생성된 기사가 있는데(是歲
  相州野蠶成繭[『송사』 권21, 徽宗3 政和 4년]), 누에가 기온에 큰 영향을 받는 점을
  감안할 때, 이는 특이사항을 기록한 것으로서 적어도 이상기후 변화(아마도 이상고
  온 현상)의 물증일 가능성이 있다.
64) 자연재해 피해가 중첩되어 기근, 질병, 전염병이 발생하는 경향이 많다. 12세기
  전반기 가운데 특히 예종 4~5년과 12년, 15년에 자연재해와 더불어 기근, 질병,
  전염병이 크게 발생한 것으로 나타나(이정호, 『고려시대의 농업생산과 권농정책』,
  경인문화사, 2009, 36쪽), 본고에서 검토하는 예종 9년은 이로 말미암은 피해를
  경험하고 다시 피해가 재발하기 전에 해당하는, 즉 일정 정도 피해가 소강상태에
  있던 시기라고 볼 수 있다.
65) 용어에 대한 검토가 필요하겠지만, 본고에서는 자연재해가 정치운영 및 사회변화
  에 미친 영향을 비롯해 당시 사회변화 속에서 어떻게 구성되고 받아들여졌는지
  고찰한다는 측면에서, '사회구성적' 혹은 '자연재해와 사회구성의 상관성'이란
  용어를 사용하였다.

아-1) 지어사대사(知御史臺事) 이주연(李周衍), 중승(中丞) 임원준(任元濬), 잡단(雜端) 황보양(皇甫讓), 시어사(侍御史) 고당유(高唐愈), 전중시어사(殿中侍御史) 문공원(文公元) 등이 상소하여 작금의 폐단을 말하였으나, 왕이 단지 두세 가지만 따랐다(『고려사』 권16, 인종 8년 4월 戊子).

아-2) 조서를 내려서 재차 기우제[雩]를 지내 비를 내려달라고 빌게 하였는데, 태사(太史)가 아뢰기를, "반드시 천상(川上), 송악(松岳), 동신(東神), 여러 신묘(神廟), 율포(栗浦), 박연(朴淵)에서 먼저 한 이후에 재차 기우제[雩]를 올려야 합니다. 또한 양경(兩京)과 내외(內外) 공사(公私) 토목공사의 부역(賦役)을 중단하는 것이 마땅합니다."라고 하니, 이를 따랐다(『고려사』 권54, 오행2 五行四曰金 인종 8년 4월 戊子).

아-3) 일관(日官)이 아뢰기를, "지금 가뭄이 매우 심하니, 마땅히 악(岳)·진(鎮)·해(海)·독(瀆)과 여러 산천 및 종묘사직에 기도해야 합니다. 7일마다 한 번 기도하되 비가 오지 않는다면 처음과 같이 악(岳)과 독(瀆)에만 기도하는 것으로 되돌아가시고, 가뭄이 극심해진다면 기우제를 지내십시오."라고 하니, 이를 따랐다(『고려사』 권59, 예1 吉禮大祀 社稷 인종 8년 4월 戊子).

아-1~3) 사료는 같은 날(인종 8년 4월 무자)의 기록이다. 일관, 태사의 의견을 수용하는 반면 여타 관료의 의견은 소수만 수용하고 있다. 천문현상 기록 증가와 관련해 주목될 뿐아니라 재해가 사회구성 요소로 작용하고 있음을, 즉 여타 관료보다 천문현상 관련 관료의 위상 및 주장이 상대적으로 제고되었음을 살펴볼 수 있는 대목이다. 이전 시기와 비교해, 아-3) 사료처럼 이 기사가 예지(禮志)에도 수록되어 있는 점도 주목할 만하다. 즉 국가적 관심이 제고되어, 제도화(의례로서 주목)될 정도로 중요성이 높아졌다는 것을 의미하는 것은 아닐까? 재해가 직접 사회에 피해를 초래했을 뿐만 아니라 재해가 경우에 따라 (혹은 일시적이나마) 정치관료의 활동을 비롯해 정치운영 등에 작용을 미치고 사회를 구성하는 요소로 자리잡게 되었던 것은 아닐까 여겨진다는 것이다.[66]

자-1) 일관이 아뢰기를, "요즘 무당의 풍속이 크게 유행하여 음사(陰祀)가 날로 성행하고 있습니다. 청컨대 해당 관청에 명하여 무당 무리들을 멀리 내쫓도록 하소서."라고 하자 왕이 허락하였다. 여러 무당들이 이를 걱정하여 재물을 거두어서 은병(銀甁) 100여 개를 사서 권귀(權貴)에게 뇌물을 주었다. 권귀들이 아뢰기를, "귀신은 형체가 없으므로 그것의 허실(虛實)을 알 수 없으므로 완전히 금지하는 것은 편리한 일이 아닙니다."라고 하자 왕이 그렇게 생각하고 금지령을 완화시켰다(『고려사』 권16, 인종 9년 8월 丙子).

자-2) 오후 3~4시경[晡時]에 폭풍이 불어 나무가 부러지고 모래가 날렸으며 우박이 쏟아졌다. 태사가 아뢰기를 "근래에 터무니없는 억지소리[臆說]를 하는 음양가(陰陽家)들이 번갈아 천지(天地)의 변화에 대한 말[消息]을 아뢰는 바람에 함부로 재(齋)와 초(醮)를 지냈으니, 약을 다 써도 병은 낫지 않는 것과 같습니다. 남녀노소가 이따금 모여 부처의 이름을 서로 부르고 있습니다. 어사대(御史臺)와 가구(街衢)에 명하여 순행(巡行)하여 금지하게 하는 것이 마땅합니다."라고 하니, 이를 따랐다(『고려사』 권55, 오행3 五行五曰土 인종 8년 6월 癸未).

자-3) 음양회의소(陰陽會議所)에서 아뢰기를, "근래에 승려와 속인(俗人), 잡류(雜類)들이 함께 모여 무리를 이루어 만불향도(萬佛香徒)라 호칭

---

66) 자연재해가 빈번히 발생해 피해를 입은 시기를 지나, 이로부터 학습효과를 거둠과 동시에 재해 피해가 소강상태로 접어든 시기에 이르러, 재해가 사회구성 요소로 작동하고 있었던 것이다. 이러한 관점은 '재해 피해사(재해사)' 관점을 극복하고 '재해 구성사' 관점으로의 전환을 의미하는 것이기도 할 것이다.

하고 때로는 염불과 독경을 하면서 거짓되고 망령된 짓을 하며, 때로는 서울과 지방의 사찰 승도들이 술을 팔고 파를 팔기도 하며, 때로는 무기를 지니고 악독한 짓을 하고 날뛰면서 유희를 벌여 법도를 어지럽히며 풍속을 망가뜨리고 있습니다. 청하옵건대 어사대(御史臺)와 금오위(金吾衛)로 하여금 순찰하고 단속하도록 하여 금지시키도록 하십시오."라고 하니, 조서를 내려 허락한다고 하였다(『고려사』 권85, 형법2 禁令 인종 9년 6월).

자-1~3)의 경우, 무당, 음양가, 승려 등에 의해 음사, 재·초, 향도 등이 성행하고 있음을 지적하면서, 일관, 태사를 비롯해 음양회의소에서 이에 대한 단속을 건의하고 있었다. 민심동요를 반영함[67]과 동시에 이를 수습하려는 정부의 대응을 엿볼 수 있는 사례라고 할 수 있겠다.

그런데 이는 앞서 자연재해의 피해가 가중되고 있던 시기에 소재(消災)를 위한 노력과정에서 '폭무(曝巫)', '취무(聚巫)'하여 기우제를 지내고,[68] 각종 불교 도량을 개최하는 등 소재의식(消災儀式)을 거행한 일이 자주 있었던 사실[69]과도 연관된 것으로 여겨진다. 재해 피해가 가중되는 과정에서, 소재행위 주체가 확대 다양화되면서[70] 부정적 폐단(무당에 의한 과도한 제사) 또한 발생하고 있었던 것이다.

여기서 주목되는 점은 재해 피해가 발생한 이후 그 소재과정에서, 그것이 설령 부정적으로 인식된 것이라 하더라도, 어쨌든 무당, 음양가 등의

---

67) 『고려사』 권11, 숙종 6년 4월 辛丑, "平州妖僧覺眞 妄言陰陽 眩惑衆人 詔流谷州."
68) 『고려사』 권54, 오행2 五行四曰金 숙종 6년 4월 乙巳, "曝巫祈雨"; 권14, 예종 16년 윤5월 辛未, "聚巫禱雨"; 권15, 인종 원년 5월 甲子, "造土龍 聚巫禱雨 幸龍山寺."
69) 『고려사』 권14, 예종 16년 윤5월 丙子, "親醮于純福殿 禱雨 聚僧 又禱于山呼亭及佛宇."
70) 다음 사료는 재해 피해가 가중되는 가운데 民間에서도 국가의 소재행위를 모방하여 행하고 있었던 모습을 살펴볼 수 있다. 『고려사』 권12, 예종 원년 6월 己丑, "御長寧殿 命僧曇眞 說禪祈雨 時國家盛行街衢經行 五部人民效此 各於所在里 行讀 行至闕西里 適有雨 王賜米帛 更令行讀."

행위가 증가하는 등 영향을 미쳤다는 점이다. 또한 이에 대해 국가나 관료(일관, 태사) 혹은 국가관청(음양회의소) 주도로 단속함으로써, 민심 수습을 도모함과 동시에 소재행위의 주체가 엄연히 국가에 있음을 재확인 하고 있었던 것이다. 그 과정에서 재해 현상에 대한 관측 및 해석 등의 업무를 담당하는 관료, 대표적으로 일관, 태사의 역할이 더욱 중요시 되었다. 즉 재해는 경우에 따라 이와 연관된 특정 집단 혹은 관료의 역할과 위상에 영향을 미치고 있었다는 것이다.

차-1) 폭풍이 불어 나무가 뽑히고 천둥번개가 쳤으며 오정리(五正里) 인가 (人家)의 소나무에 벼락이 떨어졌다. 태사가 아뢰기를, "입하(立夏)부 터 입추(立秋)가 지나서까지 절기[時令]가 조화롭지 못하여 비바람이 갑자기 불거나 우박이 떨어집니다. 이는 또한 수재, 가뭄, 전쟁, 상사 [喪]의 재앙이 장차 닥칠까 두렵습니다. 재(齋)나 제(祭)를 지내 재앙을 물리치기를 바라는 기도를 하는 것으로는 변란을 없애기에 부족합니 다. 원컨대 전하께서는 스스로를 반성하시고 덕을 닦으시어 하늘의 견책에 답하십시오."라고 하니, 이를 따랐다(『고려사』 권55, 오행3 五行五曰土 인종 8년 7월 辛亥).

차-2) 초경(初更)에 불꽃같은 붉은 기운이 북쪽[坎方]에서 나와서 북두칠성 의 괴성(魁星)을 덮었는데, 나타났다 없어졌다 하며 변화하다가 삼경 (三更)에 이르러 없어졌다. 일관이 아뢰기를, "『천지서상지(天地瑞祥 誌)』에서 말하기를, 불꽃같은 붉은 기운이 나타나는 것은 신하가 그 임금을 배반하는 것이라고 했습니다. 엎드려 바라옵건대, 덕을 닦아 변고를 없애십시오."라고 하였다(『고려사』 권53, 오행1 五行二曰火 인종 8년 8월 乙未).

차-3) 흰 무지개가 서쪽에서 일어나 북쪽을 향해 이어지다가 없어졌다. 일자(日者)가 아뢰기를, "『개원점(開元占)』에 이르기를, 흰 무지개는 간신(奸臣)이 임금에 모반하는 것을 드러내는 것이라고 하였습니다. 마땅히 반성하고 덕을 닦아 하늘의 꾸짖음에 답하도록 하십시오."라고 하였다(『고려사』권54, 오행2 五行四曰金 인종 8년 8월 丙申).

차-4) 이경(二更)에 흰 무지개가 서북쪽[乾方]과 서남쪽[坤方]에서 서로 부딪혔는데, 땅에 닿자 드러났다. 삼경(三更)이 되어서야 없어졌다. 태사가 아뢰기를, "흰 무지개가 나타나면 그 아래에는 피[血]가 있으니, 흰 무지개는 바로 온갖 재앙의 근본이요, 여러 환란이 일어날 터전인 것입니다. 진실로 마땅히 덕을 닦고 반성하여 하늘의 뜻에 답해야 합니다."라고 하였다. 이에 중화전(重華殿)에서 도액도량(度厄道場)을 7일 동안 열었다(『고려사』권54, 오행2 五行四曰金 인종 8년 10월 戊子).

차-1~4)는 인종 8년 7~10월의 기사인데, 이 시기는 앞서 자연재해의 피해를 경험한 이후 상대적으로 피해가 소강상태에 들어간 때로서, 일관, 태사의 징후 해석과 대응책 건의가 증가하고 있었다. 입하~입추까지 절기 부조화로 비바람, 우박 등의 현상이 나타나자, 이를 수재, 전쟁, 상사(喪事) 등의 재앙이 도래할 조짐으로 해석하고 있다. 붉은 기운에 대해 일관이 『천지서상지』를 인용해 신하가 임금을 배반하는 징조로 설명하고 국왕에게 수덕(修德)을 건의하고 있다. 흰 무지개에 대해서는 일자(日者)가 『개원점』을 인용해 간신이 임금을 모반할 조짐으로 설명하거나 혹은 태사가 재앙과 환란의 조짐으로 해석하고 있었다.

재이를 재해의 징후로 예측한다는 것 자체가 과거의 사실을 미래에 반복될 전례(前例)로 인식한다는 것을 의미할 것이다. 재해 경험 혹은 학습효과로 재해에 대한 관심이 고조되고, 이로 말미암아 일관, 태사의 역할이 더욱 중요시되었으며,[71] 또한 그 배경에는 당시 지배층의 상황

---

71) 이 시기에 日官이 용암 분출에 대한 자세한 보고를 하거나(『고려사』권53, 오행1 五行二曰火 인종 8년 11월 庚子), 太史가 기상 현상을 향후 농작과 병란의 조짐으로

인식 변화가 작용하고 있었던 것으로 여겨진다.[72]

이처럼 재해의 발생은 관료층 혹은 지배층의 동향에 영향을 미쳐, 정치운영 혹은 그 전개과정에 변화를 초래하는 배경이 될 수 있었다. 주지하듯이 묘청 등이 서경천도운동을 전개할 때 일관, 태사의 점사(占辭)가 정치적 이슈와 관련되어 큰 영향을 미쳤던 것[73]은 그 대표적인 사례라고 할 수 있을 것이다.

이와 관련해 인종 13년 묘청 등의 서경천도운동이 발생 후 진압되는 시기에, 자연재해 기록이 극히 줄어들고 있는 점[74]도 주목할 만하다. 재해 발생을 근거로 자신들의 주장이 관철되던 존재들(묘청)이 쇠퇴할 때(진압), 정작 이들의 근거가 된 재해 기록 기사가 줄어들고 있었던 것이다. '재해와 사회구성의 상관성'[75]을 고찰하는 데 시사하는 점이 있다고 여겨진다. 중국에서 이 해 5월 무더위[盛暑] 기록을 비롯해 6월 오랜 기간의 한재 발생 기록이 있음[76]을 감안할 때 고려(高麗) 역시 그러할

예상하는(『고려사』 권54, 오행3 五行四曰金 인종 8년 11월 壬子) 등 이들의 역할이 더욱 활발해지고 있는 모습을 살펴볼 수 있다.

72) 이와 관련해 고려시대 일관의 재이 占辭 기록을 분석한 연구결과를 참고할 수 있을 것이다. 『고려사』 기록에 따르면 고려중기는 자연재해 발생 기록이 가장 빈번할 뿐만 아니라 전체 占辭의 약 74%가 집중될 정도로 다수의 점사 기록이 남아 있다. 이러한 점은 고려중기에 자연적, 정치적, 사회경제적 상황이 불안하자 이에 따른 지배층의 상황 인식 때문에 점사 요구가 많았고, 그 결과 사서에 많이 기록되었을 가능성이 큰 것으로 이해된다(채웅석, 「고려시대 日官 災異 占辭의 자료적 특징과 기능」『韓國史學報』90, 2023 ;『동아시아 전통사회 재해 사료의 특징과 활용』, 혜안, 2023(재수록), 158~159쪽).

73) 묘청·백수한 등이 개경의 地氣衰退와 災異의 발생을 근거로 서경천도론을 주장하였을 때, 이들에 반대한 김부식·이완 등의 의견에 다수의 日官이 동조함으로써 힘을 실어 주었던 경우를 들 수 있다(채웅석, 앞의 책, 2023, 161~162쪽).

74) 인종 13년에 기록된 자연재해는 2월 '雨木氷'(『고려사』 권54, 오행2 五行三曰木 인종 13년 2월 丁丑), 5월 '大風雨拔木'(『고려사』 권55, 오행3 五行五曰土 인종 13년 5월 庚子) 기사에 불과하다.

75) 앞의 註 65) 참고.

76) 『송사』 권28, 高宗5 紹興 5년 6월 戊戌, "以盛暑 命監司行部慮囚"; 癸丑, "以久旱 減膳 祈禱"; 庚申, "以旱 罷諸路檢察財用官."

가능성이 있지만, 고려에서의 기록이 보이지 않는 점도 함께 생각해 볼 만한 부분이라고 여겨진다. 이러한 양상은 동일한 상황(2차 반란)인 인종 14년에도 마찬가지이다. 재해로 말미암은 사회구성 '인물의 몰락'과 재해 '기록의 감소'가 함께 나타난다. 이 해에도 중국에 기근, 한재 기록[77]이 있는 데 반해 고려는 기록을 찾아볼 수 없어[78] 차이가 있다. 반면에, 서경천도운동이 모두 진압된 후에는 다시 고려와 송 모두 유사하게 한재 등 재해 기사를 살펴볼 수 있는 것[79]도 참고할 만하다.

> 카) 북계(北界)의 창주(昌州)·삭주(朔州)·귀주(龜州)·의주(義州)·정주(靜州)·
> 용주(龍州)·철주(鐵州) 등 7개 주와 서해도(西海道)의 해주(海州)에 황
> 충(蝗蟲)이 발생했다. 태사가 아뢰기를, "지금 황충의 피해가 사방에
> 서 일어나는데, 이는 곧 나라에 사특한 이가 많고 조정에는 충신이
> 없으며, 관료들은 자리를 차지하고 벌레처럼 녹봉만 받고 있기 때문
> 입니다. 도(道)가 있는 사람을 선발하여 등용함으로써 이 재앙이 그치

---

77) 『송사』 권28, 高宗5 紹興 6년 정월 甲午, "振江·湖·福建·浙東饑民 命監司·帥臣分選僚屬 及提擧常平官 躬行檢察"; 2월 壬寅, "雨雪"; 3월 辛未, "蠲旱傷州縣民積欠錢帛租税"; 6월 乙巳, "夜 地震."

78) 고려의 경우 인종 14년의 자연재해는 6월 水災 기사(『고려사』 권53, 오행1 五行一曰 水 인종 14년 6월 丁酉)와 10월 '雷電風雨' 기사(『고려사』 권53, 오행1 五行一曰水 인종 14년 10월 戊申)에 불과하다.

79) 고려의 경우 인종 15년(1137)에 雨土, 지진, 우박, 한재(특히 5월) 등의 기사가, 송의 경우 이 해(1137년, 紹興 7)에 한재(특히 7월), 전염병, 기근 등의 기사가 기록되어 있다.
○ 高麗의 경우
『고려사』 권55, 오행3 五行五曰土 인종 15년 2월 乙未, "雨土數日"; 권16, 인종 15년 3월 乙亥, "西京地震"; 4월 乙卯, "雨雹"; 권54, 오행2 五行四曰金 인종 15년 5월, "旱 己卯 禱雨于廟社"; 권16, 인종 15년 5월 己丑, "又祭天禱雨"; 乙卯, "禱雨于廟社"; 권54, 오행2 五行四曰金 인종 15년 5월 壬午, "會巫 都省庭禱雨."
○ 宋의 경우
『송사』 권28, 高宗5 紹興 7년 2월 辛丑, "以久旱 命諸州慮囚"; 3월 丁亥, "是春 廣西大饑"; 7월 癸酉, "以旱 禱於天地宗廟社稷"; 7월 癸未, "以久旱 命中外臣庶實封言事"; 7월 甲申, "蠲諸路民積年逋租 以建康疫盛 遣醫行視 貧民給錢 葬其死者."

게 하는 것이 마땅합니다."라고 하였다(『고려사』 권54, 오행2 五行四
日金 인종 23년 7월).

카) 사료는 이상에서 논한 재해의 사회구성적 모습을 잘 살펴볼 수
있는 하나의 사례이다. 황재(蟲災)가 발생하자 태사는 그것이 인재 등용의
문제와 연관된 징후로 해석하면서 재앙의 해소를 위해 인사행정을 바르게
할 것을 건의하고 있었다. 이것은 곧 충재라고 하는 자연재해가 인사행정
이라고 하는 정치운영에 영향을 줄 수 있는 여지가 생겼다는 것을 의미할
것이다. 물론 이러한 태사의 건의가 경우에 따라 정치적 목적과 연관된
행위였을 가능성도 있다.[80] 그러나 한편 그것이 가능한 이유는 바로 직전
충재를 비롯한 자연재해로 피해를 입었고, 또 다시 유사한 재해 피해를
입게 될 가능성이 있기에, 즉 예상되기에 이를 대비하려는 측면이 있었던
것도 사실일 것이다.

다시 말해 재해(충재) 발생을 계기로 태사가 인재 등용을 건의할 정도
로, 재해 관련 담당자의 위상이 확보되고 더 나아가 정치사회에 영향을
미칠 수 있게 되었음을 살펴볼 수 있지 않을까 하는 것이다. 즉 재해
발생으로 말미암아 관련자 혹은 관련 사안이 사회구성 및 운영에 영향을
미치는 하나의 요소로 부각되어 기능하게 되었던 점을 살펴볼 수 있지
않을까 한다.[81]

징후 해석 자체가 재해 발생과 피해라는 과거의 경험적 지식을 토대로
하는 측면이 있을 것이다. 또한 재해 발생이 '다른 때보다 반복적'으로
일어날 때 징후 해석은 사회에서 더욱더 부각되어 중요시될 수 있다.

---

80) 이바른, 「고려시대 蟲災의 발생과 그 정치적 성격」 『韓國史學報』 92, 2023.
81) 이후 8월 기묘(6일)에 실제로 인사행정 조처가 내려지고 있어, 이는 앞서 태사의
건의에 따른 인사행정 조처일 가능성도 있어 보인다. 『고려사』 권17, 인종 23년
8월 己卯, "以韓惟忠判尙書禮部事脩國史太子少保 王冲守司空叅知政事判工部事太子少
保 崔灌爲樞密院事判三司事 李仁實同知樞密院事太子賓客."

더 나아가 이와 같은 사회상황이 누적 혹은 '반복적인 것'으로 인식될 때, 해석의 차원을 넘어 재해에 대한 적극적인 혹은 제대로 된 대비책이 마련될 수 있었을 것이다. 재해 발생 빈도가 높고, 또한 그 '반복성'이 나타나는 시기에 피해가 증가함과 동시에 사회변화, 예를 들어 농업기술의 발달과 같은 현상이 나타나게 되는 것을 이로부터 설명할 수 있지 않을까 한다.[82]

이를 고찰하는 데 참고하기 위해 앞서의 〈그래프 1〉(자연재해 기록수)과 〈그래프 2〉(기근, 질병, 전염병 기록수)를 함께 표시하여 〈그래프 3〉을 작성해 보았다.

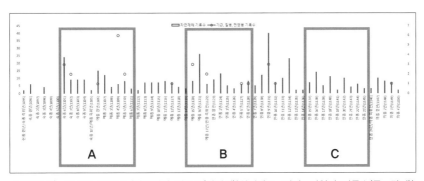

〈그래프 3〉 12세기 전반기 '자연재해 기록수(막대선)'와 '기근, 질병, 전염병 기록수(동그라미)'

대표적인 사례 몇 가지를 살펴보면, 예종 3년과 6년의 경우(A), 권농정책 (陳田 개발의 장려,[83] 軍人田 경작 독려[84])을 비롯해 지방행정·조세·공역

---

82) 이정호, 앞의 책, 36~40쪽. 한편 본고를 준비하는 과정에서는 이에 덧붙여 재해의 '반복적'인 발생(혹은 그러한 '반복성'에 대한 당시 사람들의 인식) 및 재해의 사회구성적 측면을 그 원인으로 파악할 수 있지 않을까 생각해 보게 되었다.

83) 『고려사』 권79, 식화2 農桑 예종 3년 2월, "制 近來州縣官 祗以宮院朝家田 令人耕種 其軍人田 雖膏腴之壤 不用心勸稼 亦不令養戶輸粮 因此 軍人飢寒逃散 自今先以軍人田 各定佃戶 勸稼輸粮之事 所司委曲奏裁."

84) 『고려사』 권78, 식화1 田制 租稅 예종 6년 8월, "判 三年以上陳田墾耕所收 兩年全給佃 戶 第三年則與田主分半 二年陳田 四分爲率 一分田主 三分佃戶 一年陳田 三分爲率

(貢役) 등 제도의 정비 조처(族徵·隣徵 등 租稅 징렴 폐단의 단속,[85] 貢役 부담의 불공정 개선[86])가 내려지는 등 당시 혹은 앞선 시기의 문제점을 개선하려는 변화의 모습을 살펴볼 수 있다. 한편 이러한 조처가 내려진 예종 3년은 앞서 숙종대 이래 예종 2년까지의 반복적인 자연재해의 발생을 경험하고 상대적으로 재해 발생이 소강상태에 접어든 시기였던 점이 주목된다. 또 예종 6년 역시 그동안의 누적된 자연재해 피해로 기근, 질병, 전염병이 다수 발생한 예종 4~5년을 경험한 직후로서, 상대적으로 자연재해로 인한 피해가 소강상태에 있던 시기였던 것이다.

인종 6년의 경우(B), 앞선 인종 4년의 금(金)에 대한 사대 외교, 이자겸의 반란 등 정치외교적 변동뿐만 아니라 인종 4~5년의 빈번한 천문현상 기록 등을 감안할 때 자연환경과 인간사회의 연관성에 대한 인식이 고조될 수 있는 상황이었다고 여겨진다. 한편 본고에서 주목하고자 하는 점은 인종 6년의 경우 이에 앞서 자연재해로 인한 피해를 반복적으로 경험했을 뿐만 아니라 상대적으로 자연재해로 인한 피해의 발생이 소강상태에 접어든 인종 3~4년 시기를 거친 후 다시 재해 발생이 증가할 조짐이 나타났던 시기였던 것이다. 이러한 시기에 권농(勸農) 교서를 내리는[87] 한편 하늘의 변괴와 시령(時令)의 부조화를 지적하면서(天文有變, 時令不調) 형정을 바로 하고 각종 은택을 베풀 것을 지시하고 있다.[88]

一分田主 二分佃戶."

85) 『고려사』 권78, 식화1 田制 租稅 예종 3년 2월, "制 諸州縣公私田 川河漂損 樹木叢生 不得耕種 如有官吏 當其佃戶及諸族類隣保人 徵斂稅糧 侵害作弊者 內外所司 察訪禁除."

86) 『고려사』 권78, 식화1 田制 貢賦 예종 3년 2월, "判 京畿州縣 常貢外 徭役煩重 百姓苦之 日漸逃流 主管所司 下問界首官 其貢役多少 酌定施行."

87) 『고려사』 권78, 식화2 農桑 인종 6년 3월, "詔曰 勸農桑 足衣食 聖王之所急務也 今守令 多以聚斂爲利 鮮有勤儉撫民 倉庾空虛 黎庶窮匱 加之以力役 民無所措手足 起而相聚爲盜賊 甚非富國安民之意 其令州郡 停無用之事 罷不急之務 躋民安富 副朕憂勤."

88) 『고려사』 권15, 인종 6년 4월 乙酉, "詔曰 比來天文有變 時令不調 冀推恩而寬刑 或調氣而消災 宜令有司慮囚 赦二罪以下 望祀國內山川 饗耆老及篤廢疾節義孝順鰥寡孤獨 賜物有差 又元曉義想道詵 皆古高僧 宜令所司封贈."

인종 22~23년의 경우(C)도 유사한 사례로서 상대적으로 재해 발생이 소강 상태에 접어든 시기에 재해(천문현상) 발생을 형정(刑政)과 연관지어 수성(修省)할 것을 지시하고 있다.[89] 아울러 이 시기에 국왕의 권농 행위[90]를 비롯해 유실수(有實樹) 재배를 권장하는 등 영농의 다각화를 도모하는 모습도 살펴볼 수 있다.[91] 그런데 앞서와 마찬가지로 이러한 조처가 내려진 시기 역시 앞서 재해 발생이 반복되고 재해 피해 후 어느정도 소강상태에 접어든 때였던 것이다.

이처럼 12세기 전반기에는 자연재해 발생이 빈번할 뿐만 아니라 농업기술의 발달, 각종 제도의 정비와 개선 등 일견(一見)하기에 모순된 것과 같은 두 가지 경향이 공존하고 있었다. 앞서 살펴보았듯이 자연재해가 이전 시기보다 증가하고 있던 예종대와 인종대의 경우, 이전과 달리 농업기술의 발달 혹은 권농정책의 내용이 보다 진전되어 나가는 모습이 점차 엿보이는 등 새로운 양상도 나타났던 것이다. 12세기 전반기처럼 자연재해 발생 빈도가 높아질수록 이를 극복하려는 인간의 노력이 또한 증가되어 나타나고 있었던 까닭으로 여겨진다.[92] 아울러 이러한 현상은 본고에서 고찰한 것처럼 빈번한 자연재해로 피해가 발생했거나 혹은 반복적인 발생으로 그 피해가 예상될 때, 자연재해가 경우에 따라 사회 운영과 구성에 기능하거나 적극적인 대비책을 마련하여 개선의 계기가 되는 등 사회변화에도 영향을 미치고 있었기 때문인 것으로 여겨진다.

정리하자면 재해로 피해가 발생한 경험[기억]으로 말미암아 그 피해가

---

89) 『고려사』 권85, 형법2 恤刑 인종 23년 4월, "詔曰 比來 掌刑之官 不能率職 使無辜之民 久在囹圄 寃抑未伸 以致乾文失次 時令不調 未知異日 將爲何變 其令憲臺 審治寃獄 皆原之."

90) 『고려사』 권17, 인종 22년 정월 乙亥, "親耕籍田 赦 群臣表賀."

91) 『고려사』 권79, 식화2 農桑 인종 23년 5월, "輸養都監奏 令諸道州縣 地品不成田畝 桑栗漆楮 隨地之性 勸課栽植 從之."

92) 이정호, 「高麗前期 自然災害의 발생과 勸農政策」 『역사와 경계』 62, 2007.

반복될지도 모른다는 염려 속에서[반복성 혹은 주기성 인식], 징후로서 적극적으로 해석하고[학습효과] 대비책을 마련하는 행위를 한다는 것[사회구성적 요소로 기능+사회변화]이다. 그러한 모습을 잘 살펴볼 수 있는 시기가 12세기 전반기가 아닐까 한다.

5. 맺음말

　본고는 기후변동을 비롯한 자연재해와 사회변화의 관계를 고찰하기 위한 목적으로 구상되었다. 구체적으로는 12세기 전반기 고려(高麗)에서의 자연재해 발생을 주목하면서, '기후위기' 여부를 검토하는 한편 '재해구성사'라는 새로운 연구방법을 시도하여, 사회변화와의 연관성을 파악하고자 하였다.

　이를 위해 먼저 관련 자료의 보완 방법과 한계점을 살펴보았다. 재이 현상은 정치적 사건의 전조로서 주목되는 경향이 있고, 정치적 사건 혹은 변동이 발생할 때 재이 기록이 증가하는 점을 살펴볼 수 있다. 따라서 이를 보완하기 위해『송사(宋史)』등 중국의 사료와 비교하거나 자연과학의 연구성과를 활용하는 방법이 유용한 측면이 있다. 그러나 한국과 중국 자료의 비교는 지역 간 차이로 여전히 한계가 있고, 자연과학의 연구성과 역시 분석 방법이나 분석 지역에 따라 측정된 결과가 다르게 나타나고 있다는 문제점이 있다. 따라서 기존의 연구방법을 최대한 활용하여 자료를 보완해 나가는 한편 재해 사료 자체를 이용할 수 있는 새로운 연구방법의 모색이 필요할 것으로 여겨진다.

　자연과학의 연구 결과에 따르면, 대체로 11세기까지는 온난기였던 것으로 보는 데 어느 정도 공통점을 보인다. 본고에서는 그 이후 12세기 전반기의 자연재해 발생 상황에 대해, 자료 보완을 통해 1년 단위로 고찰해 보았다. 12세기 전반기 재해 기록의 경우, 이전처럼 한재(旱災)의 비중이 가장 높을 뿐만 아니라 특히 우박, 서리, 목빙(木氷) 기사 등 한랭한 기후와 관련된 재해가 다수 기록되어 있다. 주목할 점은 이 시기 불규칙한 기후변동, 즉 이상저온 혹은 이상고온 현상이 나타나고 있었고, 재해가 다수 기록된 시기가 '반복적'으로 나타난다는 점이다. 이와 같은 한랭한 기후와 불규칙한 이상기후 변동이야말로 12세기 전반기 '기후위기'의 내용이며, 그 원인으로 엘리뇨 현상의 가능성이 있다고 여겨진다.

　12세기 전반기 자연재해의 발생은 직간접적으로 인간의 생산활동과 생명 등 여러 측면에서 영향을 미쳤다. 이러한 사실은 자연재해 발생과 기근, 질병, 전염병의 발생 추세가 상관성이 있었던 것을 통해 확인할 수 있다. 뿐만 아니라 이러한 자연재해의 발생이 사회구성 혹은 운영의 측면에서도 영향을 미쳤고, 그 피해가 역설적이게도 사회발전에도 영향을 미쳤던 것으로 여겨진다. 또한 그러한 경우가 특히 자연재해로 말미암은 피해를 경험한 이후 어느 정도 소강상태에 이른 시기에 자주 나타나고 있다는 점도 주목된다.

　자연재해는 경우에 따라 이와 연관된 특정 집단 혹은 관료의 역할과 위상에 영향을 미치고 있었고, 더 나아가 관련자 혹은 관련 사안이 사회구성 및 운영에 영향을 미치는 하나의 요소로 부각되어 기능하게 되었던 점을 살펴볼 수 있다. 더욱이 12세기 전반기처럼 재해 발생이 '다른 때보다 반복적'으로 일어날 때 그러한 측면은 사회에서 더욱더 부각되어 중요시될 수 있었던 것이 아닐까 여겨진다.

　정리하자면 재해로 피해가 발생한 경험[기억]으로 말미암아 그 피해가 반복될지도 모른다는 염려 속에서[반복성 혹은 주기성 인식], 징후로서 적극적으로 해석하고[학습효과] 대비책을 마련하는 행위를 한다는 것[사회구성적 요소로 기능+사회변화]이다. 그러한 모습을 잘 살펴볼 수 있는 시기가 12세기 전반기가 아닐까 한다.

제2장

고려~조선 시기의 황재(蝗災) 인식과 대응

채 웅 석

1. 머리말

전근대 동아시아에서 황재 즉 황충(蝗蟲)으로 인한 피해는 홍수, 가뭄 등과 함께 심각한 자연재해로 취급되었다. 1688년(숙종 14) 황재가 전국적으로 극심하였을 때, 평안감사의 서장을 보면 산이건 들이건 피해를 받지 않은 논밭이 없으며 황충이 지나가는 땅은 이내 벌거숭이가 되고 만다고 하였고, 전라감사의 서장에는 농작물에 끼친 피해가 수재보다 더 참혹하다고 하였다.[1] 중국에서도 명말 서광계는 '땅에는 높낮이가 있고 비의 혜택도 치우침이 있어서 홍수와 가뭄은 재해가 되더라도 피해를 다행히 면하는 곳도 있지만, 심한 가뭄에 황재가 들면 수천 리에 걸쳐 초목이 다 사라져서 홍수와 가뭄보다 피해가 더 크다.'고 하였다.[2]

그동안 자연과학계를 중심으로 한국 역사상 황충의 실체와 그 피해

---

1) 『國譯 解怪祭謄錄』(국립문화재연구소, 2005) 戊辰 7월 25일 "平安監司尹以僑書狀 內…前日所發蝗蟲 一向熾盛 山野各穀無不損害 所經之處 便成赤地"; 戊辰 8월 7일 "全羅監司李濡書狀內…蟲災熾盛 其爲損害 有甚於水災之慘."

2) 『農政全書校注』(上海古籍出版社, 1979) 권44, 荒政 備荒考中 玄扈先生除蝗疏 "地有高 卑 雨澤有偏被 水旱爲災 尙多倖免之處 惟旱極而蝗 數千里間草木皆盡 或牛馬毛幡幟皆盡 其害尤慘 過于水旱也."

및 방제 등을 규명하기 위하여 노력하였다.[3] 특히 사료에 기록된 황충이 흔히 알려진 것처럼 풀무치나 메뚜기만 가리키는 것이 아니라 집단적으로 발생하는 농해충의 일반적 명칭이었다고 파악하였다. 해방 이후 군집형 풀무치의 국내 발생 사례는 2014년 8월 전남 해남군 산이면 간척지 일대에서 크게 발생한 것이 최초이며, 과거에도 자주 대발생하였는지는 의문이라고 한다.[4] 자연과학계에서 많은 사실을 밝혔지만, 연대기 중심으로 고찰하여 사료 제약을 받고 시기별 변화상을 드러내지 못한 한계가 있다. 또한 근대 이전 황충·황재 인식에서 중국의 영향을 많이 받았음에도 불구하고 그 점을 고려하지 못하였으며, 재이(災異)로서 정치사상적 의미도 거의 고찰하지 않았다.

한국사학계에서는 자연과학계의 연구 성과를 받아들여 최근에 고려시대의 황재를 충재(蟲災)로서 다루는 한편 재이 인식, 정부의 대응과 정치적 의미 등을 고찰하여 주목된다.[5] 다만 연대기 중심의 사료 제약을 받고 한국사 중심으로 연구한 한계는 여전하였다.

사료 제약은 고려와 조선시대를 함께 다루면 어느 정도 극복할 수 있다. 대상 시기가 지나치게 장기적이라는 한계는 있지만, 오히려 황재에 대한 인식과 대응에서 연속과 격절을 파악할 수 있는 이점이 있다. 이에

3) 白雲夏, 「朝鮮王朝實錄에 나타난 蝗害資料」 『奎章閣』 1, 1976 ; 白雲夏·白鉉俊, 「벼멸구 發生의 長期豫察을 爲한 基礎的 硏究」 『한국식물보호학회지』 16-3, 1977 ; 문태영·윤일·남상호, 「삼국시대의 황충(蝗蟲) 창궐의 빈도와 요인」 『自然科學』 13-2, 대전대 기초과학연구소, 2002 ; 윤일·문태영, 「조선왕조실록에 기록된 황충(蝗蟲)에 대한 문화곤충학적 접근 I −기록의 의미와 유형 그리고 문제」 『고신대 자연과학연구소논문집』 13, 2006 ; 박해철·한만종·이영보 외, 「조선왕조실록과 해괴제등록 분석으로 통한 황충(蝗蟲)의 실체와 방제 역사」 『한국응용곤충학회지』 49-4, 2010 ; 김지연, 「전근대 한반도 곤충기록에 대한 생태계서비스 분석」 『생태환경과 역사』 6, 2020 ; 김지연, 「고려시대 충재의 원인과 성격」 『생태환경과 역사』 7, 2021.
4) 이관석·김광호·김창석·이원훈, 「한국에서 군집형 풀무치의 대발생과 그 집단의 유전적 계통」 『한국응용곤충학회지』 55-4, 2016, 524쪽 ; 526쪽.
5) 이바른, 「고려시대 蟲災의 발생과 그 정치적 성격」 『韓國史學報』 92, 2023.

본고는 두 시대를 아울러 다음 사항들을 중점적으로 다루려고 한다. 첫째, 황충의 실체를 광의로 본 사료와 협의로 본 사료를 나누어 검토하겠다. 광의로 쓴 사료가 다수라면 황재보다 충재로 고찰하는 것이 더 나을 수도 있겠으나, 황충·황재 용어는 전근대의 농해충관을 담고 있기 때문에 그대로 유지하는 것이 좋다고 본다. 둘째, 천인감응론을 중시하던 시기에 황재 발생의 원인을 인간사회의 일과 구체적으로 어떻게 연관시켰는지 고찰한다. 셋째, 황재에 대응하여 정치권에서 시행한 이른바 공구수성(恐懼修省) 방식과 함께 포제(酺祭), 재초(齋醮) 등의 종교적, 의례적 방식을 살펴보겠다. 그리고 천견(天譴)으로 간주하는 인식에서 벗어나 황충을 적극적으로 포살(捕殺)하는 정책을 시행한 계기와 방제(防除) 기술 등을 고찰하려고 한다. 목차 상으로 시기별 변화를 별도로 다루지는 않지만, 성리학의 수용, 명물고증학(名物考證學)이나 서양 과학기술 등의 영향을 받아 변화되는 양상을 본문 중에 포함하여 고찰하겠다.

2. 사료에 기록된 황충의 실체

근대 이전의 사서에는 황재 기록이 많다. 선행연구에 따르면 황재 발생 기사가, 중복된 것을 제외하고 『삼국사기』에 36건, 『고려사』와 『고려사절요』에 36건, 『조선왕조실록』에는 261건 수록되었다.[6] 황재가 기근을 초래하여 타국으로 유망한 사람들이 많다거나, 황충이 크게 번성하여 곡식의 수확을 기대할 수 없다는 등[7] 심각한 피해상을 기록한 경우도 많다.

---

6) 문태영·윤일·남상호, 앞의 논문, 100쪽 ; 김지연, 앞의 논문, 2021, 132~136쪽 ; 박해철·한만종·이영보 외, 앞의 논문, 378쪽.
   각 시대별로 데이터를 이용한 시기별 추이, 발생지역 등에 관한 분석은 註 3)과 5)의 논문들을 참고할 수 있다.
7) 『삼국사기』 권26, 백제본기4 武寧王 21년 8월 ; 『선조실록』 권90, 30년 7월 甲寅.

그런데 이와 대조적으로 우리나라는 황재가 거의 없다는 기록들도 있다. 세종은 황재가 중국에 많지만 우리나라는 드물다고 하였으며, 고상안도 우리나라는 가물더라도 황재가 생기지 않는다고 하면서 사람들이 황충의 모습을 알지 못하고 또 황충이 재해가 되지 않는다는 사실도 모른다고 하였다.[8] 정약용은 우리나라는 본래 황재가 없어서 자신은 평생 황충을 보지 못하였다고 하였고, 서유구도 중국은 역대로 황충 피해가 매우 컸지만 우리나라는 황재 사실을 듣지 못하는데 이는 풍토가 다르기 때문이라고 하였다.[9] 그리고 이규경은 우리나라에 황충이 없지만 충재는 있다면서, 옛 기록에서 충재를 황재와 혼칭하였고 사실은 황충으로 인한 피해가 아니라고 파악하였다.[10]

　　이처럼 사료상으로 우리나라에 황재가 많다는 기록과 중국과 달리 거의 발생하지 않는다는 기록이 병존한다. 그 까닭은 논자에 따라 황충을 집단 발생하는 농해충의 통칭으로 보거나 풀무치 내지 메뚜기로 한정하여 보는 등 달리 인식하였기 때문이 아닐까?

---

8) 『세종실록』권78, 19년 7월 辛亥 "又傳旨 自古蟲蝗之害 中國多有 而我國鮮聞 近年以來 各道蝗蟲 比比有之 予甚慮焉";『泰村集』권4, 效嚬雜記上 叢話 蝗之形貌 "蝗之爲物 古人只言其害稼 不言其形貌 故人不知其何物 惟以螟螣蟊賊之類擬之 其實則與螽斯同樣 也 是以 晦翁釋螽曰蝗屬 孔氏曰 秋潦盛長之時 魚必遺卵於草芥之上 明年水至則爲魚 旱則化爲飛蝗 東坡所謂旱蝗必相因者是也 我國雖旱而無蝗灾者 以國內無處無水 科斗之 産於水者 千萬其羣 及其尾生尾斷 大而爲蟾 小而爲蛙 散而之野 必呑蝗而食之 故蝗不爲災 者 蛙蟾之力也 蝗卽今俗號苗毒者也 靑者纔飛三四尺許 班者解飛數十步 唐太宗所呑者此 也 若如蟊賊之類 則太宗亦豈能下咽乎 我國不知蝗之爲狀 又不知蝗之不爲災 故記之以示 後來."

9) 『牧民心書』권3, 愛民六條 救災 愛民六條 "按 吾東本無蝗災 余生六十年 未見蝗蟲 而新羅 之時 乃有此矣";『林園經濟志』권8, 本利志 五害攷 "中國害稼之蟲 蝗爲最巨 故歷代多以 爲患 我國則未聞有此災 蓋以風土有異也."

10) 『五洲衍文長箋散稿』, 萬物篇 蟲魚類 蟲 蝗蟓辨證說 "我東雖無蝗 亦有蟲災 而英廟己卯四 月 海西湖西沿海 蝗蟲大起 其狀微小而形如蟬 戊子大旱 大霧數日之內 蟲災大起 山郡粟田 無一遺者 設酺祭而禳 南北數千里 一時俱災 亦一時盡滅 人民皆免之 純廟戊子秋 湖嶺蟲食 禾穀 狀如蟬而微如蚊 俗呼蔑苗蟲 嶺南大饑 凡蟲災渾稱蝗災 然其實則非蝗也."

1) 광의의 황충

선행연구에 따르면, 황충은 풀무치로 한정할 수 없고 농작물과 수목에 피해를 주는 솔나방, 뽕나무명나방, 벼멸구, 멸강나방 등을 포함한다고 하였다.[11] 사료를 검토해보면 확실히 그 견해에 동의할 수 있다.

고려시대에 솔나방 유충인 송충이처럼 솔잎을 먹는 벌레를 황충이라고 지칭한 사례들이 있다.[12] 또 황충이 뽕잎을 먹고 고치를 만들었다고 기록된 경우는 뽕나무명나방과 같은 나비목의 애벌레로 여겨진다.[13] 조선시대에도 음력 정월 중순 무렵 보리밭에 세잠누에[三眠蠶]와 같은 모습의 황충이 모여들었다거나, 7월 초에 가는누에[細蠶]처럼 생긴 황충이 번성하여 이삭이 나지 않은 작물의 속잎을 갉아 먹고 이미 이삭이 나온 작물은 나오는 곳에 모여들어 빨아먹고 있는데 그 벌레가 바로 '속을 갉아먹는 벌레[食心蟲]'라는 기록 등이 있다.[14] 또한 7월에 황충이 작물을 갉아먹다

---

11) 박해철·한만종·이영보 외, 앞의 논문, 378~382쪽 ; 김지연, 앞의 논문, 2020, 174~179쪽.

12) 『고려사』 권16, 인종 11년 5월 乙丑 ; 같은 책 권54, 오행2 木 의종 5년 8월 ; 같은 책 권54, 오행2 木 고종 10년 7월.
    조선후기 李瀷도 송충이를 황충에 속한다고 보았다(『星湖全集』 권1, 松蝗賦 "有登山 而行者 見松有蝻…今玆有醜者蟲 蓋蝗之類 質春秋而無聞 漏爾雅而不識").
    한편 송충이를 황충으로 지칭한 『고려사』의 기록들이 착오이거나(李熙德, 『高麗時 代 天文思想과 五行說 硏究』, 2000, 264쪽) 『고려사』를 편찬한 조선초기 사가들의 인식이 반영된 결과라고 볼 수도 있으나, 李齊賢이 쓴 『益齋亂稿』 권9, 忠憲王世家에 인종 11년 5월 "蝗蟲食松葉"이라고 기록하여 위의 『고려사』 인종 11년 5월 乙丑조의 지칭과 같기 때문에 실제로 고려시대에 송충이를 황충으로 지칭한 사실을 확인할 수 있다.

13) 『고려사』 권54, 오행2 金 고종 42년 7월.
    白雲夏, 앞의 논문, 11쪽 ; 김지연, 앞의 논문, 2020, 176쪽.

14) 『명종실록』 권16, 9년 정월 壬戌 "信川文化等官 蝗蟲集麥田 如三眠蠶" ; 『國譯 解怪祭 謄錄』 己未(1679) 7월 14일 "咸鏡監司李堂揆書狀內節該 咸興洪原文川高原等邑 今月初 生爲始蝗蟲 更爲熾發 其貌如細蚕 未及發穗穀段 盡食其裏葉 已發穗穀段 咸聚於發穗處 盡爲吸食是如爲白臥乎所 一年之內 旱蝗相仍 餘存各穀 方當發穗之時 蝗蟲更發 遍滿田野 損食殆盡 此乃食心之蟲."

가 갑충(甲蟲)으로 변하여 물밑으로 들어가 피해를 주었다는 기록이 있다.[15] 그렇게 묘사된 황충은 나방류의 유충, 벼뿌리바구미 등일 가능성이 크다.

멸구도 황충이라고 표현하였다. 15세기 후반 기록을 보면, 9월에 매미나 모기처럼 생긴 황충이 떼지어 날면서 들판을 덮고 벼이삭을 빨아먹어 까맣게 말라 죽게 만들며 연해지역이 더 심하다고 하였는데, 그 황충은 벼멸구로 판단된다.[16]

멸구는 조선후기에 멸곡(滅穀), 멸고(滅高) 등의 명칭으로 사료에 나타난다. 1731년(영조 7) 전라도 경차관 김상익의 보고를 보면, 구례 이하의 지역에 해충이 널리 가득 퍼졌고 민간에서 그 벌레를 멸곡이라고 부르는데 그 형상은 매미 같고 하루살이나 파리보다 작으며 농작물을 갉아먹지는 않으나 이삭이 나올 무렵 줄기와 잎에 달라붙어 해를 끼친다고 하였다.[17] 18세기 후반 장흥지역에서 활동한 위백규는 '독한 황충인 멸고가 겨[糠麋]처럼 발생하여 열흘 안에 들판에 가득 퍼져 작물을 손상하여 홍수와 가뭄보다 피해가 더 심해서 몇 년간 사람이 사람을 먹는 지경이었다.'고 기록하였다.[18] 박지원의 「민옹전(閔翁傳)」에는, 황해도에 황충이 들끓어 관에서 백성을 독려하여 잡느라 야단들이라고 하면서 '그 벌레는 첫잠 잔 누에보다 작고 색깔은 알록달록하고 털이 있으며, 날아다니면 명(螟)이라 하고 기어오르면 모(蟊)라고 하는데, 농사에 피해를 주어 멸곡이라

---

15) 『현종실록』 권18, 11년 7월 乙丑.
16) 『세조실록』 권47, 14년 9월 丁巳.
   白雲夏, 앞의 논문, 9쪽.
17) 『승정원일기』 736책(탈초본 40책), 영조 7년 12월 25일 "…尙翼曰…八月二十八日 臣發向左道山郡 則鎭安長水等邑 滿目蕭然 氣像愁慘 求禮以下 蟲災遍滿 民間名其蟲曰滅穀 雖不嚙食穀物 而當其茁長發秀之際 塗着莖葉 則百穀皆不行氣 自然枯損 其爲害尤毒矣 上曰 蟲樣何如 尙翼曰 其形如蟬 小似蜉蝣矣 上曰 然則小於蠅乎 尙翼曰然矣."
18) 『存齋全書』上(경인문화사 편), 年年行一 "豈謂滅高之毒蝗 生似糠麋復作慝 一旬之內滿 四郊 嫩靑叢綠漸看赤 此蟲爲災甚水旱 壬癸乙丙人相食."

부른다.'고 하였다.[19)]

이처럼 사료상 황충의 범주에는 다양한 해충들이 포함되었다. 실제로, 1685년(숙종 11)에 송충이 재해를 기양하기 위하여 조정에서 포제 설행을 논의한 내용을 보면 황충의 범주를 폭넓게 보았다는 사실을 알 수 있다. 영의정 김수항과 영부사 김수흥 그리고 행판부사 정지화 등은 역대 기록에 초목과 소나무·잣나무의 잎을 먹는 벌레를 황충이라고 통칭하여 농작물 해충만을 지칭한 것은 아니라고 하였고, 우의정 정재숭도 같은 의견을 제시하였다.[20)]

중국사에서는 황충이 풀무치를 가리키는 경우가 많지만, 반드시 그런 것만도 아니었다. 예컨대 한(漢) 이전에 저술된『이아(爾雅)』를 보면 농작물의 속줄기를 먹는 해충을 명(螟), 잎을 먹는 것을 특(蟘), 마디를 먹는 것을 적(賊), 뿌리를 먹는 것을 모(蟊)라고 하여 해충이 갉아먹는 곳에 따라 분별하였으며, 한 무제 때 출현한 것으로 알려진『건위문학(犍爲文學)』과 7세기 당에서 편찬한『예문유취(藝文類聚)』에 그 네 종류를 모두 황충이라고 하였다.[21)] 더구나 소나무와 잣나무 잎을 갉아먹는 해충을 황충이라

---

19)『燕巖集』권8, 별집 放璃閣外傳 閔翁傳 "或言海西蝗 官督民捕之 翁問捕蝗何爲 曰是蟲也 小於眠蚕 色斑而毛 飛則爲螟 緣則爲蟊 害我稼穡 號爲滅穀."
李圭景은 멸구를 민간에서 蔑苗蟲이라고 부른다고 하였고(註 10과 같음), 구한말 전남 장성지역에서는 滅吳라고 하였다『鳳棲日記』, 甲戌年(1874) 7월 11일 "晴 聞苗有滅吳蟲災";『鳳南日記』, 丁酉年(1897) 7월 10일 "立秋 雨 到處滅吳大熾 村村以灌 埋爲事";『鳳南日記』, 壬寅年(1902) 7월 13일 "擊埋滅吳於水畓六斗落 六名窮日盡力 木種油少許播之 蟊蟲立死 全無活動者 神效神效 大凡去蟲莫如灑油"(邊相轍의『鳳棲日 記』와 邊萬基의『鳳南日記』는 국사편찬위원회의『한국사료총서』26에 수록됨)].
20)『승정원일기』311책(탈초본 16책), 숙종 11년 9월 23일 庚辰 "禮曹啓曰…敢考五禮儀 則蝗蟲酺祭乃爲食穀之蟲而設也…領議政金壽恒 領府事金壽興 行判府事鄭知和以爲… 歷代所記食草木松栢葉者 通謂之蝗 不但指謂食穀之蟲也…右議政鄭載嵩以爲…考之前 代所記 食草木松栢葉者 通謂之蝗 非特指食穀蟲而爲蝗也." 이 사료는『國譯 解怪祭謄 錄』乙丑(1685) 9월 22일조와『文谷集』권17, 松蟲祈禳祭設行議에도 수록되었다.
21)『爾雅注疏』권9, 釋蟲 "食苗心螟 食葉蟘 食節賊 食根蟊 [分別蟲啖食禾所在之名耳 皆見 詩]…釋曰…犍爲文學曰 此四種蟲皆蝗也 實不同 故分別釋之";『藝文類聚』권100, 災異 部 蝗 "爾雅曰 食苗心曰螟 食葉曰蟘 食根曰蟊 食節曰賊 四蝗蟲名也."

고 한 기록도 있다.[22]

이상의 사료 검토를 통해서 보면, 황충이 풀무치 내지 메뚜기만을 지칭하는 것이 아니라 농작물과 수목을 해치는 곤충들을 통칭하였다는 자연과학계의 연구는 타당하다. 그리고 황재를 일으킨 해충이 대부분 멸강충이며 멸구와 이화명충 등이 포함되었다는 견해에도 주목할 필요가 있다.[23]

다만 사료 내용으로 보면 멸구의 피해가 심각하였음에도 불구하고, 멸구의 명칭과 행태 기록이 조선후기에야 나오기 때문에 연대기 사료에서 실체 확인이 어려울 수 있다. 그리고 두잠누에[二眠蠶] 또는 세잠누에[三眠蠶]와 같은 모습이라고 사료에 기록된 황충은 멸강충이 확실하다는 견해가 있지만,[24] 발생 초기의 풀무치 내지 메뚜기도 그런 모습로 묘사되었다는 점을 감안하여 판단해야 한다.[25]

2) 협의의 황충

사료에 비황(飛蝗)이라고 표기된 경우는 대발생하여 집단으로 이동하며 큰 피해를 주는 풀무치 내지 메뚜기 떼를 가리킬 가능성이 크다. 1561년(명종 16) 성절사 어계선이 보고한 계문을 보면, 명(明)의 관내지역에 충재가 심하여 비황이 하늘을 뒤덮어 대낮에도 그늘이 지고 연자(蝝子)가 들판에 가득하며 여기저기가 다 그렇다고 전하였다.[26] 이 사료에 기록된

---

22) 『隋書』 권23, 五行下 聽之不聰 蟲妖 "梁大同初 大蝗 籬門松栢葉皆盡."
23) 白雲夏, 앞의 논문, 8~11쪽 ; 白雲夏·白鉉俊, 앞의 논문, 175~177쪽 ; 박해철·한만종·이영보 외, 앞의 논문, 380~382쪽.
24) 白雲夏, 앞의 논문, 9쪽.
25) 『晉書』 권104, 載記4 石勒上 "河朔大蝗 初穿地而生 二旬則化狀若蠶 七八日而臥 四日蛻而飛 彌亘百草 唯不食三豆及麻 幷冀尤甚";『墨客揮犀』 권5, "蝗一生九十九子 皆聯綴而下 入地常深寸許 至春 暖始生 初出如蠶 五日而能躍 十日而能飛 喜旱而畏雪 雪多則入地愈深 不復能出."
26) 『명종실록』 권27, 16년 11월 16일 壬寅.

비황과 그 약충을 지칭하는 연자[27] 및 그 피해 상황으로써 판단하면 비황이 풀무치 내지 메뚜기 떼를 지칭한다고 할 수 있다.

곤충학에서 메뚜기는 풀무치·벼메뚜기·귀뚜라미·여치 등, 번데기를 거치지 않고 불완전 변태하는 메뚜기목에 속한 곤충들을 통칭한다.[28] 그중에서 벼메뚜기는 연 1회 발생하며, 알로 월동하다가 6월경에 부화하여 약충이 된다. 약충은 날개가 발달하지 않았을 뿐 성충과 형태가 비슷하다. 약충이 벼과 식물을 갉아먹고 자라면서 몇 차례 탈피하고 8~9월에 성충이 된다. 성충은 몸길이가 3~3.8㎝ 정도이다. 풀무치도 알로 월동하며, 5월부터 11월까지 연 2회 발생하기도 한다. 부화하여 성충이 되기까지는 한 달 정도 걸리며, 성충 크기는 4.8~6.5㎝이다. 풀무치는 가늘고 긴 앞날개에 짙은 갈색의 불규칙한 무늬가 있는 것이 특징이다. 특히 소수가 풀밭에 흩어져서 살 때는 공격적이지 않고 몸 색깔도 연갈색이나 녹색에 가깝지만, 좁은 지역에 수백 마리 이상 모이기 시작하면 공격성이 커지고 보호색도 사라지며 검은 무늬로 뒤덮인다. 날개도 더 길어져서 비행에 적합해진다.

자연과학계의 연구에 따르면,『조선왕조실록』의 황재 기사에서 군집성 풀무치 내지 메뚜기 떼로 인한 국내 피해 사례라고 판단할 수 있는 것은 1건뿐이라고 한다.[29] 1604년(선조 37) 6월 강원도 고성에서 황흑색의 비황이 농토에 널리 내려 농작물을 남김없이 손상해서 수삼일 동안에 전야가 불타버린 땅처럼 되었다고 보고한 관찰사 서인원의 장계 내용이다.[30] 고려시대의 사료에서도 비황 기록은 소수이다. 황(蝗)이라고만 기

---

27) 『春秋左傳正義』 권24, 宣公 經十五年 "冬蝝生…李巡云 蝮蜪一名蝝 蝝蝗子也 郭璞云 蝗子未有翅者 劉歆以爲蚍蜉有翅者非也 如李郭之說 是蝝爲螽子也";『星湖僿說』 권4, 萬物門 昆蟲可食 "周禮 饋食之豆蜃蚔蝝 蝝是蝗子也."

28) 이하 벼메뚜기와 풀무치에 대한 설명은 국가농작물병해충관리시스템(NCPMS)의 해설 참고.

29) 白雲夏, 앞의 논문, 9쪽 ; 박해철·한만종·이영보 외, 앞의 논문, 381~382쪽.

록된 사례 중에서 풀무치 내지 메뚜기를 지칭한 경우가 있을 수도 있지만,[31] 실체 확인이 불가능하다.

메뚜기라는 명칭은 1527년 최세진이 편찬한『훈몽자회』에서 처음 확인된다. 그 책에는 황(蝗)을 '묏도기 황'이라고 읽고, '농작물을 먹는 것을 황충이라고 부르며 그 새끼를 종(螽)이라 하고 처음 태어난 것은 남충(蝻蟲)이라고 부른다.'고 하였다. 그리고 마(螞), 책(蚱) 등도 '묏도기'라고 표기하였다.[32]

그보다 약간 늦은 시기에 고상안은 비황을 종사(螽斯)와 같으며 속칭 묘독(苗毒)이라고 기록하였다. 그러면서 색깔이 푸른 것은 3~4척을 날 뿐이지만 얼룩무늬가 있는 것은 수십 보를 날 수 있다고 하였다. 또한 '가을에 물이 불어나면 물고기가 풀 위에 알을 낳는데 이듬해 물이 이르면 물고기가 되고 가물면 비황이 된다.'는 설을 인용하여, 우리나라에서는 수많은 두꺼비와 개구리가 들에서 황충을 삼켜버리기 때문에 황재가 없다고 하였다.[33] 그가 물고기의 알에서 황충이 생긴다는 설을 전한 무제 때의 공안국(孔安國)으로 추정되는 공씨의 설로 소개하였지만, 북송 때 육전(陸佃)이 편집한『비아(埤雅)』에는 속전이라고 기록하였다.[34]

---

30) 『선조실록』 권175, 37년 6월 24일 癸卯 "江原道觀察使徐仁元狀啓…高城則付種之後 淒風冷雨 凜若霜秋 六月初三日 大雷雨 黃黑飛蝗遍落於田疇 損食無餘 數三日之內 田野有 如灰燼之地 一境老弱 仰天號哭."

31) 황충에 대한 중국 측의 다음 기록들은 풀무치 내지 메뚜기의 형태와 생활사를 묘사한 것이다.
註 25)의『晉書』와『墨客揮犀』기록 ;『太平廣記』권479, 昆蟲7 螽斯 "蝗之爲孽也 蓋沴氣所生 斯臭腥 或曰 魚卵所化 每歲生育 或三或四 每一生 其卵盈百 自卵及翼 凡一月 而飛 故詩稱螽斯子孫衆多 螽斯卽蝗屬也 羽翼未成 跳躍而行 其名蝻 晉天福之末 天下大蝗 連歲不解 行則蔽地 起則蔽天 禾稼草木 赤地無遺."

32) 『訓蒙字會』上, 昆蟲.

33) 註 8)의『泰村集』인용문과 같음.

34) 『埤雅』권20, 釋蟲 蟓 "俗云 春魚遺子如粟 埋於泥中 明年 水及故岸 則皆化而爲魚 如遇旱乾 水縮不及故岸 則其子久閣爲日所暴 乃生飛蝗." 明代 편찬된『山堂肆考』권 226, 昆蟲 魚化조와 淸代 편찬된『格致鏡原』권97, 昆蟲類 蝗조에도『埤雅』의 이

이규경은 종사(螽斯)가 아니라 번종(蠜螽)과 초종(草螽) 등을 우리나라에서 속칭 모독이(茅毒伊)라고 통칭한다고 기록하였다. 그리고 그 곤충이 벼 위에 퍼져 있으면서 벼에 맺힌 이슬만 마시고 벼 싹은 먹지 않으니 매우 이상하다고 하였다. 황충은 '모독이'와 달리 부종(皇螽)에 속하고 벼를 먹는 곤충이며 우리나라에는 다행스럽게 옛부터 그 종이 없다고 기록하였다.[35]

요컨대 고려~조선시대에 사료상 비황으로 표기한 경우는 풀무치 내지 메뚜기 떼를 지칭하였을 가능성이 높다. 메뚜기는 조선시대에 묏도기, 묘독, 모독이 등으로 기록되었다. 그리고 군집성을 보이는 황충이 벼메뚜기인지 아니면 그와 다른 종인지는 의견이 갈렸지만, 우리나라는 메뚜기로 인한 피해가 크지 않다고 하였다.

3. 발생 원인에 대한 인식

1) 천수(天數)와 인사(人事), 음양오행의 부조화

황재를 비롯한 재이가 하늘의 운수라거나 자연적으로 발생한다고 보는 설이 천수설이다. 다음과 같은 태종의 말에서 그런 인식을 엿볼 수 있다. '내가 비록 부덕하지만 감히 수성하지 않겠는가? 또 공경대신이 모두 덕과 의가 있고, 마음과 힘을 합하여 왕업을 도와 이루었다. 비록 근시하는

구절이 수록되었다.

35) 『五洲衍文長箋散稿』, 萬物篇 蟲魚類 蟲 蝗蟓辨證說 "其所謂如螽而俗呼孟毒者 遍于禾稻之上 然但飮禾露 不食禾苗 誠可異也"; 같은 책 莎雞諸種辨證說 "復有七種 有蠜螽者 一名舂黍 似螽斯而小 長一寸許 靑色尖首 兩眼間廣 但螽斯兩眼間狹以爲異 其翅下有紫淡色 我東俗名茅毒伊…又一種 生於尋常草間者 名草螽 我東俗總名芧毒伊…然則蝗是皇螽之食苗者 我東自古幸無此種 而不知蝗之爲狀如何 故今竝采錄焉."

무신이라도 남의 농지를 빼앗거나 남의 처첩을 유혹하여 사풍을 훼손하고 화기(和氣)를 손상시켰다는 말을 듣지 못하였다. 그런데도 재이가 무슨 까닭으로 생기는가? 전 왕조 말기에는 남의 농지와 사람을 빼앗고 만백성을 침탈하여 매우 심하게 포학하였지만 큰 변고가 없었으니, 천수임이 틀림없다.[36] 천수설에서 보면 자연재해는 언제든지 일어날 수 있는 현상이었다. 성군으로 추앙받는 요(堯) 때라도 9년간 계속된 큰 홍수를 겪었고 탕(湯) 때에는 7년간 큰 가뭄을 겪었으니, 재이는 천수가 우연하게 작용한 결과라고도 하였다.[37]

자연발생설은 대개 재이를 기(氣)의 움직임에 따른 자연현상으로 파악하였다. 예컨대 후한 왕충(王充)의 『논형(論衡)』을 보면, 천지만물을 생성하는 물질적 근원이 기라고 인식하고, 충재를 일으키는 벌레는 따뜻하고 습한 기운에 따라 생기는데 그런 기운은 봄과 여름에 있으며, 가을과 겨울의 기운은 춥고 건조하여 벌레가 생기지 않는다고 하였다. 또한 천은 자연이고 무위하기 때문에 사람에게 견고하는 일은 있을 수 없으며, 재해는 기의 자연스럽고 우연한 변화에 따라 발생할 뿐이라고 하였다.[38]

천지만물의 변화를 음양의 기로써 해석하고 그 조화가 깨져서 재이가 발생한다고 보는 인식이 중국 선진시기 이래 있었다. 『순자(荀子)』도 재해를 자연의 변화 원리에 따라 발생하는 현상으로 이해하였는데, 『논형』은 한층 기계론적 자연관을 보였다.[39] 당·송대의 유종원이나 구양수 등도 재이를 자연현상의 정상적 변화라고 인식하였으며,[40] 특히 유종원은 재

36) 『태종실록』 권17, 9년 4월 乙未.
37) 『연산군일기』 권63, 12년 7월 丁酉.
38) 『論衡』, 商蟲 "夫蟲 風氣所生…夫蟲之生也 必依溫濕 溫濕之氣常在春夏 秋冬之氣寒而乾燥 蟲未曾生"; 같은 책, 自然 "夫天無爲 故不言 災變時至 氣自爲之 夫天地不能爲 亦不能知也."
39) 정영수,「순자의 자연관을 통해 본 재난 인식」『범한철학』 103, 2021 ; 석미현, 「《논형》의 천인불감응론에 대한 고찰」『東洋學』 89, 2022.
40) 김한신,「唐·宋代 災異論의 변화」『中國古中世史硏究』 60, 2021.

이는 음양의 기가 천지 사이에 유동하면서 저절로 생기는 것이라고 보았다.[41]

그런 인식과 달리, 전한의 동중서는 자연과 인간이 공유하는 음양의 기를 매개로 인사가 자연에 감응한다는 천인감응론과 군주의 부덕과 실정에 대하여 하늘이 재이로써 견고하다고 보는 천견론을 결합하여 정치론으로 체계화하였다. 군주의 부덕과 실정으로 인사가 마땅함을 잃어버리면 그로 인한 원망이 사기를 발생시켜 자연계의 음양에 감응하고 그 정상적인 운행을 방해하여 재이가 발생한다고 보았다. 그런 재이는 하늘이 견책하고 위엄을 보이는 것이기 때문에, 군주는 천의에 순응하여 덕을 닦고 선정을 베풀어 음양을 조화롭게 해야 하는 것이다. 이어 유향·유흠·경방 등이 음양오행설과 『주역』의 역괘(易卦), 참위설 등을 이용하여 재이의 원인을 해석하여 예언적, 신비주의적 경향을 강화하였으며, 그에 따라 재이가 기왕의 인사에 대한 견고뿐만 아니라 장래 벌어질 인사의 전조로도 받아들여졌다. 『한서』 이래 중국 역대 사서의 천문지·오행지에는 그런 여러 계통의 재이론이 담겼다.[42]

이후 천인감응론이 유교정치에서 강화되자 천수설은 힘을 쓰지 못하였지만, 당·송대에는 천인감응론에 대한 회의와 비판이 제기되기도 하였다. 성리학은 재이가 하늘의 의지에 따른 것이 아니라 천리(天理)에 어긋났을 때 발생한다고 보고, 군주가 성학(聖學) 공부와 심성 수양을 통하여 천리를 회복하는 것이 재이를 물리치는 핵심적 방법이라고 강조하였다. 그렇지만 성리학자들도 유교 정치이념의 구현 수단으로서 천인감응론의 효용성

---

41) 『柳河東集』 권16, 天說 ; 같은 책 권44, 非國語上 三川震.

42) 경석현, 「중국 재이론의 성립과 발전」『조선후기 재이론(災異論)의 변화』, 경희대 박사학위논문, 2018 ; 히하라 도시쿠니, 김동민 역, 『국가와 백성 사이의 漢』, 글항아리, 2013 ; 鄭日童, 「前漢 後期에 있어서 재이해석과 讖緯」『中國學論叢』36, 2012 ; 權珉均, 「《漢書·五行志》를 통해 본 班固의 災異觀」『中國史硏究』125, 2020 ; 洪承賢, 「《續漢書》五行志 災異 해석의 특징」『中國古中世史硏究』57, 2020.

을 인정하였다.[43]

주지하다시피, 한국사에서도 고대에 유교사상이 수용된 이래 천인감응론이 정치사상으로서 큰 힘을 발휘하였다. 천수에 핑계 대지 말고 인사를 잘 닦아서 대응하면 황재를 비롯한 재해를 피하거나 피해를 줄일 수 있다는 것이 정치의 기조였다. 1437년(세종 19) 왕은 황충 방제기술의 보급을 지시하면서 천수와 인사의 관계를 다음과 같이 설명하였다. '재해는 천수에서 나오는 것으로서 사람의 힘으로 구할 수 있는 것이 아니다. 그렇지만 인력이 미치는 데까지는 마음을 다해야 한다.'[44] 그리고 1441년(세종 23) 사헌부의 상소문을 보면, '하늘과 사람은 이치가 같으므로[天人一理], 인사가 아래에서 감(感)하면, 천변이 위에서 응한다. … 옛 제왕들은 재이를 만나면 두려워하여 반드시 잘못을 고쳐서 천견에 응답하고 재이를 바꾸어 상서가 되게 하였다.'고 하였다.[45] 요가 인재를 구하여 우(禹)를 기용하여 치수하였고 탕이 자책하며 기도하자 비가 내렸다는 고사가 재해에 대응하는 군주의 전범이 되었다.[46]

조선시대 조정에서 재해대책을 논의할 때 위와 같은 맥락에서 북송 변법정국의 논쟁을 자주 거론하였다.[47] 변법 반대론 측은 재이가 왕안석의 변법 때문에 백성이 힘들어하고 민심이 조화롭지 못하여 초래한 천견이라고 주장하였다. 이에 대하여 왕안석은 재해가 천수 즉 언제든지 일어날 수 있는 일이기 때문에 요·탕과 같은 성군도 피할 수 없으나 인사로써

---

43) 경석현, 위의 논문 ; 김한신, 앞의 논문 ; 이석현,「중국 재이관의 성립과 변용」『인문사회과학연구』22, 조선대, 2021.

44)『세종실록』권78, 19년 7월 辛亥.

45)『세종실록』권94, 23년 윤11월 庚午.

46)『稼亭集』권1, 雜著 原水旱 ;『세종실록』권124, 31년 5월 丁未 ;『성종실록』권44, 5년 윤6월 辛丑 등.

47)『宋史』권313, 富弼 "時有爲帝言災異皆天數 非關人事得失所致者 弼聞而歎曰 人君所畏 惟天 若不畏天 何事不可爲者 此必姦人欲進邪說以搖上心 使輔拂諫爭之臣無所施其力 是治亂之機 不可以不速救" ;『태종실록』권22, 11년 7월 辛酉 ;『성종실록』권91, 9년 4월 甲午 ;『중종실록』권14, 6년 10월 己卯.

주관하면 대응할 수 있다고 주장하였다. 그를 비판하는 논자들은, 재해를 당하면 군주가 공구수신하며 대책을 강구해야 하는 것이지, 재해가 언제든지 일어날 수 있다고 하여 예사로 여기면 안된다고 반박하였다. 왕안석이 천인감응론을 부정한 것은 아니지만, 그의 견해는 왜곡된 채 이후 유교정치에서 비판 대상이 되었다.[48]

음양론의 재이 설명에 따르면, 황재와 같은 충재는 음양의 조화가 깨져서 양기가 우세하면 발생한다고 하였다.[49] 예컨대 군주가 은택을 베풀지 않거나 학정을 하면 아랫사람들이 원망하여 양기가 성해지고 음기가 힘을 잃어 가뭄이 들며, 만약 구제하지 않으면 황충이 농작물을 해친다고 하였다.[50] 사료상 가뭄과 황재가 겹치든지 잇따라 발생하였다는 기록이 많은 것은 그런 음양론적 이해가 작용하였을 가능성이 있다.[51]

오행재이설에서는 자연계의 사물이 오행 원리에 따라 고유한 성질을 지니고 있는데, 인사와 자연계가 서로 감응하여 인사에 문제가 있으면 사물의 고유한 성질을 상실하게 하고, 오행의 운행원리에 따라 재이로써 하늘이 경고한다고 하였다. 오행재이설을 집대성한『한서』오행지는 황재

---

48) 洪承兒, 「北宋 災異論과 黨爭」 『中國史研究』 108, 2017.

49) 『漢書』 권27中之上, 五行志 7中之上 言羞 "傳曰…言之不從 是謂不艾 厥咎僭 厥罰恆陽 厥極憂 時則有詩妖 時則有介蟲之孽…介蟲孽者 謂小蟲有甲飛揚之類 陽氣所生也 於春秋 爲螽 今謂之蝗 皆其類也."

50) 『太平御覽』, 咎徵部6 旱 "京房別對災異曰 久旱何 人君無施澤惠利于下人則旱 不救 蝗蟲 害穀 又君亢陽暴虐 興師動衆 下人悲怨 陽氣盛 陰氣沉 故旱."
이와 달리 음기가 성하여 양기가 산란되면 旱蝗의 재해가 발생한다는 설도 있다(『宋史』 권395, 莊夏 "慶元六年 大旱 詔求言 夏時知贛州興國縣 上封事曰 君者陽也 臣者君之 陰也 今威福下移 此陰勝也 積陰之極 陽氣散亂而不收 其弊爲火災 爲旱蝗 願陛下體陽剛之 德 使後宮戚里內省黃門思不出位 此抑陰助陽之術也").

51) 풀무치는 연평균 강수량 1,000㎜ 이하의 건조한 열대지역에서 빈발하고 특히 군집형 개체들은 최고 강우량이 월 25~100㎜ 사이에서 발생하는 등 심한 가뭄에 잇달아 대발생한다고 한다(이관석·김광호·김창석·이원훈, 앞의 논문, 526쪽). 그렇지만 고려시대를 20년 단위로 가뭄과 황충의 발생 횟수에 대한 상관 분석의 결과 상관관계가 크지 않았듯이, 가뭄과 황충 발생의 관련성이 크지 않다는 연구도 있다(김지연, 앞의 논문, 2021, 139쪽).

를 유흠의 설에 따라 '군주가 듣는 것이 총민하지 못하여[聽之不聰]' 발생하는 재이로 분류하고 오행으로는 화가 수를 해쳐서[火沴水] 오랫동안 추운[常寒] 견고가 나타난다고 설명하였으며, 이후 『송사』 오행지에 이르기까지 그 분류에 따랐다. 그런데 『원사』 오행지는 황재를 '군주의 말을 순종하지 않아서[言之不從]' 초래된 금행의 재이로 분류하여 차이가 있고 『고려사』 오행지도 그 방식에 따랐는데, 그 이유는 껍질이 있는 곤충[介蟲]이 가뭄이 심한 때에 발생한 것과 관련하여 그렇게 하였을 가능성이 있다.[52] 『한서』 오행지에도 '군주의 말을 순종하지 않으면' 목이 금을 해쳐서[木沴金], 오랫동안 햇볕이 내리쬐어[恒暘] 견고하고, 황충처럼 딱딱한 껍질이 있고 날아다니는 곤충으로 인한 재해 등이 발생한다는 설이 수록되어 있다.[53]

한편 『고려사』 오행지는 황재를 금행의 재이로 분류하면서도, 황충 중에서 송충이가 소나무에 끼친 피해는 목행으로 취급하였다.[54] 이는 뽕나무의 충재를 목행의 재이로 분류한 『원사』의 방식에 따른 것이다.[55] 『구당서』 오행지도 농작물의 황재를 가뭄과 함께 수행 재이로 보면서도, 누에처럼 생긴 벌레가 경성의 화나무[槐樹] 잎을 갉아먹은 재이는 목행에 해당한다고 보았다.[56] 그런 분류방식은 『수서』 오행지에서 소나무와 잣나무를 해친 황재와 『송사』 오행지에서 남충(蝻蟲)이 뽕잎을 갉아먹은 재이를 농작물의 황재와 마찬가지로 수행 재이로 취급한 것 등과 다르다.[57]

---

52) 오행지 간의 그런 차이에 대한 설명은 김일권, 『《고려사》의 자연학과 오행지 역주』, 한국학중앙연구원출판부, 2011, 87~89쪽, 438~440쪽 참고.

53) 註 49)와 같음.

54) 『한서』 오행지에서 금이 목을 해치는[金沴木] 목행의 재이에 대하여, 군주가 용모가 공손하지 못하고[貌之不恭] 엄숙함이 없으면 오랫동안 비가 오는[恒雨] 咎徵을 보이고 그래도 고치지 않으면 服妖·龜孽 등의 재이가 발생한다고 설명하였다(권27 中之上, 五行7中之上 貌之不恭).

55) 『元史』 권50, 五行1 木. 김일권은 『원사』가 뽕나무 충해를 중시한 것과 달리 『고려사』는 송충이 피해를 중시한 것에 주목하여 양국 간 식생환경의 차이와 고려시대 소나무의 상징적 의미가 고려된 것이라고 해석하였다(앞의 책, 57쪽).

56) 『舊唐書』 권37, 五行 永泰 2년 2월 "京城槐樹有蟲食葉 其形類蠶."

『송사』오행지는 흑충(黑蟲)·몽충(蠓蟲) 등이 뽕나무와 농작물을 해친 사례는 나충(臝蟲)에 의한 토행 재이로 취급하였다.[58] 이렇듯 오행지에 따라서 황충 등에 의한 충재의 오행 구분이 해충의 형태, 피해 대상 등을 고려하여 차이가 나기도 하였다.

2) 천인감응론에 따른 원인 해석 사례

앞 절에서 천인감응론에 따르더라도 재이를 과거의 일에 대한 천견으로 보기도 하고 장래 발생할 일에 대한 예언으로도 인식하는 등 차이가 있었음을 살폈다. 음양오행의 재이론에서도 황재 해석이 통일되지는 않았다. 이 절에서는 황재의 원인을 특정한 인사와 연결시켜 이른바 '모사모응(某事某應)' 방식으로 파악한 사례들을 분석해보자.

첫째, 정치가 시령(時令)에 어긋나면 황재가 생긴다고 여겼다. 『예기』월령(月令)에 따르면, 맹하[4월]에 춘령을 행하면 황재가 생긴다고 하였고, 중춘[2월]에 하령을 행하면 가뭄과 명충(螟蟲)의 재해가 든다고 하였다.[59] 선행연구에서 밝혔듯이, 고려 초기부터 최승로·이양·유진 등이 천시와 인사를 연결하는 시령으로서 월령의 준수를 강조하였다. 왕들도 하늘을 본받고 때[時]에 순응해야 재해를 막을 수 있고 시령을 어기면 음양의 조화를 바랄 수 없으니 월령을 지키라고 촉구하였다.[60] 고려시대에 월령은 재이 해석과 대응은 물론 농정과 형정 등 국가 운영의 기준으로 역할하였다.[61]

---

57) 註 22)와 같음 ;『宋史』권62, 五行1下 水下 乾德 2년 4월 "相州蝻蟲食桑."
58) 『宋史』권67, 五行5 土 太平興國 2년 6월 ; 9년 7월 ; 天聖 5년 5월 戊辰.
59) 『禮記』, 月令 孟夏之月 "行春令 則蝗蟲爲災" ; 같은 책 仲春之月 "行夏令 則國乃大旱 煖氣早來 蟲螟爲害."
60) 『고려사』권5, 현종 16년 6월 己未 ; 같은 책 권18, 의종 22년 3월 戊子 ; 같은 책 권38, 공민왕 원년 2월 丙子.

조선시대 정치에서도 월령을 강조하였다. 예를 들면 1409년(태종 9) 간관의 상소에서 『예기』 월령에 주목하여, '만약 봄에 하령을 행하거나 여름에 추령을 시행하여 절후에 어긋나면 아무 아무 재앙을 초래하게 되니, 그것은 오행의 기운이 서로 응하지 않아서 손상된 것이 있기 때문'이라고 하였다.[62] 다음 해는 왕이 하륜에게 『예기』 월령을 수찬하여 백성들도 알 수 있게 하라고 지시하였다.[63] 중종 때에도 경연 시독관 심언광이 당시 충재를 비롯한 재해가 해마다 이어지는 까닭은 시령에 마땅하지 않기 때문이니 『예기』 월령을 준수하라고 건의하였다. 그는 월령이 백성을 위한 것으로서, 정치·행정상 이치에 어긋나고 시령을 어기면 반드시 하늘이 응하여 음양이 차서를 잃고 추위와 더위가 뒤바뀌어 재변이 그치지 않게 된다고 하였다.[64]

둘째, 잘못된 형옥으로 인한 원기(冤氣)가 황재를 초래한다고 보았다. 그릇된 형정이나 형벌로 원억이 생겨서 화기(和氣)를 손상하면 재이가 발생하며, 그 재이를 없애려면 휼형으로써 원억을 해소해야 한다고 인식하였다.[65] 예컨대 1016년(현종 7) 왕은 형정의 오류로 황재가 생겼으니 도형·유형 이하의 죄수는 보증인을 세워 출옥시키고, 형옥을 신속하게 판결하여 지체하지 말라고 지시하였다.[66] 조선시대에도 황재와 가뭄은 원통한 기운이 초래하는 것이며 그 원통함은 억울한 옥사를 당한 것을 가리킨다고 여겼다.[67] 1529년(중종 24) 가뭄이 심하자 유여림이 차자를

---

61) 한정수, 「高麗前期 儒敎的 重農理念과 月令」 『歷史敎育』 74, 2000 ; 한정수, 「高麗時代 《禮記》 月令思想의 도입」 『史學硏究』 66, 2002 ; 蔡雄錫, 「고려시대 刑政의 元情認識과 月令 활용」 『한국중세사연구』 27, 2009.
62) 『태종실록』 권18, 9년 8월 戊申 右司諫大夫權遇等上疏.
63) 『태종실록』 권19, 10년 2월 丙寅.
64) 『중종실록』 권67, 25년 3월 丁酉.
65) 蔡雄錫, 앞의 논문, 302~304쪽.
66) 『고려사』 권4, 현종 7년 7월 庚申.
67) 『栗谷全書』 권29, 經筵日記 萬曆 2년 6월 "大旱 命疏放 右議政盧守愼建白以爲冤氣召

올려, 하늘이 재해로 견고한 까닭은 인사가 잘못되었기 때문인데 특히 잘못된 형정과 형벌로 인한 화기 손상의 영향이 가장 빠르게 작용한다고 아뢰었다. 왕도 심한 가뭄에 황재까지 발생하여 수확을 기대하기 어렵다고 하면서 화기 손상의 원인으로는 형옥만한 것이 없다고 동의하였다.[68]

셋째, 과중한 군역·역역 동원이나 가렴주구 등 학정이 황재를 불러온다고 보았다. 정도전은 『경제문감』에서, 송의 진종이 가뭄과 황재 대책을 묻자 이적(李迪)이 토목 역역이 과거보다 백배나 되어 하늘이 가뭄과 황재로써 견고한 것이라고 대답한 사실을 인용하였다.[69] 그리고 1486년 (성종 17) 대사헌 이경동 등이 전탄(箭灘)의 역사를 삼가도록 간쟁하면서, '정치가 도리를 잃고 물건을 쓰면서 손상하면 백성이 피해 입어 근심하고 괴로워하여 천지의 기를 해치고 천체 운행이 어그러지며 음양과 추위·더위가 절기를 잃고 충재·수재·한재 등 각종 재이가 발생하는 것이니, 중대한 재이는 모두 어지러운 정치에서 비롯된다.'고 한 구양수의 글을 인용하였다.[70]

가혹한 정치에서 황재가 비롯된다고 본 사례는 중국사에 많다. 후한 영제가 해마다 황재가 발생하는 이유를 묻자, 채옹은 토목의 역사를 불시로 일으키면 하늘이 황재를 내려 견고한다는 『역전(易傳)』 기록과 탐욕스럽고 포학한 정치가 황재를 야기한다는 『하도비징편(河圖秘徵篇)』 기록 등을 인용하여 대답하였다.[71] 『경방점(京房占)』에도 군주가 혜택을 베풀

災…[謹按] 旱蝗固是冤氣所致 但所謂冤者 無罪見枉之謂也."

68) 『중종실록』 권65, 24년 5월 癸丑.

69) 『三峯集』 권9, 經濟文鑑 上 宰相 總論 宋 "帝幸汾陰 李迪諫曰 土木之役 過往時百倍 今蝗蟲之變 天所以警陛下也." 관련 사실은 『宋史』 권310, 李迪 열전에 수록되었다.

70) 『성종실록』 권197, 17년 11월 癸亥. 구양수의 글은 『新唐書』 권34, 五行1 서문에 수록되었다.

71) 『後漢書』 志15, 五行3 蝗 "(靈帝 光和 원년) 詔策問曰 連年蝗蟲至冬踊 其咎焉在 蔡邕對曰 臣聞易傳曰 大作不時 天降災 厥咎蝗蟲來 河圖祕徵篇曰 帝貪則政暴而吏酷 酷則誅深必殺 主蝗蟲 蝗蟲 貪苛之所致也."

지 않으면 가뭄을 초래하고 그래도 구제하지 않으면 황재가 든다고 하였고, 『홍범오행전(洪範五行傳)』에는 형벌이 가혹하고 탐욕이 심하며 군사를 일으켜 동원하고 성읍을 취하고 수리하느라고 민심을 잃으면 황재와 같은 충재가 발생한다고 하였다.[72] 『신당서』에는 덕이 없는 자를 물리치지 않고 백성에게 혹독하게 수취하면 그 벌로 황재가 발생한다는 기록이 있다.[73]

넷째, 황재는 간사한 자가 많고 충직한 관리가 없는 것에 대한 천견이라고 인식하였다. 1106년(예종 1) 재이 구언에 응한 글封事을 보면 관료들이 공이 없이 봉록을 탐내고 있어 가뭄과 황재가 자주 발생한다고 하였다.[74] 1145년(인종 23)에는 북계와 서해도에 황재가 들자, '충재가 크게 발생한 까닭은 간사한 자가 많고 충신이 없으며 벼슬하면서 봉록을 받는 것이 벌레와 같기 때문이며, 도덕을 갖춘 인물을 천거하여 벼슬을 주면 재앙이 그친다.'는 점사를 일관이 아뢰었다.[75]

1133년(인종 11) 왕의 조서를 보면 그런 인식의 전거가 무엇인지 알 수 있다. 그 내용에 따르면, 경기지역 소나무에 생긴 황재에 대하여 간관이 『경방점』·『경방역전(京房易傳)』·『경방역비후(京房易飛候)』 등의 점사를 인용하여 어질고 충직한 인물을 등용하고 부덕하고 불초한 자를 쫓아내지 못한 것에 대한 천견이라고 간언하였다.[76] 그다음 달에도 간관은 탐욕스

---

72) 『後漢書』 志13, 五行1 旱 "延熹元年六月 旱 [夾註] 京房占曰 人君無施澤惠利於下 則致旱也 不救 必蝗蟲害穀"; 『隋書』 권23, 五行下 聽咎 蟲妖 "(後齊 天保)十年 幽州大蝗 洪範五行傳曰 刑罰暴虐 貪饕不厭 興師動衆 取城修邑而失衆心 則蟲爲災 是時帝用刑暴虐 勞役不止之應也."
73) 『新唐書』 권36, 五行3 水 蝗 "(咸通)十年夏 陝虢等州蝗 不紐無德 虐取於民之罰."
74) 『고려사』 권12, 예종 원년 7월 辛丑.
75) 『고려사절요』 권10, 인종 23년 7월 "北界昌朔龜義靜龍鐵七州及西海道海州蝗 太史奏 今蝗蟲四起 此乃國多邪人 朝無忠臣 居位食祿如蟲 宜擧有道之人 置之列位 以弭其災." 이 점사의 전거는 『후한서』 오행지에 수록된 『京房占』이다(아래의 註 76 참고).
76) 『고려사』 권16, 인종 11년 5월 乙丑 "詔曰 "…今諫官奏曰 京畿山野 蝗蟲食松 此盖國多邪人 朝無忠臣 天意若曰 居位食祿無功如蟲矣 救之不早 則兵起 擧有道 置高位 災可消也(이

럽고 간사한 자가 고위직에서 나라를 좀먹고 백성을 병들게 하여 가뭄과 황재가 함께 일어나서 오래 계속된다고 하면서 재상 최홍재를 탄핵하였다.[77)]

　황재가 관리들이 정치를 어지럽힌다는 예점(豫占)이라고도 하였다. 1151년(의종 5) 소나무가 충해를 입고 전년부터 황재가 발생하자, '곡령(鵠嶺)에 소나무가 있는데, 도성의 소나무는 임금과 신하이고 거미[蛛]와 번데기[蜽]는 소인으로서, 염충[蠊蟲]이 소나무를 갉아먹을 때 문·무 관료가 정치를 어지럽히고, 소나무가 곡목(鵠木)으로 변하는 해에 천하가 백색이 된다.'는 『해동고현참기(海東古賢讖記)』의 기록을 태사가 점사로 보고하였다.[78)] 고려시대 일관은 『개원점경(開元占經)』·『천지서상지(天地瑞祥志)』 등의 점서와 『한서』·『진서』·『수서』 등의 천문지·오행지에 수록된 점사를 전거로 인용하는 한편 『해동고현참기』와 같은 고유의 전적과 한국사의 고사 등을 근거로 재이를 해석하였다.[79)] 당시 일관이 소나무의 충재를

<hr />

부분은 『後漢書』 志15, 五行3 安帝 永初 5년 "夏 九州蝗 京房占日 天生萬物百穀以給民用 天地之性人爲貴 今蝗蟲四起 此爲國多邪人 朝無忠臣 蟲與民爭食 居位食祿如蟲矣 不救致兵起 其救也 居有道 置於位 命諸侯試明經 此消災也"에서 인용) 古人云 臣安祿位 玆謂貪 厥災蟲食根 德無常 玆謂煩 蟲食葉 不黜無德 蟲食本 與民作爭 蟲食莖 蔽惡生孽 蟲食心 昔晋武帝 寵任賈充楊駿 有蟲蝗 此不黜無德之効也(이 부분은 『晉書』 권29, 오행下 嬴蟲之孽 "京房易傳日 臣安祿位玆謂貪 厥災蟲食根 德無常玆謂煩 蟲食葉 不紐無德 蟲食本 與東作爭玆謂不時 蟲食莖 蔽惡生孽 蟲食心…太康九年九月 蟲又傷秋稼 是時帝聽讒諛 寵任賈充楊駿 故有蟲蝗之災 不紐無德之罰"에서 인용. 『漢書』 권27下之上, 隱公 8년 9월조에도 동일 내용의 『京房易傳』의 점사가 기록되었지만 문구가 약간 다름) 梁大同初 蝗食松栢葉 京房日 食祿而不益聖化 天視以蟲 蟲無益於人而食萬物 此公卿食祿無益之應也(이 부분은 『隋書』 권23, 五行下 蟲妖 "梁大同初 大蝗 籬門松栢葉 皆盡…京房易飛候日 食祿不益聖化 天視以蟲 蟲無益於人而食萬物也 是時 公卿皆以虛澹爲美 不親職事 無益食物之應也"에서 인용) 天災以類而見 知臣莫若君 請進賢 退不肖而剛斷不疑 此乃有司善則稱君 過則稱己 引咎自陳耳…苟不革心長惡不悛者 勿論親疎貴賤 皆繩以法 其有淸白奉公節義殊異者 宜各褒擧."

77) 『고려사절요』 권10, 인종 11년 6월.
78) 『고려사』 권54, 오행2 木 의종 5년 8월.
79) 채웅석, 「고려시대 日官 災異 占辭의 자료적 특징과 기능」, 『韓國史學報』 90, 2023, 162~169쪽.

문·무 관료들이 정치를 어지럽힌다는 예점으로 해석한 이유는, 그 무렵 환관 정함의 서대(犀帶) 착용과 왕이 무인들과 궁궐 안에서 격구를 즐기는 문제 그리고 대령후 처벌을 둘러싸고 정치 갈등이 심하던 상황을 고려하였기 때문으로 보인다.[80]

재해의 원인을 이처럼 '모사모응(某事某應)' 관계로 해석하는 방식에 대하여, 이미 고려중기에 신유학의 영향을 받으면서 비판적 인식이 나타났다. 그리고 성리학 수용 이후로 그런 경향이 강화되었다.[81] 조선시대 성리학자들은 군주의 마음이 바르지 못하면 온갖 일이 어그러지고 인심이 어긋나서 나쁜 기운[戾氣]이 반드시 찾아든다고 보았다. 그들은 인욕(人欲)을 버리고 천리의 공변됨을 지키기 위한 군주의 노력을 강조하면서도 정치론으로서 천인감응론을 유지하였다.[82]

황재 원인의 파악방식에 보다 큰 변화가 생기기 시작한 것은 16세기 후반부터였다. 실학자를 중심으로, 천인감응론에서 벗어나 명대의 명물고증학이나 서학의 영향을 받아 황재와 같은 재이의 발생을 실증적으로 설명하려는 경향이 나타났다. 이수광은 음양론에서 벗어나 감각적 경험과 나름의 추론을 통해 재이의 원인을 합리적으로 설명하려 하였다.[83] 그가 명물고증학의 시초를 연 이후 이익, 이규경 등도 객관적, 구체적인 관찰과 경험에 근거하여 재이를 인식하려고 하였다.[84] 이익의 경우는 서양 과학지식을 접하고 자연을 바라보는 시각이 크게 달라져서 자연을

---

80) 채웅석, 위의 논문, 172쪽.
81) 경석현, 「고려~조선 초 중국 재이론의 수용과 그 변화」, 앞의 박사학위논문, 2018, 53~90쪽 ; 채웅석, 「고려시대사 연구와 재이(災異) 사료의 활용」『한국중세사연구』71, 2022, 21~24쪽.
82) 그런 재이관은『중종실록』권92, 34년 10월 甲申의 李彦迪 上疏와『선조수정실록』권2, 원년 8월 戊寅의 李滉 上疏 등에 잘 나타난다.
83) 경석현, 「재이관(災異觀)의 변화와 변통론(變通論)」, 앞의 박사논문, 135~140쪽.
84) 安大會, 「李睟光의《芝峯類說》과 조선후기 名物考證學의 전통」『震檀學報』98, 2004 ; 노대환, 「18세기 후반~19세기 전반 名物學의 전개와 성격」『한국학연구』31, 인하대, 2013.

객관화시켜 감각의 대상으로 파악하고 감각기관을 통해 사물을 인식하였다는 평가도 받는다.[85]

특히 이익은 메뚜기목의 곤충으로 짐작되는 부종(阜螽)의 번식과정을 자세히 관찰하여 기록하였다.[86] '황충은 종류가 매우 많은데, 그중에 베짱이[莎鷄]처럼 생겼지만 조금 작은 게 있다. 여름날 그 벌레가 뜰 위에 날아와서 뾰족한 꽁무니로 지렁이처럼 제 허리가 묻힐 정도로 땅을 파고 속에 들어가 오랫동안 움직이지 않았다. 자세히 보니, 뾰족한 꽁무니에 날카로운 뿔이 쌍으로 나 있어서, 가뭄으로 땅이 딱딱하더라도 그 뿔로 구멍을 깊게 팔 수 있었다. 또 예전에 들에서 그 벌레를 보았더니, 흙 구멍 속에 허리를 묻고 들어앉아, 쫓아내도 움직이지 않았다. 끌어내도 제자리에 빙빙 돌면서 도망가지 않고 무언가 참기 어려워하는 듯하더니, 잠시 뒤에 흰 거품을 흘렸다. 그 거품 속에 가는 벌레[細蟲] 수십 마리가 있었으며 한참 지난 뒤에 날아갔으니, 종자를 낳느라고 그런 듯하다. 흙 속에 종자를 낳았다가 커서는 나방[蛾]처럼 변하고 다시 종(螽)의 성충이 된다는 것을 비로소 알았다. 많은 종류 중에서 갈색이나 청색 또는 얼룩무늬가 다리에 있는 것은 모두 흙 구멍에 새끼를 낳는다.'[87] 이익은 이처럼 부종의 번식과정을 비롯하여 자연현상을 자신이 직접 면밀하게 관찰한 결과, 기존의 천인감응론이나 신비주의적 인식에서 벗어날 수 있었다.

그렇지만 이익도 천인감응론의 재이관에서 완전히 벗어나지는 않았다.

85) 金容傑,「星湖의 自然認識과 理氣論 體系 變化」『韓國實學研究』1, 1999 ; 금장태, 「星湖 李瀷의 西學 인식」『東亞文化』38, 2000 ; 具萬玉,「星湖 李瀷의 科學思想」 『民族과 文化』9, 한양대, 2000.

86) 李瀷은 황충이 螽이라고 하면서, '황충에는 여러 종이 있다. 풀 속에서 날아다니는 종은 우리나라 사람들이 날개와 발을 떼고 구워 먹기도 하는데 맛이 매우 좋다. 그리고『字書』기록에 떼지어 날아다니며 싹을 먹는다고 하였지만, 우리나라에서는 비록 싹과 잎을 먹기는 하지만 재해가 되지 않는다.'고 하였다(『星湖僿說』 권4, 萬物門 昆蟲可食). 이것으로 미루어 보면, 그는 螽을 오늘날 메뚜기목의 곤충으로 본 듯하다.

87) 위의 책 권5, 萬物門 阜螽蚯蚓.

그가 재이를 예측과 계산이 가능한 자연계의 현상 또는 기수를 일탈한 비일상적 현상으로 보는 자연학적 관점 외에도 인간의 악행에 대한 하늘의 견고로 보는 관점도 갖고 있었다고 파악되고 있다.[88]

4. 대응책

1) 천인감응론에 따른 대응

천인감응론을 받아들인 유교지식인들은 예교 이론과 재이론을 통합적으로 이해하고, 재이 곧 천견에 대응하여 군주가 몸가짐과 정치를 바르게 해야 한다고 강조하였다. 주지하다시피 군주의 공구수성 방식으로서 정전을 피하여 다른 곳으로 옮기고[避正殿], 반찬 가짓수를 줄이며[減常膳], 궁원에서 음주와 음악을 금지하고[禁諸宮院飮酒作樂], 형정과 형벌을 관대하게 하며[恤刑], 재이 해소 방책을 관료들에게 묻는 조치[求言] 등을 시행하였다. 이러한 대응은 황재에 대해서도 마찬가지였다.[89]

몇 사례를 들어보면, 이미 고려 초인 1016년(현종 7) 비황의 피해를 입자 형정의 잘못 때문이라고 여기고 왕명으로 휼형과 신속한 판결[疏決]을 지시하였다. 그리고 약 두 달 뒤에는 가뭄과 황재가 남쪽 지방에 잇따르자 왕 자신의 책임이라고 반성하며 피정전, 감상선, 음주·음악 금지 등을 실시하였다.[90] 1094년(헌종 즉위년) 동계 선덕진 경내에 황재가 발생하였을 때는 구언 조서를 내렸다.[91]

88) 최정연, 「성호 이익의 재이설의 양면성과 실천론」, 『한국학연구』 47, 인하대 한국학연구소, 2017.
89) 李熙德, 앞의 책, 300~301쪽 ; 『高麗儒敎 政治思想의 硏究』, 1995, 133쪽.
90) 『고려사』 권4, 현종 7년 7월 庚申 ; 9월 己酉.
91) 『고려사』 권10, 헌종 즉위년 8월 庚午.

조선시대에도 1401년(태종 1) 간관이 수창궁의 화재, 양계지방의 황재, 서리·우박의 피해 등을 거론하면서 그런 재해는 하늘이 군주를 일깨우고 두렵게 하여 혼란을 그치게 하려는 것이라고 상소하였다. 그러면서 옛날부터 천견에 대응하여 군주가 근신하고 허물을 자책하여 피정전, 감상선을 하는 한편 요역을 정지하고 부세를 경감하여 인심을 위로하고 재이를 물리쳤다고 하였다.[92] 1522년(중종 17) 영의정 김전, 대사간 유관 등의 상소문에서도 당시 냉해, 가뭄, 황재 등이 잇따르자 왕이 피정전, 감상선과 음악 중지 등을 오랫동안 계속한 사실을 확인할 수 있다.[93]

황재에 대응하여 공구수성하는 군주의 모범으로서, 당 태종이 황충을 삼키고[呑蝗] 송 태종이 자기 몸을 불태우려고 하재[自焚] 황재가 사라졌다고 한 고사가 많이 인용되었다. 628년 당 태종이 황충을 잡아서 '사람이 곡식을 목숨으로 여기는데 네가 그것을 해치니 이는 내 백성을 해치는 것이다. 백성의 잘못은 내게 책임이 있으니 네가 신령과 통한다면 나만 먹고 우리 백성에게 해를 끼치지 말라.'고 하며, 주변의 만류에도 불구하고 재해가 자기에게 옮기기를 바란다며 황충을 삼켰더니, 그해에는 황재가 우려할만한 수준이 아니었다고 하였다.[94] 그리고 991년 송에 황재와 가뭄이 심하여 비를 기원하였으나 응보가 없자, 태종이 손수 조서를 작성하여 재상에게 내려 자기 몸을 태워 천견에 답하려고 한다고 알렸고, 그러자 다음날 비가 오고 황충이 모두 죽었다고 하였다.[95]

이 고사들은 고려와 조선시대 정치에서 여러 번 언급되었다. 예를 들면, 1391년(공양왕 3) 좌대언 이첨이 아홉 가지 규범[九規]을 왕에게 올린 글에서 당 태종의 탐황 고사를 거론하였고, 1477년(성종 8) 대사간 손비장이

---

[92] 『태종실록』 권2, 원년 7월 庚戌.
[93] 『중종실록』 권45, 17년 7월 甲子 ; 8월 壬午.
[94] 『舊唐書』 권37, 五行 蝗旱 貞觀 2년 6월.
[95] 『宋史』 권5, 淳化 2년 3월 己巳.

계문을 올려, 경기·충청·황해도에 황재가 든 것은 하늘이 내린 재이이니 인력으로 구할 수는 없지만 당 태종이 황충을 삼키자 황재가 들지 않았듯이 덕을 닦아 재앙을 멈추게 할 수 있다고 건의하였다.[96] 또한 성종은 역대의 현명한 군주, 앞서 현명하였으나 뒤에는 어리석었던 군주, 어진 왕비의 사적을 세 개의 병풍에 그리고 신료에게 시를 짓고 사적을 쓰도록 하였는데, 현명한 군주 병풍의 당태종도(唐太宗圖)에 황충을 삼켜 황재가 들지 않게 한 내용을 담았다[97]. 1511년(중종 6) 『송감(宋鑑)』을 강한 경연에서 시강관 구지신은 '송 태종이 자기 몸을 불사르려 하자 곧 비가 오고 황충이 즉시 죽었다. 평범한 사람이라도 하늘을 감동시킬 수 있는데, 하물며 군주가 공구수성하면 하늘이 어찌 감응하지 않겠는가?'라고 발언하였다.[98]

군주가 황충을 삼키거나 자기 몸을 불태우려 한 것은 지나친 일이지 정도가 아니라는 평가도 있었다. 그렇지만 백성을 위하는 성의로써 하늘을 감동시켜 황재를 막을 수 있었다고 인식하였다. 1735년(영조 11) 『정관정요』를 강한 경연에서, 태종이 황충을 삼킨 일은 중도에서 벗어난 것이라고 시강관 오원이 평가하자, 참찬관 서종옥은 '태종의 일이 명예를 좋아하는 것에 가깝지만 황충을 삼킨 일은 전적으로 명예를 좋아한 데서 나왔다고 말할 수는 없고 백성을 염려하는 정성에서 그렇게 한 것'이라고 아뢰었다. 이에 왕은 '황충을 삼킨 것이 지나치기는 하지만 성심에서 비롯된 행위가 아니라 명예를 좋아하는 마음 때문에 억지로 한 행위였다면 어찌 황재가 생기지 않는 효험이 있었겠는가?'라고 대답하였다.[99]

지방관이 어진 정치를 펴면 '황충이 경내로 들어오지 않았다[蝗不入境]'

---

96) 『고려사절요』 권35, 공양왕 3년 11월 ; 『성종실록』 권82, 8년 7월 丁卯.
97) 『성종실록』 권72, 7년 10월 辛卯.
98) 『중종실록』 권13, 6년 5월 辛亥.
99) 『승정원일기』 794책(탈초본 44책), 영조 11년 2월 3일.

거나 '비황이 경내를 피하였다[飛蝗避境]'는 고사도 많이 인용되었다. 본래 공구수성과 선정으로 황재를 물리칠 책임이 있는 사람은 군주이지만, 군주를 대리하는 지방관의 치적과 관련하여 그 고사를 많이 동원하였다. 전한 평제 때 탁무가 밀현의 지방관으로서 교화를 크게 행하고 있을 때, 마침 여러 지역에서 황재가 극심하였지만 밀현에는 미치지 않았다고 하였다.[100] 후한대 중모현과 서화현에서 덕정을 베풀었던 노공과 대봉 등도 그들의 임지에 황충이 피하였다는 모범사례로 꼽혔다.[101]

천인감응론을 반박한 『논형』에서는 황충 떼가 모든 땅을 덮을 수는 없어서 지역에 따라 차이가 있고 머물거나 지나칠 수 있기 때문에 황충이 경내를 피하였다는 언술로써 선정의 징험으로 삼을 수 없다고 하였다.[102] 그렇지만 그 언술은 이후에도 중국사에서 지방관이 교화와 선정을 베풀었다는 징험으로서, 지방관에게 선정을 베풀도록 강조하는 언술로서 자주 사용되었다.[103]

한국사에서도, 1232년(고종 19) 예부시에 급제한 김구가 좌주 김양경에게 사례한 글에서 김양경의 행적을 칭송하여 지방관 재임시에 1년 동안 사송이 없었고 황충이 경계에 들어오지 않았다고 썼다.[104] 그리고 고려말 원천석이 원주목사 하윤원에게 보낸 글에 중국 지방관들의 치적을 열거하면서, 임지에 황충이 들어오지 않았다는 대봉의 사례를 들었다.[105] 조선시

---

100) 『後漢書』 권25, 卓魯魏劉列傳15 卓茂 "後以儒術擧爲侍郎 給事黃門 遷密令…數年 敎化大行 道不拾遺 平帝時 天下大蝗 河南二十餘縣 皆被其災 獨不入密縣界 督郵言之 太守不信 自出案行 見乃服焉."

101) 『後漢書』 권25, 卓魯魏劉列傳15 魯恭 ; 같은 책 권81, 獨行列傳71 戴封.

102) 『論衡』 권4, 感虛 "夫蝗之集於野 非能普博盡蔽地也 往往積聚多少有處 非所積之地 則盜跖所居 所少之野 則伯夷所處也 集過有多少 不能盡蔽覆也 夫集地有多少 則其過縣有留去矣 多少不可以驗善惡 有無安可以明賢不肖也 蓋時蝗自過 不謂賢人界不入 明矣."

103) 『北史』 권39, 열전27 羊烈 ;『舊唐書』 권173, 열전123 李紳 ;『宋史』 권271, 열전30, 趙延進 ;『宋史』 권384, 열전143 葉衡 ;『元史』 권182, 열전69 歐陽玄 등의 사례가 있다.

104) 『止浦集』 권3, 上座主金相國(良鏡)謝傳衣鉢啓.

대에도 성종이 선정을 한 지방관의 경내에는 황충이 들어오지 않았다는 고사를 언급하면서 왕의 마음을 체득하여 안민에 힘쓰라고 여러 차례 신임 지방관들에게 지시하였다.[106]

한편 공구수성이나 선정으로써 황재를 물리치는 방식과 함께 다양한 종교적, 의례적 대응책을 시행하였다.[107] 먼저 유교 기양의례로서 대사(大蜡), 포제, 종묘·사직의 기고제(祈告祭) 등을 행하였다. 『예기』에 기록된 대사는 납일(臘日)에 여덟 신위에 올리는 제사로서, 선농신(先農神) 대상의 선색(先嗇), 후직신(后稷神) 대상의 사색(司嗇) 등과 함께 곤충의 신에게도 제사를 올려 해충을 퇴치하여 피해가 발생하지 않도록 기원하였다.[108] 사제(蜡祭)는 수·당 대에 국가의례로 규정되었다.[109]

한국사에서도 신라에서 12월 인일(寅日)에 신성 북문에서 8사(蜡)에 제사 지내면서, 풍년에는 소·양·돼지의 대뢰를 쓰고 흉년에는 양·돼지의 소뢰를 썼다.[110] 고려에서도 1081년(문종 35) 일관이 납일 제례에 대하여

---

105) 『耘谷詩史』 권2, 上河(允源)刺史詩幷序.
106) 『성종실록』 권69, 7년 7월 丁卯 ; 같은 책 권76, 8년 2월 己丑 ; 같은 책 권188, 17년 2월 乙巳 ; 같은 책 권250, 성종 22년 2월 丁卯 : 같은 책 권267, 23년 7월 丙戌.
107) 본고는 종교적, 의례적 대응책도 천인감응론에 따른 것으로 파악하였다. 유학자들은 천견에 德과 같은 實로써 응답하는 방식과 齋醮와 같은 꾸밈(文)으로 응답하는 방식을 구분하여, 후자와 같은 방식을 지엽적이라고 보았다(『고려사』 권98, 林完 ; 註 117의 사료). 신유학의 영향을 받은 뒤에 종교적 대응책을 지엽적이라고 보는 비판론이 강해지면서도 천견에 응답하는 방법의 하나라는 점은 인정하였다. 특히 고려시대 이규보가 쓴 星變祈禳十一曜消災道場文(『東國李相國全集』 권39), 星變祈禳三淸醮禮文(같은 책 권40), 星變消災道場疏(같은 책 권40) 등을 보면, 재이는 천견이며 이에 삼가 엄숙하게 도량을 개최하여 기양한다고 밝혔다. 사상과 종교의 다원성이 두드러졌던 고려시대에 재이의 기양 목적으로 재초와 도량을 설행하는 방식도 천인감응론에 따른 대응으로 인식한 것이다.
108) 『禮記正義』 권26, 郊特牲 "天子大蜡八"; "八蜡以祀四方 [鄭玄注] 蜡祭有八神 先嗇一 司嗇二 農三 郵表畷四 猫虎五 坊六 水庸七 昆蟲八."
109) 『隋書』 권7, 禮儀2 蜡 ;『舊唐書』 권24, 禮儀4 雜祀.
110) 『三國史記』 권32, 雜志1 祭祀 "十二月寅日 新城北門祭八楮 豐年用大牢 凶年用小牢." 원문의 楮는 蜡의 오기이다.

보고한 것을 보면, '하(夏)의 가평(嘉平), 은(殷)의 청사(淸祀), 주(周)의 대사, 한(漢)의 납(臘)에 해당하며 모두 한 해의 일을 끝내면서 사냥하여 동물을 잡고 만물을 모아 여러 신들에게 보답하는 것이니 그 법을 마음대로 바꾸는 것은 마땅하지 않다.'고 하여, 그 제례를 시행하였음을 알 수 있다.111) 조선시대에도 1528년(중종 23) 관상감 제조 장광필이 '백신을 합제하는 날이므로 작지 않은 제삿날'인 납일을 잘못 산정하여 대죄한 기록이 있다.112)

황재가 생기면 포신(酺神)에게 제사를 올려 기양하는 포제를 시행하였다.113) 1103년 북송에서 여러 지방에 황재가 들자 포제를 지내게 한 것이 국가의례로서 포제의 첫 기록이고, 남송 고종 때인 1162년에 산동에 크게 황재가 발생하였을 때 포제 예식을 반포하였다.114)

고려시대에는 포제 기록이 없으며, 조선 초인 1408년(태종 8)에 송의 제도를 본받아 시작하였다. 당시 예조에서 포제 의식(儀式)을 아뢴 내용을 보면, 남송 고종 때의 예제를 상고하여 황재 발생 지역에서 포제를 행하여 기양하되 경중에서는 마보단에서 마보에 제사하는 예에 따르고, 외관에서는 송대 외주(外州)의 예에 따라 편한 방향을 택하여 땅을 골라 표를 세우고 줄을 매어 제단을 설치하였다.115) 그런 포제 의례는 1474년(성종 5)에 완성한 『국조오례의』에 길례 향선목의(享先牧儀)와 주현포제의(州縣酺祭儀)로 수록되고, 『국조오례서례(國朝五禮序例)』에 길례 소사로서 관련 내용이 수록되었다.116) 그리고 『해괴제등록』에는 1638년(인조 16)부터

---

111) 『고려사』 권9, 문종 35년 12월 癸亥.
112) 『중종실록』 권64, 23년 11월 己未.
113) 『周禮注疏』 권12, 族師 "春秋祭酺亦如之"의 注疏에 "酺者爲人物烖害之神也…漢時有蝝螟之酺神 又有人鬼之步神"라고 하였다.
114) 『宋史』 권62, 五行1下 水下 蝗旱 崇寧2년 "諸路蝗 令有司酺祭"; 같은 책, 紹興 32년 8월 "山東大蝗 癸丑 頒祭酺禮式."『宋會要輯稿』 52책, 瑞異3 蝗災 高宗 紹興 32년 8월조와 같은 책 18책, 禮18 酺祭 紹興 32년 8월 8일조에 자세한 내용이 수록되었다.
115) 『태종실록』 권16, 8년 7월 癸亥.

1693년(숙종 19)까지 시행된 포제 관련 기록이 지진 해괴제와 함께 수록되었다. 충재 발생 시에 군현의 지방관이 감사를 거쳐 보고하고 포제 시행을 요청하면 중앙의 논의를 거쳐 예조에서 향, 축문, 예폐 등을 내려보내 설행하였다.

포제를 올려 대응하는 방식에 비판적인 견해도 있었다. 1676년(숙종 2) 예조판서 홍우원은 황충 포제, 지진 해괴제로써 구차하게 기양하여 천의에 부응하려는 방식은 지엽적이고 군주가 하늘에 실질로써 응답하는 길이 아니라고 상소하였다. 그가 실질적이라고 여긴 방식은 묘당(廟堂)에 신칙하여 백성을 편하게 하는 시책을 모두 행하고 병들게 하는 것은 혁파하여 민심을 기쁘게 하는 것이었다.[117] 이보다 앞서 1660년(현종 1) 함경감사의 요청에 따라 포제를 올리게 하고 향, 축문, 예폐를 내려보낼 때도, 재해를 멎게 하는 방법은 덕정을 잘 닦는 것인데도 불구하고 구구하게 기양하는 것은 지엽적이라는 논평이 있었다.[118]

종묘·사직에 기고제를 올리기도 하였다. 1434년(세종 16) 예조와 의례상정소가 사직 기고 의주(儀注)를 찬진한 내용을 보면, 기고일 축시 5각 전에 전사관(典祀官)이 축판을 신위의 오른편에 드리며 그 축문은 수재·가뭄·유행병·황충·전쟁 등 각각의 때를 당하여 짓는다고 하였다. 즉 심한 황재를 당하면 사직에 기고제를 올렸으며, 그 내용이 오례(五禮) 길례의식(吉禮儀式)의 기고사직의(祈告社稷儀)와 주현제사직의(州縣祭社稷儀)에 수록되었다.[119] 그리고 1477년(성종 8) 황재 때문에 종묘와 사직에 기고제를

---

116) 『國朝五禮儀』 권2, 吉禮 享先牧儀 ; 州縣酺祭儀.
    『國朝五禮序例』 권1, 吉禮 辨祀 ; 吉禮 時日 ; 壇廟圖說 靈星壇 ; 饌實尊罍圖說 州縣酺祭.
117) 『승정원일기』 254책(탈초본 13책), 숙종 2년 5월 11일 壬辰.
118) 『현종실록』 권3, 원년 7월 辛未.
119) 『세종실록』 권65, 16년 7월 壬寅 ; 같은 책 권129, 五禮 吉禮儀式 祈告社稷儀 및 州縣祭社稷儀.

지낸 사례가 있다.[120]

사상·종교의 다원성이 부각된 고려시대에는[121] 황재를 기양하기 위하여 불교, 도교 등의 종교의례를 많이 설행하였다. 예컨대 942년(태조 25) 염주와 백주에 황재가 발생하자 탄문을 법주로 삼아 『반야경』을 강설하게 하였다.[122] 반야도량은 그 설행 공덕으로 재이를 물리치기 위하여 많이 설행되었다.[123] 1148년(의종 3)에는 황충을 물리치기 위하여 선경전에서 도교의 삼계(三界) 신에게 초제를 지냈고, 1228년(고종 15)에는 북계 변경에 적변이 있고 황재가 발생하자 전국의 신사에 기도하게 하고 또 선경전에서 반야도량을 설행하였다.[124]

앞서 보았듯이 고려시대에 송충이를 황충의 일종으로 인식하고 그에 대한 기양기록을 많이 남겼다. 1101년(숙종 6) 송충이의 재해가 생기자 일관의 요청에 따라 『관정경(灌頂經)』과 그 다라니를 외우는 관정도량, 『불설관정복마봉인대신주경(佛說灌頂伏魔封印大神呪經)』에 따라 오방신을 모시고 주문을 외우는 문두루도량, 『보성다라니경(寶星陀羅尼經)』을 소의 경전으로 한 보성도량과 함께 도교의 노군부법(老君符法)을 행하여 기양하였으며, 그 다음달에는 동북 주진에 불교 신장들을 모시고 기원하는 신중도량을 설행하여 송충이를 물리치도록 하였다.[125] 이듬해도 송충이의

120) 『성종실록』 권82, 8년 7월 丁卯.
121) 채웅석 편저, 『고려의 다양한 삶의 양식과 통합 조절』;『고려의 중앙과 지방의 네트워크』;『고려의 국제적 개방성과 자기인식의 토대』(모두 혜안, 2019)에 수록된 논문들 참고.
122) 『譯註 羅末麗初金石文 (上)』(한국역사연구회 편, 1996) 普願寺法印國師寶乘塔碑 "天福七年秋七月 塩白二州地界 螟蝗害稼 大師爲法主 講大般若經 一音纔演□□□□爲災 是歲 卽致年豐 翻成物泰."
123) 이하 불교도량에 대해서는 홍윤식, 「불교행사의 성행」 『한국사』 16, 국사편찬위원회, 1994 ; 안지원, 「고려 불교의례와 국가불교」 『고려의 국가 불교의례와 문화』, 서울대학교출판부, 2005 참고.
124) 『고려사』 권17, 의종 3년 6월 戊辰 ; 같은 책 권22, 고종 15년 5월 辛丑.
125) 『고려사』 권54, 五行2 木 숙종 6년 4월 辛丑 ; 5월 丙戌.

피해가 발생하자 승려들에게 『화엄경』을 강하는 화엄경도량을 5일간 설행하게 하였고, 왕이 몸소 신하들과 궁내에서 도교 초제를 올리면서 태조와 대명신(大明神)·야명신(夜明神)을 배위로 모시고 잘못을 사죄하면서 기양하였으며, 재상에게 명하여 오방의 산신과 해신들을 세 곳에 나누어 제사 지내게 하고, 승려 2천 명을 네 길로 나누어 개경의 여러 산을 돌면서 『반야경』을 외워서 기양하게 하였다.126) 예종과 공양왕 때도 송충이 피해를 기양하기 위하여 『불정존승다라니경(佛頂尊勝陀羅尼經)』을 외우면서 양재초복을 기원하는 불정도량과 『반야경』을 강하는 대반야법석 등을 설행하였다.127)

지방관 차원에서 황재 기양의례를 실시하기도 하였다. 고려 의종 때 중화현의 지방관 최효사는 비황이 경내에 들어오자 경내를 순행하며 기고(祈告)하였고, 그 결과 갑자기 비가 내려 황재가 사라졌다고 하였다.128) 조선시대에도 황재 발생 지역에서 지방관이 중앙정부의 승인을 받아 포제를 지내는 한편 성황 제사를 지내기도 하였다. 1785~1787년 사이에 회양부사로 재임한 이헌경이 고을에 황재가 발생하자 성황신에게 기양하는 제사를 지낸 사례가 있다.129)

2) 적극적인 포살책(捕殺策)

황충을 잡아 묻거나[瘞埋] 불에 태우거나[火燒] 물에 던지는[投水] 등 적극적으로 포살하는 정책도 시행하였다. 그런데 황재를 천견으로 보는 인식

---

126) 『고려사』 권54, 五行2 木 숙종 7년 4월 辛亥 ; 5월 癸酉 ; 6월 丙戌.
127) 『고려사』 권54, 五行2 木 예종 17년 7월 丙戌 ; 공양왕 원년(창왕 원년에 해당) 6월 辛丑.
128) 『高麗墓誌銘集成(제5판)』(金龍善 편, 2012) 崔孝思墓誌銘.
129) 『艮翁集』 권15, 淮陽城隍禳蝗祭文. 李獻慶이 회양부사를 역임한 사실은 『日省錄』 정조 9년 12월 27일조와 11년 12월 22일조에서 확인할 수 있다.

이 강하면 포살책에 거부감이 들 수밖에 없었으며, 그에 따른 반대를 극복하고 적극적으로 포살책을 시행하는 전기가 된 것이 당 현종 때 요숭(姚崇)의 사례이다.[130]

716년 산동에 심한 황재가 발생하였을 때 농민들은 불·신에게 기양할 뿐이었지만, 요숭은 '저 해충[蟊賊]을 잡아 불 속에 던져 태우소서.'라고 한 『모시(毛詩)』 구절과 후한 명제가 해충 제거를 지시한 조서를 인용하여[131] 포황책을 건의하였다. 그는 황충을 불에 태우고 구덩이를 파서 묻는 방식을 제시하여 그에 따라 어사를 파견하여 황충을 포살하게 하였다.

요숭의 건의에 대하여 비판도 강하였다. 변주 자사 예약수가 상주하여 '황충은 하늘이 내린 재이이니 수덕으로 대응해야 하며 오호십육국시기 한(漢)의 황제 유총(劉聰)이 황충을 제거하려다 오히려 피해가 더 커졌다.'고 하면서, 어사를 거부하고 명령에 따르지 않았다. 그러자 요숭은 위주(僞主)인 유총 때와 달리 현재의 성조(聖朝)는 요사한 것이 덕을 이길 수 없으며 또 어진 지방관이 다스리는 경내는 황충도 피하였다는 고사를 들어 반박하고, 황재를 좌시하다가 기근이 들면 어쩌겠느냐고 힐문하였다. 그러자 예약수가 굴복하여 황충 14만 석을 잡아 물에 던졌다. 이를 두고 조정에서 논란되어 현종이 묻자 요숭은 용렬한 유신들이 문자에 얽매어 변통을 알지 못할 뿐 아니라 황충을 적극적으로 잡지 않으면 기근을 초래한다고 답변하였다. 그리고 만약 현종이 '호생지덕(好生之德)'

---

130) 『新唐書』 권124, 姚崇. 이 사료에 대한 정밀한 분석은 趙鍾成, 「開元 4년(716) 蝗害 대책과 天譴 인식의 변화」 『中國古中世史硏究』 58, 2020 참고.

131) 『毛詩』의 해당 구절"旣方旣皁 旣堅旣好 不稂不莠 去其螟螣及其蟊賊 無害我田穉 田祖有神 秉畀炎火"(甫田之什 大田)에서 火燒는 신에게 기원하는 수준이라고 파악되고 있는데, 趙鍾成, 위의 논문은 姚崇과 그에 반대하는 신료들 간의 이 구절에 대한 해석상 차이를 밝혀 주목된다.
한편 『구당서』 요숭전에는 후한 광무제의 조서라고 하였으나, 趙鍾成, 위의 논문에서 밝혔듯이 후한 명제의 조서이다.

을 중시하여 포살을 꺼리면 칙(勅) 대신에 요숭 자신의 첩(牒)으로 처분하고 시행 결과 실패하면 관작을 삭탈하라고 요구하여 관철하였다.

황문감 노회신과 간의대부 한사복 등도 포살책을 비판하였다. 노회신은 '황재는 하늘이 내린 재이니 인사로써 제어할 수 없으며, 밖의 논의가 모두 비판적이고, 벌레를 많이 죽이면 화기(和氣)가 손상된다.'라고 우려하였다. 이에 대하여 요숭은 '황충을 포살하지 않으면 백성이 굶주리게 되고, 이미 황제에게 아뢰어 결정된 사안이며, 벌레를 많이 죽여 화를 입게 되면 내가 감당하겠다.'고 대답하며 설득하였다. 한사복도 황충은 하늘이 내린 재이라서 수덕으로 물리쳐야 하고 인력으로는 다 제거할 수 없으며 구황사(驅蝗使) 파견으로 백성들을 어렵게 하지 말아야 한다고 상소하였다.[132]

그보다 앞서 한(漢) 평제 때 황재가 크게 발생하자 사신을 파견하여 황충을 잡게 하고 농민들이 황충을 잡아 가져오면 그 양에 따라 화폐를 지급해준 사실이 있다.[133] 당 이전에 포상금을 지급하면서까지 적극적으로 포황책을 시행한 사례는 사료상 이것이 유일하다. 아마도 황재를 천견으로 여기고 포살하면 화기를 해친다고 여긴 인물들이 다수였기 때문에 포살을 정책적으로 실시하기 어려웠던 듯하다. 예를 들어 5세기 전반 남조 송(宋)의 범태는 황재는 천견으로서 그 까닭을 성찰해야 하며 황충을 잡더라도 이미 시든 작물에 도움이 되지 못하고 벌레를 죽여 화기를 손상할 뿐이라는 표문을 올렸다.[134] 6세기 전반 남조 양의 소수가 한중(漢中)의 지방관 재임 중에 황재가 발생하자 현지에서 자신의 허물을 자책하였다. 황충을 잡으라는 권유를 받았지만 지방관의 잘못으로 초래하였으

---

132) 『舊唐書』 권101, 韓思復.
133) 『漢書』 권12, 平帝 元始 2년 4월 "郡國大旱蝗 靑州尤甚…遣使者捕蝗 民捕蝗詣吏 以石蚪 受錢."
134) 『宋書』 권60, 范泰 "其年秋 旱蝗 又上表曰…有蝗之處 縣官多課民捕之 無益於枯苗 有傷於 殺害…蝗生有由 非所宜殺 石不能言 星不自隕 春秋之旨 所宜詳察."

니 잡아서 무슨 도움이 되겠느냐고 대답하였고, 때마침 새 떼가 날아와 황충을 먹어 치웠다고 전한다.[135)]

그렇지만 요숭의 포황책이 성과를 거둔 이후 포살 정책을 적극적으로 시행하는 사례가 증가하였다. 특히 송대에 1075년 신종의 조서로써 황충 발생지에 지방행정 라인을 동원하여 포살하게 하면서 사람들을 모집하여 잡은 양에 따라 곡식을 지급해주고 위관이 황충을 태우고 묻는 일을 감독하며 감사가 관리를 시켜서 조사, 보고하도록 하였다. 그리고 황충을 파묻거나 잡느라고 작물이 손상되면 면세해주는 등 체계적인 포황책을 시행하였다.[136)] 1182년에는 효종의 칙으로써 황재 보고와 포살 책임 및 그에 따른 처벌법을 제정하였다.[137)]

한국사에서 고려시대는 농작물 해충을 대상으로 포살책을 시행한 기록이 보이지 않으나 송충이 포살책 시행은 확인된다. 예컨대, 1102년(숙종 7) 기양의례를 하는 한편 병졸 5백 명을 동원하여 송악산에서 송충이를 잡게 하였다.[138)] 공민왕 때에도 송충이를 포살하게 하였고, 창왕과 공양왕 때는 개경 주민들을 동원하여 송악산의 송충이를 잡았다.[139)]

이후 조선시대에는 1400년(정종 2) 동·서북면과 풍해도에 황충이 대거 발생하자 관리를 파견하여 잡게 한 것을 비롯하여[140)] 포살책을 많이 시행하였다. 특히 요숭의 사례를 근거 삼아 적극적인 포황책을 논의하고

---

135) 『南史』 권52, 梁宗室下 鄱陽忠烈王恢 蕭脩.

136) 『宋會要輯稿』 52책, 瑞異3 蝗災 熙寧 8년 8월 3일.

137) 『宋史』 권35, 淳熙 9년 8월 壬子. 그 칙의 내용은 『救荒活民書拾遺』(宋 董煟 찬. 『四庫全書』 所收)에 淳熙勅으로 수록되었다. 『세종실록』과 『중종실록』에 『구황활 민서』를 활용한 기록이 있으며, 책의 해제와 편찬자 등에 관한 사항은 李錫炫, 「董煟의 《救荒活民書》와 救荒策」 『이화사학연구』 61, 2020 참고.

138) 『고려사』 권54, 五行2 木 숙종 7년 6월 丙戌.

139) 『고려사』 권54, 五行2 木 공민왕 3년 6월 ; 공민왕 5년 4월 ; 공양왕 원년(창왕 1) 5월 乙未 ; 공양왕 2년 4월 丁亥(?) ; 공양왕 3년 4월 乙丑.

140) 『정종실록』 권5, 2년 7월 乙丑.

실행하였다. 대표적으로 1447년(세종 29) 각도의 감사에게 왕이 유시한 사례를 보면,[141] 흉년을 구제한 뒤에 명등(螟螣)의 충재가 생기는 것이 옛날부터 그랬지만 민간에서는 벌레를 많이 죽이는 것은 불가하다고 하여 일부러 다 잡지 않는다고 지적하였다. 그러면서 요숭이 예약수와 노회신 등의 반대를 물리치고 포황책을 강행하여 성과를 거둔 일을 기록한 『신당서』의 원문을 거의 그대로 인용하였다. 그리고 이것은 옛사람이 이미 실행한 경험이기 때문에 만약 황재가 발생하면 요숭의 일을 본받아 황충이 번식하지 못하도록 마음을 다하여 포획하라고 지시하였다.

　천인감응론이 여전히 유효하던 시기에 비록 황충을 포살하더라도 불태우는 방식은 꺼리기도 하였다. 예컨대 영조는 '요숭이 황충을 불태운 것은 비록 눈앞의 위급함을 구하는 일이기는 하였지만 노회신의 말도 의견이 없지 않다. 충재는 왕의 부덕에 말미암은 것이다. 황충이 미물이라고 하더라도 나로 말미암아 생겼는데, 불에 태우게 한다면 사람에게 살인하도록 권하고서 법으로 죽이는 것과 무엇이 다르겠는가?'라고 하면서, 이후로는 태우지 말고 구덩이 파서 묻으라고 지시하였다.[142] 정조는 황충을 불태우거나 구덩이에 묻는 정책은 요숭이 시작하여 대대로 그 방법을 따라 마침내 성헌(成憲)이 되었다고 인식하였다.[143] 그러면서도 황충을 포살하면 호생지덕을 해칠 수도 있다고 여겼다. 더구나 불태워 죽이는 것은 좋은 방식이 아니고 땅에 묻어도 도로 기어나올 수 있기 때문에, 황충이 바다에 들어가면 새우가 된다는 설에 근거하여 강이나 포구에 던지게 하는 것이 좋겠다고 하였다.[144]

---

141) 『세종실록』 권116, 29년 4월 戊戌.
142) 『영조실록』 권111, 44년 7월 23일 戊申.
143) 『국역 비변사등록』 187책, 정조 22년 4월 25일.
144) 『승정원일기』 1791책(탈초본 94책), 정조 22년 4월 25일. 황충이 바다에 들어가 새우가 된다는 설은 후한 때 편찬된 『東觀漢記』 권12, 列傳7 馬稜 조에서 볼 수 있고("稜爲廣陵太守…郡界嘗有蝗蟲食穀 稜有威德 蝗蟲入江海 化爲魚蝦"), 북송 때

포황책의 시행은 감독관을 파견하거나 지방관에게 지시하는 형태로 이루어졌다. 예를 들면, 1417년(태종 17)에는 지방관이 정성을 기울여 황충을 잡지 않아 작물이 손상되면 '왕지부종(王旨不從)'의 율로써 논죄하게 하였다.[145] 1477년(성종 8) 경기·충청·황해도에 황재가 발생하자 조관을 파견하여 잡게 하자고 대간이 건의하였다. 왕은 조관을 보내더라도 자기가 잡는 것이 아니고 독찰하느라고 농민을 소요시킬 뿐이며 감사·수령도 독찰할 수 있다고 여겼다. 그러자 대간은 관원을 보내 독찰하면 수령이 두려워서 힘쓸 것이라고 하면서 조관 파견을 관철하였다.[146]

포살 작업에는 주로 농민과 군인을 동원하였다. 1415년(태종 15) 풍해도 황주와 영강 등지에 황충이 발생하자 경작농민[佃者]을 시켜 잡아 묻게 하였고, 1597년(선조 30) 함경도 안변부에서는 지방관이 각 리(里)에서 땅 주인[田主]을 시켜 잡아 없애도록 하였다. 1638년(인종 16) 충청도 임천군에서는 지방관이 각 리의 인근 사람을 남녀노소를 막론하고 징발하여 황충을 포살하였다.[147] 1444년(세종 26) 충청도 공주에서는 군인을 동원하여 60여 석의 황충을 잡은 사례가 있다.[148]

멸구의 경우, 18세기 후반 위백규의 시에 농민이 삼삼오오 무리 지어 몰아 잡으면서 겪는 어려움이 잘 표현되어 있다. 그리고 벼포기를 헤치고 바가지, 말총키, 베자루 등으로 털어서 멸구를 물에 떨어뜨려 제거하는 방식을 묘사하였다.[149] 20세기 초 전남 장성지역의 기록에 따르면, 멸구를 털어서 묻으려면[擊埋] 논 6두락에 인부 6명이 종일 매달리며 나무기름[木種

편찬된 『太平御覽』 권943, 鱗介部15 蝦 조에도 같은 내용이 수록되었다.

145) 『태종실록』 권33, 17년 6월 癸丑.
146) 『성종실록』 권82, 8년 7월 丁卯.
147) 『태종실록』 권30, 15년 7월 丁酉 ; 『선조실록』 권89, 30년 6월 壬申 ; 『國譯 解怪祭謄錄』 戊寅(1638) 6월 23일.
148) 『세종실록』 권105, 26년 윤7월 己卯.
149) 『存齋全書』 年年行一.

油]을 소량 뿌리면 멸구 제거에 효과가 매우 좋다고 하였다.[150] 19세기 후반 김평묵의 시에도 기름을 논물에 뿌리고 거품을 일으키면 황충이 접촉하는 즉시 죽어 물에 떠내려간다는 내용이 나온다.[151]

3) 방제기술

황재를 예방하고 구제하는 기술도 강구하였다. 1437년(세종 19)『농사직설』을 추가로 각도에 반포하면서 감사에게 전지한 내용을 보면,『농상집요』,『사시찬요』,『범승지서』 등에서 황충 예방기술을 발췌하여 제시하고 지방관이 농민을 깨우쳐서 방법대로 시험하게 하라고 지시하였다.[152]

그 내용 중에 '말을 곡식더미로 이끌어 몇 입 먹이고서, 말이 먹다 남은 것으로 종자를 삼으면 자방(蚍蜉) 등의 벌레가 없어진다.', '씨앗이 상하거나 습하거나 변질되면 벌레가 생긴다.' 등은『범승지서』의 수종(收種)조에 수록된 기술을 인용하였다. 그리고 '척박한 농경지에는 원누에[原蠶]의 똥을 씨앗에 섞어서 심으면 작물에 벌레가 없어진다.', '말 뼈 1석을 썰어 물 3석에 세 번 끓여 삶아 건더기를 걸러낸 다음 부자(附子) 5개를 담궜다가 3, 4일 만에 부자는 버리고 그 물에 누에와 양의 똥을 고르게 나누어 타서 여러 번 휘저어 뻑뻑한 죽처럼 만든다. 파종 30일 전에 종자와 버무린다. 춥고 건조할 때 버무려 말리되, 엷게 펴서 자주 흔들어 말린다. 이튿날 또 버무리며, 비가 오래 음산하게 내릴 때는 버무리지 않는다. 6~7차례 버무린 다음 바싹 말려 잘 보관하여 습기 차지 않게 한다. 파종할 때 남은 물에 버무려 심으면, 작물이 벌레나 황재를 입지 않는다. 말 뼈가 없으면 눈 녹은 물을 써도 된다. 눈 녹은 물은 오곡의 정기이며

---

150) 註 19)의『鳳南日記』, 壬寅年(1902) 7월 13일 기록.
151)『重菴集』권1, 詩 擊蝗.
152)『세종실록』권78, 19년 7월 辛亥.

작물이 추위를 견디게 한다.' 등은 『범승지서』의 수종법(溲種法)에 수록된 것이다. 종자를 견실하게 하고 해충을 예방하는 이런 기술들은 『제민요술』, 『사시찬요』, 『농상집요』에도 수록되어 있다.[153] 적극적인 황충 포살책과 함께 기왕의 농서에서 방제기술을 찾아 적용해 보려고 한 것이다.

1429년(세종 11)에는 조선의 풍토에 맞추어 하삼도의 선진농법과 관행 기술을 정리하여 『농사직설』을 편찬하였다. 그 책에도 상하거나 눅눅해진 씨앗을 사용하지 말라거나 눈 녹은 물에 씨앗을 담갔다가 건져서 말리는 방법 등을 수록하였는데, 충재 방지 효과는 명시하지 않았다. 방제기술로 는 척박한 땅에 녹두를 심었다가 무성해졌을 때 갈아엎으면 잡초가 나지 않고 충재도 생기지 않으며 땅이 비옥해진다는 점을 수록하였다.[154]

정조 때인 1794년 호남위유사로 나갔던 서영보는 황충의 피해가 적고 구황작물로 유용한 고구매[甘藷]에 주목하였다. 그는 명 후기의 『농정전서』 에 '고구마는 조금 심어도 수확이 많고, 농사에 방해가 되지 않으며, 가뭄 이나 황충의 재해를 입지 않고, 달고 맛있기가 오곡과 같고, 힘들이는 만큼 보람도 있으므로, 풍년이든 흉년이든 모두 이롭다.'라는 기록을 인용 하면서, 연해 고을에서 부분적으로 이루어지는 고구마 재배를 기근 대비 책으로 권장하자고 건의하였다.[155] 『농정전서』에 따르면, 황남(蝗蝻)의 피해가 크더라도 고구마는 뿌리가 땅속에 있으므로 먹이가 되지 않을 뿐 아니라 줄기와 잎이 모두 없어지더라도 다시 나올 수 있어서 수입에는 문제가 없다고 하였다. 황충이 올 듯할 때 흙을 파서 뿌리마디와 줄기에

---

153) 『氾勝之書』는 BC 1세기경 전한의 범승지가 황하 유역의 농법을 정리하여 편찬하고, 『齊民要術』은 6세기 중엽 북위의 賈思勰이 편찬하였다. 그리고 996년 당의 韓鄂이 편찬한 『四時纂要』와 1286년 원에서 관찬한 『農桑輯要』 등에도 씨앗 선별, 시비, 심경, 윤작 등과 연관하여 해충을 예방하는 기술들이 수록되었다.

154) 『農事直說』 備穀種 ; 耕地.

155) 『정조실록』 권41, 18년 12월 戊寅 "湖南慰諭使徐榮輔進別單曰…沿海諸邑 有所謂甘藷 者 藷方始見於皇明名臣徐光啓所撰農政全書 盛言其少種而多收 不妨農功 旱蝗不能災 甘美如五穀 而功用配之 兼濟豊凶."

덮어주면 황충이 물러간 뒤에 다시 쉽게 무성해져서 황충이 해를 끼치지 못한다고 하였다.[156]

1798년(정조 22) 응지농서로서 박지원이 올린『과농소초』에도 방제기술이 나온다. 그는 황충이 토란, 뽕잎, 물속의 마름과 가시연 등을 먹지 않는다는『왕정농서(王禎農書)』의 글과, 녹두·완두·강두(豇豆)·대마·경마(檾麻)·지마(芝麻)·참마[薯蕷] 등도 먹지 않으니 그런 작물을 겸종하여 대비할 수 있다고 한『농정전서』의 글을 인용하였다.[157] 또한 '비황은 수목이 줄지어 있는 것을 보면 높이 날아 내려오지 않고, 깃발이 촘촘하게 늘어선 것을 보아도 높이 날며 내려오지 않기 때문에, 농가에서 장대에 붉거나 흰 옷을 걸어서 쫓으면 내려오지 않는다.', '황충이 금속성과 포성을 두려워하여 그 소리를 들으면 멀리 가며, 더 좋은 방법으로 조총에 쇠 모래나 쌀알을 넣어 행렬의 앞을 쏘면 놀라 도망친다.', '볏짚을 태운 재와 석회를 등분하여 작은 분말로 만들어 작물 위에 체로 쳐서 뿌리면 황충이 먹지 않는다.', '가을에 농경지를 갈아엎으면[秋耕] 땅속에 양기(陽氣)를 가려 황충의 유종(遺種)이 뒤집혀 죽는다.' 등의 기술을 소개하였다. 이런 방제기술들도『농정전서』에 수록된 것이다.[158]

---

156) 『農政全書校注』 권27, 樹藝 蔬部 甘藷.

157) 『燕巖集』 권17, 別集 課農小抄 鋤治 備蝗雜法附 "王禎(禛의 誤記)農書言 蝗不食芋桑與水中菱芡 或言不食菉豆豌豆豇豆大麻檾麻芝麻薯蕷 凡此諸種 農家宜兼種以備不虞"; 같은 책 播穀 豆 "徐玄扈曰…又曰 蠶豆 八月初種 臘月宜厚壅之 此種極救農家之急 且蝗所不食."

『왕정농서』는 원대 왕정의 저술이고,『농정전서』는 명의 徐光啓가 편찬하였다. 『과농소초』에는『왕정농서』만 전거로 밝혔지만, 문구를 대조하면 해당 구절을 『농정전서』(『農政全書校注』 권44, 荒政 備蝗考中 玄扈先生除蝗疏 飛蝗雜法有五) 또는 청대 陳芳生의『捕蝗考』(『四庫全書』所收) 備蝗事宜에서 인용한 듯하다.『포황고』는 『농정전서』의 제황소를 대부분 인용하였다.

황충이 녹두나 마름을 먹지 않는다는 기록은 註 25)의『晉書』기록과『救荒活民書』 권中, 捕蝗 "吳遵路知蝗不食豆苗 且慮其遺種爲患 故廣收豌豆 敎民種食 非惟蝗蟲不食 次年三四月間 民大獲其利" 등에도 이미 보인다.

158) 『農政全書校注』 권44, 荒政 備蝗考中 玄扈先生除蝗疏 備蝗雜法有五.

이규경은 청대 진방생(陳芳生)의 『포황고(捕蝗考)』를 인용하여 그 기술들을 소개하였다. 또 황충이 불 주위에 날아드는 것을 이용하여 중국 강남의 농민들이 들판에 불을 질러 제거하는 방법도 소개하였다.[159] 서유구도 『범승지서』, 『농정전서』 제황소, 『포황고』 등에서 방제기술을 인용하였다.[160]

조선후기에 이처럼 중국의 황충 방제기술이 많이 소개되는 한편 농가의 경험에서 얻은 방제기술도 활용하였다. 『과농소초』에 '농가에서 겨울에 눈을 반기는 것은 해충이 땅에 들어가서 눈이 깊이 쌓이면 나오지 못하기 때문이다. 눈 녹은 물을 많이 모아서 씨앗을 담그면 벌레가 생기지 않는다.'고 기록하였다. 그리고 겨울에 내린 눈과 달리, 봄철 눈은 보리에 좋지 않고 오히려 황충을 배양하여 벼에 해롭다는 기록도 있다.[161] 눈 녹은 물을 사용하는 방법은 앞에서 살펴본 것처럼 『범승지서』와 『농사직설』 등에 나온다.

조선후기 이민구(李敏求)의 글에서 농민들이 꽹과리와 같은 금속성을 이용하여 황충을 몰아내려고 한 것을 확인할 수 있다.[162] 또 구한말 황현의 시에는 상원(上元)에 풍간(風竿)을 세워 예방하는 방법이 나온다. 스님의 삿갓 모양으로 짚을 엮어서 장대에 걸어 처마에 기대 세웠다가 2월에 풀어서 태우면 황충이 소멸하는 효험이 있다고 하였다. 그와 함께 정월 대보름에 농경지 둑을 태워서 황충의 유종을 제거하는 풍속도 언급하였다.[163] 풍간을 이용하거나 둑을 태우는 방식은 알이나 애벌레 또는 번데기 상태로 월동하는 멸구과·노린재과·명나방과·매미충과 등에 속한 해충의 방제에 효과가 있을 것이다.

---

159) 『五洲衍文長箋散稿』, 萬物篇 蟲魚類 蟲 蝗螽辨證說.
160) 『林園經濟志』 권8, 本利志 五害攷.
161) 『東州集』 詩集 권15, 西湖錄4 次蝗詩.
162) 위와 같음.
163) 『梅泉集』 권4, 丙午稿 上元雜咏 植風竿 및 燒田 ; 같은 책 권4, 壬寅稿 元宵二詠 野火.

천적 활용 가능성도 엿볼 수 있다. 조선중기에 고상안이 개구리와 두꺼비가 황충을 잡아먹어 우리나라에는 황재가 들지 않는다고 기록하여 황충 퇴치에 개구리의 활용 가능성을 보여주었다.[164] 그리고 이익은 까치떼가 송충이의 고치를 쪼아서 번데기를 먹어 치운다는 말을 듣고, 직접 산에 올라가서 징험해 본 결과 과연 그렇다고 확인하였다.[165] 18세기 중반 영조 때 강동현감 주기(朱杞)가 황재를 물리쳐달라고 기도하자 새 떼가 와서 황충을 다 쪼아먹었다는 기록도 있다.[166] 이런 사례들은 새가 황충의 천적이라는 사실을 인지하였음을 보여준다.

천적 활용법의 정책적 시행을 확인할 수 있는 한국 사료는 찾을 수 없지만, 중국에서는 11세기경에 관부에서 개구리 잡는 것을 금지한 기록이 있다.[167] 그리고 오대십국시기 후한에서 구관조[鸜鵒] 떼가 황충을 잡아먹자 그 새를 잡지 말라고 명령하였고, 원대에도 무수리[鶩]가 황충을 잡아먹는다고 하여 무수리 잡는 것을 금지한 사례가 있다.[168]

5. 맺음말

사서에 황재 기록이 많으며 기근으로 이어져서 피해가 심각한 경우도 있었다. 그런데 황충 용례를 보면, 대발생하여 집단으로 이동하며 피해를

---

164) 註 8)의 『泰村集』 인용문과 같음.

165) 『星湖全集』 권3, 瑞鵲詩 幷序.

166) 『黎湖集』 권28, 鏡城判官朱君墓誌銘 "出爲江東縣監…歲旱蝗 君禱雨立應 有鳥羣下 啄蝗 且盡 民共神之."

167) 崔德卿. 「中國古代 농작물의 害蟲觀과 蝗蟲 防除기술의 變遷」『역사민속학』39, 2012, 244~245쪽.

168) 『舊五代史』 권101, 漢書3 隱帝本紀上 乾祐 원년 7월 丙辰 "開封府言 陽武雍丘襄邑三縣 蝗爲鸜鵒聚食 詔禁捕鸜鵒";『元史』 권20, 成宗 大德 3년 7월 丙申 "揚州淮安屬縣 蝗在地者爲鶩啄食 飛者以翅擊死 詔禁捕鶩."

주는 풀무치나 메뚜기 떼만을 가리키기보다는 농작물과 수목에 해를 끼치는 벌레들을 통칭한 경우가 많았다. 따라서 황충을 메뚜기목에 속한 곤충으로만 보면 황재의 실상과 농해충관 등을 제대로 파악하기 어렵다.

천인감응론의 영향력이 컸던 시기에 황재를 인사의 잘못에 대한 하늘의 견책으로 인식하였다. 그리고 음양오행설이나 참위설을 이용하여 황재의 원인을 인간사회의 특정한 일과 대응시켜 해석하는 방식을 받아들이기도 하였다. 성리학에서는 재이가 천의(天意)가 아니라 천리(天理)에 어긋났을 때 발생한다고 보면서도, 유교 정치이념의 구현 수단으로서 천인감응론을 유지하였다.

천인감응론에 따른 황재 대책은 군주의 공구수성 방식이 중심이었다. 그리고 사제·포제 등의 기양의례를 올렸으며, 사상·종교의 다원성이 두드러졌던 고려시대에는 각종 도량과 재초를 많이 설행하였다. 포황책도 시행하였는데, 고려시대에는 송충이 포살 사례만 보이다가, 조선초기부터는 농작물 해충도 정책적으로 포살하는 사례가 늘었다. 황재를 천견으로 여겨서 황충을 포살하면 오히려 화기를 해친다는 인식이 여전히 있었지만, 당 대 요숭의 포살책 성공을 전범으로 삼아 시행 사례가 증가하였다. 황충 방제기술도 강구하여, 조선초기에 중국 농서의 방제기술을 인용한 것이 확인되고, 조선후기 사료에는 풍간 활용법과 쥐불 태우기 등의 농가 경험도 수록되었다.

시계열적 변화를 살펴보면, 고려시대와 달리 조선초기에 불교·도교 등의 종교 기양의례가 감소하고 대신에 포제를 시행하고 농작물을 해치는 황충을 포살하는 정책을 적극적으로 시행하는 변화가 나타났다. 그리고 '모사모응' 식의 재이 해석에 대하여 신유학 수용 이후 비판이 제기되었고, 성리학에서는 군주성학론을 강조하였다. 16세기 후반부터는 명대의 명물고증학이나 서학의 영향을 받으면서 보다 큰 변화가 나타나서 음양론이나 신비주의적 인식에서 벗어나 객관적 구체적 관찰과 경험에 의하여 황충·

황재를 파악하게 되었다.

황재의 인식과 대응 상 중국의 영향을 많이 받으면서도 양 지역 간의 차이도 있었다. 중국은 메뚜기목에 속한 곤충 떼의 피해가 심하였지만, 한반도에서는 드물 뿐 아니라 황충을 농작물과 수목 해충의 통칭으로 쓴 경우가 훨씬 많았다. 그리고 황충을 잡아 오면 관에서 곡식과 바꾸어주는 정책을 많이 실시한 중국과 달리, 농민과 군인을 포살에 동원하면서도 황충을 곡식과 바꾸어준 기록은 확인되지 않는다.

제3장

고려시대의 재이론과 사상 간의 다원적 교섭

최 봉 준

1. 머리말

재이(災異)는 천재(天災)와 지이(地異)의 합성어로 성변(星變)과 이상기후, 화재, 지진, 쌍둥이 출산은 물론 인간의 상식으로 이해할 수 없는 비정상적인 자연현상을 의미한다. 그러므로 직접적 피해를 의미하는 재해(災害)보다 훨씬 넓은 개념이라 할 수 있다. 자연현상과 정치적 변란이 인간과 하늘의 상호작용의 결과라고 인식했던 전근대사회에서 재이는 불길한 징조이며 군주의 통치에 대한 하늘의 징벌이라 생각하였다. 이에 인간은 재이의 법칙성을 찾고 그에 대비하기 위해 노력하였으며, 재이의 의미를 유추하고 해석하여 현실정치에 반영하려고 하였다.

재이론은 인간이 천명(天命)을 위반하였을 경우 인격적 존재인 하늘로부터 견책과 징벌을 받는다고 하는 천견설(天譴說), 인간과 자연이 동기감응을 한다는 천인감응설(天人感應說) 등 여러 가지 개념이 종합된 인식체계라 할 수 있다. 유교를 정치이념으로 내세운 전근대국가에서 재이는 유학적 사고의 범주에서 논의가 이루어졌지만, 반드시 유학의 범주에서만 인식할 수 있는 것은 아니었다. 국가는 재이를 극복하고 대응하기 위해 다양한 수단을 동원하였다. 재이는 동원할 수 있는 모든 수단을 써서 반드시 극복해야만 하였으며, 그 과정에서 자연스럽게 유학은 물론 불교와 도교, 민간신앙 등 여러 사상들 사이의 교섭은 필연적으로 나타날 수밖에 없었다. 따라서 재이론은 어느 하나의 사상이나 기준으로는 설명할 수 없는 것이라 할 수 있다.

고려시대의 재이론에 관한 연구는 『고려사』 오행지[1]와 『한서』와 『후한서』 역주 작업[2]을 통해 기초적인 자료 정리를 해나갈 수 있었다. 천인감응설과 천견론, 오행설 등은 고려시대의 유교정치사상을 이해하는 데 매우 중요한 토대 역할을 하였으며,[3] 이를 통해 재이론의 내용과 성격을 파악할 수 있었다. 이와 함께 고려시대의 국왕의 정치적 의미와 의례, 그리고 그 논리적 구조가 점차 규명되어 나가기 시작하였으며, 이를 통해 재이론이 가지고 있는 정치 사회적 의미 역시 구조적으로 이해할 수 있었다.[4] 이밖에도 과학사의 영역에서도 관심을 가지고 연구가 이어졌으며,[5] 고려시대의 재이론을 '자연학'의 범주에서 탐구하고, 『고려사』 오행지를 새로이 역주하는 작업이 이어졌다.[6]

지금까지의 연구를 종합하면 유교정치이념의 테두리에서 이해해왔던 것이 대체적인 흐름이라고 할 수 있다. 또한 모든 연구에서 재이는 현실정치에 대한 평가의 의미를 가지고 있으며, 재이론은 정치와 사회적 위기의식을 반영한다고 하였다. 그러므로 재이론은 정치세력의 변동과 군주의 정치적 정당성의 문제를 결부시켜 이해해왔던 것이라 할 수 있다.[7]

---

1) 李熙德, 「고려사 오행지 역주」(1), (2), (3), (완), 『東方學志』 85, 87, 90, 91, 1994~1996.
2) 李熙德, 『高麗時代 天文思想과 五行說 研究』, 일조각, 2000.
3) 李熙德, 『高麗儒敎政治思想의 研究』, 일조각, 1984 ; 李熙德, 위의 책, 2000.
4) 진영일, 『고려국왕의 재이사상』, 제주대학교 출판부, 2010.
5) 전상운, 『한국과학사의 새로운 이해』, 연세대 출판부, 1998 ; 박성래, 『한국 과학사상사』, 유스북, 2005.
6) 김일권, 『『고려사』의 자연학과 오행지 역주』, 한국학중앙연구원, 2011.
7) 李泰鎭, 「고려~조선 중기 天災地變과 天觀의 변천」 『韓國思想史方法論』, 소화, 1997 ; 韓政洙, 「高麗前期 天變災異와 儒敎政治思想」 『한국사상사학』 21, 2003 ; 韓政洙,

그러나, 비교적 최근에는 소재도량(消災道場)을 소재로 유교정치이념과 불교의 두 가지 기준에서 재이론을 이해하려는 연구가 있었다.[8] 이러한 연구사적 분위기의 연장선에서 생각해볼 수 있는 것은 위에서 언급한 바와 같이 '재이론을 반드시 유교정치이념의 틀에서만 이해할 수 있는가?' 하는 점이다. 인접 시기에서도 비슷한 문제의식으로 문제 해결을 시도한 연구가 있었다.[9] 이러한 시도들을 참고한다면 고려시대 사상사와 재이에 대한 당시의 관념을 살펴보는 데 중요한 돌파구가 마련될 것으로 생각한다.

아래서 살펴보겠지만 재이론은 중국의 춘추전국시대부터 다양한 사상들 간의 교섭과 교류를 통해 형성되어 왔다고 할 수 있다. 심성(Mentality)을 실제 행동으로 옮기는 의례에서는 동원 가능한 모든 수단들이 등장한다. 이는 의례에 사용되는 제문(祭文)이나 소(疏) 등과 같은 시문에서도 확인할 수 있다. 그리고 이는 여러 사상과 논리들이 어떠한 구조로 결합되어 표출되는지 확인해볼 수 있는 기제(機制)가 되지 않을까 생각한다. 즉 재이론을 보다 다양한 관점에서 살펴볼 수 있는 기회가 될 것으로 기대할 수 있는 것이다.

아래서는 재이론의 위와 같은 속성을 보다 상세하게 살펴보기 위해 유교정치이념의 테두리에서 살펴보는 작업부터 해나가고자 한다. 그리고 경학(經學)은 물론 음양오행설이나 점성과 같은 참위적(讖緯的) 경향들이

「고려후기 天災地變과 王權」『歷史敎育』99, 2006 ; 이정호, 「高麗前期 異變現象 기록을 통해 본 災異觀과 위기인식─『고려사』오행지 기록을 중심으로」『역사와 담론』80, 2016 ; 경석현, 『조선후기 재이론(災異論)의 변화』, 경희대 박사학위논문, 2018.

8) 김수연, 「소재도량(消災道場)을 통해 본 고려시대의 천문기양사상」『한국사상사학』45, 2013.

9) 박미선, 「불교 수용 후 신라의 자연재해와 불교적 대응」『역사와 경계』120, 2021 ; 박미선, 「신라 재해 대응책의 내용과 특징─유교적 천인감응설의 비판적 검토─」『한국사상사학』73, 2023.

어떻게 적용되어 나갔는지에 대해서도 살펴보도록 하겠다. 이러한 배경 아래서 소재도량과 재초(齋醮) 등 다양한 의례에서 재이에 대한 관념을 살펴보고 그 과정에서 재이 해소는 어떻게 해나가려고 하였는지 『동문선(東文選)』과 『동국이상국집(東國李相國集)』 등에 수록된 김부식과 이규보의 시문을 중심으로 살펴보도록 하겠다. 이를 통해 고려사회가 우주와 자연, 그리고 인간의 관계를 어떠한 관점에서 바라보고 있었는지 그리고 그 안에서 여러 종교와 사상이 어떻게 작동하고 있었는지 확인할 수 있는 기회가 되지 않을까 생각한다.

2. 재이론과 참위설

　유학의 역할은 정치·사회 윤리와 정치운영의 원리를 제공하는 데 있었다. 엄격한 군신윤리 아래서 국왕의 위치는 천명(天命)에 의해 보장되었으며, 신하의 명분은 위로는 군주를 잘 보필하고 아래로는 민을 보살피는 것이었다. 이들의 사회적 지위와 정치적 정당성은 이론적으로 민에 의해 형성된 여론으로 입증될 수 있었다. 군주를 포함한 지배층은 교화의 주체로서 간언과 민의를 청취하고 성실하게 정사에 임하여 궁극적으로는 왕도정치를 실현해야하는 이들이었다.

　재이는 천명에 의해 독보적인 지위를 보장받은 군주의 정치적 성과를 평가하는 잣대라 할 수 있다. 『서경』 홍범편에서는 휴징(休徵)과 구징(咎徵)이라는 개념을 통해 인사(人事)와 우주·자연의 운행이 상관관계를 맺고 있는 것으로 설명하였다. 그에 따르면, 군주가 엄숙하고 올바른 정치를 하며 명석하고 이치에 통달하면 강우와 기온 등이 적절할 것이며, 반대로 행실이 도덕적 기준에 어긋나거나 경거망동하며 몽매하면 이상기후가 발생한다고 하였다.[10] 즉 군주가 왕도를 실현하면 우주와 자연 역시 정상적으로 운행할 것이지만 군주의 능력이나 인성이 모자라거나 폭정을 일삼는다면 하늘은 재이를 통해 경고를 한다는 것이다.

이에 따르게 되면 하늘이라는 존재는 인사가 천명에 부합하지 않을 경우 징벌을 내리는 인격적인 존재라 할 수 있으며, 인사는 천－지－인으로 이어지는 삼재(三才)의 하나로서 하늘의 뜻에 따라야 비로소 완전한 모습을 갖추게 된다. 하늘이 원하는 모습을 갖추기 위해 인간은 하늘의 이법에 따라 자신의 행동을 도덕성과 연동시켜야만 하였다. 따라서, 하늘은 외적인 '운명의 부여자'라 할 수 있으며, 인간의 마음에 내재된 도덕적 기준의 근거라 할 수 있다.[11]

하늘을 인격적인 존재로 파악하는 관념은 중국 주나라 때 확립되었다.[12] 주 왕실은 천명을 받아 통일적 세계를 통치하는 단 하나의 지배자를 자처하였으며, 이로부터 우주만물의 주재자로서의 하늘이 구체화되기 시작하였다고 할 수 있다.[13] 하늘을 인격적인 존재로 파악하고 인사를 천명과 연결시키는 관념은 이후 유가의 공자로 계승되었으며, 제자백가의 법가, 도가, 묵가 등도 함께 공유하게 되었다.

한대(漢代)에 들어 인간은 하늘과 동기감응함으로써[14] 천－지－인 등 삼재의 한 축을 담당하는 존재가 되었다. 이때 군주는 재이를 통해 하늘의 이법을 해석하는 주체이자 하늘과 소통할 수 있는 특권과 책임[15]을 가지고 있는 선택받은 존재[16]라고 인식하게 되었다. 이와 같은 이론은 동중서

---

10) 『尚書』周書 洪範 제6, "曰休徵 曰肅 時雨若 曰乂 時暘若 曰晢 時燠若 曰謀 時寒若 曰聖 時風若 曰咎徵 曰狂 恒雨若 曰僭 恒暘若 曰豫 恒燠若 曰急 恒寒若 曰蒙 恒風若."

11) 히라이시 나오아키 지음, 이승률 옮김, 『한 단어 사전, 천』, 푸른역사, 2012, 45쪽.

12) 鄭日童, 「『춘추번로(春秋繁露)에서의 天人相關論」『中國史研究』54, 2008, 7~9쪽.

13) 이춘식, 『유학의 천도관과 정치이념』, 고려대 출판부, 2004, 69~72쪽.

14) 『漢書』권56, 列傳26, 董仲舒, "臣聞天之所大奉使之王者 必有非人力所能致而自至者 此受命之符也 天下之人同心歸之 若歸父母 故天瑞應誠而至 書曰 白魚入于王舟 有火復于 王屋 流爲鳥 此蓋受命之符也."

15) 신정근, 『동중서(董仲舒) : 중화주의의 개막』, 태학사, 2004, 248~249쪽.

(董仲舒, BC.176~BC.104)에 의해 정리되었는데, 그는 "국가가 도(道)를 잃고 패망하려면 하늘이 먼저 재해를 내어 견고(譴告)합니다. 군주가 자신의 잘못을 알지 못하고 반성하지 않으면 괴이(怪異)를 내어 꾸짖으며 그래도 알지 못하면 재변을 내려 패망에 이르고 맙니다. 이로써 천심(天心)이 인군(人君)에게 인애(仁愛)하는 마음을 보여 그 혼란을 막는 것입니다." 라고 하였다.[17] 그가 말하는 하늘은 징벌자이면서 인간에 내재된 도덕적 기준이라 할 수 있다. 도덕적 기준을 직접 실행에 옮기고 민을 교화시키는 것은 궁극적으로 왕도에 이르는 길로서 유학적 이상을 실천하는 것이었다. 그런 점에서 재이를 통해 하늘의 이법을 파악하고 해석하는 것은 정치 행위라 할 수 있다.

  그런데, 재이에 대한 인식 그 자체는 오로지 유학의 전유물이라 할 수 없다. 오래전부터 재이를 이해하기 위해 도가와 묵가, 법가 등 제자백가의 여러 사상들이 천명이라는 개념을 공유하였으며, 재이에 대한 효과적인 대응을 위해 그 법칙성 역시 발견해야할 필요가 생겼다. 이에 춘추전국시대에 정리된 음양오행설이 관여하기 시작하였으며, 나아가 점성(占星)과 같은 참위설과도 교섭이 이루어지기 시작하였다. 이 과정에서 일종의 모사모응(某事某應), 즉 재이 하나하나를 미래의 정치적 변화나 변란을 예측하는 기제로 인식하게 되었다.

  『춘추좌씨전(春秋左氏傳)』에는 재이를 통해 앞으로 발생할 재해나 정치적 변화의 징후로 보는 사례가 많이 보인다. 양공(襄公) 28년(BC.545) 봄에 얼음이 얼지 않자 재신(梓愼)은 세성(歲星)이 제자리에 있지 않았으니

---

16) 『春秋繁露』권1, 楚莊王 제1, "今所謂新王必改制者 非改其道 非變其理 受命於天 易姓更王 非繼前王而王也 若一因前制 修故業 而無有所改 是與繼前王而王者無以別 受命之君 天之所大顯也 事父者承意 事君者儀志 事天亦然 今天大顯已 物襲所代 而率與同 則不顯不明 非天志 故必徒居處 更稱號 改正朔 易服色者 無他焉 不敢不順天志 而明自顯也 若夫大綱 人倫道理 政治敎化 習俗文義盡如故 亦何改哉 故王者有改制之名 無易道之實."

17) 『漢書』권50, 列傳26, 董仲舒, "國家將有失道之敗 而天乃先出災害以譴告之 不知自省 又出怪異以警懼之 尙不知變 而傷敗乃至 以此見天心之仁愛人君而欲止其亂也."

천시(天時)가 정상적 범위에서 벗어났으며, 이는 음(陰)이 양(陽)을 이기는 것이니, 정(鄭)과 송(宋)에 기근이 발생할 것이라고 예언하였다.[18] 소공(昭公) 9년(BC.533)에는 진(陳)에 화재가 발생하자 정(鄭)의 비조(裨竈)는 "진나라는 수(水)에 속하였으며 화(火)는 수와 짝하는 것으로 화성(火星)이 출현하고 진나라에 화재가 발생한 것은 화에 속하는 초나라를 몰아내고 진나라를 재건할 징조"라고 하였다.[19] 재이를 통해 길흉화복을 예측하는 것은 가깝게는 가뭄이나 수재 등 앞으로 닥칠 재해의 전조(前兆)가 되는 것이지만, 때로는 국가의 흥망까지도 예측의 범위에 포함되는 것이었다. 즉, 모든 자연현상은 인사와 밀접한 관계가 있다고 할 수 있었다.[20]

이와 같은 신비주의적 경향은 전국시대 말기 『여씨춘추(呂氏春秋)』로 계승되었다. 『여씨춘추』에 나타난 가장 중요한 성과는 첫째, 다양한 재이가 수록되었으며, 이것이 인사와 어떤 관계를 갖는지 다양한 설명할 수 있게 되었다는 점이며, 둘째, 동류상동(同類相動), 즉 동기감응(同氣感應) 이론을 원용하여 합리적으로 설득력 있게 설명할 수 있게 되었다는 점이다. 이를 통해 군주의 정치적 행위가 자연현상과 보다 밀접한 관계를 갖는다고 말할 수 있게 되었으며, 결국 정치에 신비주의적 요소가 강하게 결합할 수 있게 되었다.[21]

이러한 경향은 동중서를 거쳐 전한 후반기에 접어들면서 학문의 종합화와 결부되어 재이를 해석하는 데 『춘추』나 『서경』, 『주역』은 물론 음양가와 천문역법 등 모든 학문이 동원되기에 이르렀다. 그 결과 보다 풍부한

---

18) 『春秋左氏傳』 魯 襄公 28년 春, "無冰 梓愼曰 今玆宋鄭其饑乎 歲在星紀 而淫於玄枵 以有時菑 陰不堪陽 蛇乘龍 龍宋鄭之星也 宋鄭必饑."

19) 『春秋左氏傳』 昭公 9년 4월, "陳災 鄭裨竈曰 五年陳將復封 封五十二年而遂亡 子産問其故 對曰 陳水屬也 火水妃也 而楚所相也 今火出而火陳 逐楚而建陳 妃以五成 故曰五年 歲五及鶉火而後陳卒亡 楚克有之 天之道也 故曰五十二年."

20) 鄭日童, 「先秦에 있어서 讖緯的 경향과 논리적 구조에 대하여」, 『史叢』 57, 2003, 79~92쪽.

21) 鄭日童, 위의 글, 2003, 92~94쪽 참조.

재이 해석이 가능해졌을 뿐만 아니라 후한말 위서(緯書)가 경서(經書)의 공백을 메우는 역할 역시 가능하게 만들었다.[22] 즉 참위설과 같은 신비주의적 경향의 이론들로 인해 유학적 세계관만으로는 해석할 수 없는 재이를 나름 합리적으로 해석할 수 있게 되었는데, 이는 참위설이 경서의 부족한 부분을 메워줄 수 있는 일종의 가능성을 지니고 있다는 것을 의미한다.

재이에 대한 해석은 천견설과 천인감응설과 밀접한 관계를 갖고 있으므로 자신의 정치 행위를 정당화하거나 상대 세력의 논리를 공박하는 데 매우 효과적인 수단이었다. 특히 군주의 입장에서는 천명을 받은 존재로서 자신의 지위를 확고하게 보장하는 논리가 될 수 있었다. 정치의 책임이 오로지 자신에게 있다는 논리는 곧 정치의 최종 책임자가 자신이라는 것으로 해석할 수 있었던 것이다. 반대로 신료의 입장에서는 군주의 수덕과 선정을 강조하며 자의적인 통치를 견제하는 수단이 될 수 있었다. 그러므로 재이론은 군주권의 절대성을 합리화하는 논리[23]이지만, 반대로 군주권을 제한하는[24] 이중적 의미를 지니게 되었다.

그 과정에서 군주의 반성과 책임의식은 어떻게 보면 문제를 해결하는 거의 유일한 방법이 될 수도 있었다. 군주는 구언교서나 조서를 반포하여 언로를 확대하고 어진 신하의 간언을 적극적으로 청취하였으며, 국가적으로 기우제나 기설제, 기청제 등 각종 기양의례들이 설행되었다. 기우제를 예로 들어보더라도 감상선(減常膳), 피정전(避正殿), 구휼(救恤), 사시(肆市) 등 유학적 의미와 주술적 의미 두 가지로 해석될 수 있는 여러 행위들이

---

22) 鄭日童,「前漢後期에 있어서 재이해석과 讖緯」『中國學論叢』36, 2012, 3~6쪽 ; 洪承賢,「魏晉 시기 志怪의 撰述과 讖緯의 새로운 역할」『東洋史學研究』160, 2022, 75~78쪽.
23) 『春秋繁露』 권11, 爲人者天 제41, "爲人主也 道莫明省身之天 如天出之也 使其出也 答天之出四時 而必忠其受也 則堯舜之治無以加 是可生可殺而不可使爲亂."
24) 히라이시 나오아키 지음, 앞의 책, 74~75쪽.

140 제1부 재해와 인식

동반되었다. 의례들은 대체로 유학적 문제의식에서 출발하는 것이지만, 실제 행위는 유학적 의미에서 벗어나는 것들이 많았다. 따라서, 위에서 설명한 바와 같이 재이론에는 유학적 마인드를 기본 전제로 하고 있으나 발전하는 과정에서 비유학적 요소들과의 교섭이 필연적으로 이루어졌으며, 이는 의례적 행위에서도 나타난다고 할 수 있다.

재이론은 위와 같이 신비주의적 요소를 내포하고 있으므로 이미 춘추전국시대부터 유가 계열의 학자들에 의해 비판을 받아왔다. 희공(僖公) 16년 (BC.664) 송나라에 5개의 운석이 떨어졌는데, 송의 양공(襄公)이 주나라의 내사 숙흥(叔興)에게 물으니 불길하다고 답했다. 이에 어떤 사람이 운석은 음양에 의한 것이므로 길흉을 논할 수 없다고 하였다고 한다.[25] 천도는 일정한 법칙에 의해 운행되며 그 자체로는 정치적 행위의 길흉을 예측할 수 없다는 이야기가 된다.

당대(唐代)에도 유사한 사례가 있어서 참고할 만하다. 우지녕(于志寧, 588~665)은 당 고종에게 운석을 군주의 반성의 기회로 삼고 인사를 새롭게 할 수 있는 기회로 활용하라고 간언하였다. 그러면서 그는 『춘추』에 기록된 내사(內史)의 발언을 인용하여 자신의 견해를 합리화하였다. 그에 따르면 운석은 음양오행과 관계되는 것이지 길흉과는 상관이 없다는 것이다.[26] 이는 참위설이나 점성술과 연관관계를 맺고 있는 재이론을 부정하는 것이지만, 재이론의 정치적 효용과 음양오행설까지 부정하는 것으로는 볼 수 없다. 같은 시기에 『개원점경』과 같은 점서가 정리되고 있었던 상황을 감안하면 전체적으로 유교정치이념에서 점서를 완전히 부정하지

---

25) 『春秋左氏傳』 僖公 16년 봄, "隕石于宋五 隕星也 六鷁退飛 過宋都 風也 周內史叔興聘于 宋 宋襄公問焉日 是何祥也?吉凶焉在 對日 今玆魯多大喪 明年齊有亂 君將得諸侯而不終 退而告人日 君失問 是陰陽之事 非吉凶所生也 吉凶由人 吾不敢逆君故也."

26) 『舊唐書』 권37, 志17, 五行 山崩, 永徽 4년(653) 8월 20일, "隕石十八于同州馮翊縣 光曜 有聲如雷 上問于志寧日 此何祥也 當由朕政之有闕 對日 按春秋 隕石于宋五 內史過 日 是陰陽之事 非吉凶所生 自古災變 杳不可測 但恐物之自爾 未必關于人事 陛下發書誡懼 責躬自省 未必不爲福矣."

않는 경향과 제한적이나마 신이(神異)를 부정하는 경향이 공존하고 있었던 상황을 생각해 볼 수 있다.

3. 정치세력과 재이론의 활용

신라에 이어 등장한 고려는 유교정치이념을 보다 체계적으로 정비하였으며, 사상간의 공존과 조화를 추구하였다. 널리 알려진 바와 같이 성종대 최승로는 시무 28조에서 불교를 행하는 것은 수신의 근본이요, 유교를 행하는 것은 나라를 다스리는 근원이라고 하였다.[27] 이는 유학과 불교가 대등한 지위와 각각의 고유한 역할을 부여받았으며, 다른 한편으로는 서로 충돌할 가능성을 최대한 줄여주는 효과를 기대할 수 있었다. 그 연장선에서 고려사회에 존재하는 도교와 민간신앙, 풍수지리 역시 유학과 불교에 준하는 사회적 지위와 역할을 부여받을 수 있었다.[28]

태조 왕건은 918년 6월에 즉위하여 국호를 고려라 하고, 연호를 천수(天授)라 하였다. 즉위 다음 날에 반포한 조서에서는 궁예의 실정으로 첫째, 무리한 영토 확장, 둘째, 지나친 측근 의존, 셋째, 번거로운 요역과 부세 등을 지적하였다. 이때 눈여겨볼 것은 '하늘과 땅이 용납하지 못했다'고 하는 표현이다.[29] 궁예의 실정은 천명과 민의를 거슬렀기 때문에 결국에는 방벌(放伐)을 당하고 말았다고 하는 지극히 유교정치이념의 입장에 있었던 표현이라 할 수 있다.

---

27) 『高麗史』 권93, 列傳6, 崔承老.
28) 최봉준, 「고려 태조~현종대 다원적 사상지형과 국왕 중심의 사상 정책」, 『고려의 다양한 삶의 양식과 통합 조절』, 혜안, 2019.
29) 『高麗史』 권1, 世家1, 太祖 원년 6월 丁巳, "於是 竊號稱尊 殺妻戮子 天地不容 神人共怨 荒墜厥緖 可不戒乎."

서경을 보수하는 것을 마치고 백성들을 이주시켜 서경을 채운 것은 지력(地力)에 의지하여 삼한을 평정하고자 하는 것이며 장차 여기에 도읍을 하려는 것이다. 지금 민가에 암탉이 수탉으로 변하고 큰 바람이 불어 관사가 무너졌으니 대저 어찌하여 지금 재변이 이르게 된 것인가? 옛날 진(晉)나라에 사신(邪臣)이 있어 몰래 반역을 도모하였는데 그 집에 암탉이 수탉으로 변하였다. 점사(占辭)에 '사람들이 분수에 넘치는 생각을 하면 하늘이 경계를 드리운다'고 하였는데, …『상서지(祥瑞志)』에 이르기를, '역역(力役)을 시행하는 데 공평하지 못하고 공부(貢賦)가 과중하면 백성의 원망이 아래에서 위로 올라가 이러한 응험이 있게 되었다'고 하였다. 옛 문헌으로 오늘을 징험하면 어찌 알 수 있는 바가 없겠는가? 지금 사방에 노역이 그치지 않고 비용이 이미 많이 들었는데도 공부가 아직도 줄지 않았다. 이러한 연유로 하늘의 견책이 이르는 것을 두려워하고 이른 밤에도 걱정하고 두려워하여 감히 한가롭고 편안할 수 없다. (그러나) 군국의 공부는 면제하기 어렵다. 일찍이 여러 신하들이 공도(公道)를 행하지 않아 민으로 하여금 원성을 사거나 혹은 분수에 넘치는 마음을 품어 이러한 변이에 이르게 되었으니 각자 마땅히 마음을 고치고 화를 입는 데 이르지 않도록 하라.[30]

고려 건국 직후의 재이론은 군주권의 절대성을 합리화하기 위해 신하들에게 재이의 책임을 전가하려는 경향이 강하였다. 932년 5월에 암탉이 수탉으로 변하는 재이가 발생하자 태조는 신료들을 꾸짖는 유시(諭示)를

---

30)『高麗史』권2, 世家2, 太祖 15년 5월 甲申, "頃完葺西京 徙民實之 冀憑地力 平定三韓 將都於此 今者 民家雌雞化爲雄 大風官舍頹壞 夫何災變至此 昔晋有邪臣 潛畜異謀 其家雌雞化爲雄 卜云 人懷非分 天垂警戒 … 且祥瑞志云 行役不平 貢賦煩重 下民怨上 有此之應 以古驗今 豈無所召 今四方 勞役不息 供費旣多 貢賦未省 竊恐緣此 以致天譴 夙夜憂懼 不敢遑寧 軍國貢賦 難以蠲免 尙慮群臣不行公道 使民怨咨 或懷非分之心 致此變異 各宜悛心 毋及於禍."

내렸다. 위의 인용문에 따르면 태조는 서경을 보수하여 천도를 하고자 하였으나, 잇달아 재변이 발생하는 바람에 당초의 계획이 모두 수포로 돌아가고 말았다고 하였다. 이러한 재이는 신하들이 분수에 넘치는 생각, 즉 역심(逆心)을 품고 있기 때문에 발생한 것이라고 하였다. 그러나, 앞서 언급한 즉위조서에서 태조가 지적한 궁예의 패망 원인을 떠올리면 태조가 서경을 수리하여 천도하고자 하였다는 것은 앞뒤가 맞지 않는다는 인상을 받는다. 다만, 여기서 태조의 의도만을 간추리면 신료측에서 반론을 제기할 수 없는 확실한 근거를 제시함으로써 그들을 압박하고 나아가 군주권을 확대하려는 것이라 할 수 있다.[31]

그런데, 여기서 특기할 만한 것은 태조가 신하들을 압박하는 논리의 근거가 『상서지』에 있다는 점이다. 『상서지』는 언뜻 보기에 『천지서상지(天地瑞祥志)』를 가리키고 있는 것으로 볼 수 있지만, 그렇다고 섣불리 단정할 수는 없다.[32] 『고려사』에는 『천지서상지』가 인용된 것으로 확신할 만한 기사가 2개 정도가 나오는데, 하나는 『천지서상지』라고 표기한 것이며[33] 다른 하나는 『서상지』라고 표기되어 있다.[34] 그러므로 『상서지』는 이들과는 다른 서적일 가능성도 내포하고 있다. 다만, 『상서지』가 다른 점사와 함께 열거되어 있으므로 이 역시 참위서의 일종으로 볼 수 있다. 국왕이 참위서를 근거로 재이에 대한 의견을 제시하는 행위를 통해 고려 초기의 재이론에서 참위서가 어느 정도의 위치를 차지하고 있는지 짐작해 볼 수 있다.

최근의 연구를 통해 일관(日官)의 점사에 위에서 언급한 『천지서상지』를 비롯하여 『개원점경(開元占經)』, 『해동고현참기(海東古賢讖記)』, 『한서』,

---

31) 李熙德, 앞의 책, 1984, 45~46쪽 참조.
32) 김일권, 「『天地瑞祥志』의 역사적 의미와 사료적 가치−撰者에 대한 재검토와『高麗史』所引 記事 검토」『한국고대사연구』26, 2002, 257~259쪽.
33) 『高麗史』권53, 志7, 五行1, 火, 仁宗 8년(1130) 8월 乙未.
34) 『高麗史』권64, 志18, 禮6, 軍禮, 儺儀, 靖宗 6년(1040) 11월 戊寅.

『후한서』등 점서와 정사가 널리 인용되었다는 것이 밝혀졌다.[35] 이 중 『해동고현참기』는 고려에서 편찬된 점서로 보인다. 기존의 연구에서 『해동고현참기』는 풍수지리류의 서적으로 이해되고 있었다.[36] 『고려사』에 인용된 단 하나의 사례는 다음과 같다. 해주(海州)에 소나무가 충해(蟲害)를 입었는데, 태사가 이 현상을 『해동고현참기』를 인용하여 "곡령에는 소나무가 있고, 개경의 소나무는 군신이며 거미와 번데기는 소인을 의미한다. 바퀴벌레가 소나무를 먹는 때는 문무가 정치를 어지럽히고 소나무가 하얗게 변하는 때에는 천하가 (또한) 하얗게 변한다"라고 하였다.[37] 언뜻보아도 곡령이나 개경 등 지명이 나오고 산에 자라는 소나무와 그것이 무엇을 의미하는지 서술되어 있으므로 풍수지리적 내용과 거리가 멀다. 그러니까 『고려사』에 인용된 내용은 특정 지역에 자라는 소나무에 충해가 발생하였으며, 그것의 정치적 의미를 해석하는 데 주력하고 있는 것이다. 그러므로 책 제목에서 보듯이 통일신라와 고려초기까지의 점사와 참위설을 정리한 서적으로 보는게 타당하다.[38]

고려시대의 재이론은 비록 참위설이나 점사 등과 연관되어 있다고 해도 어디까지나 왕도를 지향하는 유학적 사고의 영역에 있는 것이라 할 수 있다. 성종대 이후부터 반성의 주체는 신하가 아닌 국왕으로 옮겨가는 경향을 보인다.[39] 이때 가장 많이 언급하는 것이 바로 화기(和氣)의 손상이다. 국왕의 재능과 능력이 부족하거나 잘못된 정치, 특히 억울한 판결로 인해 백성들의 원기(冤氣)가 축적되어 화기가 손상이 되었으며,

---

35) 채웅석, 「고려시대 日官 災異 占辭의 자료적 특징과 기능」, 『韓國史學報』 90, 2023, 181~188쪽 〈표〉.
36) 全相運, 「풍수지리학」, 『한국사』(21), 국사편찬위원회, 2002, 204~205쪽.
37) 『高麗史』 권54, 志8, 五行2, 木, 木變, 毅宗 5년(1151) 8월.
38) 최봉준, 「동아시아 전통사회의 재이 DB 구축과 그 의미」, 『歷史와 實學』 75, 2021, 268쪽 참조.
39) 李熙德, 앞의 책, 1984, 50~52쪽.

그 결과 재이가 발생하였다는 식의 논리였다.[40] 이때 국왕은 형부의 관리를 불러 오래 지체시키는 형벌이 없도록 각별히 신경을 쓰도록 하는 조치를 취하였다.[41] 즉 덕치와 인정(仁政)을 통해 음양오행의 부조화를 해결하고자 하는 것으로, 천명을 실천에 옮기고 왕도를 지향하는 것이었다.

원기를 풀기 위하여 위와 같은 실질적인 대책을 지시하는 사례도 있으나, 의례적 수단을 동원하는 사례도 많이 있다. 현종은 농번기에 양기가 강해 가뭄이 발생하자 피정전, 감상선, 금도재(禁屠宰), 철악현(轍樂縣), 심원옥(審冤獄), 도군망(禱群望) 등을 행하라고 하였다. 그와 함께 이 모든 것을 자신의 책임[責躬]이라고 밝혔다.[42] 앞서 성종대에 신하인 최승로가 군주의 반성을 촉구하였다면 여기서는 국왕인 현종이 직접 반성하고 대책을 지시하였다는 점이 이전과 달라졌다. 이후에도 국왕이 직접 반성의 뜻을 내비친 조서(詔書)나 제서(制書)는 『고려사』에 자주 등장하였다. 비록 현종이 지시한 대책이 모두 유교적 의미를 가지고 있는 것이라 보기는 어렵지만, 이는 고려전기에 유교정치이념이 정착하는 과정에서 다양한 사상적 배경 아래에 있는 조치들이 취해지고 있는 것이라 이해할 수 있다.

일반적으로 한재가 발생하면 앞서 현종대와 같이 피정전 등 여러 가지 행위가 수반되었다. 1036년 5월 정종은 한재를 계기로 당의 기우제차(祈雨祭次)[43]를 수용하여 기우제 거행과 기우행위의 순서를 제정하였다.[44] 그에 따르면 국왕은 먼저 억울한 죄수가 없는지 재심사[審理冤獄]하고 구휼

40) 『高麗史』 권18, 世家18, 毅宗 16년(1162) 5월 己未.
41) 『高麗史』 권46, 世家46, 恭讓王 3년(1391) 5월 戊子.
42) 『高麗史』 권5, 世家5, 顯宗 16년(1025) 4월 甲子.
43) 『新唐書』 권13, 志3, 禮樂3, 五禮3, 吉禮3, 七廟, 開元 5년(717), "太廟四室壞 奉其神主于太極殿 天子素服避正殿 輟朝三日 時將行幸東都 遂謁神主于太極殿而後行 安祿山之亂 宗廟爲賊所焚 肅宗復京師 設次光順門外 嚮廟而哭 輟朝三日 其後黃巢陷京師 焚毀宗廟 而僖宗出奔 神主法物從行 皆爲賊所掠 巢敗 復京師 素服哭于廟而後入."
44) 최봉준, 「고려시대 기우제 거행과 용신신앙」, 『歷史敎育』 168, 2023, 12쪽.

을 실시하며 길거리의 시체를 묻어주고 낸[掩骼埋胔] 후에 비로소 악진해독(岳鎭海瀆) 및 산천, 종묘의 순서로 7일 간격으로 제사를 지내며, 그래도 비가 오지 않으면 다시 악진해독에 대한 제사로 되돌아간다고 하였다. 한재가 심해지는 제한적인 상황에서는 종묘에 대한 제사 이후에 우사(雩祀)도 거행할 수 있는데, 이때 시장을 옮기고[徙市], 부채를 끊으며[斷徹扇], 도성 내에서 도살을 금지하고[禁屠殺], 관마(官馬)에 곡식 대신 다른 것을 먹인다고 하였다.[45] 이는 기본적으로 국왕의 반성이 전제되어 있다는 점에서 유교정치이념의 영역에서 논할 수 있다. 그렇지만 이는 특정 행위를 하면 하늘에서 비를 내려준다는 모사모응의 주술적 성격의 행위의 범주에 속해 있는 것이기도 하였다.[46]

재상[輔臣]들이 상언하기를, "옛날의 성스럽고 명철한 제왕들은 모두 재이를 면할 수 없었으나 능히 덕을 닦고 정사를 행하여 재이를 복으로 변화시켰습니다. 올해 봄부터 한기(旱氣)가 매우 심하니 성상께서는 정전을 피하시고 상선을 줄여 밤낮으로 수고롭게 자신을 탓하고 반성하시니 때에 맞추어 비가 내리고 널리 들판을 적셔 풍년이 기대됩니다. 엎드려 청하건대 정전(正殿)에 거둥하시고 상선을 원래대로 돌려놓으시어 정사를 예전과 같이 돌보아주소서." 하니, 제서를 내려 가로되, "과인이 덕이 부족하여 이와 같은 한재에 이르게 되었으니 지금 비록 비를 얻었다고 하나 오히려 뒷날이 걱정된다. 그러나 대신들이 청하니 어길 수 없다."고 하고 이를 따랐다.[47]

---

45) 『高麗史』 권6, 世家6, 靖宗 2년(1036) 5月 辛卯.
46) 최종성, 『조선조 무속 국행의례연구』, 일지사, 2002, 221~226쪽.
47) 『高麗史』 권6, 世家6, 靖宗 2년(1036) 6월 丙寅, "輔臣上言 昔者 聖帝明王 皆不免灾異 而惟能修德行政 變灾爲福 今自春以來 旱氣滋甚 而聖上 避殿減膳 宵旰憂勞 責躬自省 時雨應期 普潤田野 豊稔可期 伏請御正殿復常膳 視事如舊 制曰 寡人不德 致此旱灾 今雖得雨 猶有後慮 然大臣之請 不可違 乃從之."

그로부터 1개월 정도가 지나 한재가 해소되자 신하들이 정전에 거둥하고 상선을 원래대로 회복할 것을 청하였다. 이때 중요한 것은 정종이 한재는 바로 자신의 덕이 부족하여 발생한 것이라고 하여 신하들에게 겸양을 내보이며 마지못해 수락하는 제스처를 취하는 부분이다. 비록 한재가 매년 일상적으로 발생하더라도 군주의 책임이라 한 것은 인사의 책임이 국왕에 있다는 것을 내외에 천명하는 것과 같은 효과가 있다.

재이와 징조가 군주의 절대성을 합리화하는 수단으로 이용되었지만, 문제를 제기하는 이들의 정치적 목적과 의도가 내포된 경우도 많았다. 재이를 향후의 정치적 변란의 징조라고 인식한다면, 해석하는 입장에 따라 상대방을 공격하거나 자신을 방어하는 수단으로 이용될 수 있으며, 때로는 자신이나 상대방을 견제하는 움직임으로 여겨질 수도 있다.

> 일찍이 동중서의 책문(策問)을 보니, "나라가 도를 잃은 것이 있으면 패망하는데, 하늘은 먼저 재이를 내려 경고합니다. (경고를) 알지 못하고 반성하지 않으면 괴이(怪異)를 내려 놀라고 두렵게 합니다. 일찍이 변고를 알지 못하면 패망하는 데 이르고 맙니다. 이는 하늘이 천심을 보여 인군을 인애(仁愛)하여 변란을 막으려는 것입니다. 크게 무도(無道)하지 않은 때라면 하늘은 지탱하여 안전하게 하려 합니다. 인군이 천견(天譴)에 응답하는 것은 노력하지 않으면 실제로 응하는 것은 불가능합니다"라고 하였는데 전(傳)에 이르기를, "하늘에 실제로 응답하는 것은 문(文)으로 하면 안 된다."[48]라고 하였으니, 이른바 실(實)이라는 것은 덕(德)이요, 이른바 문(文)이라는 것은 지금의 도량(道場)이나 재초(齋醮)와 같은 것들입니다. 『서경』에 이르기를, "황천(皇天)은 친애함이 없이 오로지

---

48) 『漢書』 권45, 列傳15, 息夫躬, "丞相嘉對曰 臣聞動民以行不以言 應天以實不以文 下民微細 猶不可詐 況於上天神明而可欺哉 天之見異 所以救戒人君 欲令覺悟反正 推誠行善 民心說而天意得矣 …."

덕이 있는 자만 돕는다."라고 하였으며, 또 "기장이 향기로운 것이 아니라 오로지 덕을 밝히는 것이 향기로운 것이다"라고 하였으니, 이른바 덕이라는 것을 어찌 남에게서 구할 것입니까? 인군이 마음을 쓰는 것과 대저 일을 도모하는 것이 있을 따름입니다. … 근년 이래 재변이 여러 번 발생하고 기근이 여러 번 일어났으며 최근에는 흰 무지개가 해를 뚫고 지나갔으며[白虹貫日] 정월에 천둥과 벼락이 치는 특이한 현상이 일어났으니 이는 지금까지 듣지 못한 일이었습니다. … 폐하께서는 어찌 하여 진실로 노력하여 응답하지 않으십니까? 진실로 노력하는 것은 지금 당장의 폐단을 개혁하는 것에 있으며, 지금의 폐단을 개혁하는 것은 태조의 유훈을 따르고 문종의 구제(舊制)를 거행하는 데 있을 따름 입니다. … 지난해에 (서경에) 순행하시었을 때 불탑에 재난이 발생하였 으며 올해에 순행할 때는 유성이 떨어지고 말이 화를 입는 것이 서로 이어서 나타났습니다. 또한 이 궁궐은 본래 복을 구하기 위한 것이니 지금 7~8년간 한 번도 아름다운 상서(祥瑞)가 나타나지 않았으며 재변이 잇달아 나타나는 데 이르고 말았으니 무슨 까닭입니까?[49)]

위의 인용문은 1134년 5월에 국자사업(國子司業) 임완(林完)이 묘청의 서경천도에 반대하기 위하여 인종에게 올린 상소문의 일부이다. 그에 따르면 1134년을 전후하여 기근과 백홍관일, 정월에 여름과 같이 천둥과

---

49)『高麗史』권98, 列傳11, 林完, "臣嘗觀董仲舒策 有曰 國家將有失道之敗 天乃先出災異 以譴告之 不知自省 又出怪異 以警懼之 尚不知變而傷敗乃至 此見天心之仁愛人君而欲止 其亂也 自非大無道之世 天盡欲扶持而安全之 人君所以上答天譴者 非勉强以實應之則不 可也 傳曰 應天以實 不以文 所謂實者 德也 所謂文者 若今之道場齋醮之類 是也 人君修德 以應天 不與福期而福自至焉 若不修德而徒事虛文 則非徒無益 適足以瀆天而已 書曰 皇天 無親 惟德是輔 又曰 黍稷非馨 明德惟馨 所謂德者 豈他求哉 在人君用心與夫行事而已 … 比年以來 災變屢作 饑饉荐臻 近者 白虹貫日 正陽之月 雷震特異 此近古未聞也 … 陛下豈可不勉强以實而應之耶 勉强以實 在乎革當今之弊 革今之弊 在乎遵太祖之遺訓 舉文宗之舊典而已 … 往歲巡幸 災發佛塔 今年巡幸 流星馬禍 相繼而作 且此宮闕 本爲求 福 今已七八年 而無一休祥 災變荐至 其故何也."

벼락이 치는 일이 발생하였다고 하였다. 특히 주목되는 것은 서경에 거둥할 때마다 불탑에 재난이 발생하고 유성이 떨어지는 등 재이가 끊임없이 나타났다고 하였다. 이에 임완은 앞서도 인용한 동중서의 말을 근거로 반대하는 논리를 전개하였다. 그 논리에 따르게 되면 근년 이래 발생한 여러 재앙은 서경천도를 하늘도 반대한다는 이야기가 된다. 임완은 태조의 유훈과 문종의 구제 준수를 문제 해결 방안으로 제시하였다. 그러면서 그는 태조와 문종의 정치는 올바른 인재를 등용하고 내수외양을 하는 것이라고 하였다. 굳이 말하자면 임완의 주장은 묘청 일파와 같은 이들을 정치에서 배제하고 금나라의 심기를 건드리는 위험한 정책은 피해야한다는 것이 된다.

재이는 군주의 권력을 확대하기 위한 목적에서도 이용되었다. 충렬왕은 1282년에 반포한 교서에서 한재를 자신의 책임으로 돌리면서 그 대응책으로 참형과 교수형 등 이죄(二罪) 이하의 죄인을 사면하고 송악과 명산대천 등에 존호를 올리는 한편, 도선(道詵)과 최치원(崔致遠) 등의 봉작을 더해주며, 문무관료와 정직(正職)과 잡로(雜路) 모두에게 동정직을 더해주라고 하였다. 또한 원에 함께 호종(扈從)하였던 정오부(丁伍孚), 이지저(李之氐), 정인경(鄭仁卿) 등에게 관직을 내려주거나 승진시키려고 하였다.[50] 보기에 따라서 충렬왕의 발언은 한재가 국왕의 호종에 공이 있는 신하들에게 적절한 보상이 주어지지 않았기 때문에 발생하였다는 이야기가 된다. 충렬왕의 교서의 정확한 목적은 측근세력 육성에 있었던 것으로 볼 수 있다.

---

50) 『高麗史』 권29, 世家29, 忠烈王 8년(1282) 5월 庚申, "敎曰 予惟否德 國步多艱 天譴相仍 旱災連歲 故宜戒愼 修德消變 … 己巳年東歸 至婆娑府 聞變還朝 侍從輔佐 將軍丁伍孚鄭仁卿車得珪李之氐 大府尹金應文 郎將金義光 爲一等功臣 大將軍羅裕池允輔 將軍林庇摠郎李承衍 將軍金富允 中郎將黃就 郎將晶周碩梁貯 正郎白佐明 郎將田祐金位良爲二等功臣 各賜田民 其餘從臣 依甲戌年宣旨 子孫錄用."

직한림원(直翰林院) 이원목(李元牧)이 기우소(祈雨疏)를 올렸는데, 시정(時政)의 득실을 말한 것이 많았다. 왕이 이원목을 불러 이르기를, "속담에 '봄 가뭄에 밭에 거름을 주는 것과 같다'고 하였다. 간혹 비가 내리기도 하니 천심이 인자하고 사랑하는 것을 어찌 알지 못하겠는가? 얼마 전에 태사가 비를 빌기를 청한 것은 내가 두 번 허락하지 않다가 허락한 것인데 너의 상소는 어찌하여 나의 허물을 들어 말을 꾸며대는 것이냐?" 하며, 즉시 고쳐 짓기를 명하였다. 정월부터 지금까지 비가 내리지 않아 왕의 말이 이와 같았는데, 여러 소인들이 왕을 이끌었기 때문이다.[51]

이와는 반대로 국왕이 정치적 목적을 위해 신하의 재이론에 문제제기를 하는 경우도 있었다. 위의 인용문에 따르면 명종은 이원목이 올린 기우소를 불필요한 것이라고 하며 강하게 거부하였다. 명종의 의도는 이원목의 기우소를 봄에 한재가 닥쳐 작물이 자라지 않는 상황에서 거름을 주는 행위로 비유하였던 것에서 단적으로 드러난다. 여기서 이원목이 올린 상소의 내용이 나와 있지는 않지만, 국왕 주변의 소인들을 멀리하라는 내용이라는 점을 쉽게 추론해볼 수 있다. 명종은 기우제를 거행하라는 태사의 건의도 거부하였다. 이때 태사는 기우제 거행의 근거를 점사에서 찾았던 것이 아닌가 생각된다. 그리고 명종의 반응이 이원목의 기우소와 같았던 것으로 보아 점사의 내용도 국왕이 소인과 가까이 하는 것에 문제를 제기하는 것이라 할 수 있다.

여기서 말하는 소인은 아마도 명종의 측근으로 분류되는 소군(小君)과 환관이라고 할 수 있다. 이들은 인사문제까지 관여하였는데,[52] 이는 한편

---

51) 『高麗史』 권20, 世家20, 明宗 11년(1181) 4월 丁未, "直翰林院李元牧製進祈雨疏 多言時政之失 王召元牧傳旨曰 野諺曰 春旱與糞田同 間或有雨澤 則天心之仁愛 盖未可知 比者太史請禱雨 予重違而許之 汝疏何引我過擧 以飾辭乎 卽命改撰 自正月 至此不雨 而王言如此 由群小導之也."

52) 채웅석, 「명종대 권력구조와 운영」『역사와 현실』17, 1995, 28쪽 ; 김낙진, 「고려

으로 측근세력의 확대 방법이라 할 수 있지만, 명종의 입장에서는 정치적인 운신의 폭을 좁힐 수 있다는 생각을 하였을 것으로 보인다. 따라서, 명종은 이원목과 태사의 건의에 강하게 반응함으로써 측근세력을 강화하고 나아가 왕권 역시 강화하고자 하였던 것으로 이해할 수 있다.

　옛날 당나라 명종때 대리소경(大理少卿) 강징(康澄)이 상소하였는데 말이 시사와 관계되는 것이었다. "나라를 가진 자에게는 두려하지 않아도 되는 것이 5가지가 있으며 심히 두려워할 만한 것이 6가지가 있습니다. 삼신(三辰)이 궤도를 잃어버린 것은 두려워하지 않아도 되며, 천상의 변이가 보이는 것은 두려워하지 않아도 되며, 소인들의 와설(訛說)은 두려워하지 않아도 되며, 산이 무너지고 내가 마르는 것은 두려워하지 않아도 되며 수재·한재·충재·황재는 두려워하지 않아도 되는 것입니다. 어진 선비가 몸을 숨기는 것은 심히 두려워해야 하며, 염치와 도덕이 상실되는 것은 심히 두려워해야 하며, 상하가 서로 감싸주는 것은 심히 두려워해야하며, 비방과 칭찬에서 진실을 구분할 수 없는 것은 심히 두려워해야 하며, 직언을 듣지 않는 것을 심히 두려워해야 합니다"라는 것이었다. 구양수가 이 말을 기록하며 말하기를, "무릇 나라를 가진 자가 가히 경계할 만하다! 옳구나! 이 말이여!" 하였다.[53]

　그런데, 유교정치이념의 시각에서 재이론의 신비주의적 경향은 비합리적인 것으로 여겨질 수밖에 없었다. 김양경(金良鏡, 1168~1235)은 당나라 명종 때의 강징과 북송의 구양수의 발언을 빌어 천수(天數)는 두려워할

　　무인정권기 명종의 현실인식과 정치운영」『韓國史硏究』168, 2015, 45쪽.
53)『高麗史』권19, 世家19, 史臣 金良鏡 贊, "昔唐明宗時 大理少卿康澄上疏 言時事曰 爲國家者 有不足懼者五 深可畏者六 三辰失行 不足懼 天象變見 不足懼 小人訛言 不足懼 山崩川渴 不足懼 水旱虫蝗 不足懼 賢士藏匿 深可畏 廉恥道喪 深可畏 上下相徇 深可畏 毁譽亂眞 深可畏 直言不聞 深可畏 歐陽公記此言曰 凡爲國家者 可不戒哉 有是哉 斯言也."

바가 아니며 오히려 왕도에 이르지 못한 것을 경계해야한다고 지적하였다. 그 논리에 따르게 되면 천인감응을 완전하게 부정하지는 않은 것으로 보인다. 김양경의 경우에는 재앙을 전혀 상관할 바가 아니라고 하고는 있지만, 재이는 그것대로 나름의 의미가 있다고 생각하는 것으로 보인다. 즉, 재이가 길흉화복과는 관계가 없지만, 이를 계기로 군주가 올바른 정치를 할 수 있도록 해야 한다는 것이다. 이는 천인감응설의 정치적 역할을 매우 제한적인 범위로 좁혀놓은 것이지만, 다른 한편으로 재이론에 대한 반응은 여러 스펙트럼이 존재할 수 있다는 것을 의미한다.

신비주의적 경향을 가진 재이론에 대한 유신들의 입장을 이해하기 위해 신이(神異)에 대한 그들의 인식을 한번 짚어볼 필요가 있다. 의종때의 함유일(咸有一, 1106~1185)은 음사를 배격하였는데, 영험하다는 것이 입증된 것만 인정하고자 하는 매우 유보적인 입장에 있었던 것으로 이해된다. 그는 구룡산 산신이 영험하지 않다고 하여 산신당을 불태워 없앴는데 의종의 꿈에 산신이 나타나 구해달라고 하자 의종은 유사에 명하여 산신당을 다시 짓게 하였다.[54] 이는 함유일과 같이 신이를 부정하는 이들이 있었던 반면 다른 한편에서는 신이의 효용성을 인정하는 이들도 있었다는 점을 시사한다.

성리학자에게서도 신이를 인정하고 있었던 사례를 발견할 수 있다. 이제현은 이규보의 동년 한광연(韓光衍)의 집에 사는 토신 이야기에서 음양설이 일정 부분 효용성이 있다고 말하고 있다. 그는 한광연이 음양설을 무시하고 집을 수축하였는데, 그 집의 토신은 소란스러운 소리 때문에 괴롭지만 주인의 청렴을 존중하기 때문에 감내하고 있다고 하였다.[55] 이는 이제현이 신이를 유교적 도덕 관념의 범위 안에서는 인정하고 있는 것으로 해석할 수 있다.[56]

---

54) 『高麗史』 권99, 列傳12, 咸有一.
55) 『益齋集』 권10, 櫟翁稗說 前集2.

물론 음사나 신이와 천인감응설을 같은 선상에서 논할 수는 없다. 위에서 살펴본 바와 같이 신비주의적 경향을 보이는 천인감응설을 정치적으로 이용하는 이들도 있었으며, 오히려 전혀 인정하지 않고 유학적 인성론의 연장선에서 부정하거나 군주의 수덕을 강조하는 선에서 제한적으로 인정하는 경향을 발견할 수 있다. 그렇지만, 14세기 성리학이 점차 내면화하는 과정에서 점진적으로 신비주의적 경향과 결별해나가고자 하는 움직임을 포착할 수 있다.

> 수재와 한재는 천수(天數)의 결과인가? 인사의 결과인가? 요임금과 탕임금도 천수를 면치 못했으니 천수의 결과라 할 것이며, 잘하거나 못하는 것에 징험이 있으니 인사의 결과라 할 것이다. 옛날 사람들은 인사를 닦음으로써 천수에 응하였으므로 9년이나 7년의 재앙을 당하여도 백성들은 고달프지 않았지만, 후세의 사람들이 천수에 맡기면서 인사가 폐하여졌으므로 1~2년마다 재앙이 있게 되어 백성들은 구렁텅이에 빠져 뒹굴게 된 것이다. 국가에서는 오직 연, 월, 일을 따지고 저축하였으므로 인사가 가히 닦여졌다고 할 만하였다. 작년의 수재와 한재는 백성들이 심히 고통스러워하였으나 바야흐로 구제하는 것에 그 요체를 얻지 못하였으니 어찌할 것인가? … 진실로 지금의 백성들로 하여금 옛적의 유사(有司)를 한번 만나보게 하고 지금의 유사는 옛날의 감사(監司)를 만나보게 하고, 지금의 감사는 옛날의 감찰(監察)을 만나보게 하면 우리 백성들[赤子]은 구렁텅이를 면할 수 있을 것이다. 그러니 천수와 인사의 요체는 탐관오리를 제거하는 데 있을 따름이다. 탐관오리를 제거하는 것은 성헌(成憲)에 갖추어진 것이 있으니 시행하면 될 것이다.[57]

---

56) 최봉준, 『14세기 고려 성리학자의 역사인식과 문명론』, 연세대 박사학위논문, 2014, 47쪽.

57) 『稼亭集』 권1, 原水旱, "水旱果天數乎 果人事乎 堯湯未免 天數也 休咎有徵 人事也

천인감응설은 앞서 언급한 바와 같이 신비주의적이며 미신적이었다. 그러므로 유학자의 입장에서 이를 수용하는 것은 고민이 될 수밖에 없다. 위의 인용문에서 이곡(李穀, 1298~1351)의 고민은 크게 3가지 정도로 요약할 수 있다. 첫째, 수재와 한재는 천수, 즉 음양오행의 법칙성으로 이해할 수 있는가? 둘째, 수재와 한재를 인사의 결과, 즉, 군주의 잘못된 정치의 결과로 볼 수 있는가? 셋째, 수재와 한재를 계기로 탐관오리 문제를 해결하는게 어떨까? 논리구조상 첫째와 둘째가 천인감응의 범위에 있다면, 셋째는 이를 부정하는 것으로서 군주가 수덕을 성실하게 수행한 결과 소인을 배척하고 군자를 지방관으로 등용함으로써 점진적인 개혁으로 나가자는 제안이라고 할 수 있다.

이곡의 입장에서 천인감응은 군주성학과 정치개혁의 계기가 될 수 있는 것으로 해석할 수 있다. 성리학자의 입장에서 모사모응의 주술적이면서도 신비주의적인 천인감응에는 찬성하기 어려웠을 것으로 보인다. 그는 옛날에는 인사를 닦았기 때문에 음양오행에 의해 한재와 수재가 닥쳐도 대비할 수 있었으나, 오늘날에는 탐관오리 때문에 그것이 불가능하게 되었다고 하였다. 즉, 음양오행과 인사는 연관성이 있는 것이 아니라 각각 독립적인 것이며 재이 역시도 그와 상관없이 발생하는 것으로 보고 있는 것이라 할 수 있다.[58] 그와 함께 여기서 이곡은 앞서 함유일이나 이제현의 경우에서와 같이 천인감응을 제한적으로 허용하고 있는 것으로 볼 수 있다. 그에게서 천인감응은 점진적 개혁의 수단일뿐 그것이 가지고 있는 주술적이면서도 신비주의적 경향과는 거리를 두려고 하는 것으로

古之人修人事以應天數 故有九七年之厄而民不病 後之人委天數而廢人事 故一二年之灾 而民已轉于溝壑矣 國家非惟省歲月日 且有儲備 人事可謂修矣 自去年之水旱而民甚病 多方救療之不得其要 何哉 … 苟使今之民 一見古之有司 今之有司 一見古之監司 今之監司 一見古之監察則吾赤子庶免溝壑矣 然則天數也人事也 其要去貪而已 如欲去貪則有成憲 具在 舉而行之."

58) 경석현, 앞의 책, 2018, 37~42쪽 및 62~65쪽.

이해할 수 있다.

4. 의례적 대응과 사상의 다원적 교섭

고려시대를 비롯하여 전근대 전통사회에서 재이는 국가적인 문제로서 앞서 언급한 바와 같이 현실 정치에 대한 평가 문제와 관계가 있었다. 그러므로 이는 지배의 정당성 문제와도 관계가 있으므로 한재나 수재와 같이 농업생산력에 타격을 줄 정도의 심각한 재해가 발생하였을 경우 불교와 도교, 민간신앙 등 국가적 테두리에 존재하는 모든 수단을 동원하였다. 고려의 경우 앞서 언급한 바와 같이 재이론은 경학뿐만 아니라 참위설이나 점성술과도 연관 관계를 맺고 있었다. 즉, 유학적 문제의식에서 천인감응설이나 천견설을 제시하면서도 그 안에서는 참위설이나 신비주의적 경향을 일정 부분 허용하고 있었던 것이다.

여기서는 논점을 조금 달리하여 하늘과 인사의 문제가 의례적 대응에 어떻게 적용되는지 살펴보기로 한다. 고려시대의 재이에 대한 의례적 대응은 국행의례 관계 기록을 통해 확인할 수 있다. 국행의례에 쓰이는 시문에서는 천인감응과 천견, 구징 등 유학적 개념과 수사들이 주로 등장하는데, 이들 시문들은 유교 의례뿐만 아니라 불교와 도교, 민간신앙을 기반으로 하는 의례에 모두 쓰였다. 이때 불교와 도교 등 유교의 테두리 바깥에 있었던 의례에 유학적 수사가 사용된 것이 발견되며 용신(龍神) 등 민간신앙적 요소들을 언급하는 사례들도 보인다. 이는 재이론이 어느 하나의 사상적 조류만을 반영한 것이 아니듯이 의례에서도 고려사회에 공존하는 다양한 사상들이 교섭하고 있었던 것이라 할 수 있다.

이규보의 『동국이상국집』에 따르면 기양의례에 사용되는 시문은 도량소(道場疏), 재초소(齋醮疏), 제문(祭文), 불도(佛道), 초소(醮疏), 석도소(釋

道疏), 제축(祭祝) 등으로 분류되어 있으며, 서거정의 『동문선』에는 제문, 축문(祝文), 소(疏) 등으로 분류되어 있다. 이들 대부분이 왕명을 받아 작성되었다는 점은 사료가 가지고 있는 의미를 크게 제한하는 것이라 할 수 있다. 그렇지만 불교와 도교 등은 고려시대의 유학자로서 가질 수 있는 교양이며 그들 대부분이 실제 불교 신자이기도 하였다는 점에서 기양의례에 사용되는 시문은 유학자 일반의 사상적 면모를 반영하는 것이라 할 수 있다.

① 엎드려 살펴보건대 삼신(三身)은 본래 권화(權化)가 있어 (부처께서) 영취산에 나타나시어 만덕이 원만하게 광명을 이루시고 모래와 같이 무수한 세계[沙界]에 두루 미치었습니다. 공(空)을 말하고 수(壽)를 논하시어 이치가 완비되지 않은 것이 없으시고 약(藥)을 베풀어 물에 흘리시는 덕화가 더하지 않음이 없습니다. 공을 말하시고 수를 논하시는 데 이치가 갖추어지지 않은 것이 없으며, 약을 베풀어 물에 흘려보내시는 덕화가 더하지 않음이 없습니다. … ②-1 편안하게 다스리고 싶은 생각이 간절하나 아직 그 방법을 알지 못하고 몸소 민의를 듣고 판단하기를 부지런히 하나 인사에는 무익하니 기강이 바로 서지 않으며 풍속이 날로 쇠퇴하여 (관리의) 기강이 해이해지고 풍속이 날로 쇠퇴하였으며 선비들은 관직을 지키지 않고 구습에 젖어 나태해지고 탐욕스럽기까지 하니, 백성들은 안업(安業)하지 못하고 곤궁해져 떠돌아다니게 되니 모두 원망하고 한탄하고 있습니다. ②-2 한 기운의 화합이 손상되어 사시(四時)의 기후를 거스르고 어지러워져 가을과 겨울이 따뜻하더니 봄과 여름에는 반대로 차가워지기에 이르렀습니다. 천문의 운행이 어긋나고 산의 바위가 무너지니 『춘추』에 기록된 재이와 『서경』 홍범편에서 말하는 구징이 한번만 보여도 의심스러울진대 한꺼번에 나타나니 가히 두렵습니다. 하물며 올해는 이른 봄부터 비가 적게 내리고 5월이 다 지나가는

데도 강하게 햇볕이 내리쬐고 있습니다. ③ 엎드려 바라건대 자애로운 마음으로 (우리를) 불쌍히 여기시고 신화(神化)를 빌려주시어 가뭄을 없애주시고 흉년이 들지 않게 해주시며 우사(雨師)를 북돋우시어 두루 흡족하게 비를 내려주소서. 모든 재앙을 소멸시켜 주시고 유리한 것은 모두 일으켜 세워 백성들이 부유하고 오래 살도록 하며 나라에는 곡식이 언덕과 같이 쌓이도록 해주소서.[59]

김부식(金富軾, 1075~1151)은 「금광명경도량소(金光明經道場疏)」에서 부처의 법력에 의지하여 가뭄 해소를 기원하였다. 위의 인용문을 비롯하여 재이와 관련하여 올리는 도량소나 초례문은 3단계로 구성되는 특징이 있다. 먼저 불교의 경우 부처의 법력과 자비를 언급하며 도교는 하늘과 우주·자연의 이치 등이 언급된다. 이 경우 의례의 목적과 기능에 초점을 맞추어 관련되는 경문을 풀어서 언급하는 것이 일반적이다. 두 번째 단계는 의례를 주관하는 국왕 자신의 능력이 부족하여 이와 같은 사태를 초래하게 되었다며 반성한다. 세 번째 단계는 의례의 대상에게 바라는 바를 구체적으로 나열한다. 이와 같은 형식의 논리적 구성은 위의 김부식의 글을 비롯하여 이규보의 시문에서도 거의 천편일률적으로 나타난다. 특히 주의해야할 것은 첫 번째에서 세 번째까지 모든 부분에서 유학의 경전이 인용되며 유학의 논법이 사용되는 것이 군데군데 보인다는 점이다. 이는 유학의 천인감응이 불교와 도교에서 어떻게 이해되고 있는지 살펴볼 수 있는 매우 중요한 지점이라 할 수 있다.

---

59) 『東文選』 권110, 金光明經道場疏, "右伏以三身本有權化 顯于靈山 萬德圓成光明 周于沙界 談空論壽而理無不備 施藥流水而德無不加 談空論壽而理無不備 施藥流水而德無不加 … 切безть安之念而未知其方 躬聽斷之勤而無益於事 紀綱不振 風俗日衰 士無守官 因循怠惰 而至于貪墨 民不安業 窮困流移而皆有怨咨 … 感傷一氣之和 逆亂四時之候 在秋冬而常燠 當春夏而反寒 天文錯行 山石崩落 魯史所書之災異 洪範所謂之咎徵 一見猶疑 荐臻可懼 況今自早春而小雨 涉五月以恒陽 … 伏願憫以慈心 借以神化 銷除旱魃 無爲赤地之災 鼓舞雨師 周治自天之渥 無災不滅 有利皆興 民歸富壽之塗 國有京坻之積."

위에서 언급한 재이 관련 시문의 논리 형식에 따라 김부식의 「금광명경도량소」의 내용을 위의 인용문에 붙인 번호에 따라 나누어 보면 다음과 같다. ① 부처의 삼신이 나타나 만덕과 광명을 온 세상에 비추었으니, 온 세상에 부처의 자비와 은덕이 미치지 않는 곳이 없다고 하였다. ②-1 부족한 능력으로 성실하게 정치에 힘을 썼으나 기강과 풍속이 날로 쇠퇴하고 탐욕과 부정이 늘어 백성들이 편안하지 못하게 되었다고 하였다. ②-2 그 결과 이상기온과 성변, 산석(山石)의 붕괴 등이 발생하였는데, 『춘추』와 『서경』 홍범편에 따르면 이는 재앙의 근거로서 금년 5월에 이르러 한재가 발생하고 말았다고 하였다. ③ 부처의 자비심으로 모든 재앙을 소멸시켜 주시고 비를 내려달라고 하였다.

이 내용을 통하여 간단하게나마 살펴볼 수 있는 것은 첫째, 부처의 법력으로 유지되는 하나의 세계와 질서가 있는 것으로 보고 있으며, 둘째, 불교 의례를 위한 시문임에도 『춘추』와 『서경』 등 유교 경전이 인용되고 있다는 점이다. 불교 의례를 위한 글이기 때문에 불교적 세계관을 전제로 하는 것은 당연한 것으로 볼 수 있다. 다만, 문제의 해결을 위하여 유교 경전이 이용되었다는 것은 기본적으로 천인감응설, 즉 유학의 논리체계가 그 밑바탕에 깔려 있다는 것을 의미하는 것으로 생각된다. 고려시대에는 위의 금광명경도량을 비롯하여 인왕도량(仁王道場), 불정도량(佛頂道場), 화엄경도량(華嚴經道場), 반야도량(般若道場), 용왕도량(龍王道場), 나한재(羅漢齋) 등 매우 다양한 소재도량이 개설되었다.[60] 특히 소재도량의 소의경전에서는 기존의 재이론과 같이 재이가 어떤 결과를 가져오는지에 대해 구체적으로 기록이 되어 있지 않다.[61] 따라서 유학의 논리체계를 일정 부분 수용하지 않을 수 없었던 것으로 보이며 그런 점에서 위의 인용문에서는 불법에 의지하면서도 유학의 구징(咎徵)이라는 개념을 사용

---

60) 한상길, 「한국불교 기우제 연구」『민족문화연구』89, 2020, 180~186쪽.

61) 김수연, 앞의 글, 2013, 178쪽.

하고 있는 것으로 보인다.

　유학의 논리와 불교가 상호 교섭하고 있는 상황은 김부식의 다른 글에서도 확인해볼 수 있다. 김부식은 「소재도량소(消災道場疏)」에서 "하늘의 도는 높고 맑아 정상이 아닌 재변을 말없이 보여주며, 부처님의 자비심은 두려움이 없는 권능을 베풀어주실 수 있습니다"라고 하였다.[62] 이는 불교와 유학이 상호 공존을 넘어서서 상호 보완적 관계를 갖고 있음을 암시하는 것이 아닌가 생각된다. 소재도량은 앞서 언급한 바와 같이 불교식 의례라 할 수 있다. 문맥으로 보면 재변을 통해 인사의 잘못된 점을 깨닫게 해준다는 구징의 개념과 불교식 의례를 통해 부처의 자비심으로 왕업을 보전하고 재변을 극복할 수 있다는 인식이 결합되어 있는 것이다.[63]

　1219년(고종 6)에 지은 이규보의 「기우성황문(祈雨城隍文)」에서는[64] 천인감응설과 민간신앙, 그리고 점성술이 결합하는 경향을 발견할 수 있다. 그는 하늘이 비를 내려주지 않으니 이는 국왕의 정치적 실책에서 비롯되는 것이며, 성황대왕에게 비를 빌면서 짚풀로 짠 새끼줄[筊]을 던져 점을 친 결과 사흘 안에 비가 올 것이라는 점괘를 얻었다고 하였다.[65] 그러나, 비는 5~6일이 지나 겨우 내렸을 뿐만 아니라 매우 부족한 양이었다. 이에 아래의 인용문과 같이 성황신에게 다시 기우제를 올리는 글을 지을 수밖에 없었다.

　　우뚝 솟은 산은 오로지 신(神)이 주관하니, 백성들이 부르짖거나 관리가

---

62)『東文選』권110, 消災道場疏, "乾道高明 默示非常之變 佛慈深厚 能施無畏之權."
63)『東文選』권110, 消災道場疏, "伏願萬靈保護 百福來成 遂令眇末之軀 永保康寧之吉　桂闥集慶 銅禁凝休 保王業於南山 措國風於東戶 黎元輯睦 皆歸富壽之塗 邊鄙安平 不見戰　爭之事 風雨不迷於舜麓 京坻屢積於周家."
64) 김용선,『이규보 연보』, 일조각, 2013, 139쪽.
65)『東國李相國集』권37, 又祈雨城隍文, "亢旱滋深 天惟不雨 召此者旱母 太守自謂也 何者　自予到郡 上無以承流宣化 下無以興利除害 所至無隨車之雨 動輒有爍石之旱 此非旱母而　誰歟 於前月某日 責非悔過 敢禱于大王 因擲筊詰其緩速則曰 不出三日."

혹 기도하면 신이 문득 소리내어 답을 해주시니 일찍이 때를 늦추지 않는데, 지금 하늘에서 큰 가뭄을 내려주시어 두터운 땅을 마르게 하고 갈라지게 하고 구름 한 점 일으켜주지 않아 햇볕만 따가우니 생민(生民)은 팔짱만 끼고 서서 굶어죽기만을 기다리고 있습니다. 이것이 누구 때문이겠습니까? 죄는 수령과 이속에게 있습니다. … 국사(國師)를 받드는 것은 대웅(大雄) 석가께서 참회를 드러내시고 미혹한 자를 깨우치며 우리 유학의 스승이신 대성(大聖) 공자께서 허물을 거침없이 고치시어 도(道)의 요체를 전하고 드리우시는 것입니다.[66]

여기서 이규보는 국사로 표현되는 산신이 백성들이 굶주려 관리가 기도하면 응답해 줄 것이라 기대하고 있다. 여기서 한 가지 특이한 점은 국사를 받드는 것은 석가모니가 미혹한 중생을 깨우치는 것과 공자가 도의 요체를 전하는 것과 같은 것이라고 하는 점이다. 수사적 표현에 불과하지만, 여기서 이규보는 산신신앙과 불교, 유학을 같은 선상에서 이야기하고 있는 것으로 보인다. 그리고 이는 기우(祈雨)라는 가치를 세 가지 종교와 사상이 동등한 지위를 가지고 공유하고 있는 것이 아닌가 생각된다. 위의 인용문에서는 생략했지만, 한재를 지방관의 실정 때문이라고 지적하고 있는 부분에서는 화기의 손상이 오로지 국왕만의 책임이라고 하였던 지금까지의 조서나 시문과는 다른 패턴을 보여준다.

민간신앙과 다른 여러 사상과의 교섭은 이규보의 다른 글에서도 확인해 볼 수 있다. 그의 「전주용왕기우문(全州龍王祈雨文)」에서는 "한 나라의 가뭄은 조정의 수치이며 한 지방의 가뭄은 지방관의 죄"라고 하였다.[67]

---

66) 『東國李相國集』 권37, 又祈雨國師大王文, "巖巖維嶽 維神主之 民有呼籲 吏或禱祈 神輒響答 曾不移時 今者天絳大旱 乾裂厚地 微雲不興 杲日逾熾 生民拱手 立待飢死 … 國師所宗 大雄釋氏 以發露懺悔 曉喩迷類 吾儒所師 大聖孔子 以過勿憚改 垂于青紀."
67) 『東國李相國集』 권37, 全州祭龍王祈雨文, "一國之旱 則在朝者羞 一方之旱 則守土者罪."

유교정치이념의 입장에서 생각해볼 때, 한재는 국왕을 비롯한 지배층의 잘못으로 인한 하늘의 견책, 즉 천견(天譴)에 의해 발생하는 것으로 보고 있다. 그러면서도 "하늘의 노여움을 용서받을 수 없으므로 용왕신에게 먼저 비를 빈다"고 하였다.[68] 이 글의 지리적 배경은 전주의 덕진연못으로 추정된다.[69] 특히 여기서는 용이 살고 있다고 추정되는 연못에 각종 오물이나 호랑이 머리 등을 투척하여 잠자고 있는 용을 일깨우는 잠룡기우(潛龍祈雨)[70]가 거행된 곳이라 할 수 있다. 이러한 잠룡 의례는 기록상 조선시대부터 나타나지만, 『신증동국여지승람』과 『세종실록』 지리지 등의 기록을 통해 고려시대에도 널리 거행되었던 것으로 추정해볼 수 있다.[71]

이규보가 용신 기우제가 어느 정도의 효험이 있는 것으로 보고 있었는지 추정할 수 있는 근거는 그리 많지 않다. 다만, 유학자의 입장에서 음사(淫祀)를 일정 정도 인정하고 있었던 것에서 이규보가 어떤 생각에서 의례에 참여하였는지 간접적으로나마 알아볼 수 있다. 의종대 함유일은 황주판관(黃州判官)에 재임하면서 봉주(鳳州)의 휴류암(鵂鶹巖) 부근의 영추(靈湫)에 사람들을 모아 각종 오물을 던지게 하였다. 그랬더니 갑자기 구름이 일어나 폭우가 쏟아졌으며, 의종이 깜짝 놀라 제사를 지내게 하고 사전(祀典)에 등록하게 하였다.[72] 이는 유학자의 입장에서 영험함이 입증

---

68) 『東國李相國集』 권37, 全州祭龍王祈雨文, "殆因吾輩之政穢 天怒不可干兮 敢先黷于厼神龍."
69) 송화섭, 「전주 덕진연못의 聖池 認識과 관련 儀禮」 『지방사와 지방문화』 13-1, 2010.
70) 최종성은 용신신앙이 기반이 되어 거행하는 기우제를 의례의 대상이 되는 용의 형상에 따라 像龍, 代龍, 潛龍으로 나누었다. 그에 따르면 상룡은 기우제에 용과 비슷한 모양의 조형물을 등장시키는 것으로, 土龍기우와 畵龍기우가 그에 속한다. 이에 비해 대룡은 蜥蜴과 같이 용과 비슷한 동물을 기우제에 올리는 것을 말한다. 마지막으로 잠룡은 용이 살고 있다고 여겨지는 영험처에 오물을 투척하여 잠자고 있는 용을 깨워 비를 내리도록 하는 것으로, 본문에서 언급한 沈虎頭가 그 예이다(최종성, 「용부림과 용부림꾼」 『民俗學研究』 6, 1999).
71) 최봉준, 앞의 글, 2023.
72) 『高麗史』 권99, 列傳12, 咸有一.

된 음사에 대해서는 일정 부분 인정하려는 그들의 사고가 반영된 것으로 보인다. 위의 전주 덕진연못도 오랫동안 영험처로 인정되었으므로 이규보 역시 그 영험함에 기대를 걸고 의례에 쓰이는 글을 지었던 것으로 이해해볼 수 있다.

① 재이로 견책하는 것은 대저 허물을 살피게 하고 아픈 곳을 애석히 여겨 권면하고자 하는 것이니 천지신명께서는 허물을 훤히 알면서도 간절하게 기도하는 것을 허락하시었습니다. ② 생각건대 미약한 몸으로 외람되이 서통(緖通)을 이어받아 오로지 (백성을) 쉬게 하고 구휼할 것을 명하시었지만 이러한 지위가 불안하여 실제로써 응하고 겉치레로 하지는 않았으니 하늘의 귀감을 두려워하였기 때문입니다. ③ 그러나 인사에 많이 빠진 것이 있어서 하늘의 재앙을 당하기에 이르고 말았습니다. 화성이 태미원(太微垣)의 상장(上將)을 범하여 다시 천정(天庭)으로 들어가고 달이 여귀(輿鬼)와 적시(積尸)를 침범하였다가 다시 여어(女御)를 침범하였으며 하물며 수신[水官]이 권세를 부려 우레소리가 들리니 노기(怒氣)를 띤 위세가 심하여 마치 '상제께서 거처하는 곳이 아주 멀기 때문에 깨우쳐서 알려주시는 것이 매우 밝다'는 것과 같습니다. 그러므로 신이 불안하여 기도를 드리는 것이 가장 급하다고 생각되어 도관(道觀)에 의탁하여 도량을 열고 수련[鍊氣]하는 이들을 맞아들여 신령스런 영전(靈殿)을 선양하고 공중에 배회하는 행차를 우러르며 기다리다가 믿음을 제물을 함께 올리나이다.[73]

---

73) 『東國李相國集』 권39, 福源宮行天變祈禳靈寶道場兼設醮禮文, "災異譴之 蓋欲省愆而痛勸 神明彰矣 尙容瀝懇以宗祈 言念眇躬 叨承景緒 命惟休亦惟恤 斯無厥位之安 應以實不以文 常畏彼蒼之鑑 然由事統之多闕 迺致乾文之示祅 火度犯大微上將而便入於天廷 月行陵輿鬼積尸而復侵於女御 況屬水官之用事 又聞雷鼓之發聲 怒其甚威 意若有謂 曰帝居甚遠 猶曉告之孔明 故臣意未安 將祓禳之是急 爰投仙宇 伻敞道場 旁迎鍊氣之流 寔揚靈蘊 仰佇排空之馭 兼薦信羞."

소재와 관련한 도교의 초례문에서는 불교나 민간신앙과는 조금은 다른 양상을 보여준다. 우선 불교의 소재도량소와 위의 도교 초례문은 의례에 사용되는 글이기 때문에 유사한 논리 전개 순서에 따라 작성되었다고 할 수 있다. 내용을 기준으로 분류하면 모두 세 부분으로 나눌 수 있다. 우선, ①에서는 재이는 허물을 반성하라는 하늘의 경고이지만 정성스럽게 기도하면 용납해줄 것이라고 기대하고 있다. 여기에 보이는 징벌자로서의 하늘, 즉 천황(天皇)은 호천상제(昊天上帝)로서 하늘의 권한을 주재하며 사시(四時)의 변화를 운용하는 존재라 할 수 있다. 이는 단순하게 자연재해만을 주관하는 것이 아니라 전쟁의 승리를 기원하는 존재라 할 수 있다.[74] 이어서 ②에서는 부족한 능력이지만 국왕으로서의 명분을 다하였다고 하였으며, ③에서는 그럼에도 불구하고 인사에 부족한 점이 있어서 성변을 비롯한 여러 재이가 나타났다고 하였다. 큰 흐름은 유학의 천인감응을 따르고 있는 것으로 이해할 수 있다. 즉, 의례라는 행위를 통하여 하늘과의 감응을 시도함으로써 화기를 진작시키고 재이를 제거하려는 사고가 반영된 것으로 볼 수 있다.

여기서 볼 수 있는 불교의 도량문과의 차이는 유교와 도교가 천(天)이나 천명과 같은 개념을 공유하기 때문에, 도량문과 같이 불교적 세계관과 유교적 세계관이 병립하지 않고 상대적으로 유기적으로 결합하고 있는듯한 인상을 받는다는 점에 있다. 중국의 선진시대에 이미 노장사상에서 천도(天道)는 인사와 구분되는 자연 그 자체였지만, 하늘을 인격적 존재로 여기는 주대(周代)의 경향을 이어받고 있었다. 따라서 여기서 말하는 재이는 결국 하늘의 의지라 할 수 있으며, 국왕은 그러한 하늘, 즉 상제에게 천변이 사라지기를 빌고 있는 것이다.

호천상제와 함께 재이와 관련하여 비교적 많은 수의 초례의 대상이

---

74) 김철웅, 『고려시대의 도교』, 경인문화사, 2017, 194~197쪽.

되었던 것은 바로 태일(太一)이다. 태일은 당에서 744년(천보 3) 12월에 구궁귀신단(九宮貴神壇)을 장안의 동교(東郊)에 세우고 처음으로 제사를 지냈는데,[75] 이때 태일 구궁에 대한 제사는 의례상으로 호천상제 다음으로 인정되었다.[76] 특히 태일 구궁은 "수한(水旱)을 관장하며 공으로 상제(上帝)를 보좌하고 덕으로 아랫사람을 감싸 안으니 아름다운 곡식이 영글고 재해가 일어나지 않기를 바라는 것이다"고 하였다.[77]

『고려사』를 비롯한 여러 기록과 시문을 종합해보면 태일은 위에서 언급한 바와 같이 대체로 수한을 관장하는 존재로 여겨지고 있었으나, 역질이나 병란(兵亂) 극복을 기원하는 대상이 되기도 하였다. 『고려사』에 기록된 태일초 거행 기록을 간단하게 살펴보면, 대체로 3~9월 사이에 거행하였다는 점을 발견할 수 있다. 그 외에도 무설(無雪), 즉 겨울가뭄과 관계되는 것도 발견할 수 있다.[78] 이는 태일초가 기본적으로 기우제 또는 기설제의 성격을 가지고 있다는 것을 의미하는 것으로 생각된다.

그 외에도 태일은 천황과 함께 역질(疫疾) 퇴치를 기원하는 대상이 되기도 하였는데,[79] 이규보의 『동국이상국집』 권38에는 1202년(신종 5) 12월에 동경초토병마사(東京招討兵馬使)가 되어 반란을 진압하기 위해 출정하면서 지은 글이 여러 편 실려 있다. 여기서 이규보는 천황, 황지원(黃池院) 용왕, 기주(基州)의 태조 진영 등 여러 대상에게 반란이 무사히 진압되기를 기원하였는데, 그중에는 태일도 있었다.[80] 따라서, 태일은 수한, 역병, 병혁(兵革) 등 국가적 재난과 매우 관계가 깊은 신격으로 볼 수

---

75) 『舊唐書』 권9, 天寶 3년 12월 甲寅.
76) 김철웅, 앞의 책, 2017, 197쪽.
77) 『舊唐書』 권24, 志4, 禮儀4, 汾陰后土之祀, 會昌 원년(844) 12월, "九宮貴神 實司水旱 功佐上帝 德庇下人 冀嘉穀歲登 災害不作."
78) 『高麗史』 권53, 志7, 五行1, 火, 無雪, 肅宗 9년(1104) 11월 丁亥.
79) 『高麗史』 권17, 世家17, 毅宗 6년(1152) 6월 癸未.
80) 김용선, 앞의 책, 2013, 90쪽 및 95~96쪽.

있다.

　이규보의 태일초례문을 살펴보면 앞서 언급한 바와 같은 패턴을 발견할 수 있다. 즉 국왕으로서의 재능이 모자라거나 잘못을 하여 중대한 재해를 초래하게 되었음을 자책하는 한편, 한발을 몰아내고 풍년이 오기를 빌고 있는 것이다. 특히 「기우태일초례문」에서는 태일이 신룡(神龍)을 불러 비를 내리게 할 뿐만 아니라 바람 역시 적당하게 불기를 기원하였다.[81] 이는 기우제의 성격을 갖는 태일 초례에서 천인감응설과 천견설을 기반으로 하는 유학적 문제의식과 도교의 교섭이 일어나고 있으며, 나아가 민간신앙과도 교섭이 일어나고 있음을 의미한다.

5. 맺음말

　고려사회에서 유학의 역할은 정치와 사회윤리 및 정치운영의 원리를 제공하는 것이었다. 유학은 불교, 도교, 민간신앙과 고려사회의 테두리에서 공존과 조화를 추구하며 여러 가지 가치를 공유하고 있었다. 재이는 현실정치를 평가하는 잣대였으며, 유학의 휴징과 구징은 인사가 자연의 운행과 상관관계를 맺고 있다고 설명한다. 이때 군주의 능력과 인성도 중요하지만 군주의 통치가 왕도와 얼마나 가까운지가 중요한 평가 요소라 할 수 있었다. 즉 인사는 천-지-인으로 이어지는 삼재의 하나로서 반드시 천명에 따라야만 하는 것이었으며, 수덕으로 통치를 보장받는 군주는 하늘과 소통하며 그 이법을 해석하는 주체로서 특권과 책임을 함께 가지고 있는 선택받은 존재라 할 수 있었다.

　주대 이래 인격적 존재로서의 하늘의 이법에 대한 해석은 여러 가지

---

81) 『東國李相國集』 권39, 祈雨大一醮禮文, "伏望呼召神龍 驅除旱魃 五風十雨 允孚時若之休 萬廩千庾 終叶年豐之慶."

방법이 동원되었으며, 유학도 그중의 하나였다. 그러나, 수덕을 강조하는 유학적 방법론으로 모든 이법을 해석할 수 있는 것은 아니었다. 유학도 여러 방법 중의 하나였던 것이다. 이에 천명이라는 관념을 공유하는 도가와 묵가가 인식의 틀로 등장하기 시작하였으며, 음양오행 역시 이법의 법칙성을 해석하는 방법으로 여겨졌다. 이를 종합하여 하나의 이론 체계로 확립한 사람이 바로 한나라의 동중서였다. 후한대 이후부터는 그 이론을 계승하였지만 예언적인 신비주의적인 경향을 띠기 시작하였다.

재이론은 현실정치를 평가하는 기준이었으므로 정치와 불가분의 관계를 맺고 있었다. 고려의 건국은 천명에 의한 것으로 확고하게 자리매김하는 한편, 국왕과 신하들, 그리고 정치세력들은 재이론을 이용하여 정치적 목적을 달성하고자 하였다. 고려시대에는 재이를 해석하고 정치적 문제를 해결하기 위해『천지서상지』,『개원점경』,『해동고현참기』등 점사나 참위적 경향의 서적들이 동원되었다. 국왕은 재이가 발생하면 그 동안의 정치적 행위에 해대 반성하고자 하였다. 기우제가 정례화되면서 국왕은 원기를 풀고 손상된 화기를 회복시키기 위해 피정전, 감상선, 금도재, 철악현, 심원옥 등 기우행위를 함께 실시하였으며 이는 유교적 문제의식의 범위 안에 있는 것이지만 다른 한편으로 모사모응의 주술적 성격의 행위라 할 수 있는 것이었다.

천인감응설이나 천견설은 유학적으로 정치적으로 일정한 의미가 있었음에도 그에 대한 반대 의견 역시 존재하였다. 이는 재이론이 가지고 있는 신비주의적 성격 때문이라고 할 수 있었다. 재이론을 유학자의 입장에서 적극적으로 제기한다는 것은 다소 껄끄러운 일이 아닐 수 없었다. 비록 천인감응설과 음사를 동일선상에서 논할 수는 없지만, 유학자들은 음사의 경우 영험하다고 입증된 경우에만 허용하였으며, 유교적 도덕관념의 범위 안에서만 인정하려는 경향을 가지고 있었다.

그 연장선에서 재이론을 통해 유학과 불교, 도교, 민간신앙의 상호 교섭 현상을 발견할 수 있었다. 『동문선』과 『동국이상국집』에 실려 있는 재이 관련 시문들에서는 천인감응설과 같은 유학의 논리체계를 수용하고 부처의 법력에 의지하여 문제해결을 도모하고 있었다. 다시 말하면 불교 의례를 위한 시문임에도 유학의 구징을 기본 바탕에 깔고 그 위에서 부처의 자비심으로 재이를 소멸시켜 주기를 기원하고 있었다고 할 수 있다. 민간신앙 역시 유사한 패턴을 보여주고 있는데, 여기서도 천인감응설을 바탕으로 용신의 신통력으로 강우를 내려줄 것을 청하고 있었던 것이다. 그러나 도교의 초례문에서는 불교나 민간신앙과 조금은 다른 양상이 나타난다. 도교에서는 천명과 같은 개념어들을 유학과 공유하고 있었다. 특히 하늘은 인사에서 나타난 군주의 능력 부족이나 잘못을 징벌하는 존재로 여겨졌다. 따라서, 불교적 세계관과 유교적 세계관이 병립하였던 불교의 도량문과 달리 초례문에서는 천명이라는 개념어를 중심으로 유교적 세계관과 유기적으로 결합하고 있음을 알 수 있다.

재이론은 정치적 측면에서 살펴보면 기본적으로 유학의 영역에 있는 것이라 할 수 있다. 특히 천인감응설과 천견론은 군주와 지배층이 왕도정치를 추구하며 지배의 정당성을 인정받는 중요한 수단이었다고 할 수 있다. 그렇지만, 재이에 대한 의례적 대응에서는 국가적 테두리 안에 존재하는 모든 사상과 종교가 참여하였다. 그 과정에서 여러 사상들 사이의 교섭이 발생하고 있었다고 할 수 있다.

앞으로 구체적인 연구가 더 진행되어야 하겠지만, 재이론에 대한 접근은 매우 다양한 시각과 가능성을 열어두어야 하지 않을까 생각된다. 재이론은 유학의 천인감응의 시각만으로는 이해할 수 없는 것으로서 유불선과 민간신앙이 상호공존을 이루는 하나의 방식이 아닌가 생각된다.

고려전기 이변 현상 기록을 통해 본 재이관(災異觀)과 위기 인식 -『고려사』 오행지 기록을 중심으로-

이 정 호

1. 머리말

고려시대 사람들은 수재(水災), 한재(旱災), 상재(霜災) 등 자연재해를 비롯해 자연에서 발생하는 각종의 이변현상(異變現象)에 대해 각별한 관심을 가지고 있었다. 『고려사(高麗史)』에 오행지(五行志)를 별도로 편성하여 이러한 기록들을 수록하고 있는 것도 그만큼 재해(災害)와 이변(異變) 현상을 중요하게 여겼기 때문이라고 할 수 있다. 그동안의 연구결과 이것은 당시 사람들의 재이(災異)에 대한 인식에 말미암은 것으로, 유교정치이념에서 강조하는 천인합일사상(天人合一思想)에 입각하여 재이의 발생을 지상의 정치행위(政治行爲), 특히 국왕(國王)의 국정운영과 밀접한 관련을 지닌다고 생각했기 때문인 것으로 파악하였다.[1] 특히『고려사』 오행지의

---

1) 고려시대 자연재해와 이변현상에 대한 당시 사람들의 인식에 대해서는 다음의 논고 참조.
李熙德, 『高麗儒教政治思想의 研究-高麗時代 天文·五行說과 孝思想을 中心으로-』, 一潮閣, 1984 ; 『韓國古代 自然觀과 王道政治』, 혜안, 1999 ; 『高麗時代 天文思想과 五行說 研究』, 一潮閣, 2000 ; 秦榮一, 「高麗前期의 災異思想에 관한 一考」 『高麗史의 諸問題』, 三英社, 1986 ; 「『高麗史』 五行·天文志를 통해 본 儒家秩序概念의 分析」 『國史館論叢』 6, 1989 ; 『고려국왕과 재이사상』, 제주대학교출판부, 2010 ; 金永炫,

기사를 분석한 결과 천인합일사상 혹은 오행사상(五行思想)을 바탕으로 정치사건, 사회변화와 관련해 해석될 수 있는 측면을 발견해 내기도 하였다.[2] 또한 자연재해 발생의 원인으로 천문현상에 주목한 견해도 제기되었다.[3] 최근에는『고려사』오행지에 대한 역주(譯註)가 이뤄져 내용을 이해하는 데 기여할 수 있게 되었다.[4]

그러나 한편『고려사』오행지의 기록 내용을 이해함에 있어서는 기존처럼 천인합일사상 혹은 오행사상만으로 이해할 수 없는 부분도 존재하여, 보완된 연구가 필요한 실정이다. 실제『고려사』오행지의 기사는, 물론 재이와 인간사회의 현상을 연관지어 해석할 수 있는 부분도 있지만, 오히려 연관성을 찾기 힘든 기사가 다수를 차지하고 있기 때문이다.[5]

뿐만 아니라『고려사』오행지의 재이 기사 가운데는 오늘날 관점에서는 재이로 볼 수 없는 내용과 심지어 실제로 발생한 것인지 의문이 드는 내용도 수록되어 있다.[6] 이변현상(異變現象)이 그러한 대표적 사례들로서 이 역시 당시 사람들에게 오행(五行)의 운영 혹은 재이(災異)에 대한 인식과 관련해 나름대로 중요한 의미가 있었기 때문으로 이해되어야 할 것이다.[7]

「高麗時代의 五行思想에 관한 一考察」『忠南史學』2, 1987 ; 韓政洙, 「高麗前期 天變災異와 儒敎政治思想」『韓國思想史學』21, 2003 ;「고려후기 天災地變과 王權」『歷史敎育』99, 2006 ;『한국 중세 유교정치사상과 농업』, 혜안, 2007.

2) 대표적으로 註 1)의 논고 가운데 李熙德, 金永炫의 연구성과 참조.

3) 李泰鎭, 「小氷期(1500-1750) 천변재이 연구와《朝鮮王朝實錄》-global history의 한 章ㅡ」『歷史學報』149, 1996 ;「외계충격 대재난설(Neo-Catastrophism)과 인류역사의 새로운 해석」『歷史學報』164, 1999.

4) 김일권, 『『고려사』의 자연학과 오행지 역주』, 한국학중앙연구원출판부, 2011.

5) 天人合一思想 혹은 五行思想을 통해『고려사』오행지의 모든 災異 현상을 정치적 사건과 '일대일'의 대응관계로 설명하는 것은 불가능한 일이다. 기존 災異觀에 대한 연구성과의 한계와 문제점에 대해서는, 진영일, 『고려국왕과 재이사상』, 제주대학교출판부, 2010, 19~20쪽 참고.

6) 木氷 현상은 수증기가 낮은 기온에서 나무 표면에 응고된 현상으로서, 오늘날 이변현상으로 보기는 힘들다. 또한『고려사』오행지에 수록된 암탉이 수탉으로 바뀐 기사 등은 실제로 발생한 일이었을지 의문이다.

또한 대체로 이변현상 기록은 자연재해로 피해가 컸던 때나 대외관계의 변화로 갈등이 조성된 시기, 정치변동이 진행된 시기 등 사회동요 분위기가 조성된 시기에 두드러지게 나타난다. 이러한 점을 감안할 때 이변현상 기록은 당시 사람들의 재이관념을 살펴볼 수 있을 뿐만 아니라 사회동요 혹은 위기인식을 살펴보는 데 유용한 기회를 제공해 줄 수 있을 것으로 여겨진다.[8)]

본고에서는 고려전기를 대상으로 하여『고려사』오행지 이변현상 기록에 대해 검토해 보고자 한다.[9)] 특히 이변현상 기록이 집중된 시기를 주목하여 검토하면서 당시 사회의 위기인식과 어떠한 관계가 있었는지 고찰해 보고자 한다. 아울러 이변현상에 주목하였던 당시 사람들의 인식

---

7) 『고려사』오행지 기사는 水, 火, 木, 金, 土의 五行 항목별로 본성을 잃을 때 나타나는 현상들을 기록한 것이어서, 이변현상 역시 오행사상에 입각하여 이해되었다고 볼 수 있다. 또한 최근 연구결과에 따르면 당시 사람들은 유기체적인 우주관 속에 각 구성요소들은 유지되어야 범주들(시간·공간·종류)이 있다고 여겼는데, 재이란 이로부터 벗어난 상태로서 이러한 우주체계의 범주들을 파괴할 가능성을 지닌 위험한 힘 또는 경향으로 이해하였다고 보았다(진영일, 「유가(儒家)의 재이론(災異論)의 성격」『고려국왕과 재이사상』, 제주대학교출판부, 2010).

8) 『고려사』에서 재이를 기록한 양상은 크게 다음과 같이 나눠볼 수 있다. 대부분의 기록은 실제 발생한 자연재해를 사실 그대로 수록한 형태이다. 그러나 경우에 따라서는 실제 발생한 재이보다 과도하게 위기감을 느끼고 보다 증가된 재해 기록을 수록하기도 하였다. 이에는『고려사』를 편찬하는 과정에서 고려왕조의 변화과정에 대한 관점이 개입되었을 가능성도 있다. 특히 무신집권시기, 고려말기 등『고려사』편찬자의 관점에서 사회불안 시기로 인식된 시기가 보다 다수의 재해가 발생한 시기로 부각되어 인식된 결과이다(이정호, 「『高麗史』五行志의 체재와 내용－自然災害의 발생추세를 중심으로－」『韓國史學報』44, 2011, 30쪽). 또한 이 이외에도 자연재해의 피해가 집중된 시기에 이러한 현상이 나타나고, 심지어 災異 발생이 오히려 현실 정치사회의 변화에 영향을 받아 다수 기록이 남겨지기도 했다. 특히 본고에서 주목하는 경우가 이러한 사례이다.

9) 본고에서 고려전기를 대상으로 고찰하는 이유는 이변현상을 이해하는 방식이 고려시대 전체에 걸쳐 동일한 것이었는지 여부를 아직 판단하기 힘들기 때문이다. 고려 중기 혹은 후기 성리학의 수용 이후 변화가 이변현상을 이해하는 데 일정한 영향을 주었을 가능성도 있어, 이에 대한 고찰은 별도로 진행할 필요가 있다고 여겨진다.

에 대해서도 재이관(災異觀)과 관련하여 그 이유를 고찰해 보고자 한다.

2. 고려전기 재이관(災異觀)

『고려사』오행지의 편목과 내용은 대체로『원사(元史)』오행지의 체제를 토대로 하되, 일부『송사(宋史)』등 중국 사서의 경우를 따르는 한편 고려 나름대로의 사정을 감안하여 구성된 것으로 알려져 있다.[10] 이에 따라 오행(五行 : 水, 火, 木, 金, 土)의 성격과 관련된 구징(咎徵)과 서징(瑞徵)을 각 항목별로 수록하고 있다.

<표 1>『고려사』오행지 분류 항목[11]

	水	火	木	金	土
咎	1大水	1火災	1妖祥(木異)	1金石異(金不從革)	1大饑
變異	2水變異	2恒燠(無冰)			2大疫
罰	3恒寒/11雷震/12隕霜/13大雪/14雨雹	3無雪	2恒雨	2大旱(恒陽)	3大風(恒風)/4大霧
妖	4鼓妖/5虹蜺	4草妖/5雨穀		4妖言	5夜妖(晝晦)/6雨土/7地震/8山崩
孼	6龍蛇孼	6羽蟲之孼/10火孼(夜明)		3介蟲之孼(蝗災)/4毛蟲之孼(虎害)	9臝蟲之孼
禍	7馬禍/8豕禍/9人痾(産變)/10服妖	7羊禍	4鷄禍		10牛禍
色/眚	15黑眚黑祥	9赤眚赤祥, 赤氣	5靑眚靑祥	5白眚白祥, 白氣	11黃眚黃祥
기타			6金沴木		12土異
瑞應	16地鏡	8瑞草	3卿雲		13嘉禾

---

10) 李熙德,「高麗時代 五行說에 대한 硏究-高麗史 五行志를 중심으로-」『歷史學報』
79, 1978 ; 앞의 책(재수록), 1984, 95~97쪽 ; 邊太燮,「『高麗史』의 內容分析」『高麗史』
의 硏究』, 三英社, 1982, (69~71쪽 ; 김일권,「『高麗史』五行志 譯註(3)」『고려시대연구』
8, 한국학중앙연구원, 2005, 3~8쪽.
11)『고려사』오행지에는 '五行一曰水', '五行二曰火' 등의 형식으로 編目이 제시된 이후
기사의 항목 제목은 기재되어 있지 않다. 그러나 각 편목 내의 기사들은 '大水',
'水變異' 등처럼 동일한 내용별로 구분이 가능한 기사들이 시간순으로 기재되어
있다. <표 1>의 항목 이름을 결정하는 데는 項目名이 명시되어 있는『新唐書』

오행지에는 상서로운 조짐도 기록하고 있지만,[12] 대부분의 경우 순조롭지 못한 인간 외부의 현상으로서 구징(咎徵) 기록이다. 구징 사례들은 경우에 따라 전쟁, 정치적 사건, 거듭된 자연재해의 피해 등 현실사회에 발생하는 큰 변동의 전조현상으로서 이해되고 있었다.

가-1) 지렁이가 궁성 동쪽 어제(魚堤)에 나타났는데 셀 수 없을 만큼 많았다. 병진에 지렁이가 궁성에서 나왔는데 길이가 70척이었다. 이때 이르기를[時謂] 발해국(渤海國)이 내투(來投)할 조짐이라고 하였다(『고려사』 권55, 오행3 五行五曰土 태조 8년 3월 癸丑).

가-2) 밤에 붉은 기운[赤氣]이 북쪽에서 서쪽을 향해 퍼져 있고 흰 기운이 그 사이에 섞여 있다가 한참 뒤에 흩어졌다. 점자(占者)가 아뢰기를, "요(遼)와 송(宋) 사이에 전쟁의 재변이 있을 것이다"라고 하였다(『고려사』 권53, 오행1 五行二曰火 숙종 6년 정월 壬戌).

가-3) 수압산(首押山) 소나무가 충해(蟲害)를 입었는데, 신축일에 태사(太史)가 아뢰기를, "벌레가 소나무를 먹는 것은 병란이 있을 조짐이니, 마땅히 관정(灌頂)·문두루(文豆婁)·보성(寶星) 등 도량을 행하고 노군(老君)의 부법(符法)을 시행하여 재앙을 물리치도록 해야 합니다"라고 하자, 이에 따랐다(『고려사』 권54, 오행2 五行三曰木 숙종 6년 4월).

가-4) 안개가 5일 동안 끼었고 나무에 얼음이 얼었다[木冰]. 태사가 아뢰기

오행지의 경우를 참고하고, 아울러 김일권, 앞의 저서에서 부여한 항목명을 참고하여 작성하였다.

12) 『고려사』 오행지에 수록된 瑞徵의 사례로는 고려전기의 경우 대체로 상서로운 식물, 풍년 등을 상징하는 기록들을 들 수 있다. 예를 들어 瑞芝·朱草 등이 생겨나 왕에게 바쳤다거나 連理木(두 나무 가지가 서로 맞붙어 있는 현상)·卿雲 현상 등 중국 고대로부터 상서로운 조짐으로 해석되는 현상에 대한 기록을 살펴볼 수 있다. 이는 후술하듯이 당시의 사회를 바라보는 시각, 예를 들어 王建에 의한 왕조의 개창을 경사스러운 일로 여기거나 成宗·文宗代처럼 문물제도가 완비되어 나가는 시기를 반영하는 조짐으로 이해하는 시각과 관련된 것으로 여겨진다.

를 "하늘에서 비가 내리고 차가운 안개가 끼는 것은 재앙을 내리는 것이니, 나라에 큰 근심이 있을 것입니다. 짐작컨대 도적이 있을 조짐입니다"라고 하였는데, 이때에 묘청(妙淸) 등이 왕에게 서경(西京)으로 행차할 것을 권하였으므로 이렇게 아뢴 것이었다(『고려사』권55, 오행3 五行五曰土 인종 11년 12월 丙戌).

가-1~4) 사례는 이변현상의 원인을 왕조의 멸망, 전쟁, 정치적 사건 등과 직접 연관지어 설명하고 있는 경우이다. 태조 8년 3월에는 지렁이의 출현을 발해국(渤海國)의 내투(來投) 조짐으로 해석하였다. 숙종 6년 정월에는 적기(赤氣) 현상을 요(遼)와 송(宋) 사이의 전쟁 조짐으로 해석하였으며, 4월에도 수압산(首押山) 소나무의 충해(蟲害)를 병란의 조짐으로 해석하였다. 인종 11년 12월에는 안개와 목빙(木氷) 현상을 묘청(妙淸)의 행적 때문이라고 하였다. 발해의 멸망, 요·송 전쟁, 묘청의 서경천도운동 등 당시 발생한 국내외의 사건에 각각 연관지어 이변현상과 자연재해 발생의 원인을 언급하고 있는 것을 살펴볼 수 있다. 그러나 어떤 근거로 이와같이 해석이 나타나게 된 것인지 구체적인 근거를 파악하기는 힘들다. 다만 '時謂'라고 하거나 점자(占者), 태사(太史) 등이 이변현상에 대한 의미를 아뢰고 있어, 당시 나름대로 재이를 해석하는 방식이 존재하거나 천문관측(天文觀測) 혹은 복서(卜筮) 등을 담당하던 관서인 사천대(司天臺) 소속의 태사에게는 나름대로의 해석 근거가 마련되어 있었던 듯하다.

한편 다음 사료에서는 재이 해석의 근거가 제시되어 있는데, 구체적인 서명이 거론되면서 역상(易象), 천문(天文), 풍수지리(風水地理) 등과 관련한 서적이 근거가 되고 있는 것을 살펴볼 수 있다.

나-1) 신하들이 아뢰기를, "지금 송충이가 늘어나 없애려 의식을 거행해도 효과가 없습니다. 저희들이 살펴보니 경방(京房)의 『역전(易傳)』 비후

(飛候)에 이르길 '녹(祿)을 먹는 자가 임금의 정치에 도움이 되지 않으면 하늘이 충재(虫災)를 내린다'라고 하였습니다. 저희들이 아무런 공적도 없어 임금께 근심을 끼치게 되었으니 원컨대 어진 이를 등용하고 불초(不肖)한 자를 물리쳐서 천견(天譴)에 답하소서"라고 하였으나, 허락하지 않았다(『고려사』 권11, 숙종 6년 4월 乙巳).

나-2) 흰무지개가 서쪽에서 나타나 북쪽을 향해 가다가 사라졌다. 일관(日官)이 아뢰기를, "『개원점경(開元占經)』에 이르기를 '흰무지개는 간신이 임금을 해하려는 것을 드러낸 것이다'라고 하였으니 마땅히 반성하고 덕(德)을 닦아 천견에 답하여야 할 것입니다."라고 하였다(『고려사』 권54, 오행2 五行四曰金 인종 8년 8월 丙申).

나-3) 초경(初更)에 불그림자 같은 적기(赤氣)가 북쪽에서 나타나 북두칠성의 두괴(斗魁) 속으로 들어가 보였다 안보이기를 반복하다가 삼경(三更)에 이르러 없어졌다. 일자(日者)가 아뢰기를, "『천지서상지(天地瑞祥誌)』에 이르기를 '적기가 불그림자처럼 나타나는 것은 신하가 군주를 모반하는 징조'라고 하였으니, 바라건대 덕을 닦아 재변을 없애도록 하십시오"라고 하였다(『고려사』 권53, 오행1 五行二曰火 인종 8년 8월 乙未).

나-4) 밤에 호랑이가 선군(選軍)에 들어왔다. 태사(太史)가 아뢰기를, "근래 호랑이가 선군(選軍), 병부(兵部), 형부(刑部), 흥국사(興國寺) 및 민가 마을에 들어왔는데, 호랑이는 산림(山林)의 짐승입니다. 『악경(握鏡)』에 이르기를 '호랑이와 승냥이가 성(城) 안으로 들어오면 부중(府中)이 장차 황폐해진다'라고 하였습니다"라고 하였다(『고려사』 권54, 오행2 五行四曰金 의종 원년 7월 壬申).

나-5) 해주(海州)에서 소나무가 충해(蟲害)를 입었고 지난해부터 지금까지 황충(蝗蟲)의 피해가 있었다. 태사가 아뢰기를 "『해동고현참기(海東古賢讖記)』에 이르기를 '곡령(鵠嶺)에 소나무가 있으니, 도성(都城)과 소나무는 임금과 신하이며, 거미와 번데기는 소인(小人)이니, 염충(蠊虫)이 소나무를 먹을 때는 문호(文虎)가 정치를 문란케 하고, 소나무가 변하여 흰 나무로 되는 해에는 천하가 흰색이 된다고 하였습니다"라고 하였다(『고려사』 권54, 오행2 五行三曰木 의종 6년 8월).

나-1~5) 사례는 재이 해석의 근거가 명시되어 있는 경우이다. 숙종 6년 4월 송충이에 의한 피해가 발생하자 신하들이 한나라 때 경방(京房)이 저술한 『역전(易傳)』 비후(飛候)[13]에 근거하여 녹(祿)을 먹는 관료들의 등용이 잘못된 때문이라고 하였다. 인종 8년 8월에 흰무지개[白虹]가 발생하자 일관(日官)이 『개원점경(開元占經)』[14]에 의거해 간신이 임금을 해칠 조짐으로 해석하고, 같은 달에 발생한 적기(赤氣) 현상에 대해서도 일자(日者)가 『천지서상지(天地瑞祥誌)』[15]에 의거하여 신하가 모반할 징조로 해석하였다. 의종 원년 7월에는 호랑이가 선군(選軍)에 들어오는 일이 있자, 태사(太史)가 『악경(握鏡)』[16]에 의거하여 만약 호랑이가 성(城) 안에 들어오면 부중(府中)이 황폐해질 것이라고 아뢰고 있다. 의종 5년 8월에는 충해(蟲害)에 대해 태사가 『해동고현참기(海東古賢讖記)』[17]의 문구를 인용

---

13) 京房이 저술한 『易傳』 飛候은 前漢 때 인물로 재이사상에 밝았던 京房이 저술한 『京氏易傳』 가운데 한 편목을 의미하는 것으로 여겨진다.

14) 『開元占經』은 당나라 현종대에 天竺僧 瞿曇悉達이 왕명을 받아 제작한 星占書이다 (김일권, 앞의 책, 468쪽).

15) 『天地瑞祥誌』에 대해서는 저자에 대한 논란이 있기는 하나, 서명이나 현재 잔존하는 목차와 내용을 감안할 때 천문, 재이와 관련한 해석서로 여겨진다. 권덕영은 신라인 薛秀眞이 文武王에게 바치는 형식으로 편찬된 것이라고 본 반면에 김일권은 唐 고종 때 천문역상을 담당하던 太史 薩守眞의 저작으로 보았다(권덕영, 「『天地瑞祥志』 편찬자에 대한 새로운 시각 : 日本에 전래된 신라 天文地理書의 일례」, 『백산학보』 52, 1999 ; 김일권, 「『天地瑞祥志』의 역사적 의미와 사료적 가치 : 撰者에 대한 재검토와 『高麗史』 所引 記事 검토」, 『한국고대사연구』 26, 2002).

16) 『握鏡』은 梁나라 때 道士였던 陶弘景이 편찬한 서적이다(김일권, 앞의 책, 453쪽).

17) 『海東古賢讖記』에 대해서도 정확한 내용을 알기 힘드나 서명을 통해 고려에서 편찬된 풍수지리 혹은 참위와 관련된 서적으로 짐작된다.

하면서 소인(小人)·신료[文虎]에 의한 정치 문란 행위를 경계하도록 아뢰고 있다. 이처럼 충해(蟲害), 백홍(白虹), 적기(赤氣) 등 재변에 대한 해석에 있어 역상(易象), 천문(天文), 풍수지리(風水地理) 등의 서적이 이용되고 있었음을 알 수 있다. 여기서 언급된 서적들이 온전히 남아 있지 않아 자세한 내용을 알기 힘드나, 천문·자연과 관련된 시·공간상의 정상상태를 벗어난 일에 대해 당시의 천문관·자연관 등을 토대로 의미를 부여하고 더 나아가 이로부터 벗어나는 방법을 제시한 서적이었을 가능성이 있어 보인다.

이상에서 살펴본 가~나)의 사례는 재이발생의 의미를 직접 언급하고 있는 경우이다. 그러나 현재『고려사』오행지에 수록된 재이 기사의 대부분은 단순 기사의 나열에 그치고 있어, 재이 기사 자체만으로는 의미 부여 혹은 그 근거를 파악하기 힘든 상황이다. 다만, 재이 기사를 전후한 여타 시기의 자료와 연관지어 검토할 경우 그 의미를 어느 정도 파악할 수 있기도 한다.

예를 들어 태조 9년(926) 4월에 서경(西京) 동부(東部) 선원(禪院)의 종(鍾)이 스스로 90여 번에 걸쳐 울렸다는 기록이 남아 있다.[18] 같은 시기에 견훤(甄萱)이 고려에 보냈던 질자(質子) 진호(眞虎)가 병사(病死)한 것을 구실로 견훤이 고려에 적대적인 태도를 보이게 되는데,[19] 이변현상은 이와 관련하여 장차 있을 고려와 견훤 사이의 갈등 조짐을 의식하여 기록되었을 가능성이 있다.

왕위 계승 과정에서 커다란 변화가 나타난 시기의 경우에도 재이를 이와 연관하여 해석할 수 있는 부분을 살펴볼 수 있다. 예를 들어 주지하듯이 헌종에서 숙종으로의 왕위 계승에는 급격한 정치변동이 진행되었던

---

18)『고려사』권53, 오행1 五行一曰水 태조 9년 4월, "西京東部禪院鍾自鳴九十聲."
19)『고려사』권1, 태조 9년 4월 庚辰, "甄萱質子眞虎病死 遣侍郎弋萱送其喪 甄萱謂我殺之 殺王信 進軍熊津."

것으로 이해되고 있는데, 이와 연관하여 오행지 기사 가운데 헌종대에 이변현상 기록이 두드러지게 증가하여 나타나기 시작한 점이 주목된다. 즉 헌종 원년 정월에 바람이 건(乾 : 서북쪽)으로부터 불어오자 태사가 우환이 있을 것이라고 아뢰었다.[20] 원년 6월에는 동경(東京) 황룡사(黃龍寺)의 탑에 화재가 발생하였고,[21] 봉은사(奉恩寺) 진전(眞殿)의 어탑(御榻)이 스스로 움직이는 이변현상이 있었다.[22] 이 시기에는 천문지(天文志)에도 이변현상이 연이어 기록되어 있다.[23] 헌종 원년 10월 숙종으로의 선위(禪位)[24]에 앞서 계림공 희(鷄林公 熙 : 숙종)의 왕위 찬탈과 관련된 변동의 조짐으로서 재이 현상이 기록되었을 가능성이 있다고 여겨진다.

그러나 실제『고려사』오행지의 재이 기사는 이처럼 명확히 의미가 드러난 경우보다는 그렇지 못한 경우가 훨씬 더 많은 비중을 차지하고 있다. 그러면 당시 사람들은 어떤 기준으로 재이를 판단하였던 것일까?

오행지의 기사는 오행 각 항목별로 본성에 어긋난 현상들을 분류하여 수록하고 있다. 그 내용을 살펴보면 대체로 한재, 수재, 상재(霜災) 등처럼 제때 비가 오지 않거나 반대로 집중된 비 혹은 때이른 서리로 농사에 피해가 발생하는 등 계절의 순환 속에서 벗어난 자연재해에 대한 기록이다.[25] 또 산림에 있어야할 호랑이, 꿩 등이 궁궐에 들어오거나[26] 지진(地震)을 비롯해 돌이 스스로 움직이는 것처럼[27] 고유한 위치를 벗어난 공간

---

20)『고려사』권55, 오행3 五行五曰土 헌종 원년 정월 戊戌, "朔風從乾來 太史奏 當有憂."
21)『고려사』권53, 오행1 五行二曰火 헌종 원년 6월 戊寅, "東京皇龍寺塔灾."
22)『고려사』권54, 오행2 五行三曰木 헌종 원년 6월 癸巳, "奉恩寺眞殿御榻自動."
23) 二月 庚午 月入昴星 : 三月 戊午 歲星犯牛 : 四月 壬申 月犯鎭星 : (6월) 己丑 月犯五車 : 六月 乙酉 流星大如木瓜 色赤 尾長九尺許 出室西入南斗魁 亦有衆小星南流(이상『고려사』권47, 천문1 헌종 원년).
24)『고려사』권11, 헌종 원년 10월 己巳.
25)『고려사』오행지에 수록된 旱災, 水災, 雨雹, 서리, 雪災, 異常氣候 현상, 風災, 蟲災 등 자연재해 관련 기록이 이에 해당한다.
26)『고려사』권55, 오행3 五行五曰金 헌종 20년 4월 乙未, "虎入京城"; 권53, 오행1 五行二曰火 헌종 12년 2월 辛亥, "雉入壽昌宮."

상의 이탈현상을 수록하고 있다. 이처럼 시간·공간상으로 유지되어야할 정상상태에서 벗어난 현상을 재이로 인식하고 있었다.

아울러 같은 맥락에서 유지되어야할 정상상태에서 벗어난 현상은 종 (種)의 이변현상에도 적용할 수 있는 것으로, 예를 들어 암탉이 수탉으로 변모되거나 기형 동물의 출산[28] 등 역시 이러한 재이의 범주로 이해되었 던 것으로 여겨진다. 결국 당시 사람들은 경험 혹은 인식을 통해 정상적인 시간·공간·종(種)의 범주에서 벗어난 현상을 재이로 인식하여 이를 오행 지에 수록하였던 것으로 여겨진다는 것이다.

아울러 이와 같은 이탈 현상은 유기체적인 우주관 혹은 자연관 속에서 이해되어 상호 영향을 미치는 것으로 이해되었다.[29] 자연계의 재이는 인간사회의 운영에도 관련된 심각한 문제로 인식되었던 것이고, 이변현 상을 국왕의 정치행위, 전쟁, 정치적 사건의 조짐으로 해석하였던 것으로 여겨진다. 재이가 발생할 때 국왕이 스스로 피정전(避正殿)·감상선(減常膳) ·금도재(禁屠宰)·철악현(輟樂懸)·심원옥(審冤獄)하는 등 자책수덕(自責修 德)하고 정치운영의 점검에 힘썼던 것[30]도 이와 같은 유기체적인 자연관 속에서 재이를 해석하였던 때문인 것으로 이해할 수 있다. 후술하듯이 오늘날 자연재해로 볼 수 없는 이변현상이 중요한 관심의 대상이 되었던 것 역시 이러한 자연관 혹은 재이관과 관련된 것이라고 여겨진다.

---

27) 『고려사』 권55, 오행3 五行五曰金 현종 3년 6월, "高州城西大石自行十餘步."
28) 『고려사』 권54, 오행2 五行三曰木 태조 15년 4월, "西京民張堅家雌雞化爲雄 三月而 死"; 권53, 오행1 五行一曰水 현종 9년 4월, "丙子竹州民家 猪生子 一首二身 四耳八足."
29) 진영일, 「유가(儒家)의 재이론(災異論)의 성격」 『고려국왕과 재이사상』, 제주대학 교출판부, 2010.
30) 이처럼 국왕의 통치행위와 재이 발생을 연관지어 인식한 사례는 다수 찾아볼 수 있다. 대표적으로 『고려사』 권5, 현종 16년 4월 甲子 참조.

3. 자연재해와 이변현상 기록

고려전기에 재이는 시간·공간·종(種)의 범주에서 정상적인 상태로부터 벗어난 현상으로, 자연재해처럼 인간사회에 직접 피해를 야기하는 것은 물론 경우에 따라 이러한 현상이 전쟁, 정치사건 등 인간사회 변동과도 연계되어 이해되면서 그 조짐으로 해석되기도 하였다. 한편 『고려사』 오행지에는 앞서 언급했듯이 오늘날 관점에서는 재해로 보기 힘들거나 혹은 실제 발생이 의심되는 내용도 수록되어 있다. 즉 한재(旱災)·수재(水災)·상재(霜災)처럼 오늘날에도 자연재해로 인정되는 내용 이외에 『고려사』 오행지에 수록된 용사얼(龍蛇孽), 우충지얼(羽蟲之孽 : 鴝鵒·雉·群鳥·烏·鶴·雀), 모충지얼(毛蟲之孽 : 虎·兎·獐), 서요(鼠妖), 와언(訛言) 등은 별도의 범주로 다루어져야 할 부분이라고 여겨지는 것이다. 이러한 이변현상이 재이로 간주된 것이야말로 당시 사람들의 재이관을 잘 드러내는 것으로 여겨진다. 이에 이러한 이변현상이 사회에 어떤 의미를 지니고 있었는지 살펴보기 위해 자연재해와 구분하여 정리해 보았다.

〈표 2〉 고려전기 자연재해 기록과 이변현상 기록(『고려사』 오행지의 경우)

연도	오행지 전체 기록수	자연재해 기록수(A)	이변현상 기록수(B)	(B/A)
918~920	2	0	2	
921~930	6	1	5	5
931~940	7	3	4	1.33
941~950	5	1	4	4
951~960	2	0	2	
961~970	1	1	0	
971~980	6	2	4	2
981~990	3	1	2	2
991~1000	2	1	1	1
1001~1010	9	7	2	0.28
1011~1020	92	50	42	0.84
1021~1030	67	40	27	0.68

1031~1040	65	40	25	0.63
1041~1050	26	20	6	0.3
1051~1060	32	17	15	0.88
1061~1070	26	12	14	1.17
1071~1080	24	13	11	0.84
1081~1090	50	35	15	0.42
1091~1100	49	32	17	0.53
1101~1110	103	53	50	0.94
1111~1120	86	45	41	0.91
1121~1130	130	72	58	0.8
1131~1140	134	80	54	0.67
1141~1150	68	36	32	0.88
1151~1160	59	42	17	0.4
1161~1170	25	16	9	0.56

〈표 2〉는『고려사』오행지 고려전기 기사 가운데 한재·수재·상재 등처럼 농사에 피해를 야기하는 자연재해를 한 범주로 하고(A),[31] 이 이외의 이변현상을 다른 한 범주(B)로 구분하여 10년 단위로 살펴본 것이다.[32] 여기서 고려초기 기사가 소략한데, 이는 거란과의 전쟁 과정에 사료가 소실되어 재작성된 때문인 것을 감안하여 살펴볼 필요가 있다. 어쨌든 이에 따르면 오행지 전체 기사수는 11세기 초와 12세기 전반기에 다수 기록되어 있다. 이러한 추세는 이변현상 기록수의 경향과 대체로 일치한다. 그러나 한편 주목되는 것은 시기에 따라 자연재해 기록보다 이변현상 기록의 비중(B/A)이 높은 때가 발견된다는 점이다. 특히 1011~1020년(현

---

31) 여기서 '자연재해 기록수'는 구체적으로 旱災, 水災, 雨雹, 서리, 雪災, 異常氣候(寒冷, 高溫), 風災, 蟲災, 地震, 崩壞, 안개·雨土·黃霧의 기사를 토대로 하였다. 아울러 기근·질병·전염병의 경우 대체로 이상의 자연재해의 결과로 발생하는 경우가 많아 이를 포함한 것이다.

32) 기존에 이처럼『고려사』오행지의 기사를 '자연재해 기록수'와 '이변현상 기록수'를 비교하여 고찰한 사례가 있었으나(이정호,「『高麗史』五行志의 체재와 내용—自然災害의 발생추세를 중심으로—」『韓國史學報』44, 2011, 29~30쪽), 이는 고려시대 전시기에 걸친 개략적인 추정에 불과한 것이었다. 본고에서 검토하는 것처럼 고려전기를 대상으로 하고, 또 구체적인 사료를 통해 고찰하는 것과는 차이가 있다.

종 2~11), 1051~1080년(문종 5~34), 1101~1130년(숙종 6~인종 8), 1141~
1150년(인종 19~의종 4) 등에서 이변현상 기록의 비중이 높게 나타난다.

그런데 이러한 시기는 첫째, 자연재해 발생과 이변현상 기록의 비중이
모두 높은 시기(대표적으로 1011~1020년, 1101~1120년의 경우)와 둘째,
이변현상 기록의 비중이 높은 시기(대표적으로 고려초기, 1061~1070년,
1141~1150년의 경우)로 구분해 볼 수 있다.

본 장에서는 먼저 첫째 유형으로 자연재해 발생 기록이 많고 동시에
이변현상 기록 비중이 높은 시기를 살펴보도록 하겠다.

고려시대를 비롯한 전통사회에서 자연재해의 피해는 막대했다. 거듭된
한재, 수재로 말미암아 흉년, 기근이 들고 혹은 여기에 전쟁이나 정치사회
적 혼란이 가중될 경우 심지어 '인상식(人相食)'하는 참상이 발생하기도
하였다.[33] 이러한 시기에 사회불안, 위기인식이 고조되는 것은 당연한
현상이었다. 오행지 이변현상 기록 가운데도 이처럼 자연재해로 인한
위기인식이 반영되어 있다. 이러한 모습을 잘 살펴볼 수 있는 대표적인
사례로 1011~1020년(현종 2~11)의 경우를 들 수 있다.

현종대의 경우 원년~2년(1010~1011)에 거란과의 전쟁, 한재, 수재 등으
로 피해를 입었다.[34] 이 영향으로 3년(1012) 5월에는 서경(西京)에서 곡가
(穀價)가 등귀하고 백성들이 곤핍해지는 등 사회동요의 조짐이 나타났
다.[35] 이 시기를 전후하여 이변현상 기록도 증가하고 있다. 원년 12월에
서경의 신사(神祠)에서 갑자기 선풍(旋風)이 불었고,[36] 2년 5월에는 서경에
서 기형의 토끼를 바쳤다.[37] 3년 5월에 남방에서 적기(赤氣) 현상이 나타났

33) 『고려사절요』 권8, 예종 12년 8월.
34) 『고려사』 권4, 현종 2년 4월 丁未·辛酉.
35) 『고려사절요』 권3, 현종 3년 5월, "敎曰 去年 西京水旱爲災 穀價騰踊 民用困乏 朕夙興夜
寐 念之惻然 其令所司 發倉賑之."
36) 『고려사』 권55, 오행3 五行五曰土 현종 원년 12월 癸巳, "西京神祠旋風忽起."
37) 『고려사』 권54, 오행2 五行四曰金 현종 2년 5월 癸未, "西京人獻兎 一首二身."

고,38) 6월에는 돌이 스스로 움직이는 이변현상도 있었다.39) 윤10월에는 노루가 구정(毬庭)에 난입한 일도 있었다.40) 현종 3~5년에도 거듭된 지진,41) 서리,42) 풍재,43) 이상저온현상44) 등 자연재해의 피해가 증가하면서 이와 함께 송악(松岳) 붕괴,45) 적기(赤氣),46) 백기(白氣)47) 현상 등 이변현상 기록도 이어지고 있다. 현종 5년 11월에는 와언(訛言)으로 경성(京城)이 동요하는 일도 발생해,48) 자연재해 피해와 이변현상 기록이 함께 증가하는 가운데 사회동요의 모습도 살펴볼 수 있다. 현종 7년 2~6월에도 이변현상 기록이 이어지고 있는데49) 이해 여름과 가을에 황재(蝗災), 한재(旱災)로 피해가 발생하고 기근까지 발생하고 있는 것을 살펴볼 수 있다.50) 이를 통해 물론 자연재해와 이변현상을 직접적인 인과관계로 설명할 수 없다 하더라도, 동일시기에 자연재해와 이변현상 기록의 증가 사이에

---

38) 『고려사』 권53, 오행1 五行二曰火 현종 3년 5월 丁亥, "赤氣如火見于南方."

39) 『고려사』 권54, 오행2 五行四曰金 현종 3년 6월, "高州城西大石 自行十餘步."

40) 『고려사』 권54, 오행2 五行四曰金 현종 3년 윤10월 壬申, "獐入毬庭."

41) 『고려사』 권55, 오행3 五行五曰土 현종 3년 12월 丁丑, "慶州地震"; 4년 2월 壬午, "慶州地震"; 4년 3월 辛丑, "金州地震"; 4년 11월 丁未, "金州地震"; 4년 12월 丙戌, "金慶二州地震."

42) 『고려사』 권53, 오행1 五行一曰水 현종 4년 4월 丙子, "隕霜殺草."

43) 『고려사』 권55, 오행3 五行五曰土 현종 4년 4월 壬申, "大風三日乃止."

44) 『고려사』 권53, 오행1 五行一曰水 현종 5년 6월 乙卯, "朔寒風暴起."

45) 『고려사』 권55, 오행3 五行五曰土 현종 4년 6월 癸酉, "松岳頹."

46) 『고려사』 권53, 오행1 五行二曰火 현종 4년 3월 庚寅, "夜四方赤祲."

47) 『고려사』 권54, 오행2 五行四曰金 현종 5년 4월 庚午, "白氣界天如匹布."

48) 『고려사』 권54, 오행2 五行四曰金 현종 5년 11월 庚寅, "訛言 北山諸寺僧 擧兵來 京城大駭 戒嚴."

49) 『고려사』 권53, 오행1 五行二曰火 현종 7년 2월 丙戌, "雉集于壽昌宮含福門"; 권54, 오행2 五行三曰木 현종 7년 4월, "司憲臺庭栢樹枯死有年 至是復生"; 권54, 오행2 五行四曰金 현종 7년 7월 壬戌, "虎入城."

50) 『고려사』 권4, 현종 7년 7월 庚申, "敎曰 比聞 秋稼將成 飛蝗爲災 豈刑政之或戾 將災沴之使然 其內外囚徒流以下 取保出獄 疏理速決"; 권54, 오행2 五行四曰金 현종 7년 9월 己酉, "敎曰 南界州縣蝗旱重 仍言念飢民 能無責己 宜避正殿 減常膳 禁諸宮院飮酒作樂"; 권55, 오행3 五行五曰土 현종 7년 9월, "江南饑."

관련성을 엿볼 수 있게 해준다.

또한 경우에 따라서는 자연재해뿐만 아니라 대외관계의 변화, 정치적 사건 등이 겹쳐 발생하면서 이변현상 기록이 증가하고 있는 것을 살펴볼 수 있다. 이러한 점은 대표적으로 1101~1110년의 시기에서 잘 살펴볼 수 있다.

1101~1110년(숙종 6~예종 5)은 자연재해뿐만 아니라 여진(女眞)과의 영토문제로 갈등이 있었던 시기였다. 이와 관련하여 오행지 이변현상의 기록이 증가하여 나타나는 것을 살펴볼 수 있다. 즉 숙종 6년(1101) 정월 임술 밤에 적기(赤氣)가 북쪽으로부터 서쪽으로 퍼져있고 백기(白氣)가 그 사이에 있다가 사라진 현상을 장차 요(遼)와 송(宋) 사이에 전쟁이 발생할 조짐으로 해석하였다.51) 이로부터 4개월이 지난 4월 신축에도 수압산(首押山) 소나무의 충식(蟲食) 현상을 전쟁의 조짐으로 해석하였다.52) 특히 숙종 6년 4~5월에는 한재와 함께 전쟁의 조짐이 있게 되면서 와언(訛言)이 유행하는 등 사회동요 현상을 살펴볼 수 있다. 즉 숙종 6년 4월에 평주(平州) 지역의 경우이긴 하지만 요승(妖僧) 각진(覺眞)이 음양(陰陽)을 망언(妄言)하면서 사람들을 현혹시키다가 사로잡힌 사건이 발생하였다.53) 각진의 언행이 어떠했는지 알 수 없으나 '음양망언(陰陽妄言)'이라 한 점을 감안한다면, 이 시기 전쟁, 한재 등 당시 사회불안 요소와 함께 천문·자연 등의 이변현상이 연관되었을 가능성이 높아 보인다.

사회불안은 자연재해와 관련해 발생하는 경우가 많았다. 특히 이러한 점은 예종대의 경우에서 잘 살펴볼 수 있다. 오행지 예종대 기사를 살펴보면 초기에는 대외관계의 불안으로 말미암은 사회불안 조짐이 나타나기도

---

51) 『고려사』 권53, 오행1 五行二曰火 숙종 6년 정월 壬戌, "朔夜赤氣 自北指西 紛布漫天 白氣間作 良久乃散 占者曰 遼宋有兵喪之災."

52) 『고려사』 권54, 오행2 五行三曰木 숙종 6년 4월, "蟲食首押山松 辛丑 太史奏 蟲食松 此兵徵也 宜行灌頂文豆婁寶星等道場 老君符法 以禳之 從之."

53) 『고려사』 권11, 숙종 6년 4월 辛丑, "平州妖僧覺眞 妄言陰陽 眩惑衆人 詔流谷州."

하였지만, 대체로 연이은 자연재해로 인한 피해가 증가하면서 오행지에
이변현상 기록 또한 증가하여 나타나는 것을 살펴볼 수 있다. 예를 들어
예종 4~5년(1109~1110)은 전쟁, 자연재해 등으로 전염병이 발생할 정도로
피해가 컸고,[54] 도적의 발생[55] 등 사회불안 현상이 나타났다. 이 시기
천문현상과 자연이변 현상 기록이 다수 등장한다. 가뭄,[56] 우박,[57] 월변
(月變),[58] 뇌진,[59] 유난히 빈번한 유성(流星) 기사,[60] 목빙(木氷 : 나무가지
흰 얼음이 어는 현상),[61] 밤중의 백기(白氣) 현상,[62] 일변(日變 : 태양빛이
핏빛이고 광채가 없는 현상),[63] 화재,[64] 성변(星變),[65] 혜성(彗星),[66] 대풍(大
風)[67] 등 거의 대부분의 천문, 자연 이변현상이 기록되어 있다. 이에 대해

---

54) 『고려사』 권13, 예종 4년 12월 乙酉, "命有司 分祭于松嶽及諸神祠 以禳疾疫" ; 5년
　　4월 甲戌, "司天臺奏 今年 疫屬大興 戶骸載路 請令有司 收瘞 從之."
55) 『고려사』 권13, 예종 5년 5월 丁巳, "夜 盜二十人 入都祭庫 殺庫直郎将同正金可崇
　　竊取銀物" ; 6년 정월 癸巳, "盜入上林司 殺守庫婢 竊銀物."
56) 『고려사』 권54, 오행2 五行四曰金 예종 7년 5월, "旱 乙丑 禱雨于興國寺" ; 8년 4월,
　　"旱 戊申 禱雨于九曜堂三日."
57) 『고려사』 권53, 오행1 五行一曰水 예종 5년 5월 甲子, "雨雹于永康縣 震柳木 雹翌日乃
　　消."
58) 『고려사』 권47, 천문1 예종 4년 7월 丙辰, "月犯羽林" ; 10월 丙戌, "月食" ; 11월
　　乙巳, "月入羽林 庚申 犯軒轅夫人."
59) 『고려사』 권53, 오행1 五行一曰水 예종 5년 5월 乙丑, "震西京重興寺塔."
60) 『고려사』 권47, 천문1 예종 5년 정월 己酉, "流星出貫索入天市內宗人狀如雞子" ; 5년
　　3月 辛丑, "流星出梗河入天倉 大如雞子" ; 5년 3월 丁卯, "流星犯天市垣內車肆入列肆
　　大如斗 長九尺許" ; 5년 9월 壬申, "流星出傳舍入天桴 大如炬 長四丈許 光射于地" ; 7년
　　9월 己卯, "流星出河鼓近天紀而滅 大如杯" ; 7년 9월 丙辰, "流星出卷舌 大如杯 尾長五尺
　　許."
61) 『고려사』 권54, 오행2 五行三曰木 예종 5년 2월 癸巳, "雨木冰."
62) 『고려사』 권54, 오행2 五行四曰金 예종 5년 3월 己酉, "夜素氣 坤艮相衝 經天如布匹
　　至夜央乃滅."
63) 『고려사』 권47, 천문1 예종 5년 3월 乙卯, "日色 如血無光" ; 6년 3월 甲申, "日赤無光."
64) 『고려사』 권53, 오행1 五行二曰火 예종 5년 4월 甲申, "尙藥局南廊火" ; 7년 9월
　　乙丑, "京市樓北廊六十五閒火."
65) 『고려사』 권47, 천문1 예종 5년 5월 甲辰, "鎭星入守壘壁陣羽林."
66) 『고려사』 권47, 천문1 예종 5년 5월 己酉, "彗星入紫薇" ; 乙卯, "彗星見 凡九日."

관형(寬刑)을 베풀고, 소재도량(消灾道場)을 개최하고,[68) 교서를 통해 국왕의 책기수덕(責己修德)을 강조하고 있는 것[69) 역시 빈번히 발생하는 재변으로부터 벗어나고자 하는 노력이라고 볼 수 있다. 또한 예종 5년 8월에는 고요(鼓妖) 현상(하늘에서의 북소리 현상)이 기록되어 있고,[70) 예종 6년 6월에는 중서성(中書省)의 앵도나무에서 열매가 열렸으나 가운데 씨가 없었다고 기록하고 있다.[71) 예종 6년 11월에는 호랑이가 도성(都城)에 들어와 다수의 사람을 해쳤으며,[72) 예종 7년에는 어두울 무렵에 경중(京中) 인가(人家)에서 갑자기 놀라 떠드는 소리가 들리다 그쳤는데,[73) 이와 같은 동요 역시 사회불안의 반영으로 여겨진다.

이처럼 이변현상 기록의 비중이 높았던 시기는 현종대, 숙종대, 예종대처럼 대체로 자연재해의 피해, 대외관계의 불안 등으로 위기인식이 고조되던 때였음을 알 수 있다. 이와 같은 점은 와언(訛言)의 기록이 남겨진 시기 역시 대체로 이변현상의 기록 비중이 높았던 시기와 일치한다는 점을 통해서도 확인할 수 있다.[74)

---

67) 『고려사』 권55, 오행3 五行五曰土 예종 5년 8월 庚辰, "大風拔木偃禾"; 8년 4월 壬辰, "大風拔木."
68) 『고려사』 권13, 예종 5년 5월 癸卯, "設消灾道場於會慶殿五日."
69) 『고려사』 권13, 예종 5년 6월 丙子, "詔曰 朕 謬以眇躬 紹御三韓 萬機至廣 不能視聽 刑政不中 節候不調 三四年間 田穀凶荒 人民飢病 宵旰憂勞 未嘗暫已 況又乾文變怪 無日不見 夏月以來 淒風雨雹 此乃涼德所致 恐懼增深 意欲推恩 上答天譴 下慰民心 召集和氣 以報平安."
70) 『고려사』 권53, 오행1 五行一曰水 예종 5년 8월 乙亥, "天動 初如衆鼓之音 或如車馬之聲 發自西北 至于東南."
71) 『고려사』 권54, 오행2 五行三曰木 예종 6년 6월, "中書省櫻桃結子大如杏子 而中空無核."
72) 『고려사』 권54, 오행2 五行四曰金 예종 6년 11월, "虎入都城 多害人物."
73) 『고려사』 권54, 오행2 五行四曰金 예종 7년 11월 戊寅, "昏時 京中人家 忽然驚動 呼號久而乃止."
74) 註 48) 및 73) 참조.

4. 이변현상 기록과 위기인식

이상에서 자연재해의 발생, 대외관계의 변화 등이 이변현상 기록의 증가에 영향을 미치고 있었다는 점을 살펴볼 수 있었다. 한편『고려사』 오행지에 기록된 자연재해와 이변현상의 관계를 살펴보면 시기에 따라 자연재해 보다 이변현상 기록의 비중이 높게 나타나는 때를 발견하게 된다.

고려전기 가운데 이러한 시기는 918~960년(태조 즉위~광종 11), 1011~1020년(현종 2~11), 1051~1080년(문종 5~34), 1101~1130년(숙종 6~인종 8), 1141~1150년(인종 19~의종 4) 등을 들 수 있다. 그 가운데서도 특히 921~950년(태조 즉위~광종 11), 1061~1070년(문종 15~문종 24), 1101~1120년(숙종 6~예종 15)은 이러한 현상이 두드러지게 나타난다.

고려 건국 초기의 기록에서는 자연재해 보다 상대적으로 이변현상에 대한 기록이 높은 비중을 차지하고 있다. 고려초기 기록이 거란과의 전쟁으로 소실되어 소략한 탓에 자연재해 기록이 누락되었을 가능성도 있다. 한편으로 이 시기에 이변현상 기록이 다수 나타나는 것은 신왕조 개창을 전후하여 정치사회변화를 부각하여 인식했기 때문일 가능성이 높다고 여겨진다. 이와 같은 사례를 몇가지 살펴보면 다음과 같다.

고려 건국을 전후하여 처음으로 상서로운 현상이 기록된 것은 태조 원년(918) 6월 무진일(27일)인데, 일길찬(一吉粲) 능윤(能允)의 가원(家園)에서 상서로운 버섯[瑞芝]이 자라나 이를 왕에게 바쳤던 것으로 되어 있다.[75] 이에 앞서 6월 을묘일(14일)에 왕건(王建)이 홍유(洪儒) 등에 의해 추대되어,[76] 병진일(15일)에 고려 왕조를 개창한 사실을 감안한다면[77]

---

75)『고려사』권53, 오행1 五行二曰火 태조 원년 6월 戊辰, "一吉粲能允家園生瑞芝 一本九莖三秀 獻于王 賜內倉穀."
76)『고려사』권1, 태조 원년 6월 乙卯.

이러한 상서로운 현상은 고려 왕조의 개창을 경사로운 일로 인식한 관점이 반영된 것이라고 여겨진다.

이로부터 얼마 안있어 태조 원년 8월에는 호랑이가 도성(都城) 흑창(黑倉) 담을 넘어 들어왔다 포획되는 일이 있었는데, 이를 해석하여 호랑이는 맹수로서 불길한 조짐이며 병사(兵事)를 주관하기 때문이라고 하면서 경계하고 있다.[78] 이에 앞서 태조 원년 6월에 발생한 환선길(桓宣吉)과 이흔암(伊昕巖)의 모반이 진압된 사실[79]을 비유하여 해석되었을 가능성을 생각해 볼 수 있다.

이처럼 고려 건국 직후의 이변현상에 대해서는 당시 발생한 사건과 결부하여 해석되어 기록을 남기고 있다. 이러한 경향은 고려 건국 초기에 여러 부분에서 찾아볼 수 있다. 태조 8년(925) 3월 두꺼비가 궁성 동쪽의 어제(魚堤)에 다수 출현하고 지렁이가 궁성에서 나타났는데 길이가 70척이었다고 기록하면서 이를 발해국(渤海國)이 내투(來投)할 조짐으로 해석하였다.[80] 얼마후 발해가 거란의 공격으로 멸망하고 9월부터 고려로 내투하는 기록이 연이어 나타나고 있는 것으로 보아,[81] 이변현상이 이후 발생할 사실에 대한 조짐으로 해석되어 기록되고 있는 것을 살펴볼 수 있다.

태조 15년(932) 4월에 서경민(西京民) 장견(張堅)의 집에서 암컷닭이 수컷으로 변했다가 3일만에 죽었다[82]는 신비로운 사실을 기록하고 있다.

---

77) 『고려사』 권1, 태조 원년 6월 丙辰.

78) 『고려사』 권54, 오행2 五行四日金 태조 원년 8월 戊辰, "虎入都城黑倉垣內 射獲之 筮之曰 虎猛獸不祥 是主兵也."

79) 『고려사』 권1, 태조 원년 6월 庚申, "馬軍將軍桓宣吉謀逆 伏誅"; 己巳, "馬軍大將軍伊昕巖謀叛 棄市."

80) 『고려사』 권55, 오행3 五行五日土 태조 8년 3월 癸丑, "蟾出宮城東魚堤 多不可限 丙辰 蚯蚓出宮城 長七十尺 時謂渤海國來投之應."

81) 『고려사』 권1, 태조 8년 9월 丙申, "渤海將軍申德等五百人來投"; 庚子, "渤海禮部卿大和鈞均老司政大元鈞工部卿大福暮左右衛將軍大審理等 率民一百戶來附 … 乃大擧 攻功 渤海大諲譔 圍忽汗城 大諲譔戰敗 乞降 遂滅渤海 於是其國人來奔者相繼."

82) 『고려사』 권54, 오행2 五行三日木 태조 15년 4월, "西京民張堅家雌雞化爲雄 三月而

자웅(雌雄)이 바뀌는 비정상적인 현상은 불길한 조짐이지만 3개월만에
죽었다는 것으로 보아, 불길한 일이 일어나지만 다행히 조만간 수습될
것임을 예시한 것으로 볼 가능성이 있다. 5월에는 서경(西京)에 대풍(大風)
으로 관사(官舍)가 허물어지고 기와가 모두 날아가는 피해가 있었다.[83]
이와 같은 재변에 대해 태조가 군신(群臣)에게 유시하고 있는데, 그 내용과
배경을 통해 재변에 대응하는 태도를 엿보는 데 도움이 된다. 즉 태조는
근래 서경(西京)을 수즙하여 사민(徙民)함으로써 그 지력(地力)에 힘입어
삼한(三韓)을 평정하고 장차 수도를 이곳에 정하고자 하였는데, 재변이
발생한 이유가 무엇인지 의문을 제기한다. 그 이유로 중국의 사례를 인용
하여, 자웅이 바뀌고 대풍으로 관사가 훼손되는 재변은 사신(邪臣)이 다른
뜻을 지니고 있기 때문이며, 이렇게 하늘이 경계하는 재변을 깨닫지 못하
여 화를 당한 것이라고 언급하고 있다. 또『상서지(祥瑞志)』를 인용하여
행역(行役)과 공부(貢賦)가 과중하여 재변이 발생한 것이라 보아, 군신들로
하여금 경계할 것을 지시하고 있다.[84] 이는 재해 발생의 사실 여부를
떠나서 재해 발생을 태조가 의도하는 바를 추진하는 데 이용하고 있었을
가능성이 있다. 서경(西京) 천도(遷都)의 어려움 혹은 천도시도의 철회를
위해 재변을 언급하여 설득력을 얻고자 했을 수도 있고, 재변을 통해
군신(群臣)에 대한 통제를 강화하려는 의도가 내재되었을 수도 있다고
여겨진다.

死."

83)『고려사』권55, 오행3 五行五曰土 태조 15년 5월 甲申, "西京大風 官舍頹毀 屋瓦皆飛
王以爲不祥 聚僧誦經以禳之."

84)『고려사』권2, 태조 15년 5월 甲申, "諭群臣曰 頃完葺西京 徙民實之 冀憑地力 平定三韓
將都於此 今者 民家雌雞化爲雄 大風官舍頹壞 夫何災變至此 昔晉有邪臣 潛畜異謀 其家雌
雞化爲雄 卜云 人懷非分 天垂警戒 不悛其惡 竟取誅滅 吳王劉濞之時 大風壞門拔木
其卜亦同 濞不知戒 亦底覆亡 且祥瑞志云 行役不平 貢賦煩重 下民怨上 有此之應 以古驗
今 豈無所召 今四方 勞役不息 供費旣多 貢賦未省 竊恐緣此 以致天譴 夙夜憂懼 不敢遑寧
軍國貢賦 難以蠲免 尙慮群臣不行公道 使民怨咨 或懷非分之心 致此變異 各宜悛心 毋及於
禍."

정종(定宗)이 재위한 기간에도 자연재해 발생기록에 비해 이변현상의 기록이 높은 비중을 차지한다. 예를 들어 정종 원년(946)에 하늘에서 북소리가 들렸고,[85] 3년(948)에 천덕전(天德殿)에 벼락이 쳤으며,[86] 7년 (952)에 임진현(臨津縣)에서 흰꿩을 바친 일이 있었다.[87] 원년의 이변현상 (하늘 북소리)은 혜종을 이어 즉위한 정종의 왕위 계승과 관련한 정당성 여부를 하늘이 경계한 것으로 해석할 여지가 있다. 『한서(漢書)』 오행지를 비롯해 하늘의 북소리에 대한 해석에 따르면, 하늘에서 나는 소리는 군주 와 신하의 소통이 단절된 상태를 경계한다고 해석하고 있기 때문이다.[88]

광종 9년(958) 5월에는 검은 학(鶴)이 함덕전(含德殿)에 모였던 것으로 기록하고 있는데,[89] 이는 이 시기에 과거제(科擧制)가 실시된 사실[90]과 관련하여 해석할 여지가 있다고 여겨진다. 오행지 수(水) 항목에 수록된 이 기사는 오행 중 수(水)의 색이 흑색(黑色)이고 이로부터 초래된 재변을 수록하였던 점을 감안한다면 과거제 실시에 대한 우려 혹은 부정적 시각 을 갖고 있던 당시 사람들의 정서를 반영하였을 가능성도 있어 보인다.

한편 1061~1070년(문종 15~24)은 고려전기 가운데 가장 다수의 이변현 상이 기록된 시기이다. 이 시기는 불길한 조짐뿐만 아니라 상서로운 이변 현상을 기록하고 있어 고려 역대 왕대 가운데 문종대를 융성한 시기로 인식한 관점이 반영되어 나타난다. 즉 문종 16년 5월에 주초(朱草)가 중광 전(重光殿)에서 무성히 자라자 왕이 사신(詞臣)에게 명하여 시(詩)를 짓게 하였는데,[91] 주초의 출현은 세상에 덕(德)이 있을 때 생긴다는 상서로운

---

85) 『고려사』 권53, 오행1 五行一日水 定宗 원년, "天鼓鳴."
86) 『고려사』 권53, 오행1 五行一日水 定宗 3년 9월, "王御天德殿忽雷雨震人又震殿西角."
87) 『고려사』 권54, 오행2 五行四日金 定宗 7년, "臨津縣獻白雉."
88) 『漢書』 五行志 聽事, "君嚴猛而閉下 臣戰栗而塞耳 則妄聞之氣 發於音聲 故有鼓妖"; 洪範傳, "洪範所謂鼓妖者也 人君不聽 爲衆所惑 空名得進 則有聲無形 不知所從生."
89) 『고려사』 권53, 오행1 五行一日水 광종 9년 5월, "玄鶴集含德殿."
90) 『고려사』 권2, 광종 9년 5월, "始置科擧."
91) 『고려사』 권53, 오행1 五行二日火 문종 16년 5월, "朱草叢生于重光殿 王命詞臣 賦詩."

조짐으로서[92] 당대를 인식하는 관점을 엿볼 수 있다. 또한 문종 23년 (1069)에 장원정(長原亭)에 행차하였을 때 상서로운 글이 적힌 돌을 정자 아래 연못에서 발견하고 문신(文臣)에게 명하여 노래와 시를 짓도록 한 것[93]도 마찬가지로 이해할 수 있다. 이 시기에도 이변현상은 다수 기록되어 있어, 예를 들어 문종 17년(1063) 4월 백기(白氣)가 사방이 펼쳐진 기사가 있고,[94] 20년(1066) 2월과 21년(1067) 정월에 호랑이가 궁성 주변에서 죽거나 난입한 기사가 있다.[95] 또 문종 20년 2월 흙비가 내리고[96] 21년 10월 사방에 검은 안개가 끼었다.[97] 23년 3월에는 정주(貞州) 근처 바다에 갑자기 모래가 쌓여 섬처럼 되었는데 유사(有司)에게 명하여 소재(消災)하도록 하자 사라지는 일이 있었으며,[98] 23년 6월 경성 동북쪽 산에서 북소리처럼 소리가 울리는[99] 등 다수의 이변현상이 기록되어 있다.

그러나 이 시기에 이변현상이 현실사회의 정치사회변화나 자연재해와 연관되어 해석되고 있는 부분은 찾아볼 수 없다. 이것은 당시 사람들이 이변현상이 발생한 것은 사실이나 상대적으로 다른 시기에 비해 이를 위기로 인식하지 않았던 데 기인한 것으로 여겨진다. 여기서 알 수 있는 것은 문종대처럼 사회가 안정된 혹은 그렇게 인식되고 있던 시기에는 비록 이변현상이 발생하였다 하더라도 이를 정치사회변동이나 위기로 인식하지 않았던 것이고, 이것은 당시 사람들이 이변현상을 이해하는

---

92) 『宋書』 符書志 下 ; 김일권, 앞의 책, 319~320쪽에서 재인용.
93) 『고려사』 권8, 문종 23년 5월 庚辰.
94) 『고려사』 권54, 오행2 五行四曰金 문종 17년 4월 壬申, "乾巽方 白氣相衝亘天."
95) 『고려사』 권54, 오행2 五行四曰金 문종 20년 2월 甲午, "虎鬪死于宮城北"; 21년 윤정월, "虎屢入京城."
96) 『고려사』 권55, 오행3 五行五曰土 문종 20년 2월 乙未, "雨土."
97) 『고려사』 권53, 오행1 五行一曰水 문종 21년 10월 丙午, "朔 黑霧四塞."
98) 『고려사』 권55, 오행3 五行五曰土 문종 23년 3월 丁亥, "貞州海中 沙土忽堆積如島嶼 舟船阻碍 命有司禳之 乃滅."
99) 『고려사』 권53, 오행1 五行一曰水 문종 23년 6월 丙辰, "京城東北山鳴 聲如鼓 旬日而止."

나름대로의 방식이 있었음을 시사해 준다.[100]

그렇다고 하여 이변현상이 정치사회변화 혹은 위기인식과 무관한 것은 아니었다. 경우에 따라서는 정치사건의 발생과 관련하여 양자의 관계가 두드러지게 부각되어 인식된 시기도 있었는데, 대표적으로 인종대의 경우가 그러하다.

인종 4년(1126) 2월 신유일(25일)에 이자겸(李資謙)의 난이 발생하기에 앞서 오행지에서는 그 4일 전의 기사로 정사일(21)에 뭇 새가 영통사(靈通寺)의 북쪽 산에서 서로 싸우다 죽기를 수일동안 하다 그쳤다고 기록하여,[101] 반란의 조짐을 이변현상을 통해 미리 나타낸 것처럼 기록하고 있다. 이후 오행지 이변현상 기록은 증가하여 나타나고 있어, 이자겸 반란 이후 상황에 대한 부정적 평가가 반영되어 나타나고 있음을 살펴볼 수 있다. 즉 인종 4년 3월에 황무(黃霧)가 사방에 끼고 햇빛이 핏빛과 같았으며,[102] 4년 4월에는 선기문(宣旗門) 바깥 처마가 붕괴되고,[103] 흥왕사(興王寺) 삼층전(三層殿)의 주불(主佛) 머리가 까닭없이 스스로 떨어졌으며,[104] 5월에는 벌떼가 흥국사(興國寺)로부터 광화문(廣化門)에 이르기까지 끊이지 않고 이어져 날아갔던 것으로 기록되어 있다.[105] 5월 크게

---

100) 이와 관련해 본고에서는 후술하듯이 이변현상, 인간사회, 자연재해 등을 마치 유기체처럼 연관지어 이해한 때문이라고 여겨진다.

101) 『고려사』권53, 오행1 五行二曰火 인종 4년 2월 丁巳, "群鳥集靈通寺北山 相鬪咬死 數日乃止."

102) 『고려사』권55, 오행3 五行五曰土 인종 4년 3월 癸巳[27일], "黃霧四塞" ; 권47, 천문1 인종 4년 3월 甲午[28일], "日色如血."『고려사』세가에 따르면 위의 계사(27일), 갑오(28일) 기사는 3월 정묘(1일) 李資謙의 강압에 의해 인종의 거처가 그의 집으로 옮겨지고, 신미(5일)에 選擧가 중지되고, 신묘(25일)에 金나라에 대한 사대가 결정된 기사 다음에 이어져 있다. 위 재변 기사는 이와 같은 일련의 사실들에 대한 부정적인 평가와 관련되었을 가능성이 있다.(『고려사』권15, 인종 4년 3월 丁卯, 辛未, 辛卯 기사 참조)

103) 『고려사』권54, 오행2 五行三曰木 인종 4년 4월, "宣旗門外簷殿."

104) 『고려사』권55, 오행3 五行五曰土 인종 4년 4월 庚子, "興王寺三層殿 主佛頭 無故自落."

105) 『고려사』권55, 오행3 五行五曰土 인종 4년 5월 丁丑, "有蜂群飛 自興國寺 至廣化門

우박이 내렸고,[106] 6월과 7월에 적기(赤氣)가 나타났으며,[107] 9월에는 우레와 같은 천중소리가 들렸다.[108] 이처럼 이자겸의 난을 전후한 시기인 인종 4년 2월~9월 사이에 빈번하게 재변이 발생한 것으로 기록된 것을 살펴볼 수 있다.

또한 인종 5년 2월에 인종이 서경에 행차하고, 3월에 묘청·백수한(白壽翰)의 주청으로 관정도량(灌頂道場)을 개설하는[109] 등 묘청 등에 의한 서경천도가 시도되는 상황이 전개되자 이 이후 역시 오행지의 기록이 증가하고 있는 것을 살펴볼 수 있다. 4월 크게 우박이 내리고,[110] 6월 광덕방(廣德坊)의 우물에서 울음소리가 들렸으며,[111] 7월 황재(蝗災)가 발생하고,[112] 8월 폭풍으로 나무가 뽑히고,[113] 9월에는 짙은 안개와 벼락, 적기(赤氣) 현상이 있었다.[114] 인종 5년 3월 묘청 등에 동조하기 시작하는 인종의 행위를 4~9월 오행지의 재변 기사를 수록함으로써 부정적으로 인식하였던 것과 관련되었을 가능성이 있다.

이후에도 이변현상 기록은 이어져 인종 7년 4월에는 장평진(長平鎭)의 관비(官婢)가 알을 낳았는데 그 속에서 뱀이 나왔다는 기록이 있다.[115] 인종 8년 8월 을미일(25일) 불그림자[火影] 같은 적기(赤氣) 현상에 대해

相連不絶."
106) 『고려사』 권53, 오행1 五行一曰水 인종 4년 5월 乙亥, "大雨雹."
107) 『고려사』 권53, 오행1 五行二曰火 인종 4년 6월 癸卯, "乾方有赤氣" ; 7월 戊寅, "乾方有赤氣."
108) 『고려사』 권53, 오행1 五行一曰水 인종 4년 9월 辛未, "兒方天鳴如雷."
109) 『고려사』 권15, 인종 5년 2월 乙亥 ; 3월 甲辰.
110) 『고려사』 권53, 오행1 五行一曰水 인종 5년 4월 丙寅, "大雨雹."
111) 『고려사』 권53, 오행1 五行一曰水 인종 5년 6월 癸未, "廣德坊井鳴."
112) 『고려사』 권54, 오행2 五行四曰金 인종 5년 7월, "是月 西京·西北道 蝗."
113) 『고려사』 권55, 오행3 五行五曰土 인종 5년 8월 辛巳, "暴風拔木."
114) 『고려사』 권55, 오행3 五行五曰土 인종 5년 9월 丙午, "大霧" ; 권53, 오행1 五行一曰水 인종 5년 9월 壬寅, "雷" ; 五行二曰火 인종 5년 9월 丁酉, "夜赤氣 發東南 至庚子滅."
115) 『고려사』 권53, 오행1 五行一曰水 인종 7년 4월 癸酉, "長平鎭官婢 産卵三斗許 大者如鴨卵 小者如雀卵 皆拆出小蛇 長寸許."

일자(日者)가『천지서상지』를 근거로 신하가 군주를 모반하는 징조라고 해석하여 아뢰었다.[116] 병신일(26일)에도 흰무지개 발생에 대해 일관(日官)이『개원점경』에 의거해 이를 간신이 임금을 해치려는 것으로 해석하며 국왕 스스로 반성하여 하늘의 경고에 보답할 것을 건의하고 있다.[117] 10월 무자일에도 흰무지개 현상이 나타나자 이를 재앙의 근본이자 환란의 기초라고 해석하여 군주의 수덕(修德)을 건의하고 있다.[118]『고려사』세가에 따르면 인종 8년 8월 을미일(25일)에 인종이 서경에 행차하고,[119] 9월 임자에 묘청의 주청에 따라 도량을 설치하였던 것으로 되어 있어,[120] 오행지의 기사는 묘청을 중용하는 인종의 태도를 염두에 둔 것으로 볼 수 있다.

이 시기에는 묘청 등 서경천도 추진세력의 활동과 재변의 발생을 연관지어 기록한 부분이 많이 발견된다. 인종 9년 4월 김안(金安)·백수한 등에 의해 천(天), 지(地), 인(人) 삼정(三庭)의 건의가 있었고,[121] 8월에는 묘청의 건의로 서경 임원궁성(林原宮城)에 팔성당(八聖堂)을 설치하였다.[122] 오행

---

116) 『고려사』권53, 오행1 五行二曰火 인종 8년 8월 乙未[25일], "初更赤氣如火影 發自坎方 覆入北斗魁中 起滅無常 至三更乃滅 日者奏 天地瑞祥誌云 赤氣如火影見者 臣叛其君伏 望修德消變."

117) 『고려사』권54, 오행2 五行四曰金 인종 8년 8월 丙申, "白虹起自西方向北行滅 日者奏 開元占云 白虹露奸臣謀君 宜反身修德以荅天譴."

118) 『고려사』권54, 오행2 五行四曰金 인종 8년 10월 戊子, "二更白虹相衝 乾坤方至地發見 三更乃滅 太史奏曰 白虹出其下有血白虹 是百殃之本 衆亂所基 固當修省 以荅天意. 故重華 殿置度厄道場一七日." 흰무지개 현상은 이후 인종 8년 11월 계묘, 9년 3월 신축, 12년 정월 병진에 발생한 것으로 기록하고 있다(『고려사』권54, 오행2 五行四曰金).

119) 『고려사』권16, 인종 8년 8월 乙未, "幸西京."

120) 『고려사』권16, 인종 8년 8월 壬子, "命置呵吒波拘神道場于弘慶院 般若道場于選軍廳 皆二七日 從妙淸之言也." 이 기사는『고려사』세가에 8월 기사인 것처럼 되어 있으나, 8월에는 임자일이 없고,『고려사절요』에는 9월 기사로 기재되어 있어, 9월 임자일 기사로 보아야 할 것이다.

121) 『고려사절요』권9, 인종 9년 4월, "內侍少卿金安奏取聖旨 以白壽翰所奏 天地人三庭事 宜狀."

122) 『고려사절요』권9, 인종 9년 8월.

지에는 이를 전후하여 부당한 조처에 대한 천견(天譴)의 사례를 제시한
듯이 잦은 재해 기사가 수록되어 있다. 인종 9년 3월에 백기(白氣) 현상이
나타났고,[123] 4월에는 묘청의 주청으로 진행되던 서경천도운동이 실패하
리라는 암시를 주는 내용도 발견된다. 즉 서경 임원궁 궐내의 마당과
궁내에 새의 발자국이 가득하자 장차 빈터가 되어 날짐승이 모여들 징조
로 해석하였다.[124] 5월에는 뇌진, 풍재, 수재로 피해를 입었고,[125] 6월에는
가뭄으로 기근 현상이 발생하였다.[126] 7월에는 여진(女眞) 지역의 뱀이
압록강(鴨綠江)을 넘어 의주(義州) 지역내로 들어오는 일이 있었고,[127] 대
풍(大風), 뇌진(雷震)의 피해도 있었다.[128] 묘청의 건의로 팔성당을 설치한
8월에는 서경 대화궐(大華闕) 서쪽 산에 화재가 났는데 여러 등불이 합쳐졌
다 없어지는 것과 같은 이변현상이 있었으며,[129] 무풍(巫風)이 크게 유행
한 것으로 기록되어 있어,[130] 민심이 동요한 사정도 엿볼 수 있다. 9월에는
대풍, 뇌진, 우박, 수재가 발생하고,[131] 10월에도 대풍, 수재, 안개, 우토(雨
土) 등의 재해가 연이어 발생하였다.[132] 이와 같은 재변은 결국 묘청

---

123) 『고려사』 권54, 오행2 五行四曰金 인종 9년 3월 辛丑, "夜白氣二條 一在北方衝東西貫紫
微宮 一在南方衝東西徑天."
124) 『고려사』 권53, 오행1 五行二曰火 인종 9년 4월 乙未, "西京林原闕內 自庭除沙土
至宮內幽深塵埃之處 皆有鳥雀之跡 人以謂 將爲丘墟 鳥獸聚集之兆."
125) 『고려사』 권53, 오행1 五行一曰水 인종 9년 5월, "自地理山南 至長城縣 往往震雷電
烈風大雨 樹木僵仆 禾穀不實"; 권54, 오행2 五行三曰木 인종 9년 5월 辛丑, "大雨."
126) 『고려사』 권55, 오행3 五行五曰土 인종 9년 6월, "塩州旱饑."
127) 『고려사』 권53, 오행1 五行一曰水 인종 9년 7월, "女眞地群蛇 涉鴨綠江 入義州境."
128) 『고려사』 권55, 오행3 五行五曰土 인종 9년 7월 戊午, "大風拔木"; 권53, 오행1
五行一曰水 인종 9년 7월 乙巳, "震靈岩郡月生山神祠."
129) 『고려사』 권53, 오행1 五行二曰火 인종 9년 8월, "西京大華闕西山有火 列如衆燈
俄而合成大燈滅."
130) 『고려사』 권16, 인종 9년 8월 丙子, "日官奏 近來 巫風大行 淫祀日盛 請令有司 遠黜群巫
詔可."
131) 『고려사』 권55, 오행3 五行五曰土 인종 9년 9월 癸亥, "暴風 雷電 雨雹"; 권53,
오행1 五行一曰水 인종 9년 9월 己未, "雨雷鳴 晝夜不已"; 辛酉, "雨雹"; 戊午, "雨雹雷
鳴 晝夜不已"; 丁巳, "大風 暴雨 雷電 水深平地一尺 震玄化海晏兩寺南山樹."

등 서경천도 세력이 반대측으로부터 비판을 받게 되는 계기를 마련하였던 것이지만, 어쨌든 이와 같이 인종 5~13년 묘청의 서경천도운동이 진행된 시기의 경우처럼 오행지에는 재변 현상을 정치사건과 연관되어 해석하여 기재하기도 하였다.

이처럼 이변현상 기록이 증가하여 나타난 시기에는 대체로 이로 말미암은 위기인식을 살펴볼 수 있다. 그러나 대표적으로 문종대의 경우처럼 이변현상 기록이 반드시 위기인식과 연관된 것으로 보기 어렵다는 점도 살펴보았다. 그러면 이상에서 살펴본 고려전기 이변현상 기록과 위기인식 사이의 관계를 어떻게 이해해야 할 것인가.

우선 이변현상 기록의 증가는 자연재해로 피해가 발생한 시기에 두드러지게 나타난다. 이변현상 역시 넓은 의미에서 자연재해에 포함되어 이해될 수 있다는 점을 감안하면 양자(兩者)의 관련성을 쉽게 이해할 수 있다. 또 한편으로는 이변현상 기록은 전쟁, 정치적 사건 등으로 국가·사회에 큰 변화가 발생한 시기에 증가하고 있는 것도 살펴볼 수 있다. 당시 사람들은 이변현상을 자연재해뿐만 아니라 인위적 행위와도 연관하여 그 발생 원인을 이해하고 있었음을 알 수 있다.

결국 이변현상 발생에 영향을 미치는 요소로 자연재해와 같은 인간 외부의 현상과 인위적인 행위의 결과를 함께 인식하였던 것으로 여겨진다. 이러한 인식은 당시 사람들이 이변현상, 자연재해, 인위적 행위 사이에 밀접한 연관성이 존재한다고 여겼기 때문이 아닌가 여겨진다. 즉 인간은 인간이 만들어낸 사회에 국한하지 않고 자연 속의 일부로 간주되었으며, 자연재해·이변현상·인위적 행위 등 그 내부의 각종 현상은 전체 유기체적인 자연 속에서 이해되었던 것으로 여겨진다. 이변현상·자연재해·인위적

---

132) 『고려사』 권55, 오행3 五行五曰土 인종 9년 10월 乙酉, "大風拔木" ; 권54, 오행2 五行三曰木 인종 9년 10월 乙丑, "大雨凡四日" ; 권55, 오행3 五行五曰土 인종 9년 10월 壬申, "大霧" ; 권55, 오행3 五行五曰土 인종 9년 10월 壬辰, "雨土 大風 雨雹."

행위 각각은 한 요소가 다른 요소들과 연동되어 나타날 수 있는 것으로 이해되었던 것이다.

그러나 이변현상이 반드시 다른 요소에 변화를 초래하는 것은 아니어서, 인위적 행동의 적절성 여부에 따라 조절이 되는 것이었다. 다만, 만약 그러하지 못할 경우에는 사회불안, 위기인식, 더나아가 커다란 사회변동을 초래하는 것으로 인식되었던 것으로 여겨진다. 따라서 이변현상역시 인간사회와 자연세계에 영향을 미칠 수 있는 요소로서 중요한 관심의 대상이 되었던 것으로 볼 수 있다. 자연재해의 발생을 인간행위, 특히국왕의 통치행위와 연관지어 이해하고, 또 이변현상을 통해 정치사건의조짐이나 결과로 이해한 것도 이로 말미암은 것으로 여겨진다. 그럼으로써 이변현상, 자연재해를 통해 정치운영의 방향에 대한 자성(自省)의 수단으로 삼고, 또한 한편으로는 정치행위의 정당화·합리화를 확보하고자하였던 것이다. 이러한 당시 사회의 인식은 인간과 인간이 만들어낸 사회, 국가는 외부 자연과 단절된 것이 아닌, 오히려 전체 자연의 일부에 속하여상호 연관성을 지닌다는 인식, 즉 유기체적인 자연환경 속에서 인간사회를 이해하고 있었던 것으로부터 말미암은 것으로 생각된다.

5. 맺음말

본고에서는 『고려사』 오행지에 기록된 고려전기 이변현상에 대해 고찰하는 가운데 당시의 재이관(災異觀), 위기인식과의 관계에 대해 살펴보았다. 『고려사』 오행지에는 상서로운 조짐도 기록되어 있지만, 대부분의 기사는 순조롭지 못한 인간 외부의 현상으로서 구징(咎徵) 기록이다. 구징사례들은 경우에 따라 전쟁, 정치적 사건 등 현실사회에 발생하는 큰변동의 전조현상으로 이해되고 있었다. 이러한 재이(災異) 해석의 근거로

『천지서상지(天地瑞祥志)』등 역상(易象), 천문(天文), 풍수지리(風水地理) 관련 서적이 이용되고 있는 경우도 있었다. 또 비록 단순히 재이 발생만을 기록한 경우라 하더라도, 전후한 여타 자료와 연관하여 검토할 경우 왕위계승, 정치변동 등과 관련한 조짐으로 이해하고 있는 경우를 살펴볼 수 있었다. 이것은 당시의 재이관(災異觀)과 관련된 것으로, 당시 사람들은 재이를 정상적인 시간·공간·종(種)의 범위를 벗어난 현상이며, 이러한 자연계의 재이는 인간사회의 운영에도 관련된 것으로 이해되었기 때문으로 여겨진다. 다시 말해 자연과 인간이 상호 연관된 일종의 유기체적인 자연관에 입각해 재이를 해석하였던 것이고, 오늘날 자연재해로 볼 수 없는 이변현상이 중요한 관심의 대상이 되었던 것 역시 이러한 자연관 혹은 재이관과 관련된 것이라고 여겨진다.

본고에서는 고려전기 이변현상의 의미를 고찰해 보기 위해『고려사』 오행지의 기사를 자연재해와 이변현상으로 구분하여 살펴보았다. 고찰 결과 현종대, 숙종대, 예종대처럼 자연재해와 이변현상 기록의 비중이 동시에 높았던 경우에는 대체로 와언(訛言)이 유행하여 민심이 동요하는 등 당시 사람들이 위기인식을 느끼고 있었던 점을 살펴볼 수 있었다.

또 시기에 따라 자연재해 기록보다 이변현상 기록의 비중이 상대적으로 높은 때를 발견할 수 있었는데, 현실사회의 커다란 변화가 발생한 시기나 위기인식이 조성된 시기에 이를 반영하여 이변현상이 증가하여 기록되고 있는 점을 살펴볼 수 있었다. 이러한 모습은 고려초기처럼 왕조의 개창, 왕위계승과정의 갈등이 발생한 시기 혹은 인종대 이자겸(李資謙)의 반란, 묘청(妙淸)의 서경천도 시도 등처럼 커다란 정치사회변화가 발생한 시기에 잘 살펴볼 수 있었다.

그러나 이변현상 기록의 양상이 반드시 정치사회변화나 위기인식과 일치하는 것은 아니어서, 당시 사람들이 이변현상을 이해하는 나름대로의 방식이 있었음을 시사해 준다. 예를 들어 고려전기 가운데 문종대의 경우(특히 문종 15~24년) 이변현상이 가장 다수 기록된 시기임에도 불구하고, 문종대처럼 사회가 안정된 혹은 그렇게 인식되고 있던 시기에는 이변현상을 현실사회의 정치사회변화와 연관지어 해석하는 부분은 찾을 수 없었다.

　이와 같은 자연재해, 이변현상, 위기인식, 인위적 행위(정치사회변화)의 관계가 나타나게 된 것은 당시의 자연관에 말미암은 것으로 여겨진다. 당시 사람들은 이변현상 발생에 영향을 미치는 요소로 자연재해와 같은 인간 외부의 현상과 인위적인 행위의 결과를 함께 인식하였던 것으로 여겨진다. 인간은 인간이 만들어낸 사회에 국한하지 않고 자연 속의 일부로 간주되었으며, 자연재해·이변현상·인위적 행위 등 그 내부의 각종 현상은 전체 유기체적인 자연 속에서 이해되었던 것이 아닌가 한다.

제2부

재해와 대응

고려시대 한재(旱災)의 발생과 그 영향

신 안 식

1. 머리말

오늘날의 인류는 지구온난화 위기라는 명분으로 화석연료 사용 제한을 강요받고 있다. 이는 곧 기후가 인류의 삶에 지대한 영향을 끼친다는 말이다.[1] 기후의 영향을 받는 산업 가운데 가장 큰 것이 농업이다. '농업이 천하의 큰 근본[農者 天下之大本]'을 기저로 하는 농업사회에서 기후가 끼치는 영향은 절대적이라 할 수 있다. 따라서 농업에 해악이 되는 자연재해에 관심을 두는 연구가 주목받는 것은 우연이 아니다. 농업에 가장 큰 영향을 끼치는 자연재해에는 홍수[대수(大水)]와 가뭄[한(旱)]이 있다. 이것들은 매우 다양한 양상으로 발생하여 인간의 생활에 큰 영향을 준다. 그러므로 한 사회의 자연재해 극복 과정은 그 국가의 성장과 발전 과정을 이해하는 하나의 척도가 될 수 있다.[2]

기후 요소[온도·습도]에서 변화가 가장 심한 것이 1년에 내리는 강수량

---

1) 박정재는 우리나라 외에도 전 세계적으로 가뭄과 같은 기후 변화가 오랫동안 번성하던 문명을 쇠락시켰다고 여겨지는 사례가 많고, 많은 문명이 쇠퇴한 이유가 가뭄에 있다는 주장은 학계에 널리 받아들여지고 있다고 하였다(『기후의 힘 ; 기후는 어떻게 인류와 한반도 문명을 만들었는가?』, 바다, 2021, 257쪽).
2) 김희만, 「신라의 '水旱之災'와 국가의 대응 전략」『新羅史學報』56, 2022, 2쪽.

이고,[3] 강수량의 많고 적음에 따라 발생하는 재해가 '수재(水災)[홍수]'와 '한재(旱災)[가뭄]'이다. 홍수와 가뭄의 2차 피해는 '흉년'에 이어 발생하는 '기근(飢饉)'이다. 이는 위정자들의 국가 운영에 치명타를 줄 수 있다.[4] 이 때문에 전통사회의 기록물에서 홍수 및 가뭄과 더불어 기근과 관련된 기록을 많이 발견할 수 있다.

이번 글에서는 고려시대의 '가뭄'을 중심으로 그 특징적 상황을 살펴보고자 한다. 가뭄은 일반적으로 수개월에서 수년에 걸쳐 물 공급이 부족한 상황을 의미하여, 평균 이하의 강수량이 지속해서 이어지는 지역에서 나타난다.[5] 기존의 연구에 의하면, 중세 온난기 중에는 1200~1300년 사이가 특히 건조했다고 하고, 동아시아(한·중)[6] 각종 기록에서는 당시의 가뭄으로 피폐해진 사회상을 기술하고 있다.

『고려사』 기록이 체계적으로 기록되어 남겨진 시기는 8대 현종 이후이다. 현종 이전 1대 태조~7대 목종까지의 사서 기록은 거란 침입기에 불에 타서 소실되었으며, 이후 복원하였지만 그 내용이 매우 소략하여 본 논문의 통계처리에서는 제외하였다.[7] 현종 즉위(1009)로부터 공양왕 4년

---

3) 김연옥, 『한국의 기후와 문화-한국 기후의 문화 역사적 연구-』, 이화여자대학교 출판부, 1985, 130~138쪽. 이정호에 의하면, 고려시대의 강수량은 11세기 이래로 점차 증가하기 시작해, 특히 12세기 전반기에 증가 추세가 두드러지게 나타난다고 한다. 고려전기의 水災 발생은 빈번히 나타나고 있지는 않지만, 수재가 발생하면 한해의 농사를 모두 그르치고 굶주림[飢饉]과 疾病을 초래할 정도로 그 피해가 컸다고 하였다(「高麗前期 自然災害의 발생과 勸農定策」, 『역사와 경계』 62, 2007, 28~29쪽). 하지만 『고려사』의 홍수기록에서 홍수 규모를 알 수 있는 자료는 거의 없다고 보고, 500년 동안 홍수는 단 5회 발생하여 자연재해로서 그리 심각한 정도는 아니었다는 연구도(윤순옥·황상일, 「고려사를 통해 본 한국 중세의 자연재해와 가뭄주기」, 『한국지형학회지』 17-4, 2010, 89쪽) 있다.

4) 『三國志』 「魏書」 권30, 東夷傳, 夫餘, "舊 夫餘俗, 水旱不調, 五穀不熟, 輒歸咎於王, 或言當易, 或言當殺."

5) 김성실, 「가뭄빈도해석을 통한 한반도의 가뭄 평가」, 서울시립대학교 석사학위논문, 2011, 8쪽.

6) 이 글에서의 동아시아는 지역적으로 한국과 중국을 한정해서 사용하였고, 이후 '동아시아(한·중)'는 '동아시아'로 요약한다.

(1392)까지 27대 384년 동안 가뭄 발생 건수는 연간 중복 건수를 제외하면 약 193건이다. 이는 대체로 2년마다 1번씩 가뭄이 발생한 것이고, 심지어 재위 기간 절반 이상 가뭄이 발생한 것도 27명의 국왕 중 12명에 해당한다.

이 글에서는 크게 두 가지 면을 다루고자 한다. 본문의 2장에서는 『고려사』·『송사』·『요사』·『금사』·『원사』의 '한재[가뭄]' 관련 용어를 비교 분석하여 그 특징적 요소를 살펴보고, 3장에서는 '한재[가뭄]'의 발생 추이와 당대 사회에 끼친 영향을 중심으로 알아보고자 한다.

2. '한재(旱災)' 관련 용어의 비교 분석

동아시아 사회에서는 자연재해로 인한 감당하기 어려운 피해는 기록하여 후세의 반면교사로 삼으려고 하였다. 동아시아 역사 기록은 비슷한 형태를 지니고 있어 그에 사용되는 용어에도 공통점 혹은 차이점을 찾아볼 수 있다. '가톨릭대학교 재해 DB 연구팀'에서 동아시아 재해 자료를 DB화하기 위해 확보한 검색어가 4,700여 개였고,[8] 그 가운데 가뭄에 해당하는 검색어가 '기우(祈雨)·기설(祈雪)' 포함해서 313개이다. 다음의 〈표 1〉은 918년에서 1392년까지 동아시아 역사 기록에서 사용된 가뭄 관련 검색어와 기록 횟수를 정리한 것이다.

동아시아 가뭄 검색어 중에 『고려사』·『송사』·『요사』·『금사』·『원사』의 공용 용어는 '한(旱)·대한(大旱)·불우(不雨)' 등이고, 오행지(五行志)가 없는 『요사』를 제외하면 '건기(愆期)·구한(久旱)·천한(天旱)·한재(旱災)·항한(亢

7) 이후 '고려시대의 가뭄'이라는 표현은 8대 현종~34대 공양왕까지를(1009~1392) 지칭한다.
8) 이들 검색어는 한국에서는 나말려초~개항기 이전의 사서 및 각종 문집 등, 중국에서는 『구당서』~『청사고』근대 이전 25사 및 會要類 등을 중심으로 추출하였다.

제1장 고려시대 한재(旱災)의 발생과 그 영향   205

〈표 1〉 고려·송·요·금·원의 가뭄 검색어[9]   *( ) : 건수

『고려사』 세가·오행지	愆期, 乾焦, 久旱(11), 旱(115), 旱災, 旱荒, 大旱(7), 冬無雪, 旱暵, 無大雪, 無麥苗, 無雪, 不得雨, 不雨(25), 少雨, 旱乾, **旱甚(8)**, 天旱, 春旱, 夏旱, 旱魃, 暵甚, 暵旱, 亢陽, 亢旱
『송사』 본기·오행지	愆期, 愆雨, 乾涸, 枯旱, 久旱(37), 斷流, 大旱(87), 冬無雪, 冬無雨雪, 冬旱, 無麥, 無麥苗, 無雪, 無雨雪, 不雪, 不雨(78), 少雪, 少雨, 小旱, 水涸, 絶流, 天旱, 草木枯, 秋旱, 春旱, 夏秋旱, 夏旱, 旱(162), 旱乾, 旱歉, 旱極, 旱魃, 旱傷, 旱勢, **旱甚(7)**, 旱災, 旱暵, 旱荒, 亢陽, 亢旱, 荒旱
『요사』 본기	**大旱(1)**, 不雨(1), 水涸, **旱(9)**, 亢旱
『금사』 본기·오행지	愆期, 久旱(13), 大旱(10), 冬無雪, 無麥, 無雪, 無雨雪, 不雨(17), 少雨, 水涸, 天旱, 旱(31), 旱甚(2), 旱災, 旱暵, 亢旱
『원사』 본기·오행지	愆期, 久旱(5), 斷流, 大旱(52), 冬無雪, 冬無雨雪, 無麥, 無麥苗, 無雪, 無雨雪, 不得飮水, 不雨(35), 水涸, 絶流, 天旱, 草木枯, 秋旱, 春旱, 風旱, 河水盡涸, 夏秋旱, 夏旱, 旱(145), 旱魃, 旱傷, 旱損麥, 旱災, 亢陽, 亢旱, 荒旱

旱)' 등도 포함된다. '한발(旱魃)·한황(旱荒)[荒旱]·항양(亢暘)' 등은 『고려사』
·『송사』·『원사』에서만 찾아지고, '소우(小雨)·한한(旱暵)[暵旱]' 등은 『고려
사』·『송사』·『금사』에서만 찾아볼 수 있다. '한건(旱乾)'은 『고려사』·『송사』
에서만 찾아지고, '건초(乾焦)·부득우(不得雨)'는 『고려사』에서만 검색된다.

한편 가뭄 검색어 가운데 『고려사』를 제외한 중국 자료에서만 찾아볼 수
있는 검색어가 있다. '수학(水涸)'은 『송사』·『요사』·『금사』·『원사』, '단류(斷流)
·절류(絶流)·초목고(草木枯)·한상(旱傷)'은 『송사』·『원사』, '건우(愆雨)·건학(乾
涸)·고한(枯旱)·한겸(旱歉)·한극(旱極)·한세(旱勢)·소한(小旱)'은 『송사』, '부득
음수(不得飮水)·풍한(風旱)·하수진학(河水盡涸)'은 『원사』에서만 찾아진다.

이러한 공용 용어 혹은 특정 지역에서만 나타나는 검색어는 자연환경
및 재해 인식의 차이에서 비롯된 것이 아닌가 한다. 하지만 많은 공용
용어의 존재는 가뭄 인식의 공유성을 엿볼 수 있는 것으로 이해된다.
『고려사』의 가뭄 검색어는 25개로 압축할 수 있다(〈표 1〉). 그 가운데

---

9) 『요사』에는 五行志가 없어 다른 왕조와 비교하기 쉽지 않지만, 역사 기록의 다양성
을 담기 위해 분석 대상으로 하였다. 또한 세가와 본기 및 오행지를 주요 대상으로
한 것은 필자의 편의에 따른 것임을 밝혀둔다.

'큰 가뭄[대한(大旱)]'으로 읽힐 만한 검색어로 '久旱'은 11건, '大旱'은 7건, '不雨'는 25건, '旱甚'은 8건이 검색된다.[10] 이는 각 검색어 단독으로 자료를 추출해서 중복 자료를 제외한 건수이다. 그리고 일반적인 가뭄으로 인식할 수 있는 '가뭄[한(旱)]'은 115건 검색되는데, 이는 '이한(以旱), 인한(因旱), 한(旱), 우한(又旱)' 검색어로 추출한 자료의 중복 자료를 제외한 것이다.

가뭄이 발생하는 계절로는 2월, 윤2월, 3월, 4월, 윤4월, 5월, 윤5월, 6월, 7월, 윤7월, 9월 등 봄으로부터 가을까지 확인된다.[11] 여기에는 '춘한(春旱), 하한(夏旱)' 등 계절 가뭄 검색어도 포함하고 있다. 그리고 겨울 가뭄 검색어는 '동무설(冬無雪), 무대설(無大雪), 무설(無雪)' 등인데, 같은 시기의 중국 측 자료에서 발견되는 '동한(冬旱)' 검색어는 확인할 수 없다. 이들 검색어를 모두 합하면 봄부터 겨울까지 모든 계절에서 가뭄이 발생할 수 있음을 알 수 있다.

가뭄은 크게, '큰 가뭄[大旱·久旱·不雨]'과 일반적인 '가뭄'으로 나눌 수 있다. 일반적인 가뭄은 시간상으로 짧은 기간 동안 발생한 것이고, 큰 가뭄은 오랜 기간 혹은 그 영향력이 매우 큰 경우를 가리킨다. 다음의 자료들은 『고려사』의 기록에서 보이는 '큰 가뭄'의 사례이다.

가-① 최우가 아뢰기를, "올해 큰 가뭄으로 곡식이 여물지 않았으니, 사신을 5도(道)에 파견하여 그 손실을 살피고 조사하기를 청합니다."라고 하니, 그 의견을 따랐다.[12]

가-② 3월부터 7월까지 청주(淸州) 이남에 큰 가뭄이 들었다.[13]

---

10) 이들 건수는 '세가 및 본기와 오행지'를 대상으로 한 경우이고, 전체 기록을 대상으로 하면 좀 더 늘어난다. 이하 건수도 마찬가지이다.

11) 전통사회의 역사 기록에서 계절은 일반적으로 '陰曆'이다. 따라서 봄은 음력 1·2·3월, 여름은 음력 4·5·6월, 가을은 7·8·9월, 겨울은 10·11·12월로 이해할 수 있다.

12) 『고려사』 권78, 지32 식화1, 田制 踏驗損實, 고종 16년 12월, "崔瑀奏, '今年大旱, 禾穀不實, 請遣使五道, 審檢損實.' 從之."

가-③ 양광도·전라도·경상도가 크게 가물었다.14)

가-④ 큰비가 내렸다. 당시 남쪽에 큰 가뭄이 들어 길을 가는 나그네들이
　　　물을 구하지 못하였고, 웅진 나루도 수심이 얕아져서 겨우 말의 다리
　　　를 적실 정도였는데, 이때 이르러 비가 내리니 백성들이 비로소 볍씨
　　　를 뿌렸다.15)

　　이들 자료에서 보면, '큰 가뭄[大旱]'이라는 말로 가뭄의 심한 정도를
표현하고 있다. 곡식의 피해 정도가 큰 경우(가-①), 광범위한 지역에서
발생한 경우(가-①·②·③·④), 시간적인 길이가 긴 경우(가-③) 등이고, 특
히 지역적인 광범위성과 5개월 가뭄이라는 시간적인 길이가 눈에 띈다.
그리고 사료 가-①의 '큰 가뭄'이 『고려사』 가뭄 자료 중에서 처음으로
찾아볼 수 있는 것인데, 1229년(고종 16)의 기록이다. 그 이전의 큰 가뭄은
주로 '심한 가뭄[暵甚·旱甚]'으로16) 검색된다. 이외에 전후 사정없이 막연하
게 '큰 가뭄'이 났다고17) 표현한 경우도 있다.

　　이런 점은 다음의 『송사』 자료에서 보완할 수 있다.

가-⑤ 경사(京師)가 봄여름에 가물었다. 하북(河北)에는 큰 가뭄이 들었는

---

13) 『고려사』 권54, 지8 오행2, 金, 고종 42년, "自三月至七月, 淸州以南大旱."

14) 『고려사』 권54, 지8 오행2, 金, 공민왕 8년 6월, "楊廣·全羅·慶尚道大旱."

15) 『고려사』 권54, 지8 오행2, 木, 공민왕 16년 5월 갑진, "大雨. 時, 南方大旱, 行旅不得水,
熊津渡淺, 纔濡馬足, 至是乃雨, 民始播稻."

16) 『고려사』 권54, 지8 오행2, 木, 현종 15년 5월 계사, "雨. 自春暵甚, 民有團聚籲天祈禱.
王晨起, 聞其聲, 因輟膳, 齋沐焚香, 立于殿庭, 仰天祝曰, '寡人有過, 請卽降罰, 萬民有過,
寡人亦當之, 垂膏澤, 以救元元.' 遂大雨." ; 『고려사』 권59, 지13 禮1, 吉禮大祀 社稷,
인종 8년 4월 무자, "日官奏, '今旱甚, 宜祈岳·鎭·海·瀆·諸山川, 及宗廟社稷, 每七日一
祈, 不雨, 則還從岳, 瀆如初, 旱甚, 則修雩.' 從之." ; 『고려사』 권55, 지9 오행3, 土,
의종 18년 5월 임자, "大風. 時, 旱甚, 草木萎黃."

17) 『고려사』 권54, 지8 오행2, 金, 원종 원년 6월 무술, "王以大旱, 去陽傘, 禁著帽." ; 『고
려사』 권133, 열전46 신우1, 우왕 2년 6월, "以大旱禁酒 …."

데, 패주(霸州)의 곡식이 모두 타 죽었다. 또 하남(河南)·하중부(河中府), 맹(孟)·택(澤)·복(濮)·운(鄆)·제(齊)·제(濟)·활(滑)·연(延)·습(隰)·숙(宿) 등의 주(州)들이 아울러 봄여름에 비가 오지 않았다.[18]

가-⑥ 호남(湖南)이 봄에 가뭄이 들었는데, 여러 도(道)에서는 4월부터 비가 오지 않았고, 행도(行都)에서는 7월부터 비가 오지 않았는데, 모두 9월까지 이르렀다. 소흥(紹興)·융흥(隆興)·건강(建康)·강릉부(江陵府), 태(台)·무(婺)·상(常)·윤(潤)·강(江)·균(筠)·무(撫)·길(吉)·요(饒)·신(信)·휘(徽)·지(池)·서(舒)·기(蘄)·황(黃)·화(和)·심(潯)·형(衡)·영주(永州), 흥국(興國)·임강(臨江)·남강(南康)·무위군(無爲軍)이 모두 크게 가물었으며, 강(江)·균(筠)·휘(徽)·무주(婺州), 광덕군(廣德軍), 무석현(無錫縣)이 더욱 가물었다. 이에 천지(天地)·종묘(宗廟)·사직(社稷)·여러 산천(山川)에게 비를 빌었다.[19]

가-⑦ 봄에 절동(浙東)과 절서(浙西)에서 지난해 겨울부터 비가 오지 않아 여름 가을까지 이르렀는데, 진강부(鎭江府), 상(常)·수주(秀州), 강음군(江陰軍)이 크게 가물었고, 노(廬)·화(和)·호(濠)·초주(楚州)가 심했고, 강서(江西) 7군(郡) 또한 가물었다.[20]

위의 『송사』 자료를 보면, 일반적인 '가뭄[旱]'과 '큰 가뭄[大旱]'을 구분해서[21] 쓰고 있음을 알 수 있다. 『송사』에서 '旱'은 162건 검색되는데,[22]

---

18) 『송사』 권66, 지19 오행4, 金, 恆暘, 建隆 3년, "京師春夏旱. 河北大旱, 霸州苗皆焦仆. 又河南·河中府, 孟·澤·濮·鄆·齊·濟·滑·延·隰·宿等州, 幷春夏不雨."

19) 『송사』 권66, 지19 오행4, 金, 恆暘, 淳熙 7년, "湖南春旱, 諸道自四月不雨, 行都自七月不雨, 皆至於九月. 紹興·隆興·建康·江陵府, 台·婺·常·潤·江·筠·撫·吉·饒·信·徽·池·舒·蘄·黃·和·潯·衡·永州, 興國·臨江·南康·無爲軍皆大旱, 江·筠·徽·婺州, 廣德軍, 無錫縣尤甚, 禱雨于天地·宗廟·社稷·山川羣望."

20) 『송사』 권66, 지19 오행4, 金, 恆暘, 紹熙 5년, "春, 浙東·西自去冬不雨, 至於夏秋, 鎭江府, 常·秀州, 江陰軍大旱, 廬·和·濠·楚州爲甚, 江西七郡亦旱."

21) 『송사』 권66, 지19 오행4, 金, 恆暘, 咸淳 10년, "廬州旱, 長樂·福淸二縣大旱.";『송사』

'개한(皆旱)·방한(方旱)·복한(復旱)·우한(又旱)·우한(遇旱)·이한(以旱)·인한(因旱)·치한(致旱)·한(旱)' 등의 검색어를 이용하여 중복항목을 제외한 건수이다. '큰 가뭄'은 곡식이 모두 타 죽거나[苗皆焦[ㅅ] 봄여름까지 비가 오지 않았다[春夏不雨]고 하였으며(가-⑤), 혹은 7월부터 9월까지 비가 오지 않았다거나[自七月不雨 皆至於九月](가-⑥), 지난해 겨울부터 비가 오지 않는 것이 여름 가을까지 이르렀다고[自去冬不雨 至於夏秋](가-⑦) 표현하고 있다. 이런 점에서 '대한(大旱)'이 피해의 강도 및 시간적인 길이에 따른 상황으로 서술되었음을 알 수 있다. 또한 '한(旱) 〈 대한(大旱) - 심(甚)·우심(尤甚)'이라는[23] 가뭄의 강도를 표현하는 방식도 보여주고 있다.

이러한 '큰 가뭄'의 상황을 잘 보여주는 검색어가 '久旱'과 '不雨' 등이다. '久旱'은 오랫동안 비가 오지 않는 현상을 말한다. 이는 '얼마나 오랫동안'이라는 시간적인 길이를 보여주는 것인데, 자료에서 이를 알려주는 경우가 흔치 않다. 하지만 '비가 오지 않았다[不雨]'라는 검색어로 자료를 추출하다 보면, 가뭄의 시간적인 길이를 알아볼 수 있는 자료를 발견할 수 있다.

　　나-① 호부에서 아뢰기를, "광주목(廣州牧)은 봄부터 가을까지 오랫동안 가물어 비가 오지 않았고, 게다가 우박까지 내려 모든 지역의 곡식은 수확할 것이 하나도 없습니다. …"라고 하니, 이를 받아들였다.[24]

이 자료에서는 '봄부터 가을까지 오랫동안 가물어 비가 오지 않았고[自

　　권66, 지19 오행4, 金, 恆暘, 太平興國 9년, "夏, 京師旱. 秋, 江南大旱."
22) 『송사』의 가뭄 발생 건수는 이를 분석한 연구에 따라 차이가 있다(邱云飛, 『中國灾害通史』(宋代卷), 鄭州大學 出版社, 2008, 104~133쪽).
23) 『송사』 권66, 지19 오행4, 金, 恆暘, 淳化 3년, "是歲, 河南府, 陝·虢·麟·博·靈州旱, 河中府旱甚." 964 ; 『송사』 권66, 지19 오행4, 金, 恆暘, 紹興 5년 6월, "江東·湖南旱. 秋, 四川郡國旱甚."
24) 『고려사』 권8, 세가8 문종2, 문종 18년 11월 임오, "戶部奏, '廣州牧, 自春至秋, 久旱不雨, 重以雨雹, 闔境禾穀, 一無所收. …' 從之."

春至秋, 久旱不雨'라고 하여 가뭄의 시간적인 길이를 보여주고 있다. 이렇게 '久旱'이 '不雨'와 같이 쓰이지만,[25] 『고려사』에서 구체적인 가뭄의 시간적인 길이를 보여주는 자료로서는 이것이 유일하다. 이외에도 '봄부터 비가 적게 내리므로[自春少雨]'[26] '봄부터 비가 내리지 않으므로[自春不雨]'[27] '봄과 여름에 가물고 건조하였으며[春夏旱乾]'[28] '봄부터 여름까지 햇빛이 뜨겁고 비가 내리지 않으므로[自春至夏, 亢陽不雨]'[29] '봄부터 여름까지 비가 오지 않더니[自春徂夏, 不雨]'[30] '여름부터 8월까지 비가 오지 않았대[自夏至八月, 不雨]'[31] 등 계절과 계절 사이의 시간적인 길이를 보여주거나, '올해 들어 여러 달 동안 비가 내리지 않아[今年累月不雨]'[32] 등과 같이 '여러 달'이라고 막연하게 표현하기도 하였다. 이러한 계절에 따른 가뭄 현상 가운데 특히 '여름 가뭄[夏旱]'이 '大旱·久旱' 등과 같은 선상에서 인식되는 경우가[33] 있었다.

---

25) 『고려사』권20, 세가20 명종2, 명종 18년 5월 계묘, "詔曰, '農務方興, 久旱不雨, 慮有冤獄, 久滯不決, 其令二罪以下, 悉皆原免.'"; 『고려사』권54, 지8 오행2, 金, 우왕 2년 5월 신사, "以久旱不雨, 因祈雨, 淫祀頗多."; 『고려사』권54, 지8 오행2, 金, 禑王 5년 5월 신미, "攝事, 行端午祭. 是時, 朝夕風寒, 久旱不雨, 兼行祈雨祭."

26) 『고려사』권6, 세가6, 靖宗 2년 5월 신묘, "有司奏, '自春少雨, 請依古典, 審理冤獄, 賑恤窮乏, 掩骼埋胔. 先祈岳鎭·海瀆·諸山川能興雲雨者於北郊, 次祈宗廟, 每七日一祈. 不雨, 還從岳鎭·海瀆如初. 旱甚則修雩, 徙市, 斷繖扇, 禁屠殺, 勿飼官馬以穀.' 王從之, 避正殿, 減常膳."

27) 『고려사』권7, 세가7 문종1, 문종 원년 4월 계해, "王以自春不雨, 避殿, 輟常朝, 斷屠宰, 止用脯醢, 令中外慮囚."

28) 『고려사』권80, 지34, 식화3 賑恤, 문종 5년 11월, "雲中道監倉使奏, '肅州·通海·永淸縣·安戎鎭, 春夏旱乾, 早秋霜雹, 禾穀不登, 請免今年租稅.' 從之."

29) 『고려사』권9, 세가9 문종3, 문종 29년 5월 신유, "朔 太史奏, '自春至夏, 亢陽不雨, 恐傷稼穡, 請禱于丘陵川瀆.', 制可."

30) 『고려사』권54, 지8 오행2, 金, 충혜왕 후4년 4월, "自春徂夏, 不雨, 至是, 雷雨大至."

31) 『고려사』권54, 지8 오행2, 金, 예종 15년 7월 경술, "又禱于圓丘·廟社·群望. 自夏至八月, 不雨. 五穀不登, 疫癘大興."

32) 『고려사』권17, 세가17 의종1, 의종 5년 7월 경자, "詔, '今年累月不雨, 禾穀不登, 內外人民, 將至飢困, 大可憂也. 塗有餓殍, 而不知發, 豈爲政之道乎? 都兵馬使與宰樞, 其熟議救恤之方, 使吾赤子, 毋或飢餓.'"

이에 비해 시간적인 길이를 구체적으로 보여주는 사례도 있었는데, '3월부터 4월까지 비가 내리지 않았다[自三月至四月, 不雨]'[34] '3개월 동안 비가 오지 않아[三月不雨]'[35] '3월부터 5월까지 비가 내리지 않았다[自三月至五月, 不雨]'[36] '정월부터 비가 내리지 않아 이 달까지 이르렀다[自正月不雨, 至于是月]'[37] '4월부터 비가 내리지 않았는데 이 달에 이르렀다[自四月不雨, 至于是月]'[38] '정월부터 이 달에 이르기까지 비가 내리지 않았다[自正月不雨, 至于是月]'[39] 등과 같이 1개월, 2개월, 3개월, 4개월, 5개월, 8개월 동안이라는 구체적인 시간적인 길이를 보여주기도 하였다. 앞서 사료 가-②에서 3월부터 7월까지 5개월 동안의 가뭄을 '大旱'이라고 했듯이, 2~8개월 동안의 긴 가뭄을 '大旱' '久旱' 등으로 불렀을 것으로 이해된다.

'久旱·不雨' 등으로 인한 가뭄은 '大旱'과 더불어 '旱甚'과 같이 '가뭄이 심하게 들다'라는 검색어와 같은 내용을 담은 것이라고 이해된다. 다음 자료에서 보면, '旱甚'이 가뭄의 강도를 표현하고 있다.

---

33) 『고려사』 권89, 열전2 후비3, 충숙왕, 明德太后洪氏, "(忠肅王)十八年, 夏旱. 王謁后, 語及旱災, 后曰, '王知天之所以旱耶? 去年不雨, 百姓餓死, 今又大旱, 民不聊生, 王孰與爲 君? …" ;『고려사』 권89, 열전2 후비9, 충숙왕, 明德太后洪氏, "其年(忠肅王 21年) 夏旱, 后使人告王曰, '天之久旱, 由人所召. 辛旽薰人妻妾, 沒爲官婢者, 可令放之, 婦人何 與焉?', 王從之, 惟旽妻妾不赦."

34) 『고려사』 권35, 세가35 충숙왕2, 충숙왕 후4년 4월, "自三月不雨, 至于是月."

35) 『고려사』 권10, 세가10, 선종 5년 5월 계유, "詔曰, '朕不明于德, 皇天示譴, 三月不雨, 慄慄危懼. 豈中外囹圄, 有眚枉乎? 其輕囚薄罪, 竝原之.'"

36) 『고려사』 권54, 지8 오행2, 金, 충렬왕 6년, "自三月至五月, 不雨."

37) 『고려사』 권19, 세가19 의종3, 의종 23년 4월 신묘, "雩, 自正月不雨, 至于是月." ;『고 려사』 권19, 세가19 명종1, 명종 3년 4월 병자, "聚巫禱雨, 分遣近臣, 禱于群望. 是時, 自正月不雨, 川井皆渴, 禾麥枯槁, 疾疫並興, 人多餓死, 至有市人肉者, 又多火災, 人甚愁嘆." ;『고려사』 권20, 세가20 명종2, 명종 11년 4월 정미, "直翰林院李元牧製進 祈雨疏, 多言時政之失, 王召元牧傳旨曰, '野諺曰, 「春旱與糞田同.」 間或有雨澤, 則天心之 仁愛, 盖未可知. 比者, 太史請禱雨, 予重違而許之, 汝疏何引我過擧, 以飾辭乎?' 卽命改 撰, 自正月, 至此不雨, 而王言如此, 由群小導之也." ;『고려사』 권54, 지8 오행2, 木, 공양왕 4년 4월 임술, "雨. 自正月不雨, 至于是月."

38) 『고려사』 권34, 세가34 충선왕2, 충선왕 4년 8월, "自四月不雨, 至于是月."

39) 『고려사』 권32, 세가32 충렬왕5, 충렬왕 27년 8월, "東界, 自正月不雨, 至于是月."

나-② 바람이 세차게 불었는데, 당시 가뭄이 심해 초목이 누렇게 말랐다.[40]

나-③ 숙주에 가뭄이 심하여 교외의 들판에서 저절로 불이 났다.[41]

'심한 가뭄[旱甚]'의 강도를 '초목이 누렇게 말랐다[草木萎黃]' 혹은 '교외의 들판에서 저절로 불이 났다[郊野自燒]' 등으로 표현하고 있다. 이는 앞서 '久旱不雨'로 인해 '모든 지역의 곡식은 수확할 것이 하나도 없다[闔境禾穀, 一無所收]'라고[42] 하거나, '不雨'와 '大旱'으로 인하여 '백성이 굶어 죽고[百姓餓死], 백성이 즐거이 살 수가 없으니[民不聊生]'라고[43] 표현한 것과 연결해서 이해할 수 있다.

따라서 『고려사』에서 가뭄의 기간을 구체적으로 이해할 수 있는 검색어로는 '旱·大旱·久旱·不雨·旱甚' 등을 유용하게 사용할 수 있음을 알 수 있다.

『송사』의 가뭄 검색어는 41개로 정리할 수 있는데, 『송사』의 기록 자체가 다른 왕조보다 많이 남아 있을 뿐만 아니라 영역의 방대함이 검색어의 다양성으로 나타났다고 생각한다. 『송사』 또한 『고려사』와 마찬가지로 가뭄의 구체적인 실상을 알려주는 자료가 뚜렷하지 못한 것도 사실이다. 여기에서도 '旱·大旱·久旱·不雨' 등의 자료를 통해서 그 실상을 추정할 수 있다. '가뭄' 가운데 심한 가뭄으로는 '大旱'과 '旱甚' 등이 있고, 심한 가뭄 현상을 뒷받침하는 것이 '久旱' '不雨' 등이다.

'봄부터 여름까지 비가 오지 않았다[自春涉夏不雨]'[44] '봄부터 비가 오지

---

40) 『고려사』 권55, 지9 오행3, 土, 의종 18년 5월 임자, "大風, 時, 旱甚, 草木萎黃."

41) 『고려사』 권54, 지8 오행2, 金, 충렬왕 29년 8월, "肅州旱甚, 郊野自燒."

42) 『고려사』 권8, 세가8 문종2, 문종 18년 11월 임오, "戶部奏, '廣州牧, 自春至秋, 久旱不雨, 重以雨雹, 闔境禾穀, 一無所收. …' 從之."

43) 『고려사』 권89, 열전2 후비3, 충숙왕, 明德太后洪氏, "(忠肅王)十八年, 夏旱. 王謁后, 語及旱災, 后曰, '王知天之所以旱耶? 去年不雨, 百姓餓死, 今又大旱, 民不聊生, 王孰與爲君? …'"

44) 『송사』 권200, 지153 형법2, 太平興國 6년, "自春涉夏不雨, 太宗意獄訟冤濫. 會歸德節

않아 가뭄이 들었다[自春不雨, 以旱]'45) '봄 가뭄[春旱]'46) '봄여름 가뭄[春夏旱], 봄여름 비가 오지 않았다[春夏不雨]'47) '여름과 가을에 큰 가뭄이 들었다[夏秋, 大旱]'48) '봄부터 여름까지 비가 오지 않았다[自春至夏不雨]'49) '봄에서 여름까지 … 오랜 가뭄이 들었다[自春及夏 … 久旱]'50) '여름 가을에 비가 오지 않았다[夏秋不雨]'51) '가을 겨울에 비가 오지 않았다[秋冬不雨]'52) '가을에 이르기까지 비가 오지 않았다[不雨, 至於秋]'53) '여름에서 7월까지 비가 오지 않았다[夏至七月, 不雨]'54) '지난 겨울부터 비가 오지 않던 것이 여름 가을까지 이르렀다[自去冬不雨, 至於夏秋]'55) '가을에 비가 오지 않는 것이 겨울까지 이르렀다[秋, 不雨, 至於冬]'56) 등은 계절 혹은 계절과 계절 사이의 시간적인 길이를 알려주는 것으로 가뭄이 오래 지속된 현상을 보여주는 것이다. 또한 '夏秋, 大旱' '自春及夏 … 久旱' 등과 같이 두 계절에 걸친 가뭄을 '大旱' '久旱'이라고 표현한 것이 눈에 띈다.

度推官李承信因市蔥笞園戶, 病創死. 帝聞之, 坐承信棄市."

45)『송사』권1, 본기1 太祖1, 建隆 3년 5월, "齊·博·德·相·霸五州自春不雨, 以旱, 減膳徹樂."

46)『송사』권66, 지19 오행4, 金, 恆暘, 至道 원년, "京師春旱.";『송사』권66, 지19 오행4, 金, 恆暘, 隆興 2년, "台州春旱. 興化軍·漳·福州大旱, 首種不入, 自春至於八月."

47)『송사』권66, 지19 오행4, 金, 恆暘, 建隆 3년, "京師春夏旱. 河北大旱, 霸州苗皆焦仆. 又河南·河中府, 孟·澤·濮·鄆·齊·濟·滑·延·隰·宿等州 幷春夏不雨."

48)『송사』권66, 지19 오행4, 金, 恆暘, 天聖 5년, "夏秋, 大旱."

49)『송사』권66, 지19 오행4, 金, 恆暘, 熙寧 5년 5월, "北京自春至夏不雨."

50)『송사』권66, 지19 오행4, 金, 恆暘, 熙寧 7년, "自春及夏河北·河東·陝西·京東西·淮南諸路久旱."

51)『송사』권66, 지19 오행4, 金, 恆暘, 嘉祐 5년, "梓州路夏秋不雨."

52)『송사』권67, 지20 오행5, 土, 饑凶, 乾道 5년, "秋冬不雨, 淮郡麥種不入."

53)『송사』권66, 지19 오행4, 金, 恆暘, 淳熙 9년 5월, "不雨, 至於秋."

54)『송사』권66, 지19 오행4, 金, 恆暘, 開寶 2년, "夏至七月, 京師不雨."

55)『송사』권66, 지19 오행4, 金, 恆暘, 紹熙 5년, "春, 浙東·西自去冬不雨, 至於夏秋, 鎭江府, 常·秀州, 江陰軍大旱, 廬·和·濠·楚州爲甚, 江西七郡亦旱."

56)『송사』권66, 지19 오행4, 金, 恆暘, 嘉定 11년, "秋, 不雨, 至於冬, 淮郡及鎭江·建寧府, 常州, 江陰·廣德軍旱."

'정월부터 4월까지 비가 오지 않았다[正月至四月, 不雨]'[57] '큰 가뭄으로 6월부터 비가 오지 않다가 10월이 되었다[大旱, 自六月不雨, 至於十月]'[58] '4월부터 비가 오지 않았고, 행도에서는 7월부터 비가 오지 않았던 것이 모두 9월까지 계속되었다[自四月不雨, 行都自七月不雨, 皆至於九月]'[59] '6월부터 비가 오지 않던 것이 8월까지 계속되었다[自六月不雨, 至於八月]'[60] '비가 100여 일동안 오지 않았다[不雨百餘日]'[61] 등의 자료에서는 가뭄이 3개월, 4개월, 5개월, 6개월, 100여 일 등 가뭄의 지속 기간을 알려주고 있다. 또한 6월부터 10월까지 지속된 것을 '大旱'이라고 한 것을 보면, 다른 가뭄 지속 기간을 통해서도 가뭄의 강도를 추정할 수 있게 한다. 즉 '비가 오지 않던 것이 11월까지 계속되었다[不雨, 至於十一月]'[62] '비가 오지 않던 것이 8월까지 계속되었다[不雨, 至於八月], 비가 오지 않던 것이 다음 해 2월까지 계속되었다[不雨, 至於明年二月]'[63] '비가 오지 않던 것이 7월까지 계속되었다[不雨, 至於七月]'[64] 등에서도 7월까지, 8월까지, 11월까지 비가

57) 『송사』 권66, 지19 오행4, 金, 恆暘, 咸平 4년, "京畿, 正月至四月不雨."
58) 『송사』 권66, 지19 오행4, 金, 恆暘, 大觀 2년, "淮南·江東西諸路大旱, 自六月不雨, 至於十月."
59) 『송사』 권66, 지19 오행4, 金, 恆暘, 淳熙 7년, "湖南春旱, 諸道自四月不雨, 行都自七月不雨, 皆至於九月. 紹興·隆興·建康·江陵府, 台·婺·常·潤·江·筠·撫·吉·饒·信·徽·池·舒·蘄·黃·和·潯·衡·永州, 興國·臨江·南康·無爲軍皆大旱, 江·筠·徽·婺州, 廣德軍, 無錫縣尤甚, 禱雨于天地·宗廟·社稷·山川羣望."
60) 『송사』 권66, 지19 오행4, 金, 恆暘, 紹熙 4년, "綿州大旱, 亡麥. 簡·資·普·渠·合州·廣安軍旱. 江·浙自六月不雨, 至於八月, 鎮江·江陵府, 婺·台·信州, 江西·淮東旱."
61) 『송사』 권66, 지19 오행4, 金, 恆暘, 開禧 원년, "夏, 浙東·西不雨百餘日, 衢·婺·嚴·越·鼎·澧·忠·涪州大旱."
62) 『송사』 권66, 지19 오행4, 金, 恆暘, 淳熙 8년 7월, "不雨, 至於十一月:臨安·鎮江·建康·江陵·德安府, 越·婺·衢·嚴·湖·常·饒·信·徽·楚·鄂·復·昌州, 江陰·南康·廣德·興國·漢陽·信陽·荊門長寧軍及京西·淮郡皆旱."
63) 『송사』 권66, 지19 오행4, 金, 恆暘, 淳熙 11년 4월, "不雨, 至於八月, 興元府, 吉·贛·福·泉·汀·漳·潮·梅·循·邕·賓·象·金·洋·西和州, 建昌軍皆旱, 興元·吉尤甚. 冬, 不雨, 至於明年二月."
64) 『송사』 권66, 지19 오행4, 金, 恆暘, 嘉定 6년 5월, "不雨, 至於七月, 江陵·德安·漢陽軍旱."

오지 않았다거나 그 다음해 2월까지 비가 오지 않은 현상은 앞서 '大旱·久旱'과 상통하는 표현으로 보인다.

『금사』의 가뭄 검색어는 16개로 정리할 수 있는데, 여기에서도 '旱·大旱·久旱·不雨' 등의 검색어가 눈에 띈다. '정월부터 비가 오지 않던 것이 5월까지 계속되었다[自正月不雨, 至五月]'[65] '정월부터 4월까지 비가 오지 않았다[自正月至四月不雨]'[66] 등은 4개월, 5개월이라는 긴 시간 동안 비가 오지 않은 현상을 알려주는 것이다. 3개월 동안 비가 오지 않은 것을 '大旱'이라고[67] 한 것을 보면, 긴 시간 동안의 가뭄을 표현하는 방식이 『고려사』·『송사』와 같았음을 알 수 있다.

『원사』의 가뭄 검색어는 30개로 정리할 수 있는데, '旱' '大旱' '久旱' '不雨' 등의 검색어로 가뭄의 강도를 추정할 수 있는 자료들을 찾아볼 수 있다. '봄여름에 큰 가뭄이 들었다[春夏大旱]'[68] '큰 가뭄이 들어 윤5월부터 비가 오지 않던 것이 8월까지 계속되었다[大旱, 自閏五月不雨至於八月]'[69] '큰 가뭄이 들어 봄부터 가을까지 비가 오지 않았다[大旱, 自春至秋不雨]'[70] '큰 가뭄이 들어 3월부터 비가 오지 않던 것이 8월까지 계속되었다[大旱, 自三月不雨至於八月]'[71] 등의 자료에서는 두 계절에 걸친 가뭄 및 4개월, 6개월 동안 지속된 가뭄이 '大旱'으로 기록되고 있다. 이외에도 '봄여름에 비가 오지 않았다[春夏不雨]'[72] '지난 겨울에 눈이 오지 않던 것이, 지금 봄에도 비가

---

65) 『금사』 권23, 지4 오행, 承安 원년 5월, "自正月不雨, 至是月雨."

66) 『금사』 권23, 지4 오행, 承安 2년, "自正月至四月不雨."

67) 『금사』 권23, 지4 오행, 大安 원년, "是歲四月, 山東·河北大旱, 至六月, 雨復不止, 民間鬥米至千餘錢."

68) 『원사』 권50, 지3상 오행1, 金, 恒暘, 大德 10년 5월, "京畿旱. 安西春夏大旱, 二麥枯死."

69) 『원사』 권51, 지3하 오행2, 金不從革, 至正 20년, "通州旱. 汾州·介休縣自四月至秋不雨. 廣·西·賓州大旱, 自閏五月不雨至於八月."

70) 『원사』 권51, 지3하 오행2, 金不從革, 至正 2년, "彰德·大同二郡及冀寧平晉·楡次·徐溝縣, 汾州孝義縣, 忻州皆大旱, 自春至秋不雨, 人有相食者."

71) 『원사』 권51, 지3하 오행2, 金不從革, 至正 4년, "福州大旱, 自三月不雨至於八月. 興化·邵武·鎭江及湖南之桂陽皆旱."

오지 않았다[去冬無雪, 今春不雨]'[73] '여름 가을부터 비가 오지 않았다[自夏秋不雨]'[74] '가뭄이 들어 4월부터 비가 오지 않던 것이 7월까지 계속되었다[旱, 自四月不雨至於七月]'[75] '가뭄이 들어 이 달부터 비가 오지 않던 것이 8월까지 계속되었다[旱, 自是月不雨至於八月]'[76] '가뭄이 들어 이 달부터 비가 오지 않던 것이 8월까지 계속되었다[旱, 自是月不雨至於八月]'[77] '가뭄이 들어 봄부터 8월까지 비가 오지 않았다[旱, 自春至於八月不雨]'[78] '이달 들어 비가 오지 않던 것이 6월까지 계속되었다[是月 … 不雨, 至於六月]'[79] '가뭄이 들어 2월부터 비가 오지 않던 것이 5월까지 계속되었다[旱, 自二月不雨至於五月]'[80] '6월부터 비가 오지 않던 것이 8월까지 계속되었다[自六月不雨至於八月]'[81] '오랫동안 가뭄이 들어 백성들이 질병에 많이 걸렸다[久旱, 民多疾疫]'[82] 등의 자료도 참고할 수 있다. 이는 앞서 『고려사』·『송사』·『금사』 등과 마찬가지로 '不雨'가 가뭄의 시간적인 길이를 이해하는 데 유용하다

---

72) 『원사』 권28, 본기28 英宗2, 至治 2년 9월 갑자, "臨安河西縣春夏不雨, 種不入土, 居民流散, 命有司賑給, 令復業. 作層樓於涿州鹿頂殿西."

73) 『원사』 권33, 본기33 文宗2, 天曆 2년 3월 임신, "以去冬無雪, 今春不雨, 命中書及百司官分禱山川群祀."

74) 『원사』 권34, 본기34 文宗3, 至順 원년 9월 정미, "中書參知政事張友諒爲左丞, 知樞密院事脫別台爲陝西行台禦史大夫. 鐵裏幹·木隣等三十二驛, 自夏秋不雨, 牧畜多死, 民大饑, 命嶺北行省人賑糧二石. …"

75) 『원사』 권51, 지3하 오행2, 金不從革, 元統 원년, "夏, 紹興旱, 自四月不雨至於七月. 淮東·淮西皆旱."

76) 『원사』 권38, 본기38 順帝1, 元統 2년 3월, "是月, 山東霖雨, 水湧, 民饑, 賑糶米二萬二千石. 淮西饑, 賑糶米二萬石. 湖廣旱, 自是月不雨至於八月."

77) 『원사』 권51, 지3하 오행2, 金不從革, 元統 2년 3월, "湖廣旱, 自是月不雨至於八月."; 『원사』 권51, 지3하 오행2, 金不從革, 元統 2년 4월, "河南旱, 自是月不雨至於八月."

78) 『원사』 권39, 본기39 順帝2, 至元 2년, "江浙旱, 自春至於八月不雨, 民大饑."

79) 『원사』 권39, 본기39 順帝2, 至元 2년 5월, "是月, 婺州不雨, 至於六月."

80) 『원사』 권51, 지3하 오행2, 金不從革, 至元 6년, "夏, 廣東南雄路旱, 自二月不雨至於五月, 種不入土."

81) 『원사』 권43, 본기43 順帝6, 至正 13년, "是歲, 自六月不雨至於八月."

82) 『원사』 권24, 본기24 仁宗1, 皇慶 2년 12월 갑신, "詔飭海道漕運萬戶府. 京師以久旱, 民多疾疫, 帝曰: '此皆朕之責也, 赤子何罪!' 明日, 大雪. 以嘉定州·德化縣民災, 發粟賑之."

는 점을 보여준다. 이로 보면, '大旱'은 최소한 몇 달 정도의 가뭄을 우선하
여 표현한 것이 아닌가 생각된다. 반면 다음 자료를 보면, '旱'과 '大旱'의
구별이 뚜렷하지 않은 사례도 있다.

> 나-④ 기주(蘄州)·황주(黃州)에 큰 가뭄이 들어[大旱], 사람들이 서로 잡아
> 먹었다. 절동(浙東)의 소흥(紹興)에도 가뭄이 들었다[旱]. 태주(台州)에
> 는 4월부터 비가 오지 않던 것이 7월까지 계속되었다.[83]
>
> 나-⑤ 봄에 계주(薊州)에 가뭄이 들었다[旱]. 거주(莒州)·빈주(濱州), 반양(般
> 陽)·치천현(淄川縣), 곽주(霍州)·부주(鄜州), 봉상(鳳翔)·기산현(岐山縣)
> 에도 봄여름에 모두 큰 가뭄이 들었다[大旱]. 거주(莒州) 집안사람들은
> 스스로 서로 잡아먹었고, 기산(岐山)의 사람들도 서로 잡아먹었다.[84]

사료 나-④와 ⑤에서 '旱'과 '大旱'을 병렬했지만, 그 차이점을 알기 어렵
다. '大旱'의 경우 '사람들이 서로 잡아먹었다[人相食]'라는(나-④) 사회현상
을 강조한 점이 눈에 띈다. 그런데 '봄여름에 모두 큰 가뭄이 들었다[春夏皆
大旱]'라고(나-⑤) 했듯이 두 계절에 걸친 가뭄을 '大旱'이라고 했고, '4월부
터 비가 오지 않던 것이 7월까지 계속되었다[自四月不雨至於七月]'라는 것에
서 4개월 동안 비가 오지 않은 것 또한 '大旱'으로 이해해도 좋을 듯싶다.
  가뭄이 오래 들면 '피정전(避正殿)·감상선(減常膳)·사(赦)·사시(徙市)·금
도살(禁屠殺)·금립선(禁笠扇)·금주(禁酒)·기우(祈雨)·여수(慮囚)·방제처토
목역부(放諸處土木役夫)·대초(大醮)·불정도량(佛頂道場)·운우도량(雲雨道
場)·인왕도량(仁王道場)·불사화(不賜花)' 등의 정치 행위 및 기우(祈雨)[85]·

---

83) 『원사』 권51, 지3하 오행2, 金不從革, 至正 12년, "蘄州·黃州大旱, 人相食. 浙東紹興旱.
    台州自四月不雨至於七月."

84) 『원사』 권51, 지3하 오행2, 金不從革, 至正 18년, "春, 薊州旱. 莒州·濱州, 般陽·淄川縣,
    霍州·鄜州, 鳳翔·岐山縣春夏皆大旱. 莒州家人自相食, 岐山人相食."

85) 기우와 관련 있는 것은 '祈雨壇, 祈雨賞典, 祈雨雪, 祈雨祭, 祈雨祭官, 孟夏雩祭,

기설(祈雪)[86]과 같은 의례를 거행하기도 했다. 이 또한 '가뭄' 현상과 연관된 것이다.

3. '한재(旱災)'의 발생 추이와 그 영향

한재[가뭄]는 비가 내리지 않아 나타나는 재해 현상이다. 단시일 내에 끝나는 가뭄은 인간 생활환경에 크게 영향을 끼치지 않겠지만, 몇 달 간격으로 이어지는 장기간의 가뭄은 개인 생활뿐만 아니라 국가 운영에도 크게 영향을 미칠 수 있다. 우리가 살고 있는 한반도는 몬순(monsoon) 기후 지역에 해당하고, 여름에 강수량이 집중하는 기후환경이다. 이런 기후 환경이 때에 따라 돌변하게 되면 농업사회에 큰 영향을 끼칠 수밖에 없다.[87] 농작물이 한창 자라는 시기에 가뭄이 발생하게 되면 작물의 생육에 영향을 끼치고, 그 기간이 길어지게 되면 심지어 한 해 농사를 망쳐버릴 수 있다.

전통사회에서는 강수량에 전적으로 의존해야만 했고, 더욱이 관개(灌漑) 시설 등 저수 능력이 발달하지 못하여 가뭄이 들게 되면 그 피해가 농사에 가장 큰 영향을 주었다. 가뭄의 발생 시기는 대략 3~5월과 5~6월에 걸친 봄철과 초여름에 가장 많고 가을철도 많은 편이며, 7~8월에도 가끔

屛柳, 射柳, 山川雩祀, 蜥蜴祭, 五龍, 龍處, 龍處, 雩壇, 雩龍, 孟夏雩祀, 雩社, 雩祀, 雩祠, 雩祀壇, 雩祭, 圜丘, 陰陽壓勝, 沈虎頭, 土龍, 風雩壇, 賀雨, 晝龍祈雨祭, 晝龍祭' 등이다.

86) 겨울 가뭄 해소를 위한 '祈雪'과 관련 있는 것이 '祈雪祭, 雪宴' 등이다.

87) 기존의 연구에 의하면, 한반도 중세 온난기는 상대적으로 건조했고, 소빙기는 춥고 습했다고 한다. 몬순 지역의 古氣候 자료에서는 보통 기온 변화보다는 강수량 변화가 뚜렷하게 나타난다고 하고, 한반도에서는 중세 온난기가 소빙기에 비해 강수량이 적고 건조했다고 한다(박정재, 앞의 책, 2021, 246~247쪽). 이정호는 고려시대의 가뭄이 1010~1060년과 1080~1170년에 자주 발생한 사례를 찾아볼 수 있는데, 이는 특히 11세기 후반~12세기 전반기의 발생 빈도가 높아 농작물 등의 피해가 컸을 것임을 보여주는 것이라고 하였다(앞의 논문, 2007, 26쪽).

나타났다.[88] 가뭄은 '수재(水災)'와 달리 서서히 진행되는 재해라 할 수 있다. 비가 오지 않는 날이 계속됨에 따라 몇 가지 결정적인 단계를 거치면서 다음 단계의 제반 조치를 예견할 수 있다. 몇 달에 걸친 심각한 가뭄이 발생할 수 있으며, 식량의 부족, 인구의 유랑, 가축과 종자의 상실과 같은 가뭄의 피해는 부분적으로 수재와 같게 보이지만, 그 전개 과정은 훨씬 더 완만하다.[89]

고려시대의 가뭄은 어느 특정 시기에만 발생한 것이 아니라, 전 시기에 걸쳐 매우 빈번하게 발생한[90] 편이다. 가뭄은 생산활동의 위축으로 인해 '기근(飢饉)'이 발생하고, 이것이 좀 더 심하게 되면 '대기근(大飢饉)'으로 확대될 수 있다.[91]

〈그림 1〉은 『고려사』 세가와 오행지를 중심으로 가뭄 기록을 발췌하여 정리한 것이다(〈표 2〉 참조). 『고려사』 기록이 체계적으로 정리되는 8대 현종으로부터 34대 공양왕까지의(1009~1392) 가뭄은 384년에 걸쳐 193회 정도를 찾아볼 수 있다. 이는 대체로 2년에 한 번꼴로 가뭄이 발생했음을 알 수 있다.[92] 가뭄이 발생했다고 해서 전부 큰 피해를 당했다는 것이

---

88) 李相培, 「18~19세기 自然災害와 그 對策에 관한 研究」, 『國史館論叢』 9, 2000, 121쪽. 일반적으로 봄철 가뭄은 보리농사에, 초여름 가뭄은 모내기에, 여름 가뭄은 벼의 성장에 영향을 줄 수밖에 없다고 한다.

89) P. E. 빌(Will) 지음, 정철웅 옮김, 『18세기 중국의 관료제도와 자연재해』, 민음사, 1995, 43쪽.

90) 이정호의 연구에(『고려시대의 농업생산과 권농정책』, 경인문화사, 2009, 14~15쪽) 의하면, 고려시대의 한재는 각 왕대에 빠짐없이 발생한 것으로 나타날 정도로 발생 빈도가 높았다고 한다. 한재로 인한 피해는 농업 생산활동에 지장을 초래함은 물론 凶年, 飢饉, 傳染病의 발생으로까지 연계되어 피해가 확산하여 나가는 경우가 많았다고 하였다.

91) 고려시대에도 대기근이 있었을 것으로 추정되지만, 이를 알려주는 자료를 찾아보기 어렵다. 일반적인 대기근의 사례는 보통 조선시대의 '丙丁大飢饉[1626(丙寅年, 인조 4)~1627(丁卯年, 인조 5)]' '癸甲大飢饉[1653(癸巳年, 효종 4)~1654(甲午年, 효종 5)]' '庚辛大飢饉[1670(庚戌年, 현종 11)~1671(辛亥年, 현종 12)]' '乙丙大飢饉[1695(乙亥年, 숙종 21)~1696(丙子年, 숙종 22)]' 등이다.

92) 윤순옥·황상일의 연구에(앞의 논문, 2010, 87~88쪽) 의하면, 우리나라 중세[고려]

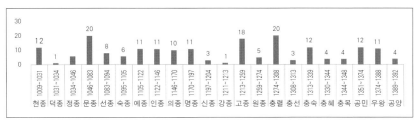

〈그림 1〉 고려시대 국왕별 가뭄 횟수

아니라 지역적인 편중 혹은 가볍게 지나간 때도 있었다. 하지만 가벼운 가뭄이라도 자주 반복되면, 그 고통 또한 컸으리라 판단된다. 문종·고종·충렬왕대에 가뭄 횟수가 특히 많았던 이유는 재위 기간이 길었다는 것도 그 이유가 될 것이다. 이를 백분율[가뭄 횟수/재위 기간 × 100]로 환산하면 〈표 2〉와 같다.

〈표 2〉 고려시대 국왕 재위 기간 가뭄 횟수 비율

국왕	재위 기간	가뭄 횟수	비율	국왕	재위 기간	가뭄 횟수	비율
현종	1009~1031	12	52%	강종	1211~1213	1	33%
덕종	1031~1034	1	25%	고종	1213~1259	18	38%
정종	1034~1046	6	46%	원종	1259~1274	5	31%
문종	1046~1083	20	53%	충렬왕	1274~1308	20	57%
선종	1083~1094	8	67%	충선왕	1298 1308~1313	3	43%
숙종	1095~1105	6	55%	충숙왕	1313~1330 1332~1339	12	80%
예종	1105~1122	11	61%	충혜왕	1330~1332 1339~1344	4	50%
인종	1122~1146	11	45%	충목왕	1344~1348	4	80%

동안 가뭄은 각 시기에 걸쳐 대단히 고르게 발생하였으며 모두 69회 기록되었다고 하였다. 특히 고려 후기에 빈번하게 나타났는데, 이는 평균 7년에 한 번으로 평균 발생 빈도가 조선시대보다는 적지만, 약 1000년에 걸친 고대에 59번 기록된 것에 비하면 약 3배 정도 많았다고 한다. 가뭄은 중부지방 정도의 규모에서 전 지역에 걸쳐 매우 심각한 문제를 일으켰을 것으로 생각된다고 하였으며, 가뭄의 강도는 산지의 식생이 상대적으로 좋았던 고려 초기보다 인구 증가로 인해 식생 파괴가 가속화된 고려 후기에 더욱 커졌을 것이라고 하였다.

의종	1146~1170	10	40%	공민왕	1351~1374	12	50%
명종	1170~1197	11	39%	우왕	1374~1388	11	73%
신종	1197~1204	3	38%	공양왕	1389~1392	4	100%

〈표 2〉에서 보면, 가뭄이 재위 기간 50% 이상 발생한 것이 현종·문종·선종·숙종·예종·충렬왕·충숙왕·충혜왕·충목왕·공민왕·우왕·공양왕대이다. 특히 원 간섭기 이후 고려말에 이르기까지 가뭄이 매우 빈번하게 발생했음을 알 수 있다.

다음 〈표 3〉은 3년 이상 연속으로 가뭄이 발생한 경우를 조사한 것이다.

〈표 3〉 고려시대 3년 이상 연속 가뭄 발생 사례[93]

연속횟수	연대	월	가뭄 현상
7	1019~1025(현종 10~16)	4, 5, 6, 7월	旱, 久旱, 暵甚/蝗
4	1040~1043(정종 6~9)	4, 5, 6, 7월	旱, 水旱, 禱雨
4	1063~1066(문종 17~20)	4, 5, 7, 9월	久旱, 亢旱, 再雩, 禱雨
4	1068~1071(문종 22~25)	4, 5, 6월	旱, 禱雨, 雩
3	1081~1083(문종 35~37)	3, 4, 5, 6월	旱, 禱雨, 雩
7	1085~1091(선종 2~8)	3, 4, 5, 6월	久旱, 祈雨, 禱雨, 不雨, 雨愆期, 再雩, 旱, 旱魃, 旱甚
4	1098~1101(숙종 3~6)	4, 5, 6월	祈雨, 大雩, 禱雨, 不雨, 水旱, 旱, 旱魃/民多飢困
4	1106~1109(예종 1~4)	4, 5, 6, 7월	祈雨, 大雩, 禱雨, 旱/蝗/流亡
4	1111~1114(예종 6~9)	4, 5, 6, 11월	禱雨, 再雩, 旱, 無雪
3	1160~1162(의종 14~16)	3, 4, 5, 6월	久旱, 再雩, 旱, 旱荒
3	1194~1196(명종 24~26)	3, 6월	久旱, 旱災, 再雩, 禱雨, 旱暵/不登稔, 害穀/飢饉
4	1229~1232(고종 16~19)	4, 5월	久旱, 大旱, 禱雨, 雩, 再雩, 旱/禾穀不實/大饑
7	1250~1256(고종 37~43)	4, 5, 12월	大旱, 禱雨, 冬無雪, 雩, 再雩, 旱/蝗/大疫, 飢疫, 餓莩, 飢死
13	1279~1291 (충렬왕 5~17)	윤2월, 3, 4, 5, 6, 7, 9월	久旱, 禱雨, 不雨, 雩, 旱乾, 旱甚, 旱/蝗/禾穀不登/飢饉, 流移
3	1311~1313(충선왕 3~5, 충숙왕 즉위)	4, 5, 8월	禱雨, 不雨, 水旱, 旱
6	1343~1348 (충혜왕 후4~충목왕 4)	4, 5, 7월	祈雨, 不雨, 雩, 旱/蝗/大飢, 疫
4	1358~1361 (공민왕 7~10)	4, 5, 6월	大旱, 禱雨, 旱暵/大饑, 人相食
3	1367~1369 (공민왕 16~18)	3, 4, 5, 6, 윤7월	旱, 久旱, 大旱, 旱甚, 旱災/凶荒

5	1375~1379(우왕 1~5)	2, 3, 4, 5, 6, 7, 8, 9월	久旱, 祈雨, 大旱, 禱雨, 連年旱荒, 歲旱, 水旱, 旱, 旱乾, 旱災, 旱荒/蝗/失農/饑饉
4	1381~1384(우왕 7~10)	윤2, 3, 4, 5, 6, 7, 8, 9월	旱, 水旱, 禱雨/無麥苗/饑色, 餓殍, 飢死/流亡, 棄兒
7	1387~1392 (우왕 13~공양왕 4)	4, 5, 6, 7, 8, 9월	久旱, 禱雨, 不雨, 水旱, 旱/蝗/飢饉/流亡

〈표 3〉에서 보면, 장기간의 가뭄이 지속된 사례에서 3년 연속이 5회, 4년 연속이 9회, 5년 연속이 1회, 6년 연속이 1회, 7년 연속이 4회, 심지어 13년 연속해서(1279~1291, 충렬왕 5~17) 가뭄이 발생한 사례도 1회 있었다. 3년 연속 가뭄이 문종·의종·명종·충선왕~충숙왕, 4년 연속 가뭄이 정종·문종·숙종·예종·고종·공민왕·우왕, 5년 연속 가뭄이 우왕, 6년 연속 가뭄이 충혜왕~충목왕, 7년 연속 가뭄이 현종·선종·고종·우왕~공민왕·충렬왕 때에 각각 발생하였다. 이는 앞서 재위 기간 내의 가뭄 발생 비율이 50% 이상에 해당한 왕대의 경우가 대부분이다.

하지만 연속 가뭄이라고 해도 중간에 비가 내린 사례가 있어, 장기 지속적인 가뭄으로 파악하기 어려운 경우도 있다. 예컨대 7년 연속 가뭄이 발생한 현종(1019~1025, 현종 10~16) 때의 경우는 큰 가뭄으로 추정할 정도의 자료를 찾기 어렵고, 1020년(현종 11)·1022년(현종 13)·1024년(현종 15)에는 가뭄 가운데 각각 비가 내렸으므로[94] 큰 가뭄은 아니었던 것으로 보인다.

다음 〈그림 2〉와 〈그림 3〉은 〈표 2〉의 국왕별 가뭄 발생 추이를 10년 및 25년 단위로 그 추이를 살펴본 것이다.

---

93) 이 도표는 이정호의 연구 방법을 통해 재구성한 것이다(앞의 책, 2009, 14~15쪽).
94) 『고려사』 권54, 지8 오행2, 金, 현종 11년 7월 을축, "以久旱, 慮囚, 大雨.";『고려사』 권54, 지8 오행2, 木, 현종 13년 10월 경술, "大雨, 暴風折木. 是日, 以霖雨不止, 祈晴于群望.";『고려사』 권5, 세가5 현종2, 현종 15년 5월 계사, "雨. 自春旱甚, 民有團聚, 籲天祈禱."

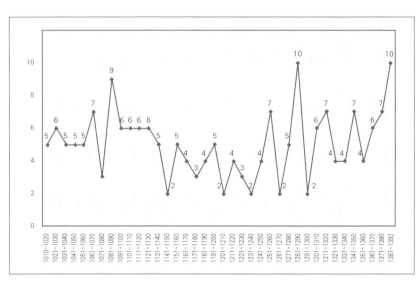

〈그림 2〉 고려시대 10년 단위 가뭄 횟수

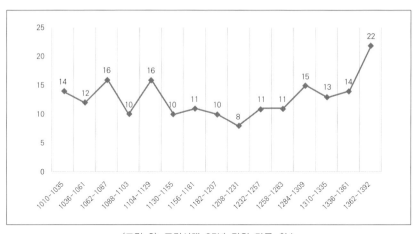

〈그림 3〉 고려시대 25년 단위 가뭄 횟수

　　〈그림 2〉에서는 10년 단위로 볼 때 50% 이상 가뭄이 발생한 경우가 23회인데, 전체 38회에서 약 61%를 차지하고 있음을 알 수 있다. 이런 점은 고려시대의 가뭄이 자주 발생했다는 사실을 알려주는 것이다. 또한 〈그림 3〉에서는 11~12세기 전반기까지 가뭄이 꾸준하게 발생하던 것이

13세기 전반기에는 완화되었다가, 13세기 중반 이후 고려왕조가 멸망할 때까지 가뭄 횟수가 증가하고 있음을 보여준다.[95]

다-① 여름부터 비가 오지 않던 것이 이달[8월]까지 계속되자, 오곡이 여물지 않고 전염병이 크게 돌았다.[96]

다-② 예종 때에 여러 차례 승진하여 중서사인이 되었다. 요나라에 사신으로 가게 되어 길을 가다가 북쪽 변방에 크게 기근이 들어 사람들이 서로 잡아먹고 있는 것을 보았다.[97]

다-③ 조서를 내리기를, "올해 들어 여러 달 동안 비가 내리지 않아 곡식이 익지 않으니, 안팎의 백성들이 장차 굶주리게 될까 크게 근심하노라. 길바닥에 굶어 죽은 시체가 있는데도 구휼미를 베풀 줄 모른다면 어찌 나라를 다스리는 도(道)라 하겠는가? 도병마사와 재추는 백성을 구휼할 방도를 숙의하여 우리 백성들이 혹 굶주리는 일이 없도록 하라."라고 하였다.[98]

다-④ 무당을 모아 비를 빌고, 가까운 신하들을 나누어 파견하여 여러 산천의 신령에게 비를 빌게 하였다. 이때 정월부터 비가 오지 않아 냇물과 우물이 모두 말랐고, 벼와 보리가 말랐으며 전염병도 따라서 발생하였다. 굶어 죽는 자가 많았으며 인육(人肉)을 거래하는 자들이 생기기까지 이르렀다. 또 화재가 자주 일어나서 사람들이 크게 근심

---

95) 이런 점들이 '중세 온난기설' 및 '중세 소빙기설' 등과 어떻게 연결되는지는 아직 명확한 의견을 제시하기 어렵다.

96) 『고려사』 권14, 세가14 예종3, 예종 15년 8월, "自夏不雨, 至于是月, 五穀不登, 疫癘大興."

97) 『고려사』 권97, 열전10 諸臣, 金黃元, "睿宗朝, 累遷中書舍人. 奉使如遼, 道見北鄙大饑, 人相食."

98) 『고려사』 권17, 세가17 의종1, 의종 5년 7월 경자, "詔, '今年累月不雨, 禾穀不登, 內外人民, 將至飢困, 大可憂也. 塗有餓莩, 而不知發, 豈爲政之道乎? 都兵馬使與宰樞, 其熟議救恤之方, 使吾赤子, 毋或飢餓.'"

하고 한탄하였다.[99]

　사료 다-①·③·④에서는 '여름부터 비가 오지 않던 것이 이달까지 계속 되자[自夏不雨, 至于是月]' '올해 들어 여러 달 동안 비가 내리지 않아[今年累月 不雨]' '정월부터 비가 오지 않아[自正月不雨]'라고 하여 오랜 가뭄으로 인하 여 오곡이 여물지 않고, 전염병이 크게 돌고, 냇물과 우물이 말랐다고 하여 그 피해 양상을 보여주고 있다. 사료 다-②에서는 비록 북방 지역의 상황이지만 큰 굶주림으로 인하여 사람들이 서로 잡아먹을 정도였다고 한다. 이것이 비록 〈표 3〉에서 말하는 연속적인 가뭄 상황에 해당하는 것은 아니었지만, 특정 시기의 큰 가뭄으로 인하여 당대 사회가 얼마만큼 피폐해질 수 있었는지를 보여준다.

　다-⑤ 용주(龍州)에 기근이 들어 사람들이 서로 잡아먹었다.[100]
　다-⑥ 일찍이 칠원(漆原)으로 돌아가고자 청하였는데 그해에 큰 기근이 들어 사람들이 서로 잡아먹을 정도가 되자 집안의 재물을 풀어 진휼 하였으며 빈민에게 돈을 꿔주고 문서로 받은 것은 모두 불태웠다. 이때 한창 오랜 가뭄이 들었는데, 윤환(尹桓)의 밭에서 물이 솟아오르 자 다른 사람의 밭에도 물꼬를 대주었다.[101]

　사료 다-⑤·⑥에서는 기근으로 인하여 사람들이 서로 잡아먹었다는 참상 상황을 보여주고 있다. 다-⑤는 1358~1361년까지(공민왕 16~18) 4년

---

99) 『고려사』 권19, 세가19 명종1, 명종 3년 4월 병자, "聚巫禱雨, 分遣近臣, 禱于群望. 是時, 自正月不雨, 川井皆渴, 禾麥枯槁, 疾疫並興, 人多餓死, 至有市人肉者, 又多火災, 人甚愁嘆."
100) 『고려사』 권55, 지9 오행3, 土, 공민왕 10년 3월, "龍州饑, 人相食."
101) 『고려사』 권114, 열전27 諸臣, 尹桓, "嘗乞告歸漆原, 歲大饑, 人相食, 散家財以賑之, 取貧民稱貸契卷, 悉燒之. 時方久旱, 水湧桓田, 浸及人田, 大熟, 慶尙之民, 稱之不已."

연속 가뭄으로(〈표 3〉) 인한 흉년과 도적들의 봉기로[102] 사회적 불안감이 크게 높아진 상황에서 벌어진 참상이라고 할 수 있다. 다⑥ 또한 우왕대의 오랜 가뭄으로 대기근[大饑]이 발생한 시기 사회의 처참한 모습을 보여준다. 이런 점들은 '久旱·不雨 → 大旱 → 大饑'라는 형태의 자연재해와 사회적 참상을 살펴볼 수 있게 한다. 이를 통해 1105년(예종 즉위) 12월 예종 즉위 교서에서의 '열 집 가운데 아홉 집이 비었다[十室九空]', 1170년 무신정변이 일어난 배경, 1188년(명종 18) 여러 '개혁 교서' 반포 등의 배경도 자연재해와의 상관성을 말할 수 있을 것이다.[103]

가뭄이라는 자연재해의 사회적 참상은 중국 자료에서도 확인할 수 있다. 『송사』를 보면, 오랜 가뭄[久旱]으로 보리싹이 나지 않았다거나,[104] '황재(蝗災)'의 발생으로 농작물에 큰 손해를 끼쳤다고[105] 하였으며, 큰 가뭄으로[大旱] 보리가 죽었다거나,[106] 주곡(主穀)을 수확할 수 없을 정도였다고[107] 했다. 또한 비가 오지 않아[不雨] 오곡(五穀)이 말라 시들고, 백성들이 흩어져 군읍(郡邑)이 텅 빌 정도였다고도[108] 하였다. 이 모두가

---

102) 『고려사』 권39, 세가39 공민왕2, 공민왕 10년 5월 갑술, "都僉議使司啓曰, '年凶, 餓莩甚多, 無以賑活, 良人不能自食者, 令富人食, 而役止其身, 人有奴婢, 而不能養, 令食之者, 永以爲奴婢.' 王惡其認民爲隷, 焚其書."; 『고려사』 권55, 지9 오행3, 土, 공민왕 10년 4월, "西北面大饑, 盜賊蜂起."

103) 신안식, 「한·중 재해 DB와 활용－12세기 고려사회의 재해와 그 영향－」『한국중세사연구』 71, 2022, 81~92쪽.

104) 『송사』 권66, 지19 오행4, 金, 恒暘, 明道 원년 5월, "畿縣久旱傷苗."; 『송사』 권66, 지19 오행4, 金, 恒暘, 乾道 9년, "婺·處·溫·台·吉·贛州, 臨江·南安諸軍, 江陵府皆久旱, 無麥苗."

105) 『송사』 권62, 지15 오행1 下, 水 下, 蝗旱, 開禧 3년, "夏秋久旱, 大蝗羣飛蔽天, 浙西豆粟皆旣于蝗."

106) 『송사』 권66, 지19 오행4, 金, 恒暘, 紹熙 4년, "綿州大旱, 亡麥. 簡·資·普·渠·合州, 廣安軍旱. 江·浙自六月不雨, 至於八月, 鎭江·江陵府, 婺·台·信州, 江西·淮東旱."

107) 『송사』 권66, 지19 오행4, 金, 恒暘, 隆興 2년 "台州春旱. 興化軍, 漳·福州大旱, 首種不入, 自春至于八月."

108) 『송사』 권67, 지20 오행5, 土, 山崩, 紹興 12년 12월, "陝西不雨, 五穀焦枯, 涇·渭·灞·滻皆渴. 時秦民以饑離散, 壯者爲北人所買, 郡邑遂空."

가뭄이라는 자연재해가 끼친 영향이었다.

『금사』에서는 큰 가뭄으로 쌀값이 폭등하였다거나,[109] 섬서(陝西)에서 굶어 죽은 사람이 열에 7~8명이나 되었다고[110] 하였다.

『원사』에서는 오랜 가뭄으로[久旱] 많은 백성이 질병에 걸렸다거나,[111] 큰 가뭄으로[大旱] 보리가 말라 죽었다고[112] 하였다. 특히 큰 가뭄이 들어 아이들을 팔거나,[113] 사람들이 서로 잡아먹었다는[114] 참상의 기록이 있다.

이상을 통해 알 수 있는 것은 고려시대뿐만 아니라 동북아시아의 모든 왕조에 걸쳐 가뭄이 끼친 영향은 매우 컸다는 사실이다. 따라서 당대의 사회상을 이해하는 데 가뭄이 발생한 기간과 그 강도의 면밀한 비교 분석이 필요할 것으로 보인다.

---

109) 『금사』 권23, 지4 오행, 大安 원년, "是歲四月, 山東·河北大旱, 至六月, 雨復不止, 民間鬥米至千餘錢."; 『금사』 권23, 지4 오행, 崇慶 2년, "是歲, 河東·陝西大旱, 京兆鬥米至八千錢."

110) 『금사』 권128, 열전66 循吏傳, 愼微, "明年, 陝西大旱, 饑死者十七八."

111) 『원사』 권24, 본기24 仁宗1, 皇慶 2년 12월 갑신, "詔飭海道漕運萬戶府. 京師以久旱, 民多疾疫, 帝曰:'此皆朕之責也, 赤子何罪!'明日, 大雪. 以嘉定州·德化縣民災, 發粟賑之."

112) 『원사』 권50, 지3상 오행1, 金, 恒暘, 大德 10년 5월, "京畿旱. 安西春夏大旱, 二麥枯死."

113) 『원사』 권50, 지3상 오행1, 金, 恒暘, 大德 원년 6월, "汴梁·南陽大旱, 民鬻子女."

114) 『원사』 권50, 지3상 오행1, 金, 恒暘, 天曆 원년 8월, "陝西大旱, 人相食."; 『원사』 권28, 본기28 英宗2, 至治 2년 9월 갑자, "臨安河西縣春夏不雨, 種不入土, 居民流散, 命有司賑給, 令復業. 作層樓於涿州鹿頂殿西."; 『원사』 권51, 지3하 오행2, 金不從革, 至正 2년, "彰德·大同二郡及冀寧平晉·楡次·徐溝縣, 汾州孝義縣, 忻州皆大旱, 自春至秋不雨, 人有相食者."; 『원사』 권51, 지3하 오행2, 金不從革, 至正 12년, "蘄州·黃州大旱, 人相食. 浙東紹興旱. 台州自四月不雨至於七月."; 『원사』 권51, 지3하 오행2, 金不從革, 至正 14년, "懷慶河內縣·孟州, 汴梁祥符縣, 福建泉州, 湖南永州·寶慶, 廣西梧州皆大旱. 祥符旱魃再見, 泉州種不入土, 人相食."; 『원사』 권51, 지3하 오행2, 金不從革, 至正 18년, "春, 薊州旱. 莒州·濱州·般陽淄川縣·霍州·鄜州·鳳翔岐山縣春夏皆大旱. 莒州家人自相食, 岐山人相食."; 『원사』 권51, 지3하 오행2, 金不從革, 至正 22년, "河南洛陽·孟津·偃師三縣大旱, 人相食."

4. 맺음말

지금까지『고려사』·『송사』·『요사』·『금사』·『원사』의 세가 혹은 본기 및 오행지에서 추출한 '한재[가뭄]' 용어를 비교 분석해 보았고, 이어서 가뭄이 끼친 영향을 고려시대의 사회상을 중심으로 살펴보면서 중국 자료를 보완 설명하였다. '가뭄'은 고려시대뿐만 아니라 동북아시아의 모든 왕조에 끼친 영향은 컸다고 보인다. 가뭄이 발생한 시기와 그 강도는 좀 더 적극적으로 살펴볼 필요가 있을 것이고, 그것의 면밀한 비교 분석은 당대의 사회상을 이해하는 데 빠뜨려서는 안 될 사항이라고 할 수 있다.

2장에서는 세가 혹은 본기 및 오행지가 있는『고려사』·『송사』·『금사』·『원사』의 가뭄 검색어를 비교 분석하여 그 특징적 요소에 대해 알아보았다. 가뭄에는 '큰 가뭄'과 일반적인 '가뭄'이 있다. 큰 가뭄으로 읽힐 수 있는 검색어가 '大旱·久旱·不雨' 등이며, 일반적인 가뭄은 '旱' 등의 검색어가 있었다.

3장에서는 가뭄의 발생 추이와 그 영향에 대해 알아보았다. 고려시대의 가뭄 발생은 매우 빈번하게 발생했고, 특히나 고려말의 가뭄은 이전 시기보다 월등하게 빈번했음을 알 수 있다. 또한 가뭄의 영향에는 병충해, 질병, 곡식 피해 등 여러 피해가 발생했지만, 가장 큰 병폐는 오랜 가뭄으로 인해 흉년이 들어 대기근(大飢饉)이 발생하게 되어 심지어 '인상식(人相食)'이라는 참상이 빚어졌다는 것이다.

결국 고려시대의 가뭄 자료의 제한적 요소를 중국의 자료를 통해 보완한다는 것이 적절한지는 계속해서 고민해야 할 것이다. 하지만 동시대 사서 기록의 공통점과 차이점을 면밀하게 구분할 수 있다면, 상호 보완적인 면에서 시간적인 공동화 현상을 메꿔줄 수 있을 것으로 생각한다.

제2장

고려시대 우사(雩祀) 시행과 운영

이 승 민

1. 머리말

가뭄은 농경 사회에서 무엇보다 중요하게 여겨진 자연재해이다. 가뭄 대책은 크게 세 가지로 나눌 수 있다. 첫째는 상징적 정치 행위로서 군주와 신하의 책기(責己), 근신, 형정에 관한 조치이며, 둘째는 피해를 입은 민에 대한 진휼과 조세 면제 등의 지원이다. 마지막은 비를 내리기 위한 의례를 설행하는 것이다. 의례는 실제 가뭄을 해결할 수 있는 조치라고 보기는 어려우나, 가뭄에 대한 공동체의 염원과 간절함을 드러내고 형상화한다는 점에서 민심을 안정시키는 데에 효과적인 방식이다.

『고려사』 예지에 사전(祀典)으로서 규정된 기우제는 길례에 정리되어 있다. 대사(大祀) 중 원구에서 행하는 우사(雩祀)와 소사(小祀)의 풍사(風師)·우사(雨師)·뇌신(雷神)·영성(靈星) 의례가 기우와 기후에 관련한 의례라고 할 수 있다. 세가나 오행지에는 이 두 가지 의례 외에도 불교나 도교, 무속 의례가 있다. 기우제나 자연재해에 관련한 불교·도교 의례 연구는 지금까지 많은 성과가 있었지만, 이를 예지의 사전 체계와 함께 설명하기 위해서는 아직 살펴야 할 내용이 많다.

길례 대사인 우사는 제천 의례이자 기우제로서 여러 도량과 초, 취무(聚

巫) 등과 함께 비를 기원하는 중요한 의례였다. 다만, 불교·도교·무(巫)의 의례와 달리 국가의 상사(常祀)로서 정규적으로 시행되었다는 차이가 있다. 우사는 중국 왕조에서 샤머니즘 요소를 가진 기우제로서 우(雩)를 시행한 것에서 출발하여, 중국 위진남북조와 수·당 대를 거치면서 맹하(孟夏)에 지내는 국가 제사로서 자리를 잡았다.[1] 한반도에서도 삼국시대부터 가뭄이 발생하면 그에 대한 대책을 마련하여 시행했다. 통일신라 시기에는 천인감응에 따른 통치이념과 당의 제례를 수용하여 종묘, 산천, 풍백(風伯)·우사(雨師)·영성(靈星)에 제사를 지내는 등 기우 대상을 체계화하였다.[2] 고려에서는 이러한 기우제를 계승하면서도 다른 한편으로 성종대에 우사를 도입하였고 시행하였다.

그러나 지금까지 우사에 관한 연구는 원구단에서 이루어지는 제천의례로서의 의미와 기우제의 하나로서 그 역할을 규명하는 것에 집중되어 있었다. 조선에서 원구를 폐지하고 우사단(우단)을 별도로 조성하여 우사를 시행하면서, 원구단에서 시행된 우사는 고려의 특징으로 주목받았다.[3] 이는 원구단에서 시행된 상제(上帝)를 향한 제천의례라는 점에서 다른 기우제와는 다른 성격을 가지고 있기 때문이다.[4] 이에 대해 고려의 왕실이 중국과 대등한 국가 의식과 유교 이념의 명분을 수용한 것이라고 하는 견해[5], 당제를 답습한 의례라는 견해[6], 이와 함께 고려가 중국 왕조와는 달리 기곡(祈穀)과 우사만을 거행한 것은 농경 중심의 인간 삶을

1) 김상범, 「呪術에서 儀禮로－기우제의 예제화와 그 문화적 의미」『中國學報』45, 2002.
2) 전덕재, 「삼국과 통일신라시대 가뭄 발생 현황과 정부의 대책」『한국사연구』 160, 2013.
3) 이희덕, 『高麗儒敎政治思想의 硏究』, 일조각, 1983.
4) 桑野榮治, 「高麗から李朝初期における円丘壇祭祀の受容と變容－祈雨祭として機能を中心に」『朝鮮學報』161, 朝鮮學會, 1996.
5) 李範稷, 『韓國中世禮思想硏究』, 일조각, 1991, 71쪽.
6) 李範稷, 위의 책, 1991, 106쪽.

더욱 중시한 것이라는 이해가 있다.[7] 그리고 우사를 포함한 길례의 기곡 의례를 국왕이 천명을 대신하는 군주이자 시후조절자로서 농업 제의를 통해 통치기반을 마련하고 신성성과 절대성을 확인하여 왕도정치를 완성하고자 한 것으로 이해하기도 한다.[8] 또한, 고려 제천의례의 핵심을 기우제로 파악하고 유·불·도·무속·재래의 다원적 제천의례 가운데 유교적 기우제의 하나로서 우사를 파악한 연구도 있다.[9] 다만, 아직까지 우사를 중심으로 자연재해와 기우 의례의 관계를 다룬 연구는 없었다.

　이 글에서는 고려의 기우 의례를 정규 의례와 가뭄에 대응한 비정규 의례로 구분한다.[10] 일반적으로 기우제라고 하면 가뭄이 발생한 것에 대응해 비를 내리길 기원하는 의례로 이해하지만, 우사는『고려사』길례 대사에 상사(常祀)로서 규정되어 있으므로 안정적인 기후를 기원하기 위해 실제 가뭄 여부와는 관계없이 원구 의례의 하나로서 정규적으로 시행되었다. 특히, 전근대 동아시아에서는 정규 기우제인 우사를 국가 제사로 규정하여 매년 시행하도록 했다. 봄 가뭄과 여름 장마라는 기후를 배경으로 맹하(孟夏)에 지내는 우사는 정규 의례로서 다른 기우제와는 다른 역할과 의미를 가졌을 것이다. 이 글에서는 우사 시행과 가뭄의 관계를 통해 상사(常祀)로서의 기우제 의미를 확인해보고자 한다.

---

7) 박미라,「삼국·고려시대의 제천의례와 문제」『仙道文化』8, 2010, 20쪽.
8) 한정수,「高麗時代 祈穀儀禮의 도입과 운영」『한국사상과 문화』26, 2004.
9) 김일권,「고려시대 국가 제천의례의 다원성 연구」『고려시대의 종교문화』, 서울대학교출판부, 2002.
10)『고려사』예지의 길례조에 규정된 의례는 국사의 祀典으로서 규정되어 시행된 의례이므로 사전으로 규정되지 않은 의례와 제도적 차별성이 있다. 불교의례에서도 국가의 사전으로 연등회와 팔관회가 규정되어 있지만, 그 외 불교 의례는 국가가 주관한 의례라 하더라도 사전 체계에 편재되어 정규적으로 시행된 의례와는 궤를 달리한다고 생각한다. 이에 이 글에서는 우사를 사전에 규정된 상사로 이해하고, 가뭄에 따라 시행되는 여러 불교 도량·醮·무속 의례의 기우제를 비정규 의례로 구분한다.

2. 우사(雩祀)의 도입과 운영

우사는 맹하(孟夏)에 호천상제에게 비를 기원하는 제사이다. 기우제를 우(雩)라고 표현한 것은 주대의 샤머니즘 성격으로서 무당들이 비가 내리는 소리를 흉내내며 춤과 음악을 바치던 것에서 시작되었다고 한다.[11] 이러한 의례가 수·당 대를 거치면서 기곡의와 함께 길례 대사(大祀)의 원구 의례로 시행되었다. 『대당개원례』에는 '황제맹하우사어원구(皇帝孟夏雩祀於圜丘)'와 함께 '황제동지사원구(皇帝冬至祀圜丘)', '황제정월상신기곡어원구(皇帝正月上辛祈穀於圜丘)'와 함께 주요 제천 의례로서 상세한 의주가 정리되었다.

한편, 『고려사』 예지의 길례 대사는 원구, 방택, 사직, 태묘, 별묘, 경령전, 제릉으로 구성되어 있다.[12] 원구는 원구단의 크기, 원구제사[祀圜丘], 축판, 옥폐(玉幣), 희생(牲牢), 헌관(獻官)이라는 기본 의례의 바탕과 함께 정월 상신의 기곡을 기준으로 친사의(親祀儀), 유사섭사의(有司攝事儀)의 의주가 있으며, 기곡과 다른 '맹하친우(孟夏親雩)'에 대한 부가적인 내용이 그 뒤를 잇는다.

『고려사』 예지에서 원구 제사는 "정해진 날이 있는 것은 정월 상신의 기곡이며, 정해진 날이 없는 것은 맹하에 길일을 택하는 우사이다"라고 하였다.[13] 정해진 날이 없다[無常日者]는 것은 가뭄이 있을 때에만 지낸다는 의미가 아니라, 매년 맹하에 의례를 시행하되, 상신(上辛)과 같이 특정날을 정하지 않고 길일을 택하여 지낸다는 의미이다.

---

11) 김상범, 앞 논문, 2002, 378쪽.
12) 『고려사』 예지는 대사·중사·소사로 고려의 의례를 정리했지만, 그 외에도 다양한 불교·도교 의례 등이 빈번하게 거행되었다. 그 중요성을 논하기 전에 국가 의례 체계에서의 상호 관계성을 살펴볼 필요가 있다.
13) 『고려사』 권59, 지13, 예1, 길례대사, 원구 "有常日者 孟春上辛 祈穀 無常日者 孟夏 擇吉雩祀."

우사가 매년 맹하에 시행되었을 것임에도 불구하고 『고려사』 기록이 그 횟수에 미치지 못하는 것은 친사와 섭사의 차이 때문이다. 『고려사』 편찬 범례를 보면 "원구·적전·연등·팔관 같이 늘 있는 일은 처음 보이는 것만 써서 그 예를 나타내고 만약 (왕이) 친히 행하였으면 반드시 쓴다"고 했다. 즉, 편찬 과정에서 국왕의 친사 사례를 중심으로 실었던 것으로 짐작된다.[14] 예를 들어 고려말 우왕 2년 기사를 보면 6월에 대언 이원굉이 우사에 제향하는 데에 축판을 잊었다가 오래 지나서 수결[押]을 요청하니 우왕이 화를 내면서 태만을 꾸짖었다는 일이 있다.[15] 이 기사는 6월이므로 그 이전에 친사로 우사를 지냈다면, 우왕이 바로 수결을 했을 것이다. 그러므로 담당하는 대언이 축판에 수결을 잊었다가 6월이 되어서야 요청 했다는 것은 4월 경에 섭사로 우사가 시행되었다는 의미이다.

정월 상신의 기곡과 맹하 우사가 국가 의례로서 정비된 것은 성종대이 다. 성종대에는 신라적 요소와 음사적 제사를 제거한 사전 체계를 구상했 고, 이 과정에서 중국 여러 왕조에서 실현되었던 길례를 도입했다고 한 다.[16] 성종 2년(983) 정월 신미일에 처음으로 왕이 원구에서 기곡 의례를 시행했고,[17] 이듬해 3월 우사를 처음으로 지냈다고 한다.[18] 왜 성종 2년 4월에 우사를 지내지 않았는지, 이듬해 4월이 아닌 3월인지는 명확하게 규명하기 어렵다. 다만, 이와 관련하여 우사를 도입하면서도 시행 시기를 맹하로 잡지 않은 것을 설명하기 위해 고려시대 우사의 시기적 특징을 확인할 필요가 있다.

---

14) 『고려사』의 길례 대사 원구에 기곡과 우사만이 있는 것을 두고, 동지 제천이 빠진 이유를 조선 편찬자들이 참람하다하여 삭제했을 가능성이 있으며, 혹은 동지에 수조하(受朝賀)가 있으니, 주로 섭사로 시행되어 편찬과정에서 생략되었다 는 견해가 있다(한정수, 앞의 논문, 2004, 143~144쪽).

15) 『고려사』 권133, 열전46, 우왕 2년 6월.

16) 한정수, 앞의 논문, 2004, 137쪽.

17) 『고려사』 권3, 성종 2년 정월 신미.

18) 『고려사』 권3, 성종 3년 3월 경신.

고려의 우사 기록은 대개 3~7월에 걸쳐 있다.[19] 즉, 맹하에만 시행된 것은 아니다. 먼저, 『고려사』 기사에는 첫 번째 우사[雩]와 두 번째 우사[再雩], 세 번째 우사[三雩]가 기록되어 있으므로 우사는 1년에 한 번만 시행된 것이 아니라는 것을 알 수 있다. 그렇다면 해당 기사의 우사가 몇 번째 우사인지에 따라 시기를 확인하고, 두 번째 우사라면 그 전에 시행된 첫 번째 우사 시기를 추정할 수 있을 것이다. 고려의 첫 번째 우사 기록 "우(雩)"의 시행 시기는 4월 11건, 5월 6건, 윤5월 2건, 3월 2건, 6월 1건, 7월 1건으로 맹하인 4월이 가장 많다. 4월이 가장 많긴 하지만 그럼에도 불구하고 다른 월에 지낸 우사가 어떤 배경을 가지고 있을지 가능성을 검토해 보는 것이 필요하다.

우사는 맹하 즉 음력 4월에 지내는 의례라고 규정되어 있으면서도 동시에 우사를 지내는 시기는 곧 용성(龍星)이 나타나는 시기라고 말하기도 한다. 용성은 창룡(蒼龍) 7수인 각(角)·항(亢)·저(氐)·방(房)·심(心)·미(尾)·기(箕) 가운데 각성과 항성이 나타날 때이며, 주(周)의 6월, 즉 음력 4월에 해당한다.[20] 그중 각수(角宿)는 용의 머리 즉 첫 번째 별로서 봄을 알리는 역할을 가졌다고 이해해왔다.[21] 각수는 맹하 이전인 춘분(음력 2월)에서 곡우(음력 3월)경부터 보이기 시작한다고 하며, 이때에 천둥소리가 들리고 번개가 치기 시작하면서 용이 구름을 타고 하늘로 올라가고, 그 구름으로부터 물을 지상으로 보내 비를 내린다고 인식했다고 한다.[22]

---

19) 우사 시행 시기에 대해서 기존 연구에서는 '雩'와 '再雩'의 구분 없이 전체 기사를 분석하고, 4, 5월이 모두 43건(77%), 5월만은 47%라고 분석하여 고려에서는 우사 시기로 5월을 활용했다고 보았다(김일권, 위의 책, 2002, 81쪽).

20) 『통전』 권43, 예3, 연혁3, 길례2, 대우, "周制 月令 建巳月 大雩五方上帝 春秋左氏傳曰 龍見而雩 角亢見時 周之六月 陽氣盛 恆旱 故雩 … 左傳曰 龍見而雩 謂建巳之月 蒼龍宿之 體 昏見東方 萬物始盛 待雨而大 故祭天 遠爲百穀祈膏雨 …."

21) 王志胜, 「龍星与農耕文化」 『当代教育与文化』 10-4, 2018, 112쪽.

22) 김현자, 「물의 별자리 龍星, 그 신화와 우주의 춤」 『종교와 문화』 9, 2003, 48~50쪽.

<표 1> 맹하 우사가 아닌 사례

연번	내용	연		월
		왕력	서기	
1	始行雩祀	成宗 3	984	3
2	雩	文宗 2	1048	3
3	大雩	睿宗 元	1106	7
4	雩	睿宗 15	1120	6
5	雩 又禱于群望	明宗 19	1189	閏5
6	以旱 雩	忠烈王 29	1303	閏5
7	雩	忠肅王 5	1318	5
8	雩	忠肅王 後元	1332	5
9	雩	恭愍王 3	1354	5
10	雩 且遍禱于佛宇	禑王 3	1377	5

〈표 1〉은 4월을 제외한 첫 번째 우사 기록을 정리한 것이다. 우사는 길일을 택하여 지내므로 맹하에 길일이 없다면 용성이 나타났다는 것을 들어 3월에 길일을 택했을 가능성도 있다. 우사는 아니지만, 고려에서 길일을 중시한 사례는 쉽게 찾을 수 있다. 성종대에 길일을 택해 송 황제의 조서를 받다가 사신을 한 달 이상 기다리게 하여, 그 일로 힐책을 받고 이후 조서를 받을 때에는 길일을 택하지 않았다고 했으니[23] 우사 역시 길일은 택하면서 맹하가 아닌 때에 시행하는 일들이 생겼을 수 있다.

먼저, 3~4월에 비가 많이 왔기 때문에 우사를 지낼 수 없어 미뤄진 경우가 있다. 예종 원년의 "대우(大雩)"는 7월에 시행되었는데, 5월에 장기간 비가 내려[大雨踰旬] 기청제를 지냈다고 하니[24] 4~5월은 비를 기원할 필요가 없었을 것이다. 그런데 6월의 기사를 보면 가뭄이 들어 왕이 자책하고, 유죄(流罪) 이하는 사면했으며, 도량을 열어 비가 오기를 기원했다는 것이 보인다.[25] 즉, 4~5월에 비가 내려 기청제를 하면서 우사를 지내지 않았고, 6월에 가물자 7월에 대우를 지낸 것으로 정리할 수 있다. 맹하에

---

23) 『고려사』 권65, 지19, 예7, 빈례, 성종 9년 6월.
24) 『고려사』 권12, 예종 원년, 5월 병진.
25) 『고려사』 권12, 예종 원년, 6월 병술, 정해, 무자.

우사를 지내는 것이 상례이긴 하지만 기상 변화에 따라 우사의 시기를 조정했던 것이다. 이러한 사례는 충렬왕 29년 윤5월에 지낸 우사도 마찬가지이다. 당시 4월에는 오얏과 매실 크기의 우박이 내린 재해가 있었으므로 기우제를 지내기에는 적합한 기후가 아니었다.[26]

그 외 드물기는 하지만 맹하에 우사를 지내기 어려운 상황이 발생했을 가능성도 있다. 예를 들어 명종 19년(1189)에는 윤5월에 우사를 지냈는데, 4월은 금 황제의 사망으로 인해 국왕이 상복을 입고 있었으므로 흉례 중에 길례를 지낼 수 없었을 것이다. 이러한 이유들로 인해 맹하 이후에 길일을 택했을 가능성도 있다.

이와 같은 예외적인 사례들이 있지만, 결과적으로 고려에서는 맹하에 길일을 택해 우사를 지내는 경우가 일반적이었다. 우선, 맹하에 시행한 첫 번째 우사 11건이라는 것과 이어서 시행되는 재우와 삼우 기록의 30건 이상이 대개 4~5월에 걸쳐 있으므로 첫 번째는 4월에 시행되었다고 보는 것이 타당하기 때문이다.

여름의 첫 달에 길일을 택하여 가물지 않더라도 상제에게 기원하는 것은 국가가 사회의 안정성을 유지하기 위해 시행해야 할 기본적인 역할이었다고 할 수 있다. 그렇다면 우사를 지낸 이후에도 가뭄이 지속되는 상황에서는 어떤 추가적인 대책을 시행할 것인가? 정종 2년 기사에는 우사 이후의 순차적으로 시행되는 기우제에 대한 대책을 확인할 수 있다. 아래는 정종 2년 4월 우사를 지낸 뒤, 5월의 기록이다.

유사(有司)에서 아뢰기를, "봄부터 비가 적게 내리므로, 고전(古典)에 따라 억울한 옥사[寃獄]를 심리하고, 궁핍한 사람을 진휼하며, 버려진 시신을 수습하여 매장하여 주십시오. 먼저 북교에서 악진(岳鎭), 해독(海瀆),

---

26) 『고려사』 권53, 지7, 오행1, 수.

여러 산천(山川)에게 구름과 비를 일으킬 수 있도록 기원하고, 다음 종묘 (宗廟)에서 기원하되, 7일마다 기원하십시오. 비가 오지 않으면 다시 처음처럼 악진(岳鎭), 해독(海瀆)부터 돌아가십시오. 가뭄이 심하면 우사 를 지내고, 시장을 옮기며 산선(傘扇)을 사용하지 않고, 도축을 금지하며 관청의 말에게 곡식을 먹이지 말아야 합니다."라고 하자, 왕이 이를 허락하고, 정전(正殿)을 피하며 식사의 반찬 수를 줄였다.[27]

이를 통해 가뭄이 심각한 상황일 때 어떤 순서로 기우제와 국왕의 책기, 형정을 시행하는지를 확인할 수 있다. 고려에서 가뭄이 심할 때에는 우사를 지내고 그 이후 ①형정-②진휼궁핍한 자, 시신 수습-③악진해독 산천 제의-④종묘 제의-③-④-⑤우사-⑥시장 옮김·산선 사용 금지· 도축금지·관마에게 곡식을 먹이지 말 것으로 진행되었다. 정종 2년 4월에 이미 우사를 시행했으며,[28] 비가 오지 않자, 다음 기우를 위한 정치적·의 례적 조치를 행하는 것이다. 즉 재우는 가뭄이 발생했다고 해서 바로 시행하는 것이 아니라 형정, 진휼로 대책을 마련한 뒤에, 악진해독산천 및 종묘 제의를 2번 반복해도 비가 오지 않으면 거행하는 것이었다. 물론 그 기간에 불교와 도교 의례도 같이 시행되었을 것이다.

위의 유사가 올린 건의에서 '고전'은 남북조를 거쳐 수와 당에서 정리된 의례를 참조한 것으로 보인다. 다음의 〈표 2〉는 고려 정종 2년의 기사와 『통전』에 실린 당 개원 11년의 기우제 기록을 비교한 것이다. 당의 내용은 『구당서』 잡사(雜祠)와 같아서 개원 이후 이와 같은 방식이 유지되었을 것이다. 『통전』은 고려에서 종종 전거로 활용되었다. 후대이긴 하지만

27) 『고려사절요』 권4, 정종 2년, 5월 "有司奏 自春少雨 請依古典 審理冤獄 賑恤窮乏 掩骼埋胔 先祈岳鎭海瀆諸山川能興雲雨者於北郊 次祈宗廟 每七日一祈 不雨 還從岳鎭海 瀆如初 旱甚則修雩 徙市 斷撤扇 禁屠殺 勿飼官馬以穀 王從之 避正殿 減常膳."
28) 『고려사』 권6, 정종 2년, 4월 계유.

민지가 '두씨 통전'을 읽었다는 기록도 있고,[29] 공민왕대에 사관이 해인사 사고(史庫)에서 『통전』과 『삼례도』를 가지고 왔던 것을 보면[30] 제도와 의례의 고전을 참조하는 데에 활용도가 높았다고 할 수 있다. 이에 정종 2년의 기록도 『구당서』를 보았을 가능성도 있지만, 당 대에 만들어진 제도 관련 서적인 『통전』을 참조했을 것이라 짐작된다.

〈표 2〉 고려와 당의 기우제 비교

	고려(정종 2년)	당(開元十一年)
조건	(自春少雨)	孟夏後旱
형정	審理冤獄	則祈雨 審理冤獄
진휼	賑恤窮乏　　掩骼埋胔	賑恤窮乏　　掩骼埋胔
제의 ①	先祈岳鎭海瀆諸山川能興雲雨者 於北郊 (사직 없음) 次祈宗廟 每七日一祈	先祈岳鎭海瀆及諸山川能興雲致雨者 皆於北郊遙祭而告之 又祈社稷 又祈宗廟 每以七日皆一祈
②	不雨 還從岳鎭海瀆如初	不雨 還從岳瀆如初
③	旱甚 則修雩	旱甚 則大雩
조건		初祈後一旬不雨
신료/민	徙市 斷繖扇	即徙市 斷扇
	禁屠殺 勿飼官馬以穀	禁屠殺 造大土龍
군주	避正殿 減常膳	(없음)

〈표 2〉는 고려 정종 2년 기록과 『통전』 개원 11년의 기록을 비교한 것이다. 고려에서는 정종 2년 당시 봄부터 비가 적게 온 것을 여러 기우 조치 시행의 배경으로 거론했다. 한편, 『통전』에서 기록한 당 대의 규정은 맹하 이후에 가뭄이 발생할 경우, 시행하는 내용이다. 고려와 당의 기우 조치에서 형정과 진휼은 내용이 같다. 북교에서 악진해독산천에 기원하고, 다음으로 종묘에 기원하는 것은 동일하지만, 고려에서는 사직 제의가 빠져있다.[31] 비가 오지 않는다면 악진해독부터 다시 한번 되풀이하여

---

29) 『고려사』 권107, 열전20, 민지.

30) 『고려사』 권112, 열전25, 백문보.

31) 이때 사직 제의가 빠진 이유는 알 수 없다. 가뭄에 대해 정종 2년 전후에도 모두 사직에서 기우제를 지낸 사례들이 있으므로 사직에서 기우제를 하지 않았다

제의를 지내는 것은 같고, 이후 우사를 지내는 것도 동일하다. 그러나 고려는 일반 우사인 반면 당에서는 '대우(大雩)'를 지내는 점이 다르다. 제의는 7일을 단위로 시행하는데 이는 양(梁)에서 정리한 것을 수에서 계승하여, 당에서 내용과 순서를 다시 정한 것이다.[32]

제의까지 모두 지냈는데도 비가 오지 않는다면 그 이후에 시장을 옮기고 산선을 금지하고, 도살을 금지한다. 다만, 고려에서는 관마에게 곡식을 먹이지 않도록 하였으나, 당에서는 큰 토룡을 만드는 점이 다르다.

한편, 정종은 유사의 말을 따르면서, 정전을 피하고, 식사의 반찬 수를 줄이도록 했다. 이는 그동안 가뭄을 비롯한 자연재해의 대책으로서 많이 활용된 방법이지만, 유사의 건의나 이때 참조했을 '고전'인 당의 예에서도 나오지 않는다. 국왕의 근신에 관한 내용은 수대에 정리되었던 것으로 보인다. 처음 비가 오길 청한 뒤 앞서 말한 의식들을 2번 행한 뒤에도 비가 오지 않으면 군주가 자책하는데, 황제는 소복을 입고, 정전을 피하며, 반찬을 줄이고, 음악을 듣지 않고, 한 데 앉아서[露坐] 청정한다고 했다.[33] 고려 정종이 유사가 건의하지 않는 '자책'을 시작한 것은 가뭄이 심각해졌을 때 행하는 일련의 대책들을 모두 시행하고자 하는 국왕의 의지를 구현한 것이었다.

다음으로 구체적인 우사의 모습을 확인할 수 있는 기사가 있다. 선종 5년에 남교에서 재우를 지낸 기록이다.

가뭄이 심하므로 왕이 문무백관을 거느리고 남교(南郊)에 가서 재우(再

고 할 수 없다. 정종 2년에 사직에서 기우제를 지낼 수 없었던 사정으로 인해 이때에만 제외된 것으로 짐작된다.

32) 『통전』 권43, 예3, 연혁3, 길례2, 대우.

33) 『통전』 권43, 예3, 연혁3, 길례2, 대우, "卽徙市 禁屠 皇帝御素服 避正殿 減膳撤樂 或露坐聽政 百官斷傘扇 令家人造土龍." 이 가운데 露坐聽政은 왕의 자리에서 내려와 정사를 돌본다는 의미로, 避正殿이나, 暴露儀禮와 구분된다.

雩)를 지냈다. 6사(六事)로 자책하여 말하기를, "정사가 한결같지 못하였던가, 민이 일할 자리를 잃었던가, 궁실이 높았던가, 부녀자의 청탁이 매우 많았던가, 뇌물이 행하여졌던가, 아첨하는 무리가 많았던가?"라고 하였다. 남동(男童)과 여동(女童) 각각 8인으로 하여금 또 춤추며 "우(雩)"를 외치게 하였다. 정전(正殿)을 피하고 반찬 수를 줄였으며, 음악을 멀리하고 한 데에 앉아[露坐] 정무를 처리하였다.[34]

우사는 기곡과 함께 고려의 원구 제사에 속한다. 장소를 특정하지 않고 우사를 시행한 사례는 대부분 원구에서 이루어졌을 것이다. 그런데 위 기사에서는 남교로 백관을 이끌고 가서 재우를 지냈다고 하니, 의례 장소가 달라졌다는 것을 알 수 있다. 선종대를 제외하고 재우를 비롯한 우사가 남교에서 시행된 예는 없으며, 이 기록도 국왕이 직접 문무백관을 이끌고 남교에 갔기 때문에 특별히 남겼던 것으로 보인다. 선종 5년 4월에는 이외에도 시장을 옮기고, 종묘·사직·산천에서 비를 비는 등 여러 방면의 기우 대책을 시행하였다. 위 기사에서 선종이 남교에서 재우를 시행했는데, 이는 기록에는 없지만 4월 병신일 이전 첫 번째 우사를 시행했다는 것을 전제로 한다. 그럼에도 5월까지 비가 오지 않았다. 5월 조서에서 선종 스스로 본인이 덕이 밝지 못하여 황천(皇天)이 견책하는 것이라고 가뭄의 원인을 진단하고 가벼운 죄를 용서하는 형정을 시행했다.[35] 남교에서 시행한 우사는 『춘추공양전』 하휴의 주석에서 '남교'에 가서 '6사'를 들어 자책한다는 내용과 같다. 고려에서 그 원전을 참조했을 수도 있고, 『통전』에 정리된 내용을 참조했을 가능성도 있다.[36]

---

34) 『고려사』 권10, 선종 5년 4월 병신, "以旱甚 王率百寮如南郊再雩 以六事自責曰 政不一歟 民失職歟 宮室崇歟 婦謁盛歟 苞苴行歟 讒夫昌歟 使童男童女各八人 且舞而呼雩 避正殿 減常膳 徹樂 露坐聽政."

35) 『고려사』 권10, 선종 5년 5월 계유.

36) 『통전』 권43, 예3, 연혁3, 길례2, 대우, "月令 命有司爲民祈祀山川百源 百辟卿士有益於

그리고 앞의 〈표 2〉에서 고려에서는 우사를 지내는데, 당에서는 '대우'를 한다고 했다. '대우'는 고려에서는 숙종 6년과 예종 원년에 시행되었다. 대우는 우사 전체를 포괄적으로 지칭한다고 이해할 수 있지만, 고려에서 지낸 일반적인 우사보다 큰 규모로 시행되는 우사를 가리키기도 한다. '대우'는 무동(舞童) 64인이 현복(玄服)을 입고 8열을 만들어 우예(羽翳)를 잡고 매 열마다 '운한시' 1장을 노래하는 것이라고 했다.[37] 앞서 선종 5년에 남동과 여동 각 8인씩 16인을 모아 춤을 추며 우를 외치게 하였다고 했는데, 이는 대우와 비교하면 그 규모가 다르다. 대우는 『문헌통고』에도 실려 조선 태종대에 활용되었다.[38] 고려에서는 16인의 우사를 주로 지냈다가, 숙종과 예종대에 '대우'로 규모를 키운 우사가 시행되었으며, 조선 태종 이후에는 '대우'의 형식으로 우사를 지냈다고 볼 수 있다.

정리하면 고려에서 우사는 원구 제사의 하나로 사전에 규정되어 시행되었던 정규적인 기후 의례이다. 맹하 4월에 길일을 택하여 지내는 것으로 본래의 법도가 정해져 있었지만, 고려에서는 길일을 택하거나 기후의 변동에 따라 3~6월 사이에 시행되는 경우도 있었다. 그럼에도 대다수의 우사는 4월에 이루어졌다. 첫 번째 우사를 지낸 후에도 가뭄이 계속되면 형정·진휼·제의·자책 등을 시행한다. 그중 제의는 악진해독산천, 종묘 제사이며, 이를 되풀이해도 비가 오지 않으면 두 번째 우사[재우]를 지냈다. 형정과 진휼, 제의, 자책 등의 대책이 당의 규정과 같이 정해진 순서를 맞추어 모두 시행되기는 어려웠을 것이라고 짐작되지만, 그럼에도 불구하고 가뭄 대책으로서 우사를 도입하여 다른 기우 의례 및 가뭄 대책과 함께 시행하려고 했던 것을 알 수 있다.

民者 以祈穀實 … 何休注春秋公羊傳曰 旱則君親之南郊 以六事謝過自責 政不善歟 人失職歟 宮室崇歟 婦謁盛歟 苞苴行歟 讒夫昌歟 使童男童女各八人而呼雩也 …."

37) 『통전』 권43, 예3, 연혁3, 길례2, 대우.

38) 『태종실록』 권31, 태종 16년 6월 을축.

3. 가뭄과 우사의 시행

『고려사』에서 우사 시행은 대략 100여 건이 기록되어 있으나, 세가와 오행지의 중복 사례를 제외하고 나면 60여 건으로 줄어든다. 우사는 상사(常祀)였다는 점에서 여타의 기우제 및 가뭄 대책과는 다르다. 한반도의 봄 가뭄은 정도의 차이가 있어도 매년 발생하는 것이었다. 명종 11년(1181) 4월에 국왕과 태사, 직한림원 이원목이 나눈 가뭄과 기우제에 관한 논의를 보면 명종은 "속담[野諺]에 '봄 가뭄은 밭에 거름을 주는 것과 같다[春旱與糞田同]'고 한다."고 말하며 직한림원 이원목이 시정(時政)의 잘못을 언급하며 올린 기우소(祈雨疏)를 비판했다.[39] 이는 통상적으로 봄에 가뭄이 반복되고 있다는 것을 고려인들이 인식하고 있었다는 것과 심각한 가뭄이 아니더라도 농사에 필요한 충분한 비가 내리지 않는 상황도 가뭄으로 인식하고 기우제를 논의했음을 보여준다.[40] 그렇기 때문에 우사의 시행은 봄 가뭄에 대한 고려의 통상적인 대응이라고 할 수 있다.

다음은 『고려사』 세가 및 오행지, 『고려사절요』의 우사 기록을 정리한 것이다. 표를 통해 알 수 있는 것은 우사가 고려 전기부터 후기까지 지속적으로 이루어졌으며, 또한 다수의 기록이 '우(雩)'가 아닌 '재우' 기록이라는 것에서 첫 번째 우사 시행을 미루어 짐작할 수 있다.

다시 말하면 『고려사』의 우사 기록은 "우", "재우", "삼우(三雩)"로 구분할 수 있다. 우사 기록은 5월이 가장 많은 데 앞에서 검토했듯이 대부분이 '재우'에 해당한다. 즉, '우'는 섭사로 시행했으며, 우사를 지낸 이후에 가뭄 등 기상 이변이 발생하면 국왕이 '재우'나 '삼우'에 친사한 것으로 해석할 수 있다. 〈표 3〉은 세가와 오행지의 우사 기록으로서 중복 사례를

---

39) 『고려사』 권20, 명종 11년 4월 정미 ; 『고려사절요』 권12, 명종 11년 4월.

40) 이승민, 「11~12세기 한·중 재해 기록과 오행지의 자료적 성격」, 『한국중세사연구』 67, 2021, 67쪽.

제외하고 정리한 것이다.

<표 3> 『고려사』 세가·오행지의 우사 기록

연번	내용	왕력	서기	월
1	始行雩祀	成宗 3	984	3
2	再雩	顯宗 18	1027	5
3	雩	靖宗 2	1036	4
4	有司奏 "自春少雨 請依古典 審理冤獄 賑恤窮乏 掩骼埋胔 先祈 岳鎭·海瀆·諸山川能興雲雨者於北郊 次祈宗廟 每七日一祈 不 雨 還從岳鎭·海瀆如初 旱甚則修雩 徙市 斷繖扇 禁屠殺 勿飼官 馬以穀" 王從之 避正殿 減常膳	靖宗 2	1036	5
5	雩	文宗 2	1048	3
6	雩	文宗 5	1051	4
7	再雩	文宗 5	1051	5
8	再雩	文宗 20	1066	4
9	雩	文宗 25	1071	4
10	雩	文宗 35	1081	4
11	再雩	宣宗 4	1087	5
12	① 以旱甚 王率百寮如南郊再雩 以六事自責曰 政不一歟 民失 職歟 宮室崇歟 婦謁盛歟 苞苴行歟 讒夫昌歟 使童男童女各八人 且舞而呼雩 避正殿 減常膳 徹樂 露坐聽政 ② 以旱甚 王備法駕 率百僚 如南郊 再雩 巷市 禁人戴冒揮扇	宣宗 5	1088	4
13	大雩 設仁王道場于文德殿 祈雨	肅宗 6	1101	4
14	大雩	睿宗 元	1106	7
15	再雩	睿宗 6	1111	4
16	雩	睿宗 15	1120	6
17	命有司 雩祀圓丘	睿宗 16	1121	5
18	再雩	睿宗 16	1121	6
19	再雩	仁宗 3	1125	6
20	① 詔再雩祈雨 太史奏 必先祈川上松岳東神諸神廟栗浦朴淵而 後 再雩 可也 宜當兩京內外公私 罷土木興作之役 從之 ② 日官奏 今旱甚 宜祈岳鎭海瀆諸山川 及宗廟社稷 每七日一 祈 不雨 則還從岳 瀆如初 旱甚 則修雩 從之	仁宗 8	1130	4
21	再雩	仁宗 9	1131	4
22	再雩	仁宗 11	1133	6
23	三雩 制曰 "近來 世道漸降 風俗澆薄 不孝不友 或棄孤幼 去妻妾 或居憂遊蕩 父母骸骨 權攢寺宇 至有累不葬者 宜令有司 檢察治 罪 如有貧不能襄事者 官給葬費"	仁宗 11	1133	6
24	再雩	仁宗 12	1134	5
25	再雩	毅宗 3	1149	5
26	再雩	毅宗 12	1158	4
27	再雩	毅宗 12	1158	4

28	再雩	毅宗 14	1160	5
29	再雩	毅宗 15	1161	6
30	以久旱再雩 下詔曰 "朕臨政願理 思與群臣 同心合德 日聞忠言 施於有政 上答天心 下副民望 其文武四品以上 各言時政得失·民間利害 以備採擇"	毅宗 16	1162	4
31	雩 自正不雨 至于是	毅宗 23	1169	4
32	再雩	明宗 8	1178	5
33	再雩	明宗 11	1181	5
34	雩 又禱于群望	明宗 19	1189	閏5
35	再雩	明宗 21	1191	7
36	再雩	明宗 25	1195	6
37	再雩	神宗 元	1198	6
38	再雩	神宗 4	1201	6
39	再雩	神宗 5	1202	5[41]
40	以旱 再雩	康宗 2	1213	5
41	以旱 雩	高宗 16	1229	4
42	以旱 再雩	高宗 17	1230	5
42	再雩	高宗 18	1231	5
43	以旱 再雩	高宗 19	1232	5
44	再雩	高宗 37	1250	5
45	又雩[*三雩]	高宗 37	1250	5
46	以旱 雩	元宗 13	1272	4
47	雩	忠烈王 2	1276	4
48	雩 大雨	忠烈王 13	1287	5
49	以旱 雩	忠烈王 29	1303	閏5
50	再雩	忠肅王 3	1316	5
51	雩	忠肅王 5	1318	5
52	再雩 禱雨于佛寺	忠肅王 5	1318	5
53	雩	忠肅王 7	1320	4
54	再雩	忠肅王 8	1321	4
55	雩	忠肅王 後元	1332	5
56	以旱, 雩	忠穆王 元	1345	7
57	再雩	恭愍王 3	1354	5
58	雩	恭愍王 3	1354	5
59	以旱 雩	恭愍王 14	1365	4
60	代言李元紘封雩祭香 忘其祝板 久而請押 禑怒曰 祀事不可不愼 爾何慢耶	禑王 2	1376	6
61	①雩 且遍禱于佛宇 ②時以旱雩 且遍禱諸寺 瑩颺言於都堂曰 今政刑紊亂 有功不賞 有罪不刑 天豈雨哉	禑王 3	1377	5
62	以旱 雩祀圓丘 又祈于宗廟社稷朴淵開城大井貞州等處	禑王 5	1379	5

'재우'나 '삼우'를 시행한 해는 한 번의 정규적인 우사만 시행한 해보다 가뭄의 정도가 심각했을 가능성이 있다. 그리고 첫 번째 우사를 섭사로 시행한 뒤에, 가뭄이 지속되었을 때 두 번째 우사를 국왕이 친사하면서 직접 가뭄을 해결하는 국왕의 모습을 의례를 통해 드러내면서, 국왕의 권위를 확인시킬 수 있었을 것이다.

물론 첫 번째 우사만 있다고 해서 가뭄이 없었던 해라고는 할 수 없다. 기존의 연구 성과와 같이 도량이나 초 등 다른 방식의 기우제도 여러 차례 시행되었기 때문이다. 다만, 이 글에서는 우사만을 중심으로 가뭄과 정규 의례 운영의 관계를 확인하고자 한다.

한편, 다음의 〈표 4〉는 원구에서 시행된 우사가 아닌 기우제 기록이다. 우사가 아닌데도 원구에서 시행한 "도우(禱雨)"가 총 7건이 있다. '도우(禱雨)' 즉 비가 오길 기도하는 것은 우사와 다른 의례였을 가능성이 있다.[42] 우사를 원구에서 시행했음에도 별도로 "원구에서 비를 빌었다"라고 표현한 이유는 의례의 내용이 달랐기 때문으로 추정된다. 앞서 선종대와 같이 남녀 각 8인을 모아 '우'를 외치며 춤추게 하는 것이 우사의 의례 내용이라면 '도우'는 의주를 확인할 수 없지만, '우'를 외치며 춤추는 것과 다른 내용이었을 가능성이 크다. 또한, 〈표 4〉의 1의 예종 15년의 사례와 같이 6월에 우사를 시행하고도 7월에 원구·종묘·사직·군망에서 비를 기원했다고 하여[禱雨] 기우 의례의 유형을 달리 표현하고 있는 점도 참고할 수 있다. 이때 8월까지 비가 오지 않아서 오곡이 여물지 않고 역려가 크게 일어났다고 하니, 가뭄의 정도가 심각했음을 알 수 있다. 이에 다양한 방안을 강구하면서 우사와 별개로 원구에서 하늘에 제사를 지내 비를 기원하고자 한 것이다.

---

41) 원문은 5월 정해일이라고 되어 있으나, 5월에는 정해일이 없음.
42) 최봉준, 「한재와 기우제 관련 연관색인어로 보는 고려~조선초기 사상사적 변화」, 『한국중세사연구』 67, 108~109쪽.

<표 4> 원구에서 시행된 기우제

	연	월	세가	오행지
1	예종 15(1120)	7	庚戌 禱雨于圓丘廟社群望	六月 辛未 雩 (7월) 庚戌 又禱于圓丘廟社群望 自夏 至八月 不雨 五穀不登 疫癘大興
2	원종 2(1261)	4	辛丑 以旱 禱于圓丘 乃雨	辛丑 以旱 禱于圓丘 乃雨
3	충렬왕 15(1289)	5	甲午 禱雨于圓丘	
4	충렬왕 34(1308)	5	甲申 禱雨于圓丘	戊辰 禱雨 甲申 又禱于圓丘
5	충선왕 원(1309)	4	丁丑 禱雨于圓丘	丁丑 禱雨于圓丘
6	충숙왕 즉위(1313)	5	辛卯 禱雨于圓丘	辛卯 以旱 禱雨于圓丘
7	충숙왕 8(1321)	5	癸巳 禱雨于圓丘	癸巳 禱雨于圓丘

즉, 위 표의 기록은 우사가 시행되는 가운데에서도 4~5월에 걸쳐 원구에서 별도의 형식으로 비를 기원했던 의례로 생각된다. 이와 함께 이 표에서는 원구에서 이루어진 도우만을 모아 놓았지만, 산천이나 사원, 종묘 등 다른 제장(祭場)에서도 비가 내리기를 기도했으므로 원구나 남교에서 시행된 우사와는 다른 형식의 기우 의례라고 생각된다.

원구에서 '도우'한 기록을 제외하고 우사 기록, 그중 『고려사』 재우와 삼우 기사를 기준으로 우사를 정리하면 대략 36건이다. 그동안 연구에 의하면 12세기 전후에 정치·사회 혼란에 의해 재이 기록이 증가한 것을 토대로 이 시기 자연재해가 집중적으로 발생했다고 보았다.[43] 가뭄 기록도 마찬가지이다. 우사를 두 번 이상 지내는 사례는 11~14세기까지 고려 전 시기에 있으나, 그 가운데 12세기 전후에 집중적으로 나타난다. 숙종과 예종 원년의 '대우'기록을 시작으로 12세기부터 13세기 전반기까지 우사가 한 차례만 이루어진 해는 없다. 명종 19년(1195)은 재우 기록은 없으나 우사와 함께 군망에 비를 기원하는 다른 의례를 함께 시행하고 있을

---

43) 이정호, 「『고려사』五行志의 체재와 내용-自然災害의 발생 추세를 중심으로-」 『한국사학보』 44, 2011 ; 「高麗前期 自然災害의 발생과 勸農政策」 『역사와 경계』 62, 부산경남사학회, 2007 ; 「여말선초 자연재해 발생과 고려·조선정부의 대책」 『韓國史學報』 40, 2010 ; 한정수, 「高麗前期 天變災異와 儒敎政治思想」 『韓國思想史學』 21, 2003 ; 「고려후기 天災地變과 王權」 『歷史敎育』 99, 2006.

뿐이다.

다음의 〈표 5〉는 『고려사』를 토대로 11세기 우사 기록과 자연재해, 다른 대책을 정리한 것이다. 여기에서는 재우만 기록된 해와 첫 우사만 시행된 해의 재해와 가뭄 대책을 비교해보고자 한다.

정종 2년에는 앞에서 보았듯이 우사와 재우 사이에 시행해야 할 형정, 진휼, 의례, 군주와 신료·민의 자책과 금기 등을 확인할 수 있었다. 당시에는 2월부터 비가 내리지 않아 상당히 건조한 환경이 만들어져 있었다. 서경과 동계 고성현에 화재가 발생했고, 때 이른 여름 우박까지 내려 작물에 피해를 주었다. 이에 5월에 재우를 지냈으며, 이와 함께 5~6월에

〈표 5〉 11세기 주요 자연재해와 대응 및 우사 기록

연	월	자연재해	우사	형정	진휼	의례	군주	신료/민
정종2 (1036)	2	不雨, 雷, 火(서경)						
	3	火(동계 고성현)						
	4	우박	雩					
	5	봄부터 가뭄 우박	再雩	원옥심리	시신수습	도량	避正殿 減膳	徙市, 斷扇 도살금지
	6	지진, [解]비				도량, 親醮		
	7	震(회빈문)						
	8	지진						
문종5 (1051)	2	火(경시서 등)						
	3	가뭄				禱雨川上		
	4		雩			親醮		
	5		再雩	사면				
	12	大雪			免租			
문종25 (1071)	4		雩			親醮		
	5	가뭄				禱雨川上		
	6					禱雨川上		
문종35 (1081)	4		雩					
	7	霪雨				기청제		
	8	우박						
선종5 (1088)	3	가뭄				醮(毬城)		
	4	심한 가뭄	再雩			禱(宗廟·社 稷·山川)		
	5	홍수		輕囚薄罪				

걸쳐 문덕전에서 도량을 열고, 국왕의 친초를 시행하는 등 불교와 도교 의례도 함께 진행되었다.

또한 재우만 기록된 선종 5년에는 가뭄과 홍수가 연이어 일어났는데, 심한 가뭄으로 재우를 시행한 것 외에도 전성에서 초를 열고 종묘, 사직, 산천 등에서 비를 비는 등 다른 의례가 함께 가벼운 죄를 지은 죄수는 용서해주는 등 형정도 함께 실시되었다.

반면, 문종 25년과 35년의 우제가 한 차례만 열렸던 해는 가뭄이 있었으나 그 외의 자연재해가 일어나지 않아 피해가 크지 않았거나 혹은 가뭄에 대한 기록이 없이 7월에 장마가 있어 기청제를 여는 등 기상 변화가 크지 않았음을 알 수 있다.

다음의 〈표 6〉은 12세기에 시행된 우사 기록이다. 숙종 6년은 앞서 보았던

〈표 6〉 12세기 주요 자연재해와 대응 및 우사 기록

연	월	자연재해	우사	형정	진휼	의례	군주	신료/민
숙종 6 (1101)	3			錄囚		반야도량, 장경도량, 오온신 제사		
	4	가뭄 蟲食松 雪(東路) 火(吏部)	大雩	錄囚	濟危寶 진휼	禱雨(天地·宗廟·山川), 摩利支天道場 醮太一, 曝巫龍王道場(2), 禱雨(天地·宗廟), 仁王道場, 集僧徒(禳蟲), 神衆道場(松蟲)		
	5	[解]大雨				禱雨		斷扇, 徙市
예종 16 (1121)	3	火(시전)						
	4	가뭄		慮囚				
	5	가뭄 石頹		慮囚		禱雨(흥국사)		
	윤5	가뭄		慮囚		禱雨(神祠, 佛宇), 聚巫, 親醮	제서 반포 (형정, 부패관리, 부당한 세금, 요역 징발 단속)	講(雲漢 洪範, 月令)
	6	[解]大雨	再雩	慮囚		나한재, 禱(山呼亭), 도량		

인종 11 (1133)							
	9	우박					
	1	안개					
	4	가뭄 蟲食松		監牢獄	金剛經道場		
	5	蟲食松 暴風雷雹 震(2)			集巫, 集女巫	조서 반포(탐관오리 처벌)	講(주역, 상서, 홍범, 중용)
	6		再雩 三雩	慮囚	聚巫, 百僚, 設齋		
	7	[解]大雨					

'대우'가 시행된 해이다. 우사가 한 차례 시행되었으나, 규모나 의례의 내용이 다르므로 재해 기사와 함께 비교해보았다. 이 해에는 가뭄 피해만 있었던 것이 아니라 심각한 기상 이변이 발생했다. 우선 송충이 피해가 있어 이를 위해 별도로 신중도량과 승려를 모아 송충이 피해를 기양하는 의례를 시행했다. 더욱이 가뭄으로 개경 이부가 불에 타는 등 개경 지역은 건조한 환경이 지속되는 가운데 동계[동로]에서는 눈이 내렸다. 형정과 진휼을 시행하기도 했지만, 반면 시장을 옮기고 산선을 금지한 것 외에 신료나 민에 대한 금기는 시행되지 않았고, 군주의 자책이나 수신이 없었던 점이 두드러진다. 이 해의 특징은 여러 차례 불교·도교·무속 의례가 시행되었다는 것이다. 재해가 역병, 가뭄, 충해 등으로 여러 가지였던 것처럼 의례도 사상적 갈래나 그 안에서의 목적도 다양했다.

숙종대와 비교하여 예종대 재해는 가뭄에 집중되어 있다. 6월에 두 번째 우사를 지냈으므로 그 전에 첫 번째 우사가 있었을 것이다. 3월에 시전에 화재가 있었던 것을 보면 건조한 날씨가 6월의 큰비가 내릴 때까지 계속되었다. 이에 의례도 모두 기우제에 집중되어 있었던 것을 알 수 있다. 인종 11년은 숙종 6년과 마찬가지로 가뭄이 지속되는 가운데 송충이 피해와 폭풍과 우박, 번개 등이 발생했다. 7월 큰비가 내리기 전까지 형정과 도량을 실시했고, 특히나 무속 의례의 비중이 높은 것이 눈에 띈다.

그 외에도 12세기 예종과 인종대의 특징이라고 한다면 유교 경전에 대한 강경이다. 『서경』 홍범, 『시경』 운한, 『예기』 월령, 『주역』, 『상서』, 『중용』까지 예종과 인종대에는 군신이 모여 다양한 유교 문헌을 강경하였다. 이것이 재해와 가뭄에 대한 대응으로 시행된 것인지, 직접적인 언급은 없다. 그러나 그중 홍범이 오행과 오사 등 천인감응설에 의한 재이론과 관련이 있으며, 운한은 가뭄과 기근에 대한 군주의 대응을 쓴 것이라는 점에서 재이와 관련이 있다. 또한 월령도 때에 맞는 정령(政令)을 시행해야 함을 보여주는 것으로서 예종대에 두드러진 강경은 군주의 수덕(修德) 외에도 소재(消災)를 위한 조치로 이용되기도 한다.[44]

또한 예종과 인종은 각각 제서와 조서를 내려 관료들을 단속했다. 말로써 본인의 부덕함을 탓하지만 정전을 피하거나 반찬 수를 줄이는 자책과 성찰의 행위보다는 관료의 폐단을 시정함으로써 '화기(和氣)'를 불러오도록 하는 조치를 내렸다. 예종대에는 구체적으로 곧 참형과 교형 이하를 방면하도록 하고, 이어서 민을 착취하거나 썩은 곡식을 지급하고 이자를 받거나, 황폐한 밭에서 세금을 징수하거나 토목공사를 일으키는 관리를 단속하도록 했다.[45]

이와 같이 "재우"나 "삼우"의 사례는 통상적인 우사만 지냈던 시기보다 가뭄의 정도와 기상 악화가 심했던 상황을 반영한다고 할 수 있다. 가뭄만이 문제가 아니라 복합적인 재해 곧 송충이 피해나 지진, 번개, 우박, 폭풍, 화재 등이 발생했을 때 재우와 삼우가 시행되었다.

고려시대 우사는 농업 경제의 바탕이 될 수 있는 자연 환경과 인간의 관계를 상사(常祀)로서 보여준다. 매년 맹하에 길일을 택해 상제를 비롯한

---

44) 예종과 인종대에는 경전 강학이 집중적으로 이루어졌으며, 이는 경학의 발전과 함께 12세기 재이 상황과도 관련이 있다고 보았다(한정수, 앞의 논문, 2003, 72~73쪽).
45) 『고려사』 권14, 예종 16년 윤5월, 을해.

천신에 제사를 지냄으로써 자연에 대한 고려인의 이해와 정치 이념을 형상화하고, 국왕과 조정 관료의 기본적인 기능과 역할을 강조할 수 있었다. 성종대 의례 정비 과정에서 국가의 사전으로 성립한 우사는 우왕대까지 지속적으로 거행되었다. 또한, '재우'나 '삼우'로 표현된 우사 기록은 당시 악화된 가뭄의 정도를 반영하면서 고려의 기상 상황에 따라 여타의 가뭄 대책과 연동된 주요한 기우 의례의 한 축을 담당한 것을 보여준다.

4. 맺음말

고려 성종대 국가 제사 체계를 정비하면서 정리된 원구 의례는 기곡과 우사로 구성되었다. 기곡은 풍작을 기원하기 위한 의례이고 우사 역시 풍작의 조건이 되는 비가 때를 맞춰 적당히 내리길 기원하는 의례이다. 기곡은 정월 상신의 날을 정해놓고 의례를 시행했으며, 우사는 맹하 곧 음력 4월에 길일을 택해 의례를 지낸다. 고려에서는 대개 맹하에 우사를 지냈지만, 길일이 3월이나 5월이거나, 4월에 비가 내릴 경우 반드시 맹하에 우사를 지내지는 않았다. 이때부터 우사는 '상사(常祀)'의 정규 기우 의례로서 시행되었다.

『고려사』에서 매년 우사가 기록되지 않은 것은 편찬 범례에 따라 섭사로 시행된 것은 생략했기 때문으로 생각한다. 『고려사』에서 다수 확인할 수 있는 우사는 4~5월에 걸쳐 시행된 '재우(再雩)' 기록이다. 즉, 편찬 범례에 원구·적전·연등·팔관 같이 늘 있는 일은 첫 의례와 친사를 기록한다고 하였기 때문에 첫 번째 우사 없이 두 번째 우사만을 기록한 해는 첫 번째 우사는 섭사가, 두 번째 우사는 국왕의 친사였을 것으로 짐작된다. 또한 가뭄이 없어 재우를 시행하지 않았다면, 모두 기록에 남지 않았을 것이다.

한편, 도량이나 초, 산천제, 취무 등의 의례는 가뭄과 자연재해가 발생하고 이에 대응하기 위해 시행한 의례이므로 상사인 우사와 그 성격이 다르다. 정종 2년 유사가 중국 왕조의 고전을 참고하여, 우사 이후 가뭄이 지속될 때 시행해야 하는 조치들을 건의했다. 그에 따르면 형정, 진휼, 국왕과 신하가 받는 견책과 금기 등 정치적 사회적 조치들과 악진해독산천 의례와 종묘 의례 등을 거쳐 후에 재우를 시행하도록 했다. 이 내용들이 순서에 따라 일률적으로 시행되지는 않았으나, 우사와 다른 대책과의 관계를 조직적으로 기우 의례를 구성했다는 점에서 의미가 있다. 즉, 두 번째 우사는 가뭄과 자연재해가 지속될 때 후속 조처로서 가뭄 대책과 함께 시행되었고, 일부이지만 고려시대 가뭄을 비롯한 자연재해와 우사 및 대책의 사례를 구체적으로 비교하면서 이를 확인할 수 있었다.

　우사는 농경 사회의 기후의 안정성을 기원하기 위해 규정된 의례이다. 특히 고려는 봄에 가물고 여름에 비가 내리기 때문에 봄이 끝나가고 여름이 시작될 때에 지내는 우사는 그 효과를 경험적으로 보장할 수 있는 정규적인 기우제였다고 할 수 있다.

제3장

고려시대 기우제 거행과 용신신앙

최 봉 준

1. 머리말

가뭄은 전근대 국가에서는 사회의 존망이 걸린 중대한 재해였다. 농업
사회에서 적절한 강우는 한해 농사의 성패와 직결되는데 파종에 이어
농작물이 성장하는 단계에서 강우는 무엇보다 중요한 문제였다. 고려에
서는 농사가 본격적으로 시작되는 시기에는 정례적으로 기곡례가 거행되
었으며, 당(唐)의 영향을 받아 기우제 거행의 순서를 미리 마련하는 등
제도적인 형태를 갖추려고 하였다.

기우제는 정기적인 의례가 아니기 때문에 종교적·사상적 다원성을
띠고 있었다. 고려는 유불선과 풍수지리, 민간신앙 등 사상적 다원성을
지향하는 국가였다. 국가는 일상적이면서도 반복적으로 발생하는 가뭄에
대응하기 위해 국가적 테두리에 존재하는 모든 신앙과 사상을 동원하여
기우제를 거행하였다.[1] 가뭄의 해결 여부는 민의 생존과 지배의 정당성에
직결되는 문제였기 때문에 수단과 방법을 가리지 않고 반드시 해결해야

---

[1] 김일권, 「고려시대 국가 제천의례의 다원성 연구」, 『고려시대의 종교문화』, 서울대
학교 출판부, 2002 ; 최종성, 『조선조 무속 國行儀禮 연구』, 일지사, 2002 ; 최종성,
『기우제등록과 기우의례』, 서울대학교출판부, 2007.

하는 중대한 문제였다. 가뭄은 근대 이전의 거의 모든 국가와 민족이 극복하기 어려웠다는 점에서, 기우제는 문화권마다 형식과 절차를 달리 하지만 보편적인 의례였다고 할 수 있다.[2] 어느 시대든 가뭄과 같은 자연재해에서 자유롭지 않았다. 그리고 이는 중앙과 향촌 모두에 적용되는 문제였다. 그만큼 가뭄은 농업생산력에 큰 영향을 미치는 재해였으며, 그렇기 때문에 기우제에 온갖 수단과 방법을 동원하지 않을 수 없었던 것이다.

기우제는 태묘(太廟), 산천(山川), 용신(龍神) 등을 대상으로 거행되었다. 이 중 중앙과 향촌 모두에 공통적으로 숭배의 대상으로 여겨진 것이 산천과 용신이다. 국가의 사전(祀典) 체계에 따르면 태묘와 산천은 길례(吉禮)에 포함되어 있으며, 향촌에서는 그중에서 산천을 제사의 대상으로 삼고 있었다. 그리고 용신은 산천의 영험한 것, 즉 영험처에 거주하는 수신(水神)으로 여겨졌다.[3] 즉 강우는 용신의 작용에 의한 것이라는 믿음이 있어 왔으며, 이는 한국, 중국, 일본, 심지어 인도 등 동아시아 외의 여러 문화권에서 형태는 다르지만 널리 신봉되고 있었다.[4] 이들 문화권에서 거행되는 기우제에서는 용신을 불러오기 위해, 그리고 잠자는 용신을 일깨우기 위해 여러 가지 수단과 방법이 동원되었다. 거의 대부분의 행위들이 오늘날의 시각에서는 도저히 이해할 수 없는 것들이지만, 이는 그들

---

2) 제임스 조지 프레이저, 박규태 역주, 『황금가지①』, 을유문화사, 2005, 179~221쪽.
3) 용신신앙과 관념에 대해서는 문학과 민속학, 종교학, 역사학 등이 참여하여 이미 여러 차례 종합적인 연구서가 출간되었다. 그에 따르면 용신신앙은 한국과 중국, 일본 등 동아시아에만 존재하는 것이 아니라, 인도와 유럽에도 존재하는 보편적인 水神이었다고 한다. 대표적인 성과를 꼽아보면 아래와 같다.
이혜화, 『龍사상과 한국고전문학』, 깊은샘, 1993 ; 김종대, 『33가지 동물로 본 우리 문화의 상징세계』, 다른세상, 2001 ; 서영대·송화섭 편, 『용, 그 신화와 문화 한국편』, 민속원, 2002 ; 서영대 편, 『용, 그 신화와 문화 세계편』, 민속원, 2002 ; 이동철, 『한국 용설 화의 역사적 전개』, 민속원, 2005 ; 이혜화, 『미르 : 용에 관한 모든 것』, 북바이북, 2012.
4) 서영대 편, 위의 책, 2002.

나름의 '검증된 방법'으로 여러 의미를 내포하고 있는 것이었다.

한국사 분야에서 기우제 연구가 활발하게 진행되었다고 말할 수는 없다. 다만, 기우제 연구는 자료가 많이 남아 있는 조선시대를 중심으로 이루어져 기우제의 목적과 성격, 그 사상적 배경에 관해서는 어느 정도의 윤곽을 잡을 수 있다.[5] 그러나 조선시대 기우제의 원형이라 할 수 있는 고려시대의 기우제는 사료가 부족하기 때문인지 그나마도 연구가 부진한 편이다. 『고려사』 예지와 세가 등에 남아 있는 기록을 토대로 기곡례와 우사(雩祀)의 모습을 확인할 수 있었지만,[6] 그렇다고 해서 고려시대 기우제 전체를 모두 확인할 수 있었던 것은 아니다.

고려와 조선시대의 기우제에는 용신이 자주 등장한다. 고려는 건국 초기 태조 왕건의 선대를 용신으로 형상화하였으며, 이는 국왕의 계보를 신성화하고 황제로서의 국왕의 위상을 합리화하는 데 큰 역할을 하였다. 태조 왕건의 선대조 이야기에서도 용은 수신의 이미지를 가지고 있었지만, 기우제에 등장하는 용신은 비를 내려줄 것을 강요당하는 존재였으며, 이러한 이미지는 상대적으로 조선보다는 고려시대에 보다 보편적인 경향이 강하였다고 할 수 있다.

이 글에서는 용신신앙을 중심으로 고려시대의 기우제의 성격과 의미를 되짚어 나가기로 한다. 이 연구는 종교학 등 주변 학문의 연구성과에서 출발하였지만, 개별 연구에서는 석연치 않은 부분을 발견할 수 있었다. 그럼에도 불구하고, 주어진 자료와 연구들을 활용하여 하나씩 문제를

---

5) 오인택, 「숙종대 국행 기우제에 나타난 한재 대응방식의 정치성」, 『전남사학』 29, 2007 ; 오용원, 「기우제의를 통해 본 영남 지방관의 일상과 대민의식」, 『영남학』 16, 2009 ; 송화섭, 「전주 덕진연못의 聖池 認識과 관련 의례」, 『지방사와 지방문화』 13-1, 2010 ; 이상호, 「태종대 가뭄 대처 양상에 드러난 유학적 사유」, 『국학연구』 23, 2013 ; 하서정, 「조선후기 지방 기우제의 시행과 의미」, 『영남학』 70, 2019.

6) 김철웅, 『한국 중세의 길례와 잡사』, 경인문화사, 2007 ; 한정수, 「국가적 농경의례의 운영」, 『한국 중세 유교정치사상과 농업』, 혜안, 2007 ; 김아네스, 「천지 제사의 례 : 환구사와 방택제」, 『고려의 국가제사와 왕실의례』, 경인문화사, 2019.

풀어나가고자 한다. 이를 위해 우선은 고려전기에 성립한 기우제차(祈雨祭次)부터 이야기를 시작하고자 한다. 그리고 국가적인 사전체계 안에서 용신신앙이 갖는 의미를 짚어보고, 다양한 용신 기우제에 대하여 살펴보고자 한다. 의례는 신앙의 대상에 대한 그들의 관념을 반영한다. 이 연구는 가깝게는 고려시대의 용신신앙의 구체적인 형태를 살펴보는 것이지만, 멀게는 고려시대의 재이(災異)에 대한 인식을 살펴보는 작업이 될 것이다. 앞으로의 연구와 논의의 발전을 위하여 조언과 질정을 바란다.

2. 고려전기 기우제차의 성립과 용신신앙

근대 이전 재해를 비롯하여 일상적인 자연의 움직임과 관계가 먼 현상은 인사(人事)의 문제로 인식하였다. 이른바 천인감응설(天人感應說)은 한(漢)의 동중서(董仲舒)에 의해 제창된 것으로 하늘과 인간은 동기감응(同氣感應)하고 있으므로 교화의 주체인 군주가 통치를 잘못하여 도덕적으로 해이해지거나 정치에 문제가 발생하게 되면, 하늘은 군주에게 재이를 통해 경고를 하며, 때로는 재해로 징벌을 내린다고 하였다.[7]

오늘날도 그렇지만 전근대사회에서 재해는 예측하기 쉽지 않았다. 위에서 언급한 재이와 재해는 분명하게 구분되는 개념이었다. '재이(災異)'라는 낱말을 풀어보면, '재(災)'와 '이(異)'가 결합한 것으로 '재'가 원인과 결과가 분명한 재해를 이르는 것이라면, '이'는 쌍둥이 출산이나 머리 2개 달린 개나 고양이, 돼지, 소 등의 출산, 일식이나 월식 등 당시의 사람들의 시각에서 정상이라 할 수 없는 이해가 불가능한 현상을 이르는 글자였다.[8] '이'는 '재'와 달리 원인과 결과가 분명하지 않아 여러 가지

---

7) 李熙德, 『高麗儒敎政治思想의 硏究』, 일조각, 1996 ; 이희덕, 『고려시대 천문사상과 오행설 연구』, 일조각, 2000.

해석이 가능하며, 대개 정치적으로 이용되었다.[9]

고대사회의 경우 재이가 발생하면 통치자는 가장 먼저 무격(巫覡), 즉 제사장을 찾아가 신탁을 통해 하늘의 의도를 해석하겠지만,[10] 중세의 유교정치이념에서는 이를 통치자의 잘못이나 변란의 조짐으로 해석한다. 이때 일정한 법칙에 따라 해석하는 경향이 강한데,[11] 대개 군주는 천명을 올바로 해석할 수 있어야 하며, 나름의 방식으로 해석한 천명을 실천에 옮김으로써 하늘의 징벌을 회피하고 현실정치의 잘못을 바로 잡아야 한다는 정도의 결론에 도달하는 것이 일반적 경향이었다. 그런만큼 전통적인 유가사상에서 하늘은 주재자이자, 인격적인 존재로 여겨졌다.[12] 이를 통해 전통적인 재이사상에서 국왕은 국정의 실질적인 주체이자 하늘과 소통이 가능한 존재로 자리매김하게 되었다.[13]

---

8) 최봉준, 「동아시아 전통사회의 재이 DB 구축과 그 의미」, 『역사와 실학』 75, 2021, 261~262쪽.

9) 李熙德, 앞의 책, 1996 ; 경석현, 『조선후기 災異論의 변화』, 경희대학교 박사학위논문, 2018.

10) 李熙德, 『韓國古代 自然觀과 王道政治』, 혜안, 1999.

11) 이연승, 「董仲舒의 天人相關說에 대하여」, 『종교문화연구』 2, 2000, 92~94쪽 ; 신정근, 『동중서 : 중화주의의 개막』, 태학사, 2004, 233~251쪽 ; 홍승현, 「前漢時期 尙書學의 출현과 변용」, 『中國學報』 65, 2012, 220~221쪽.

12) 이춘식, 『유학의 천도관과 정치이념』, 고려대학교출판부, 2004, 53~94쪽.

13) 그렇지만, 이러한 동중서의 이론은 미신적이라는 이유로 많은 유자들에 의해 배척되기도 하였다. 예를 들면, 당 태종 때 우지녕은 同州 馮翊縣에 운석이 18개나 떨어져 불안해하는 당 고종에게 운석은 길흉과 아무런 관계가 없으니, 성실하게 정치에 임한다면 극복할 수 있다고 조언하였다. 즉, 천인감응은 길흉화복을 점치는 것에 불과하므로 음양오행을 이용한다면 예측할 수 있다는 것이다(『舊唐書』 권37, 志17, 五行 山崩 永徽 4년(653) 8월 20일). 이처럼 유자들의 천인감응에 대한 비판은 그것이 일정한 법칙에 의해 계산되고 있음에도 미신적이라는 의혹을 지우지 못하고 있었던데 있었다. 이후에도 이와 같은 천인감응에 대한 비판은 점차 정교해졌다. 그러면서도 천인감응은 그것이 갖는 정치적 성격 때문에 완전하게 불식시키는 것은 불가능하였다(경석현, 앞의 글, 2018). 이를 통해 군주권을 강화하고 政敵을 나름의 논리로 제거할 수 있었기 때문이다. 결국 천인감응과 그에 대한 비판은 공존하게 되었던 것이다.

〈표 1〉 고려시대 기우제 관련 용어의 빈도

길례대사			잡사			불교		
색인어	횟수	개별합계	색인어	횟수	개별합계	색인어	횟수	개별합계
宗廟	9	11	聚巫	20	25	臨海院	2	2
太廟	2		集巫	3		道場	2	2
七陵	2	6	集女巫	1		金剛明經道場	2	6
八陵	2		集巫覡	1		金剛道場	1	
諸陵	1		山川	19	30	金剛經道場	2	
陵寢	1		川上	9		金經道場	1	
再雩	38	74	大川	2		仁王道場	1	1
雩	25		神祠	21	47	龍王道場	2	2
雩祀	5		廟社	9		般若道場	2	2
大雩	2		神廟	6		佛頂道場	1	1
親雩	2		群望	9		消災道場	1	1
雩祭	1		諸祠	1		羅漢齋	1	1
三雩	1		神祇	1		聚僧(集僧)	3	3
后稷	1	1	醮	11	14	佛宇(佛寺)	5	5
神農	1	1	親醮	2		興國寺	3	3
籍田	1	1	九曜堂	1		法雲寺	3	3
社稷	6	6	海瀆	2	2	妙通寺	3	3
圓丘	6	6	岳鎮	1	1	興王寺	1	1
			朴淵	6	6	長慶寺	1	1
			栗浦	1	1	靈通寺	1	1
			松岳(松嶽)	4	4	外帝釋院	1	1
			東神堂(東神, 東神祠)	4	4	普濟寺	1	1
			五海神	2	2	普濟寺	1	1
			天地	2	2	福靈寺	1	1
			名山	2	2	文武百官齋僧祈雨	1	1
			九月山	1	1			
			岳瀆	1	1			
			土龍	3	3			
			畫龍禱雨	2	2			
			開城大井	1	1			
			風師	1	1			
			雷師	1	1			
			雨師	1	1			
			太一	1	1			
합계	106		합계	152		합계		43

『고려사』예지에 기록된 고려의 사전체계는 길례(吉禮), 흉례(凶禮), 군례(軍禮), 빈례(殯禮), 가례(嘉禮) 등 오례로 이루어졌다. 이 중에서 길례는 귀신이나 하늘과 같은 초자연적인 존재에 대한 제사로서 국가적인 대소사가 있을 때마다 제사를 올림으로써 국정 운영의 근거를 확보할 수 있었다.[14] 길례는 대사(大祀), 중사(中祀), 소사(小祀), 잡사(雜祀)로 나뉘는데, 이 중 기우제와 관계있는 의례를 정리하면 앞의 〈표 1〉과 같다.

앞의 〈표 1〉은 고려시대 기우제의 전반적인 특징을 살펴보기 위해 『고려사』에 나오는 기우제 관련 용어의 단순 빈도를 정리한 것인데, 기우제의 대상과 장소, 거행 방법이나 관련되는 여러 행위들을 중심으로 하였다. 앞서 언급한 바와 같이 『고려사』는 실록, 문집, 금석문, 공문서 등 기초자료를 토대로 산삭(刪削)을 가하여 만든 자료이다. 그렇기 때문에 앞의 〈표 1〉에는 고려시대 전체의 빈도가 반영되었다고 말하기 어렵다. 다만, 특정 단어의 사용 횟수를 통해 기우제의 성격 정도는 파악이 가능하다.

여기서 『고려사』 예지에 편제되어 있는 항목에 따라 관련 용어의 점유 비율을 보면, 기우제 관련 색인어 전체 301개 중에서 길례대사가 106개로서 35.2%, 잡사가 50.5%, 불교가 14.3%정도로 나온다. 잡사에 포함되어 있는 초(醮), 친초(親醮), 구요당(九曜堂), 태일(太一) 등 도교 관련 용어까지 구해보면 5.0%가 된다. 비록 많은 부분에서 삭제되었을 것으로 보이지만, 그럼에도 기우제에 불교 관련 용어들이 많이 나오고 있었던 것은 고려시대 기우제의 특징적인 측면을 잘 보여준다.

위에서 가장 눈에 띄는 것이 민간신앙과 관계되는 용어들이다. 잡사 총 152회 중에서 무당과 관계되는 것이 25회 나오고, 그 외에도 민간신앙과 관계된다고 인정할 수 있는 것들도 상당수 포함되어 있다. 그중에서도 토룡(土龍)과 화룡(畵龍)이 각각 3회와 2회로서 상대적으로 적다. 그렇지

---

14) 李範稷, 『韓國中世禮思想研究』, 일조각, 1991, 68~69쪽.

만, 『고려사』 범례에 원구(圓丘), 적전(藉田), 연등(燃燈), 팔관(八關) 등 일상적으로 거행하는 의례는 첫 사례만 기록하여 그 예를 나타내며, 국왕이 친히 거행한 것은 반드시 기록한다고 하였다.[15] 일상적으로 가뭄이 발생하는 당시의 현실을 감안할 때, 국왕이 참례하지 않는 토룡이나 화룡을 이용한 기우제가 『고려사』 편찬 과정에서 상당수 삭제된 것으로 보는 것이 합리적이다. 그렇다면, 고려시대의 기우제는 권농과 교화라는 유교 정치이념에 입각하여 거행하는 것이지만, 민간신앙에도 많이 의존하고 있었던 것으로 볼 수 있다.

유교적 기우제라 할 수 있는 우사의 비중도 많은 편이다. 길례대사 중에서도 전체 104회 중에서 모두 74회나 되어 70% 정도의 비중을 차지한다. 특히 '재우(再雩)'와 같이 반복하여 우사를 지낼 정도로 가뭄의 지속 강도를 확인할 수 있는 사례도 있는데, 국가가 가뭄에 대해 느끼는 위기감이 어느 정도였는지 확인해 볼 수 있다.

앞의 〈표 1〉에 정리된 것들은 대체로 중앙에서 거행하는 국행 기우제이다. 『고려사』에는 기우제 거행 장소가 따로 나와 있지 않은 것이 매우 많다. 이에 대해서는 궁궐이나 관청의 뜰과 같은 넓은 장소를 이용했을 것으로 추정해볼 수 있다. 그렇기 때문에 『고려사』에 수록된 기우제들은 몇몇 특별한 사례를 제외하고는 모두 개경에서 거행된 것들이라고 해도 큰 문제가 없다.

기우제가 거행되는 시점을 전후하여 국가는 구휼, 죄수에 대한 재심사, 이죄(二罪) 이하의 죄수 석방, 토목공사 중지, 금주, 시장 옮기기[徙市], 음악 정지, 상선 줄이기, 부채 끊기[斷撤扇], 도살 금지, 길가에 드러나 있는 시체 매장[掩骼埋胔], 정전을 피하여 정사를 보는 것[避正殿], 북을 치는 것을 금지하는[勿擊鼓] 등 여러 가지 부수적인 행위를 하였다. 〈표

---

15) 『高麗史』, 纂修高麗史凡例.

2)는 그와 관련되는 행위의 빈출 횟수를 정리한 것으로, 그 빈도를 보면 전체 265회의 빈도 중 죄수에 대한 재심사와 석방이 117회로 가장 많은 수를 차지한다.

<표 2> 『고려사』에 수록된 기우 행위의 빈도

색인어	횟수	총횟수	색인어	횟수	총횟수	색인어	횟수	총횟수
減常膳	8		大赦	1		禁公私宴飲	1	
減膳	7	27	慮囚	8		禁諸宮院飲酒作樂	2	41
常膳	12		錄囚	6		禁酒	38	
去撤扇	2		放輕繫	31		禁屠殺	3	
斷撤扇	2		放囚	3		禁屠宰	2	6
禁扇	2		放二罪以下	1		禁宰牛	1	
禁笠扇	1	11	放還	17	117	徙市	23	
禁人扇笠	1		肆赦	1		移市肆	2	34
禁載笠持扇	1		疏決獄囚	2		巷市	9	
去陽傘	2		數赦	1		埋骨	1	5
擊鼓	2	2	原免	14		掩骼埋胔	4	
放諸處土木役夫	1	1	寃獄	15		停樂	1	5
避正殿	16	16	宥二罪以下	15		徹樂	2	
			滯獄	2				

이는 가뭄이 임금의 통치의 잘못에서 비롯되는 것이라는 다분히 천인감응설에서 인식의 연원을 찾을 수 있다. 그에 따르면, 우주와 자연의 운행은 하늘과 동기감응하게 되어 있는 인간의 행위에 달려 있다는 것으로, 인간은 하늘로부터 부여받은 품성에 따라 행동할 것을 강요받는다. 재이는 천명을 따르지 않은 군주에 대한 경고의 의미로 받아들여졌다. 군주에게는 수덕(修德)과 이를 바탕으로 하는 대민교화, 즉 통치의 책임이 주어지게 되었던 것이다. 고려국가에서는 성종대를 기점으로 유교정치이념이 확립되면서 천재지변이 발생하면 때때로 국왕은 신하에게 상소(上疏)나 봉사(封事)의 형태로 올라오는 간언을 받아들여야 하였다. 이는 한편으로는 군주권을 제한하는 논리였지만, 고려에서는 군주권을 합리화하는 논리로 발전하였으며, 중앙집권 역시 합리화하는 논리이기도 하였다.16)

억울한 죄수가 오랫동안 감옥에 갇혀 있다거나 재판이 오래 걸려 죄수가 고통을 받는다면, 화기(和氣)가 손상되어 풍우(風雨)의 운행이 어긋날 수 있었다. 민의 억울함이 오랫동안 축적되면 화기를 손상시키는 것이지만, 다른 한편으로 휼형(恤刑)은 군주의 통치 행위의 일부이기 때문에 그 시행 여부는 군주의 손에 달려 있다. 이는 군주의 통치가 원기의 화합과도 관계된다는 논리가 되는데, 풍우가 순조롭지 못해 가뭄이나 수재가 발생하는 것은 결국 군주의 통치에서 비롯된다는 문제의식이라 할 수 있다.17) 즉, 군주는 왕도를 실현하기 위해서는 화기를 손상시키는 행위를 억제해야만 하였던 것이다. 기우제와 동시에 시행되는 휼형이나 죄수 석방 등은 그러한 점에서 이해할 수 있다.

앞의 〈표 2〉에 나타난 행위들은 주술적 의미와 함께 유교정치이념의 시각에서 해석할 수 있는 것들이라 할 수 있다. 부채를 끊는 것, 정전을 피하여 정사를 돌보는 것, 시장을 옮기는 것, 도살 금지 등은 특정 행위를 금지함으로써 비를 내리게 할 수 있다는 주술적 믿음에 기초한 것들이라 할 수 있다. 그러나 전근대 국가에서 국왕은 정치적으로 국정을 실질적으로 이끌어나가는 주체이며, 이념적으로도 하늘을 대신하여 민을 통치하는 존재였다. 국왕에게 가해지는 피정전, 즉 정전을 피하여 정사를 돌보는 것은 유교정치이념의 시각에서는 국왕이 천명을 제대로 이행하지 못한 데 대한 책임을 지고 하늘이 내리는 징벌을 그대로 받아들인다는 의미로 해석할 수 있다. 이는 폭로의례(暴露儀禮)에서 유래한 것이지만, 유교정치이념의 영향에서 자유로울 수는 없었다. 폭로의례는 의례의 주체를 뜨거운 햇볕에 노출시킴으로써 하늘을 움직여 비를 내리게 하는 행위를 의미한다. 중국 고대사회에서 기우제는 제천의례로서 은허에서 출토된 갑골

---

16) 李熙德, 앞의 책, 1996, 50~55쪽.
17) 『春秋繁露』卷4, 王道 제6, "王正 則元氣和順 風雨時 景星見 黃龍下 王不正 則上變天賊氣 幷見."

문에서는 사람을 불태워[焚人, 焚巫] 거행한다고 되어 있으며,[18] 이는 춘추시대까지도 여전히 거행되고 있었다.[19] 이와 같은 의례는 하늘의 대리인인 무당을 불태움으로써 하늘이 지상의 가뭄을 알게 한다는 의미를 내포하고 있다.

『고려사』 기록에 나오는 피정전(避正殿)은 위의 '분무(焚巫)'에서 유래한 것이기는 해도 널리 행해진 의례는 아닌 것으로 생각된다. 위의 〈표 1〉에 나오는 '취무(聚巫)', 즉 기우제에 무당을 동원하는 행위와 빈도를 비교해 보면, 피정전이 4회, 취무 및 그와 유사한 행위가 25회이다. 『고려사』 기록에 나오는 빈도를 절대치로 볼 수 없지만, 이와 같은 빈도의 차이는 기우제에서 피정전은 매우 이례적인 행위이며, 오히려 '폭무(曝巫)'가 상대적으로 일반화된 행위라는 것을 보여주는 것이 아닌가 생각된다.[20]

물론 피정전을 폭로의례로 거행한 사례가 전혀 없는 것은 아니다. 1088년 4월 선종(宣宗)은 가뭄이 심하여 문무백관을 이끌고 남교(南郊)에서 남녀 어린이 8명씩을 모아 우사를 거행하고 상선(常膳)을 줄이고 음악을 정지하였으며, 햇볕에 나가 정사를 보았다[露坐聽政]. 그러나 이때의 우사는 재우(再雩), 즉 2번째 거행되는 우사였다. 특히 음력 4월에 재우까지 거행할 정도라면 매우 심각한 가뭄이라고 할 수 있다. 선종은 피정전을 거행하며, "정사가 간략하지 못했는가? 민이 실직(失職)했는가? 궁궐이 높았는가? 부녀자의 청탁이 많았는가? 뇌물이 행해졌는가? 참소가 성행

---

18) 劉志雄·楊靜榮, 『龍與中國文化』, 人民出版社, 1992, 245쪽.

19) 『春秋左氏傳』, 僖公 21년(BC639), "夏 大旱 公欲焚巫尫."

20) 위의 〈표 1〉과 관련하여 조선왕조실록에서는 曝巫의 사례가 매우 많이 발견된다. 연구에 따르면 조선건국 이후 기우제는 점차 '경건주의'가 지배하게 되었으며, 순차적으로 승려, 무당, 맹인, 동자 등이 오랜 시간에 걸쳐 기우제에서 점차 배제되었다고 한다. 이 중에서 승려는 1474년(성종 5) 이후 국행 기우에서 더 이상 보이지 않게 되었으며, 무당은 성종대에 국행 기우에서 배제해야 한다는 논의가 있었으나, 조종의 전통을 이어야 한다는 의견 때문에 1648년(인조 26)에 가서야 국행 의례에서 배제될 수 있었다고 한다(최종성, 앞의 책, 2002, 253~256쪽).

하였는가?"라고 스스로 묻고 있다.[21] 이는 피정전이 4월에 재우가 거행되었다는 특수한 상황에서 나온 행위라고 할 수 있으며, 유교정치이념의 범주에서 생각해보아야 한다는 것을 의미한다. 즉, 고려시대의 피정전은 본래의 폭로의례적인 의미를 상실하였다고 할 수 있는 것이다.

유사(有司)에서 아뢰기를, "봄부터 비가 적게 내리니, 청컨대 고전에 근거하여 억울한 옥사를 심리하고 궁핍한 자를 진휼할 것이며, 길가에 드러난 시체를 묻어주고, 먼저 악진해독(岳鎭海瀆)과 여러 산천으로 능히 구름과 비를 일으킬 수 있는 것들에 대해 북교(北郊)에서 기도하게 하고, 다음으로 종묘(宗廟)에는 매 7일마다 1번씩 기도하소서. (그래도) 비가 오지 않으면 다시 처음과 같이 악진해독으로 돌아갈 것이며, 가뭄이 심해지면 우사를 지내고 시장을 옮길 것이며, 부채를 끊을 것이며, 도살을 금하고 관마(官馬)에게는 곡식을 먹이지 말아야 합니다."라고 하니, 왕이 따랐다. (왕이) 정전을 피하고 상선을 줄였다.[22]

고려 건국 후 기우제차가 확립된 것은 1036년이다. 위의 인용문에서 유사가 건의한 기우제차를 정종이 받아들인 것으로 보아 이때부터 국가에서 거행되는 기우제는 위의 인용문에 나타나 있는 순서를 준용하였던 것으로 볼 수 있다. 위의 인용문에 따르면 우선 기우제 거행이 결정되면, 원옥(冤獄)을 다시 심사하고, 길가에 드러난 시체를 묻어줄 것이며, 진휼을 행하라고 하였다. 그 다음으로 악진해독과 산천에 대한 의례를 거행하고,

---

21) 『高麗史』卷10, 世家10, 宣宗 5년 丙申, "以旱甚 王率百寮如南郊再雩 以六事自責曰 政不一歟 民失職歟 宮室崇歟 婦謁盛歟 苞苴行歟 讒夫昌歟 使童男童女各八人 且舞而呼雩 避正殿 減常膳 徹樂 露坐聽政."

22) 『高麗史』卷6, 世家6, 靖宗 2년(1036) 5월 辛卯, "有司奏 自春少雨 請依古典 審理冤獄 賑恤窮乏 掩骼埋胔 先祈岳鎭海瀆諸山川能興雲雨者於北郊 次祈宗廟 每七日一祈不雨 還從岳鎭海瀆如初 旱甚則修雩 徙市 斷撤扇 禁屠殺 勿飼官馬以穀 王從之 避正殿減常膳."

다음으로 태묘, 마지막으로 우사를 거행하는 순서로 되어 있다. 또한 우사를 거행하는 시점에는 도살을 금지하고 시장을 옮기는 것 등을 행하라고 하였다. 이때 종묘 의례는 매 7일마다 거행하라고 되어 있지만, 몇 회를 거행해야 한다는 설명은 되어 있지 않다.

이때 우사는 매년 거행하는 의례가 아닐 가능성이 높다. 위의 인용문에 따르면 '가뭄이 심해졌을 경우'라는 전제조건이 붙어 있다. 그렇기 때문에 태묘에서 거행하는 의례만으로 비가 온다면, 우사로 이행하지 않아도 된다는 논리가 된다. 우사와 함께 행해지는 부채를 끊는 것, 도살 금지, 관마에 곡식을 먹이지 않는 행위들 역시 우사와 같이 매년 행해지지 않았던 것으로 보인다. 『高麗史』 예지 길례대사 앞머리에 있는 환구의(圜丘儀)에서 기곡례(祈穀禮)는 정기적인 의례로, 우사는 여름에 길일을 택하여 거행하는 의례로 설명한 것을 참고하면,[23] 우사를 거행한다면 기곡례와 같이 매년 같은 날짜에 거행하지 않으면서도, 가뭄이 심하지 않을 경우에는 거행하지 않는 의례라는 의미로 해석된다.

우사는 매년 거행된 것은 아니지만, 실제로는 자주 거행된 것으로 보인다. 위의 〈표 1〉에서는 재우(再雩)가 38회, 삼우(三雩)가 1회 나온다. 그 외의 우사 거행 기록은 35회 정도가 된다. 재우의 경우 첫 번째 우사 기록이, 삼우의 경우 첫 번째와 두 번째 우사 기록이 누락된 경우가 많으므로, 이를 우사 1회로 간주하여 계산해보면 6.41년에 1회씩 거행하였다는 결과를 얻을 수 있다. 그렇지만, 『高麗史』가 산삭의 원칙이 적용된 정사(正史)라는 점을 생각하면 이 역시 고려시대 전체의 우사를 반영한다고 볼 수는 없다. 상당수의 우사가 누락되었다고 가정해보면, 고려시대의 우사는 비교적 자주 거행된 의례라고 해도 큰 무리가 없다.

위의 기우제차는 성종대 이후 여러 차례 거행된 의례와 행위를 종합하

---

23) 『高麗史』 卷59, 志13, 禮1, 吉禮大祀 圜丘, "祀圜丘 有常日者 孟春上辛 祈穀 無常日者孟夏 擇吉雩祀."

여 만들어진 것으로도 볼 수 있다. 984년(성종 3)에 처음으로 우사가 거행되었으며,[24] 991년(성종 10) 7월에는 죄수를 풀어주고 임금이 정전을 피하는 등 위의 기우제차에 나오는 행위들을 시행할 것을 명하였다는 기록이 나온다.[25] 그러다가 현종대에 들어와 1011년(현종 2)에 태묘[26]와 송악[27]에, 그리고 이듬해에 산천[28] 등에 차례로 기우제를 거행하였다. 따라서, 정종 2년에 만들어진 기우제차는 이전까지 거행되던 기우제의 거행 순서를 정리한 것이라 할 수 있다.[29]

위의 기우제차는 대체로 지켜진 것으로 보인다. 1057년(문종 11)에는 초여름부터 비가 오지 않자, 송악(松岳), 동신당(東神堂), 박연(朴淵) 등 여러 산천과 신묘(神廟)에 7일마다 돌아가며 기도하게 하였으며, 광주(廣州) 등의 주군에게 기우제를 지내게 하였다.[30] 앞서 1036년에 마련된 기우제차에 따르면 태묘의 경우 우사를 거행하기 전까지 7일 간격으로 제사를 지내게 되어 있다. 위의 1036년의 기우제차를 적용해보면, 태묘보다 앞서는 악진해독과 산천제 거행 간격을 규정한 것으로 보인다. 즉, 악진해독과 산천제는 7일 마다 돌아가며 제사를 지낸 것으로 볼 수 있는 것이다. 또한 광주 등 지방의 주군에게도 기우제를 지내게 한 것으로 보아, 지방의 관아 역시 소재관의 의사에 따라 기우제를 거행할 수도 있었던 것으로 볼 수 있다.

---

24) 『高麗史』 卷3, 世家3, 成宗 3년(984) 3월 庚申.
25) 『高麗史』 卷3, 世家3, 成宗 10년(991) 7월 己酉.
26) 『高麗史』 卷4, 世家, 顯宗 2년(1011) 4월 丁未.
27) 『高麗史』 卷4, 世家, 顯宗 2년(1011) 4월 辛酉.
28) 『高麗史』 卷4, 世家, 顯宗 3년(1012) 6월 癸丑.
29) 현종 사후 봉은사를 중심으로 하는 태조 왕건의 진전에 대한 제사가 덕종~정종대에 확립되고 있었던 상황을 참고하면(최봉준, 「고려 현종~정종대 왕실의 眞影 중심 조상 숭배 의례의 확립과 그 의미」『奎章閣』456, 2020), 덕종~정종대는 그 이전까지 의례적 성과들을 정리하여 제도화하였던 시점이 아닌가 생각한다.
30) 『高麗史』 卷8, 世家8, 文宗 11년(1057) 5월 戊寅.

이와 같은 기우제차는 의종대에 편찬된『상정고금례(詳定古今禮)』에도 반영된 것으로 보인다. 1411년 5월에 예조가 올린 사의(事宜)에는 중국의『문헌통고』와 고려의『상정고금례』는 수당(隋唐)의 고제(古制)를 본받았다고 되어 있다. 그 다음 문장에서 위의 인용문과 같은 기우제차가 거의 그대로 실려있는데, 태종은 이를 그대로 따랐다고 기록되어 있다.[31] 당의 기우제차와 비교해볼 때 1036년의 기우제차는 당의 기우제차를 거의 그대로 따르고 있는 것으로 볼 수 있다.『구당서』의 기록에 따르면 한여름 이후에도 가뭄이 지속되면 진휼과 길가에 드러난 시체를 묻어주고 악진해독과 산천에 제사를 지낸 다음에 북교에 가서 고하고, 사직과 종묘의 순서로 기우제를 지내는데, 7일 간격으로 하라고 되어 있다. 여기서 특기할 만한 것은 우사와 보사(報祀)에 관한 내용이다.

『고려사』가 단순히 '우사(雩祀)'라고 표기하였던 것에 비해『구당서』에서는 '대우(大雩)'라고 표기하였으며,[32] 위의 인용문과 달리『구당서』에는 우사 거행 이후의 과정까지 비교적 자세하게 기술되어 있다. 그에 따르면, 가을에는 우사를 거행하지 않으며, 우사 이후에는 토룡을 만들게 되어 있다.[33] 이후에 서술할 토룡기우는 우사로 가뭄이 해결되지 않을 때 거행

---

31) 『太宗實錄』卷21, 太宗 11년(1411) 5월 庚辰, "禮曹上憂旱事宜 謹按文獻通考及前朝詳定古今禮 倣隋唐古制 有曰 凡京都 孟夏以後旱 則祈嶽鎭海瀆及祭山川能興雲雨者於北郊 又祈社稷宗廟 每七日一祈 不雨 還從嶽瀆如初 旱甚則雩祭 初祈後一旬不雨則徙市 禁屠殺 斷傘扇 造土龍 又古典 有旱則審理冤獄賑恤窮乏掩骼埋胔修溝洫淨阡陌等事 當依古典施行 從之."

32) 기존 연구에서는 고려시대에 雩祀는 정기적으로 거행된 의례로 보고 있다(김아네스, 앞의 글, 111~112쪽).『구당서』의 '대우'라는 표현은 이미 당에서 우사가 정기적인 의례로 확고하게 자리잡았다는 것을 의미한다(김상범,「唐代 自然災害와 民間信仰」『東洋史學研究』106, 2009, 55~56쪽 참조).

33) 『舊唐書』卷24, 志4, 禮儀4, 雜祠, "京師孟夏以後旱 則祈雨 審理冤獄 賑恤窮乏 掩骼埋胔 先祈嶽鎭海瀆及諸山川能出雲雨 皆於北郊望而告之 又祈社稷 又祈宗廟 每七日皆一祈 不雨 還從嶽瀆 旱甚 則大雩 秋分后不雩 初祈后一旬不雨 卽徙市 禁屠殺 斷傘扇 造土龍 雨足 則報祀 祈用酒醴 報准常祀 皆有司行事 已齊未祈而雨 及所經祈者 皆報祀." 당의 기우제차는『金史』에서도 확인해볼 수 있다. 1164년(大定 4)에 반포된 기우법

하는 의례였던 것으로 볼 수 있다.[34] 〈표 1〉에는 토룡이 모두 2회 나오는 것으로 되어 있는데, 고려시대의 토룡기우 전체를 옮긴 것은 아니지만, 어쨌든 고려에서도 토룡기우가 거행되었으며, 그것이 하나의 순서로 추가되었다는 것을 여기서 확인할 수 있다. 그렇다면 의종대 『상정고금례』 단계에서 정리된 기우제차는 '악진해독 및 산천 → 태묘 → 우사 → 토룡기우' 정도로 정리해볼 수 있으며, 이는 고려시대의 전형적인 기우제 거행순서라 할 수 있다.[35]

3. 다양한 용신 기우의 거행과 용신신앙의 특징

중국과 한국을 비롯한 동아시아와 인도, 유럽 등 전세계에서 용신은 수신으로서 기우제와 밀접한 관계가 있었다.[36] 용신은 중국의 갑골문에도 나온다. 여기에 나오는 용은 그 형상을 만들어 햇볕에 방치함으로써 비를 내리게 하는 방법이 사용되었다. 이와 함께 무당과 절름발이나 곱사등이와 같은 장애인[尫]도 기우제와 관련되어 있는 것으로 나타난다. 무당과 장애인은 모두 의식을 거행할 때 불에 태워 죽이게 되는데, 그 이유는 서로 다르다. 무당의 경우 하늘과 직접 소통할 수 있는 존재이기 때문에 그를 태워 죽이면 하늘이 지상의 가뭄을 인지하고 비를 내리게 한다고 믿었다. 이에 비해 장애인은 하늘이 불쌍히 여기는 존재이기 때문에 태워

에 서는 위의 구당서4와 거의 같은 절차와 내용이 규정되어 있으며(『金史』 卷35, 志16, 禮8, 祈禜, 大定 4년 5월), 1203년(泰和 3)에서는 유사에 명을 내려 기우제를 지내게 하고, 이어서 토룡법을 반포하였다고 되어 있는 것으로 보아(『金史』 卷11, 本紀11, 章宗 3, 泰和 3년 4월 丁巳), 1164년의 기우법을 재확인한 것으로 보인다.

34) 최종성, 앞의 책, 2002, 154쪽.
35) 이밖에도 화룡기우 역시 국가적 의례로 거행되었다. 이에 대해서는 3장에서 서술하였으므로, 화룡기우를 포함한 기우제차는 3장에서 제시하도록 한다.
36) 서영대 편, 앞의 책.

죽이게 되면 하늘을 움직일 수 있다고 믿는 것이다. 이 단계에서 하늘을 움직이기 위해 매우 자극적인 방법을 사용한다고 할 수 있는데, 이런 행동들을 통해 대상의 변화를 요구하는 의례를 강요의례(Coersive Ritual)라고 한다.

그렇지만, 하(夏)에서 은(殷)으로 교체된 이후 강요의례는 한 차례 변화하게 되었다. 즉, 사람을 태워 죽이는 분무(焚巫)에서 햇볕에 노출시키는 폭무(曝巫)로 변화하게 되는데, 장애인도 무당과 같은 방식으로 기우제에 참여시키게 되었다.[37]

용신신앙을 기반으로 하는 기우의례는 강요의례적인 성격이 매우 강하다. 강요의례는 또한 주술적인 성격을 띤다. 무당이 참여하기 때문에도 그렇지만, 특별한 행동이 곧 신적인 존재의 변화를 유도할 수 있다는 믿음을 통해서도 강요의례라는 점을 쉽게 파악해볼 수 있는 것이다. 이때 유의할 점은 용신이 관계되어 있다고 해서 일률적으로 강요의례의 성격이 있는 것으로 판단하는 것은 곤란하다는 점이다. 기우제는 정치적으로는 유교적 문제의식에서 출발한 것이기 때문이다.

용신신앙과 관련되는 기우의례는 상룡의례(像龍儀禮), 대룡의례(代龍儀禮), 잠룡의례(潛龍儀禮) 등 모두 3가지 정도로 분류해볼 수 있다.[38] 상룡은 토룡이나 화룡같이 용과 닮은 형상을 만들어 의례에 활용하는 것을 말한다. 대룡은 도마뱀, 도룡뇽 등 용과 비슷한 모양의 동물을 등장시키는 기우제를 말한다. 그리고 잠룡은 연못, 웅덩이, 샘물 등 용이 살고 있다고 여겨지는 물가에 호랑이 머리나 돼지머리, 기타 오물을 투척하여 잠자고 있는 용을 일깨움으로써 비를 내리게 하는 기우의례이다. 이 중 대룡기우는 조선건국 이전까지는 기록으로 확인할 수 없다.[39] 그렇기 때문에 아래

---

37) 劉志雄·楊靜榮, 앞의 책, 245~246쪽.
38) 최종성, 「용부림과 용부림꾼」, 『民俗學研究』 6, 1999.
39) 대룡기우 중에서 가장 대표적인 것이 석척기우이다. 물을 채운 항아리에 도룡뇽을

서는 상룡기우와 잠룡기우를 중심으로 고려시대의 용신신앙과 기우제를
살펴보도록 하겠다.

① 남성(南省) 뜰 중앙에 토룡을 만들고 무격을 모아 비를 빌었다.[40]

② 토룡을 만들고 무당을 모아 비를 빌었다.[41]

③ 유사에서 오랫동안 가물었으므로 토룡을 만들고 민가에서는 화룡을
만들어 비를 빌게 하자고[畫龍禱雨] 청하였다. 왕이 따랐다. 이날에
시장을 옮겼다.[42]

토룡은 〈표 1〉에 따르면 『고려사』에 모두 3번 나온다. 그렇다고 토룡기
우가 고려시대에 모두 3회만 거행되었다고 볼 수는 없다. 이보다 훨씬
많은 사례가 있었으나, 『고려사』 편찬 과정에서 생략되었을 것으로 보는
것이 합리적이다.

위의 인용문은 『고려사』에 나오는 토룡기우의 3가지 사례를 모두 제시
한 것이다. 위의 ①과 ②에 무격(巫覡)과 무(巫)가 나오는 것으로 보아
③에도 무당이 참여하였다는 것을 쉽게 유추할 수 있다. ①은 남성, 즉
상서도성(尙書都省)의 뜰 중앙에 토룡을 세워두고 무당을 참여시켜 의식을

빠뜨린 후에 남자 아이들에게 푸른색 옷을 입히고 버드나무 가지로 항아리를
두드리며, "도롱농아 도롱농아, 구름을 일으키고 안개를 토해내거라 비를 뿌리면
너를 풀어주겠다!"라고 노래를 부르게 하는 형식으로 거행되는 의례이다. 이는
중국의 송대 이전부터 전해 내려오다가 1068년(熙寧 10)에 당의 의례를 계승하여
표준화된 양식을 만들었다(『宋史』 卷102, 志55 禮5 吉禮5, 祈禜, 熙寧 10년 4월).
우리나라에서는 1407년(태종 7)에 왕명으로 처음 시행되었으며, 이때 송의 의례를
적용하도록 하였다(『太宗實錄』 卷13, 太宗 7년(1407) 6월 21일(계묘)). 따라서 고려
시대에 석척기우를 비롯한 대룡기우가 거행되었다고 볼 수는 없다.

40) 『高麗史』 卷4, 世家, 顯宗 12년(1021) 5월 庚辰, "造土龍於南省庭中 集巫覡禱雨."
41) 『高麗史』 卷15, 世家15, 仁宗 원년(1123) 5월 甲子, "造土龍聚巫禱雨."
42) 『高麗史』 卷54, 五行2 金, 宣宗 3년(1086) 4월 辛丑, "有司 以久旱 請造土龍 又於民家
畫龍禱雨 王從之 是日 徙市."

거행하였던 것으로 되어 있다. 사료가 매우 짧고 단편적이라 기우제 참여 주체와 대상만 알 수 있을 뿐 어떤 식으로 의례가 거행되었는지 알 수 없다. 그렇지만, 중국 고대의 사례를 참고하면 이때의 의례는 토룡과 무당을 일정 시간 동안 햇볕에 함께 세워두는 형식으로 진행된 것이 아닌가 생각된다. 특히 1101년(숙종 6) 4월의 기록에는 '폭무기우(曝巫祈 雨)'라고 되어 있다. 어떤 이유에서 토룡이 기록되지 않았는지는 알 수 없지만, 무당이 등장하고 폭로의례로 거행된 것으로 보아 토룡기우로 보는게 맞지 않을까 생각한다.[43]

다른 사례를 찾아보면 무격을 토룡과 함께 그냥 세워두지 않았던 것도 보인다. 1425년(세종 7) 예조는 기우제에서 무당에게 솜옷을 입히고 화로를 머리에 이게 하는 것은 신에게 기도하는 뜻이 아니니 금지하고, 그 대신에 3일간 정성스럽게 기도하게 하자는 내용의 계문(啓聞)을 올렸다.[44] 고려시대와 멀지 않은 시기의 기록에서 무당을 햇볕에 노출시키는 행위를 극대화하고 있는 것으로 보아, 고려시대에도 비슷한 형식으로 의례를 거행한 것이 아닌가 생각한다. 또한 세종대의 기록에서 예조가 학대 행위 대신에 무당에게 3일간 정성스럽게 기도하게 하자고 건의하는 것으로 보아, 무당을 햇볕에 세워두는 토룡기우는 3일 밤낮으로 거행되었던 것이 아닌가 짐작된다. 따라서, 고려시대의 폭무의례는 토룡과 무당을 3일간 밤낮으로 노출시키고 햇볕으로 인한 고통을 극대화시킬 수 있는 어떤 행동을 강요함으로써 비를 내리게 하는 의례였던 것으로 정리할 수 있다.

이때 토룡을 햇볕에 노출시키는 것은 단순히 용을 괴롭히기 위한 것이라기보다는 승천하여 비를 내리게 하기 위한 것으로 이해할 수 있다.

---

43) 『高麗史』卷11, 世家11, 肅宗 6년 4월 乙巳, "曝巫祈雨 群臣上言 松虫蕃殖 壓禳無效 臣等謹按 京房易飛候云 食祿不益聖化 天示之虫 臣等無狀 以貽上憂 願進賢退不肖 以答天 譴 不報 設龍王道場于臨海院 祈雨."

44) 『世宗實錄』卷28, 世宗 7년 6월 戊午.

그에 대한 관념은 이미 1036년 기우제차에서도 확인할 수 있다. 즉, 용은 구름을 일으키고 비를 내리게[能興雲雨]하는 능력을 가지고 있으므로, 승천시키기 위해, 그리고 하늘에 지상의 가뭄을 똑똑하게 인지시키기 위해 토룡이나 무당을 햇볕에 노출시키고 있는 것이다.[45]

④ 날이 가물어 유사에 명을 내려 용을 그려 비를 빌게 하였으며[畫龍禱雨], 시장을 옮기고[徙市] 길가에 드러난 시체를 묻어주게 하였다.[46]

이와 함께 고려에서는 화룡기우도 거행되었다. 이 역시 의례의 형식과 절차에 관해 거의 기록하지 않았기 때문에 다른 사례들을 통해 간접적으로 추정해볼 수밖에 없다. 우선, 위의 ③과 ④ 모두 시장을 옮기는 행위와 함께 시행되고 있다는 특징을 찾아볼 수 있다. 1036년에 제정된 기우제차와 비교해보면, 사시(徙市)는 우사를 거행하던 단계에서 시행되는 것으로 기록하였다. 특히 ③에서는 토룡기우와 화룡기우가 함께 거행되고 있다. 이러한 점들을 미루어보면 화룡기우는 토룡기우가 거행되던 시점에 치러지는 것으로 볼 수 있으며, 토룡기우 대신 화룡기우가 치러질 경우에는 토룡기우의 순서에 따라 시행된다는 것을 알 수 있다. 1036년의 기우제차에 토룡기우와 화룡기우를 순서에 삽입하면 다음과 같은 순서가 된다.

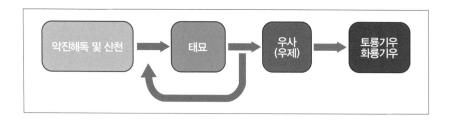

---

45) 최종성, 앞의 책, 2002, 152~154쪽.
46) 『高麗史』 卷54, 五行2 金, 宣宗 6년(1089) 5월 乙亥, "以旱 命有司 畫龍禱雨 巷市掩骼."

『삼국사기』에는 628년(진평왕 50)에 큰 가뭄이 들자 시장을 옮기고 화룡기우제를 지냈다고 되어 있다. 시기상으로 화룡기우는 삼국통일 이전에 이미 시행되었던 것으로 볼 수 있다.[47] 이 사료 역시 너무 짧고 단편적인 내용만을 전하였기 때문에 실제 어떤 절차로 거행되었는지, 그리고 그 성격을 어떻게 규정할 수 있는지 판단하기 곤란하다.

그렇지만 여기서 우선 판단할 수 있는 것은 용을 그려 비를 내리게 하는 것은 매우 주술적인 의미를 가지고 있다는 점이다. 이때 실제 용과 화룡(畵龍)은 동기감응을 한다고 믿는 것으로 보인다. 그래서 화룡에 대한 행동이나 태도는 실제 용에게도 영향을 미치지 않을 수 없다. 그렇기 때문에 화룡기우나 토룡기우에서 무엇보다도 중요한 것은 되도록 실제 용과 흡사한 형상을 만들어야 한다는 것이다.[48] 연구에 따르면 일본과 중국에서는 화룡의 발을 때리는 행동을 하며, 이렇게 용을 괴롭히면 견디다 못해 비를 내린다고 한다. 이를 근거로 신라의 화룡기우도 화룡을 괴롭히는 방법으로 거행되었을 것이라고 추정하며, 고려의 경우도 신라와 같은 방법으로 치러졌을 것으로 보고 있다.[49] 이를 받아들인다면 고려와 신라의 화룡기우는 용의 승천을 목적으로 하는 토룡과 달리 모두 용을 괴롭히거나 훼손하는 방법[毁龍]을 사용하는 강요의례적 성격을 갖는다고 할 수 있다.[50]

신라와 고려의 화룡기우를 비교해보기 위해 위의 ③과 ④의 표현에 주목해보면 다음과 같은 결론을 얻을 수 있다. 우선 주 47)에 따르면, '화룡기우(畵龍祈雨)'로 표기되어 있는 반면, ③과 ④에서는 '화룡도우(畵龍禱雨)'라고 표기되어 있다. 즉, 신라 진평왕대의 화룡기우는 '기우(祈雨)'라

---

47) 『三國史記』卷4, 新羅本紀4, 眞平王 50년(628), "夏大旱 移市 畵龍祈雨."
48) 최종성, 앞의 책, 2002, 160~161쪽.
49) 위와 같음.
50) 위와 같음.

고 되어있는 반면, 고려 선종대의 기록에서는 '도우(禱雨)'라고 되어 있는 것이다. 『설문해자(說文解字)』의 설명을 빌자면, '기(祈)'는 '복을 비는 것(求福也)'이라고 하였으며, '도(禱)'는 '일이 있음을 고하고 복을 구하는 것(告事求福也)'이라고 하였다.[51] 즉, '기우'에 비해 '도우'는 신에게 고하는 행위가 추가되어 있으므로 훨씬 적극적인 의미를 가지고 있는 것이라 할 수 있다.[52]

여기서 또 하나 고려해야 할 것은 ③의 사례에서 보는 바와 같이 국가에서는 토룡을 빚어 기우제를 치르고 민간에는 화룡을 그려 기도하게 하였다는 점이다. 이는 국가와 민간이 각각 서로 다른 기우제를 거행하는 듯한 인상을 준다. 국가에 비해 민간이 상대적으로 샤머니즘의 영향을 받기 쉽다는 점에서 고려의 화룡기우는 신라와 똑같은 형식으로 거행되지는 않았다고 하더라도 그에 준하는 형식으로 치러졌을 것이라 생각한다.[53]

고려에서 거행된 잠룡기우는 침호두(沈虎頭)가 대표적이라 할 수 있다. 앞서 설명한 바와 같이 잠룡기우는 연못이나 웅덩이, 샘물, 석간수 등 용이 살고 있다고 전해내려오는 물가에 오물을 투척하는 기우제라 할 수 있다. 이 역시 오물을 통해 잠자는 용을 일깨운다는 점에서 주술적인 강요의례라 할 수 있다.

침호두는 1416년 태종이 명하여 의정부, 육조, 대간에게 올리게 한 가뭄을 구제하는 대책에 처음으로 나온다. 장황하지만 침호두가 나오게

---

51) 『說文解字』 卷1上, 示部.
52) 최봉준, 앞의 글, 2021, p.85.
53) 프레이저의 『황금가지』에도 화룡기우의 사례가 나온다. 중국에서는 화룡기우를 지냈음에도 비가 오지 않으면 용 그림을 찢어버림으로써 용을 압박하였다. 1888년 4월에는 廣東의 관리들이 비를 내리지 않은 용신을 감금하기까지 하였다. 이를 통해 샤머니즘에 기반을 두고 있는 화룡기우제가 오늘날과 가까운 시기까지도 존재했다는 것을 확인해볼 수 있다(제임스 조지 프레이저, 앞의 책, 282~283쪽).

된 전후 맥락을 파악하기 위해 자료 전체를 제시하면 아래와 같다.

1. 경외(京外)의 각 관청의 감옥에서는 자신이 범한 죄 이외에 잡다한 증거 때문에 추가로 불러 구금한 자들은 모두 풀어주도록 하고, 모름 지기 대질(까지)한 경우에는 연대책임자[責保]에게 맡기도록 하라.

2. 각 도의 각 관청에서는 작년까지 판결하지 못한 죄상이 뚜렷하지 않은 사건[疑獄]의 사연(事緣)은 일찍이 내린 교지에 근거하여 정도(程 途)의 멀고 가까운 것을 일수로 계산하여 심문하도록 하라.

3. 쇄권색(刷卷色)이 심문한 공사노비(公私奴婢) 중에서 도망하거나 다친 자들은 다른 사람으로 대신하게 하지 말 것이다.

4. 쇄권색은 추수가 끝날 때까지 (활동을) 정지한다.

5. 갑오년(1414, 태종14)에 혁파한 군현을 다시 세워 사람들이 옮겨 살게 하지 말라.

6. 장죄(杖罪)를 범한 경우 직첩을 회수할 것이다. 사죄(私罪) 외에 공죄 (公罪)를 범한 사람은 일찍이 과전을 거두어갔으나, 특별히 임금의 사면[宥旨]을 받아 (과전을) 환급받은 자는 2/3를 감하지 말고 모두 전과 같이 돌려주도록 하라.

7. 명산대천으로 능히 구름과 비를 일으킬 수 있는 곳에는 소재관(所在 官)으로 하여금 정성스럽게 기도하게 하라.

즉시 예조에 내려 중외(中外)에 포고하게 하였다. (아울러) 광연루(廣延樓) 에서 석척기우를 거행하게 하고 북교에 기도하게 하였으며, 한강에서 침호두를 하였다.[54]

---

54) 『太宗實錄』卷31, 太宗 16년(1416) 5월 乙巳, "其一 京外各官獄囚內 除身犯罪外應支證 追呼禁繫者 竝令放出 須辨對者 任其責保 其二 各道各官經年未決疑獄辭緣 依曾降教旨 以程途遲近 計日申聞 其三 刷卷色推考公處奴婢內 有逃亡物故 勿令代立 其四 刷卷色秋成 間停寢 其五 甲午年所革郡縣 竝令復立 毋使人物遷移 其六 犯杖罪 收職牒內私罪外犯公罪 人 曾受科田 特蒙有旨還給者 勿減三分之二 專給前受 其七 名山大川能興雲雨處令所在官

7개 항목은 전체적으로 보면 우선 죄인의 심문에 관한 항목이 2개, 공사노비와 관계되는 것이 2개가 보이고 그 외 1414년 개편한 군현을 유지하라는 것과 관리가 장죄를 범하였으나 임금의 용서를 받은 경우에 대한 처리, 마지막으로 명산대천에 소재관이 기도하게 한 것 등의 내용으로 이루어져 있다. 7조에 앞서는 6개의 조항 모두가 기우제를 거행할 때 함께 시행되는 대책들과 어느 정도의 연관성을 갖는다고 할 수 있다. 그러므로, 7조 역시 6개 조항의 연장선에 있는 것으로 이해하는 것이 합리적이다. 7조에 나오는 명산대천은 구름과 비를 일으킬 수 있는 곳이라고 하였으므로 모두 잠룡이 거처하고 있는 곳이 된다. 6개 조항과 관련된 행위는 주술적인 의미로 해석할 수 있지만, 유교정치이념의 입장에서 보면 천인감응설의 연장선에 있는 것으로 침호두 역시 천인감응설의 범위에서 충분히 해석해볼 수도 있다. 침호두는 앞서 〈표 1〉에 따르면 『고려사』에서는 전혀 나오지 않는 새로운 형태의 기우제라 할 수 있다. 게다가 묘지명과 금석문 등 정사기록 외의 다른 문헌에도 침호두는 찾아볼 수 없다. 그렇기 때문에 기존의 연구에서 고려시대에는 침호두와 같은 잠룡기우는 거행되지 않는 것으로 이해하였다.[55]

그러나 『신증동국여지승람』이나 『세종실록』 지리지 등을 살펴보면, 침호두와 관련한 비교적 많은 사례를 찾아볼 수 있다. 모두 찾아서 정리하면 다음의 〈표 3〉과 같다.

〈표 3〉『新增東國輿地勝覽』 및 『世宗實錄』 지리지에 나타난 침호두 사례

장소	위치	전거
慶尙道 密陽都護府 臼淵		『新增東國輿地勝覽』 권26
慶尙道 靈山縣 法師池	縣 남쪽 18里	『新增東國輿地勝覽』 권27
慶尙道 善山都護府 鯉埋淵 龍穴	都護府 동쪽 12里	『新增東國輿地勝覽』 권29
慶尙道 咸安郡 道場淵	郡 남쪽 10里	『新增東國輿地勝覽』 권32

精誠祈禱卽下禮曹 布告中外 行蜥蜴祈雨于廣延樓 禱于北郊 沈虎頭於漢江."
55) 최종성, 앞의 책, 2002 ; 최종성, 앞의 책, 2007.

全羅道 錦山郡 進樂山 石穴	郡 남쪽 7里	『新增東國輿地勝覽』권33
全羅道 高山縣 龍淵	縣 동쪽 10里	『新增東國輿地勝覽』권34
平安道 成川都護府 博淵		『新增東國輿地勝覽』권54
平安道 德川郡 三灘	郡 동쪽 15里	『新增東國輿地勝覽』권54
平安道 孟山郡 圓池	縣 동쪽 60里	『新增東國輿地勝覽』권55
慶尙道 慶州府 密陽都護府 靈井山		『世宗實錄』권150, 地理志

〈표 3〉에 나타난 침호두 사례는 경상도 5건, 전라도 2건, 평안도 3건으로, 다른 지역의 사례는 발견되지 않는다. 기록만 보면 일부 지역에 편중되어 나타나기 때문에 일부 지역에서만 거행된 의례라고 할 수도 있다.

또한 위의 10개의 사례가 수집되어 기록된 시기는 아마도 15세기 중후반 정도가 될 것으로 보인다. 이 중에서 『신증동국여지승람』은 조선초기 국가적인 인문지리지 편찬사업의 맥락에서 파악할 수 있다. 이 사업은 1432년에 편찬된 『경상도지리지(慶尙道地理志)』에서 시작하여, 1454년에 편찬된 『세종실록』지리지, 1469년에 편찬된 『경상도속찬지리지(慶尙道續撰地理志)』로 이어지고, 다시 1477년에 편찬된 『팔도지리지(八道地理志)』를 거쳐 1481년에 완성된 『동국여지승람』으로 이어졌다. 1531년에 편찬된 『신증동국여지승람』은 『동국여지승람』을 증보한 것으로서 조선전기 인문지리서 편찬사업의 최종 결과물이라 할 수 있다.[56]

〈표 3〉의 『신증동국여지승람』의 9개 사례는 모두 성종대 이후에 새로 증보한 내용은 아니다. 그렇다면, 〈표 3〉의 내용은 1481년 이전의 사례들이라 할 수 있다. 게다가 이들 모두가 잠룡이 살고 있는 영험처를 대상으로 한 것이기 때문에 적어도 고려시대부터 전해 내려오는 오랜 전통을 가지고 있는 것이라 판단해볼 수 있다.

구연(臼淵) : 천화령(穿火嶺) 아래에 있다. 둘레는 100여 척이다. 폭포에

---

56) 金恒洙,「동국여지승람·동국사략」『한국의 역사가와 역사학』(상), 창작과 비평사, 1994, 165~167쪽.

서 돌이 떨어져 오목해지면서 연못이 되었다. 모양이 방아 절구와 같았으므로 (지금의) 이름이 되었다. 세상에 전하기를, 용이 있다고 하며 깊이는 알 수 없다. 날이 가물어 침호두하면, (구연에서) 물을 내뿜으며, 곧 비가 온다.[57]

이매연(鯉埋淵) : 도호부의 동쪽 12리에 있다. 견탄(犬灘)의 하류이다. 동쪽 기슭에 기암(奇巖)이 있으며 바위 아래에는 용혈(龍穴)이 있어서 날이 가물면 먼저 냉산(冷山) 꼭대기에서 땔나무를 태운 뒤 이어서 이곳에 침호두하거나 혹 용에 제사지내고 기도하면 곧 응험(應驗)이 나타난다.[58]

『신증동국여지승람』과 『세종실록』 지리지에 기록된 침호두 사례들은 모두 효험이 나타난 것들이다. 고려시대의 민간의례는 대부분 유학적 기준에 따르면 음사에 해당하므로 유학자들의 비판의 대상이 되었다. 이 중 가장 유명한 것은 함유일(咸有一, 1106~1185)의 사례이다. 함유일은 개경의 무당을 모두 성밖으로 옮겨가 살게 하였으며, 효험이 나타나지 않은 신사(神祠)는 모두 헐어버렸다.[59] 이를 침호두에 적용하면 이 역시 음사에 해당하기 때문에 유교 관료들에게서 호의적인 반응을 기대하기는 어려웠을 것이다.

성리학 수용 이후에는 의례의 본의에 벗어나는 행위들은 인정하지 않았다.[60] 그 결과 『동국여지승람』이나 『세종실록』 지리지와 같은 조선초

---

57) 『新增東國輿地勝覽』卷26, 慶尙道, 密陽都護府, 山川, "臼淵 在穿火嶺下 周百餘尺 瀑布落石凹爲淵 形如碓臼 故名 世傳有龍 深不可測 天旱沈虎頭 水噴涌卽雨."

58) 『新增東國輿地勝覽』卷29, 慶尙道, 善山都護府, 山川, "鯉埋淵 在府東十二里 卽犬灘之下流 東岸有奇巖 巖下有龍穴 天旱先燔柴於冷山之頂 繼沈虎頭於此 或祭龍以禱 輒應."

59) 『高麗史』卷99, 列傳12, 咸有一.

60) 최봉준, 『14세기 성리학자의 역사인식과 문명론』, 연세대학교 박사학위논문,

기의 지리서에는 효험이 있다고 인정된 사례들만 선별적으로 기록이 되었고 그 외의 사례들은 기록에서 제외되었던 것으로 보인다. 이는 침호 두에 대해서도 동일하게 적용되었을 것이라 생각한다. 따라서, 조선초기 지리서에는 수많은 침호두와 관련한 영험처와 사례들이 기록되지 않았던 것으로 추정해볼 수 있다.

침호두와 같은 잠룡기우는 고대사회부터 시작되어 유구한 전통을 갖고 있는 것으로 보인다. 8세기 중후반으로 추정되는 전인용사지(傳仁容寺址) 의 우물에서는 '대용왕(大龍王)'이라는 글자가 포함된 목간 2점이 출토되었 으며,[61] 비슷한 시기로 추정되는 화왕산성의 연지(蓮池)에서도 사람 모양 의 목간이 출토되었다.[62] 인용사지 우물에서는 용신신앙과 관련되는 의 례가 있었으며, 그 과정에서 용왕에게 전하는 메시지가 쓰여있는 목간을 투척하였을 것으로 생각해볼 수 있다. 화왕산성의 경우에는 인신공양과 유사한 의례가 거행되었을 가능성도 생각해볼 수 있다. 이들 유적에서는 돌이나 못 등 잠룡기우와 관련되어 보이는 것들도 함께 출토되었는데, 이는 잠룡기우가 생각보다 오랜 전통을 가지고 있었던 의례라는 것을 반증하는 것이라 할 수 있다.

(함유일은) 감찰어사(監察御史)가 되어 황주판관(黃州判官)으로 나갔다. 속군인 봉주(鳳州)에 휴류암(鵂鶹巖)에 연못이 있었는데, 세간에는 영추 (靈湫)라고 불렀다. 어떤 한 무리의 군민(郡民)들이 오물로 메웠는데, 갑자기 구름이 일고 폭우가 쏟아지면서 천둥과 번개가 쳐서 사람들이 모두 놀라 넘어졌다. 잠시 후에 하늘이 개자 (넣었던) 오물이 쏟아져나와

2013, 120~123쪽.

61) 이재환, 「傳仁容寺址 출토 '龍王' 목간과 우물·연못에서의 제사의식」 『목간과 문화』 7, 2011.

62) 박성천·김시환, 「창녕 화왕산성 蓮池 출토 木簡」 『목간과 문화』 4, 2009.

먼 언덕에 쌓였다. 왕이 이를 듣고 근신(近臣)에게 명하여 제사를 지내게 하였으며, 비로소 사전(祀典)에 등재하였다.[63]

『고려사』 기록을 통해서도 잠룡기우와 유사한 사례를 찾아볼 수 있다. 여기서도 함유일이 등장하는데, 앞서 침호두의 사례와 비교하면, 영추가 일으킨 신이(神異)는 용신과 관계가 있다는 것을 쉽게 알 수 있다. 군민들이 영추에 오물을 투척한 것은 아마도 가뭄에 의례를 거행하였음에도 별다른 효험이 없었기 때문이라고 할 수 있다. 앞서 살펴본 토룡기우와 화룡기우의 사례에서 살펴볼 수 있듯이 국가의 사전체계에 포함되어 있는 의례에서도 용신에게 모욕을 주어 자극하는 행위가 매우 일반화되어 있었다. 이는 지방에서 거행되는 의례에서도 마찬가지였을 것으로 보인다.

전주에서 거행된 용왕제의 사례에서는 또 다른 형태의 잠룡기우를 살펴볼 수 있다. 「전주제용왕기우문(全州祭龍王祈雨文)」은 이규보(李奎報, 1168~1241)가 전주사록 겸 장서기에 임명된 이듬해인 1200년(신종 3) 봄에 지은 것으로 추정된다. 이 글에서는 나주에는 비가 오고 전주에는 비가 오지 않았다고 하였으며, 천지택(天之澤)은 용왕이 주도하는 것으로서 용왕이 하늘에 간청하면 비가 올 것이라고 하였다.[64]

앞의 〈표 3〉이 향촌의 백성들이 마을의 전통으로 내려오던 침호두를 거행한 사례라면, 이규보의 사례는 지방 관아의 주도로 거행된 용왕제라 할 수 있다. 전주와 같은 내륙에서는 바다와 인접한 군현과 달리 잠룡이 살고 있을 것으로 보이는 연못에서 기우제를 지내는 것이 일반적인 형태

---

63) 『高麗史』 卷99, 列傳12, 咸有一, "轉監察御史 出爲黃州判官 屬郡鳳州 有鵂鶹岩淵 世謂靈湫 有一集郡人 塡以穢物 忽興雲暴雨 雷電大作 人皆驚仆 俄頃開霽 悉出穢物 置遠岸王聞之 命近臣祭之 始載祀典."

64) 『東國李相國集』 권37, 全州祭龍王祈雨文.

였을 것이다. 기존의 연구에 따르면 이규보의 글에 나오는 용왕제를 거행한 장소를 전주 시내에 위치한 덕진연못으로 보고 있다.[65] 이규보의 글에서 어떻게 용왕제를 지냈는지 섣불리 추정할 수는 없지만, 최근까지도 덕진연못에서는 맑은 물이 샘솟고 있으며, 고려시대부터 성지(聖池)로 여겨지고 있었다는 점에서 오물을 투척하는 형식으로 용왕제를 지냈다고 보기는 어렵다.[66] 따라서, 잠룡기우는 반드시 오물투척으로만 거행되는 것은 아니라고 판단할 수 있다.[67]

이와 같이 고려시대에 민간과 향촌에서 거행되던 잠룡기우는 국가에 의해 수용되고 있었다. 앞의 인용문과 같이 1416년 5월에 예조의 건의로 처음으로 시행된 침호두는 고려시대의 침호두가 국행 의례로 격상된 듯한 인상을 받는다. 이때 처음 시행된 국행 의례로서의 침호두는 국가가 민간 의례를 적극적으로 수용한 결과라고 이해할 수 있다. 태종대 기우의례는 송의 의례를 적극적으로 수용하고, 이를 바탕으로 국행 기우 의례를 중국에서 시행하는 보편 예제로 개혁하고자 했던 것으로 보인다.[68] 토룡기우에서는 여전히 무당이 참여하고 있었으나, 당의 『대당개원례(大唐開元禮)』의 의례를 바탕으로 만들었던 송의 오방토룡기우제를 수용하였다.[69] 또한 화룡기우 역시 송의 경덕(景德) 3년의 의례를 수용하였으며,[70] 송의 석척기우를 수용하였다.[71]

---

65) 송화섭, 「전주 덕진연못의 聖池 認識과 관련 儀禮」 『지방사와 지방문화』 13-1, 2010.

66) 송화섭, 위의 글, 2010 참조.

67) 필자는 고려시대에 잠룡기우가 거행되지 않았으며, 이는 가뭄에 대응하는 의례적인 수단이 이미 많았기 때문에 굳이 음사를 거행할 이유가 없다고 하였다(최봉준, 「기우제 관련 색인어를 통해 본 조선초기 용신신앙과 기우제의 변화」 『한국중세사연구』 71, 2022, 119쪽). 지금까지의 서술을 통해 필자의 의견을 수정한다.

68) 최봉준, 위의 글, 2022, 110~127쪽.

69) 『太宗實錄』 卷31, 太宗 16년(1416) 5월 庚戌.

70) 『太宗實錄』 卷29, 太宗 15년(1415) 5월 丙午.

71) 『太宗實錄』 卷13, 太宗 7년(1407) 6월 癸卯.

그렇다고 이러한 의례들이 제대로 준수되었다고 말하기는 어렵다. 성종대에는 화룡기우에 오방토룡기우제의 절차와 형식을 따르게 하였으며,[72] 사대부가 주도하는 의례에서는 먼저 3일간 재계를 한 후에 화룡을 걸어야 하지만, 화룡부터 걸어두고 목욕재개를 하는 등 절차가 잘 지켜지지 않았다.[73] 송의 의례 수용은 보편 예제를 준수하고 점진적으로 무당과 음악을 배제해 나가려는 데 목적이 있었던 것으로 보인다. 이후의 의례에서는 아이들을 동원하여 노래를 부르게 한 석척의례를 제외하고는, 오방토룡의례와 화룡의례 모두 무당과 음악이 배제되어 있다. 이는 조선 건국 이후 국행 기우제에서만큼은 유교 중심의 의례로 전환하고자 하는 국가의 의지가 어느 정도는 관철된 것이 아닌가 생각된다.

4. 맺음말

고려시대의 기우제는 크게 국행 기우제와 민간에서 거행하는 기우제로 나누어 볼 수 있다. 『고려사』를 기준으로 기우제 관련 기사에 나오는 용어를 정리해보면, 국행 기우의 경우 길례대사에서는 우사가, 잡사에서는 용신신앙과 관련되는 것이 두드러진다. 국가에서는 유교적 의례인 우사를 거행하면서도 토룡기우와 화룡기우를 거행하였으며, 무당과 승려가 기우제에 자주 등장하였다. 기우제와 관련하여 부수적으로는 유교적인 성격을 가지고 있는 죄수에 대한 재심사나 구휼, 금주, 상선을 줄이는 것 등이 자주 시행되었으며, 때로는 부채를 끊는다거나 시장을 옮기는

---

72) 『成宗實錄』 卷181, 成宗 16년(1485) 7월 辛亥.

73) 『佔畢齋集』, 佔畢齋集彝尊錄(下) 先公事業 第4, "庚午年 在開寧 自四月至六月不雨 更三日不得雨 則歲將大荒 先公按宋朝畫龍祈雨之法 詣長浦掛龍壇上 齋之日 小雨 既祭自昧爽 大雨 三日不止."

것과 같은 주술적 시책들이 시행되었다.

고려시대에는 폭로의례가 자주 거행되었다. 무당을 토룡과 함께 햇볕에 노출한다거나 심지어 국왕이 정전을 나와 햇볕이 내리쬐는 실외에서 정사를 보는 행위들이 사료에 등장한다. 유교정치이념 아래 국왕에게 폭로의례를 강요하는 것은 자연스럽지 못하다. 오히려 폭로의례의 역할을 무당에게 전가했다고 보는 것이 합리적이다. 그렇기 때문에 고려시대의 기우의례는 강요의례적인 성격이 강하지만 유교적 문제 의식을 도외시하기는 어렵다.

고려시대의 기우의례에서 빼놓을 수 없는 것이 바로 용신 기우제이다. 용신 기우제는 불교에서도 수용하여 거행되고 있었으며, 샤머니즘에서도 널리 시행된 의례였다. 용신과 관계되는 기우의례는 종교학의 연구성과에 따르면 상룡, 대룡, 잠룡 등 3가지 정도로 분류해볼 수 있다. 먼저 상룡의례는 위에서 언급한 바와 같이 고려시대에는 토룡과 무당을 함께 햇볕에 노출하는 폭로의례가 일반적으로 거행된 것으로 보인다. 사료상으로 무당을 햇볕에 노출시켰다고 되어 있는 기사는 사실 토룡과 무당을 함께 노출한 것으로 이해된다. 그리고 신라 진평왕대 처음으로 사료에 등장한 이래 용 그림을 펼쳐 학대하는 화룡기우도 거행되었다.

대룡은 석척기우가 대표적인데 이는 조선 태종대에 송으로부터 수용된 것으로 보인다. 이에 비해 잠룡기우는 일반적으로 국행 기우에서는 나타나지 않으며, 주로 민간에서 시행된 것으로 보인다. 대표적인 것이 침호두로서 용이 살고 있다고 전해지는 물가에 호랑이 머리를 빠뜨림으로써 잠자는 용을 일깨워 비를 내리게 할 수 있다는 믿음이 전제되어 있다.

용신신앙과 관련되는 기우제는 조선건국 이후 송의 의례가 도입되면서 변화하게 되었다. 태종은 국행 기우에서 송의 오방토룡기우제와 화룡기우, 석척기우 등을 도입하였다. 송의 기우제는 중앙에서 의례 형식을 만들어 지방에 보급하는 일종의 표준화된 의례로서 무당과 음악이 사용되지 않았다. 조선의 경우 송의 의례 절차가 잘 지켜졌다고 말하기 어렵다. 다만, 송의 의례를 도입한 태종의 의도는 무당을 국행 기우에서 배제함으로써 점진적으로 음사와 거리를 두려는 것으로 이해할 수 있지 않을까 한다.

　이상과 같은 논의를 통하여 우리는 고려시대의 용신신앙과 기우제의 모습을 관찰할 수 있었다. 기존의 연구가 조선시대를 중심으로 하고 있으므로 조선과의 비교를 통하여 고려시대의 용신신앙과 기우제의 특징을 살펴볼 수 있지 않을까 생각한다. 고려시대의 용신신앙과 기우제는 조선시대의 기우제의 원형에 해당한다. 기존의 연구에서와 같이 고려시대의 용신 기우제는 상룡만 거행되었던 것이 아니라 잠룡기우 역시 고대사회의 전통을 이어받아 민간에서 거행하고 있었다. 고려시대의 용신기우제는 주로 국행 기우에 보이는 상룡과 민간에서 거행되었던 잠룡으로 구분될 수 있다. 그리고 이는 조선초기에 기우제를 정비하면서 상룡과 대룡, 잠룡의 형식을 송의 기우제를 받아들여 완성할 수 있었다.

　고려시대에는 용을 단순한 숭배의 대상으로 여기지는 않았던 것으로 이해된다. 국행 기우와 민간의 기우제 모두에서 강요의례가 나타나는 것으로 보아 용은 신격화된 존재이지만, 생존을 위해 강요의 대상이라는 점에서 민간신앙적 특성을 살펴볼 수 있다. 때로는 용신이 유학의 천인감응적 사고와 결합하는 사례도 확인할 수 있었다. 이는 용신이 민간신앙의 영역에 존재하는 것이기는 하지만, 다원적 사상지형 아래서 여러 사상과 결합이 가능한 존재라는 것을 확인할 수 있었다.

10~14세기 동아시아(한·중) 온난-건조 기후와 기설제(祈雪祭) 시행

이 승 민

1. 머리말

기설제는 겨울에 눈이 오지 않는 것을 재해라고 여기고 눈이 오는 것을 기원하는 의례다. 일반적으로 사전에서 기설제는 대개 고려에서 조선시대에 걸쳐 11~12월에 시행된 의례로서, 중농사상에 기반을 두고 겨울에 눈이 내리는 여부에 따라 이듬해 풍흉이 결정된다고 여긴 인식에서 유래했다고 정의한다.[1]

기우제에 비해 기설제의 연구 성과는 그리 많지 않다. 그 이유는 아마도 기설제가 시행된 기록이 기우제에 비해 현저하게 적고, 눈을 기원하는 것은 곧 겨울에 지내는 기우제의 일종으로 이해했기 때문으로 보인다. 국내에서 기설제 연구는 조선의 문헌 기록인『기우제등록』을 토대로 본격

---

[1] 민족문화대백과사전(encykorea.aks.ac.kr) ; 한국민속대백과사전(folkency. nfm.go.kr) ; 두산백과(www.doopedia.co.kr) ; 세종대왕기념사업회,『한국고전 용어사전』1, 2001 ; 실록위키(dh.aks.ac.kr/sillokwiki).
실록위키에서는 중국사에서 확인되는 기설제를 설명하고 있으나 시작 시기를 후당 폐제 2년(935)라고 하는 등 부분적인 오류가 발견되며, 이를 제외한 나머지 사전류에서는 한국의 기설제 내용만 설명하고 있다.

화 되었다고 할 수 있다. 그동안의 연구에 의하면 기설제는 사한제(司寒祭) 혹은 기한제(祈寒祭)와 관련된 것으로서, 오대십국 시기와 송대의 기설제는 불교와 도교 의례로 시행되었으나, 이에 반해 조선의 기설제는 17세기 후반에 공식 의례가 되면서 기우제의 재차(祭次)와 제장(祭場)을 같이 활용하는 유교의 공식적인 의례로 간주되었다고 했다.[2] 이외에도 눈은 농경에 간접적 영향을 주고, 쌀이 아닌 보리 농사와 관련되었으므로 기설제는 기우제보다 단순화한 의례이며, 이앙법 보급 확산에 따라 기설제가 널리 행해졌다고 하였다.[3] 또한 고려후기 극심한 기상 이변을 배경으로 병충해 예방과 풍년 기원, 겨울 가뭄 예방, 서리와 한해(寒害) 예방을 위해 기설제가 시행되었으며, 조선시대에는 국왕의 친제(親祭)가 없었지만, 기우제보다 높은 신격으로 이루어진 유교 의례였다고 한 연구도 있다.[4]

이러한 기설제의 사전적 정의와 설명, 연구 성과는 대체로 타당하다. 다만 중국 왕조의 기설제에 관한 설명이 없거나 소략하며, 기설제가 시행된 기후나 자연환경이 고려되지 않은 점, 국가 의례로 편제된 조선후기가 분석과 연구의 중심 시기가 되면서 유교적 성격이 강조된 점, 이에 고려시대 기설제 연구는 이루어지지 않았다는 점에서 한계가 있다.

그러나 기설제는 시행 시기와 재해 인식 부문에서 다른 기후 의례들과 구분된다. 관련성이 언급된 사한제는 고대부터 시행되었으나, 기설제는 상대적으로 늦은 시기에 성립되었다. 중국 왕조에서는 오대십국 시기인 924년 후당(後唐) 동광 2년에 시행되었으며,[5] 한반도에서는 1016년 고려 현종 7년에 처음으로 시행되었으므로[6] 다른 기후 관련 의례에 비해 성립

---

2) 최종성, 『『기우제등록』과 기후의례 : 기우제, 기청제, 기설제』, 서울대학교출판부, 2007.

3) 임장혁, 「왕권제례로서 기설제」 『강원민속학』 28, 2014.

4) 심호남, 「조선조 기설제의 연구 – 서울대 규장각본 『기우제등록』의 기록을 중심으로」 『동아시아고대학』 58, 2020, 105쪽.

5) 『구오대사』 권32, 당서8 莊宗紀6, 同光 2년 12월 을유.

과 시행 시기가 늦다.

이처럼 기설제의 성립 시기가 늦은 것은 고대사회에서는 눈이 내리지 않는 현상인 '무설(無雪)'을 자연 재해로 인식하지 않았기 때문이며, 이를 자연 재해로 보고 의례적 대응의 필요성이 대두되었던 배경을 살펴볼 필요가 있다. 즉 이 글에서는 10세기에서 11세기에 기설제가 처음으로 이루어진 배경을 기후 변화와 함께 탐구하고, 겨울에 눈이 오지 않는 것을 재해로 인식하게 되는 사회적 배경을 확인하고자 한다.

2. 10~14세기 동아시아의 온난·건조 기후

동아시아의 10~14세기 기후에 관해서는 지금까지 다수의 연구 성과가 축적되어 있다. 문헌 분석뿐만 아니라 지질학을 비롯한 자연과학 분야의 분석을 시도한 국내외 연구 성과를 참고하여 온난-한랭, 건조-습윤 기후에 관해 정리할 수 있다. 최근의 연구 성과에 의하면 대략 10~14세기는 대체로 온난했으며, 그 가운데 12세기에 일시적 한랭기가 있었다고 연구 경향이 정리되고 있으며,[7] 건조와 습윤에 관해서는 문헌 분석으로는 가뭄의 시기를 파악하는 방식과 동굴의 석순, 식물 종의 차이 등을 분석하여 기후 변화를 연구하고 있다. 이 장에서는 중국과 한국학계의 대표적인

---

6) 『고려사』 권4, 현종 7년 11월 병진.

7) 김대기, 「11세기 중국의 기후변동과 자연재해」, 『생태환경과 역사』 7, 2021 ; 「12세기 중국의 기후변동과 기근」, 『생태환경과 역사』 9, 2022 ; 김문기, 「중세온난기와 11세기 동아시아의 기후변동」, 『생태환경과 역사』 7, 2021 ; 「중세온난기의 작은 V계곡 : 12세기 동아시아의 기후변동」, 『생태환경과 역사』 9, 2022 ; 이정호, 「고려 전기 자연재해의 발생과 권농정책」, 『역사와 경계』 62, 2007 ; 「여말선초 자연재해 발생과 고려·조선정부의 대책」, 『한국사학보』 40, 2010 ; 「고려중기 자연재해의 발생과 생활환경」, 『한국사연구』 157, 2012 ; 이준호, 「북송(北宋)시대(960~1127) 카이펑(開封) 지역의 한난(寒暖)과 건습(乾濕)에 대한 연구 : '송사(宋史)'를 중심으로」, 『한국지역지리학회지』 23-4, 2017.

연구를 정리하여 10~14세기 기후와 기상상황에 관한 전반적인 흐름을 파악해보고자 한다.

지금까지 연구 성과마다 조금씩 차이는 있으나 대략 10세기부터 동아시아가 점차 이전보다 온난하고 건조한 기후 경향이 나타난다는 점에서는 대체로 일치한다. 동아시아 전통사회 기후에 관한 가장 대표적인 연구는 거촨성(葛全勝)의 『중국역조기후변화(中國歷朝気候變化)』이다. 이에 따르면 당 후기와 오대 전기에 이르는 시기인 810~930년은 한랭기, 오대 후기부터 양송(兩宋)·원 중기에 해당하는 931~1320년은 온난기, 원·명·청에 의해 중원이 통일된 시기인 1321~1920년은 한랭기로 정리할 수 있다.[8]

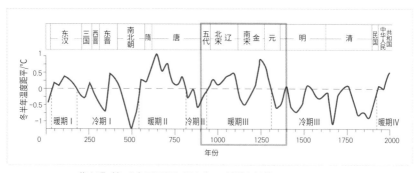

葛全勝 等, 『中国历朝气候变化』, 科學出版社, 2011, 134쪽.

위의 표는 거촨성의 중국 왕조와 기후 변화에 관한 그래프인데, 여기에서 10~14세기까지의 기후 경향을 보면, 당 후반기에 한랭했던 시기에서 오대부터 점차 기온이 올라가고, 북송 시기에 해당하는 10~12세기는 전반적으로 온난한 기온이 유지되고 있는 것을 알 수 있다. 그리고 12세기부터 점차 기온이 하강했다가 13세기에 다시 온난한 정도가 상승하는 것을 알 수 있다.

---

8) 葛全勝 等, 『中國歷朝気候變化』, 科學出版社, 2011, 134~135쪽.

기설제는 이러한 온난과 한랭의 기후 그래프 가운데 겨울 기상 상황과 관련성이 크다. 위 그래프와 같이 10세기경 전반적으로 기후가 온난해지면서 겨울 역시 따뜻하게 변화했던 것으로 보인다. 이에 대해서는 별도의 분석도 이루어졌는데, 960~1110년의 개봉 지역에서는 따뜻한 겨울[暖冬] 기록의 비중이 상당히 크다고 한다. 구체적으로 온난기 지표로서 따뜻한 겨울을 표현한 "무빙(無氷)"과 "무설" 등의 기록이 11세기 전후 150년간 47년으로 전체의 1/3을 차지한다는 것이다.[9] 그리고 앞의 그래프에서 보이듯이 12세기는 일시적 한랭기 현상으로 보인다. 이는 소위 'V'자형 계곡으로 불리는데, 이때는 따뜻한 겨울에 관한 기록이 확연하게 줄어든다. 이처럼 온난기 속의 일시적 한랭기는 한·중·일의 기후에 공통적으로 나타나는 현상이라고 최근 연구에서는 분석하고 있다.[10]

한편, 중국 왕조와는 달리 고려의 기후에 관해서는 몇천 년 단위의 장기간 분석보다 고려와 조선 왕조를 구분하여 분석하는 연구 경향이 있다. 대체로 고려는 10세기 후반부터 온난한 기후가 유지되는 가운데 12세기 급격한 기상 이변이 발생한다고 본다.

고려의 온난-한랭 기후에 관해서는 1980년대부터 연구가 이루어졌는데, 고려의 온난과 한랭 기후 변화를 기록의 횟수를 지표로 삼아 100년간을 50년씩 중복시켜 분석한 연구에서 901~1250년까지는 온난, 1201~1450년까지는 한랭 기후로 파악했다.[11] 이는 중국의 분석과 차이를 보여주는데, 1990년대 동일한 조건의 연구에서는 이 결과 값을 고대사회와 비교하면 상대적으로 한랭한 것으로 분석된다면서, 고려시대는 전반적으로 온난하다는 결론을 내렸다.[12]

---

9) 葛全勝 等, 위의 책, 2011, 386쪽.
10) 김문기, 앞의 논문, 2022.
11) 김연옥, 「고려시대의 기후환경 : 사료분석을 중심으로」, 『논총』 44, 1984.
12) 김연옥은 1984년 중세온난기를 다룬 연구에서 고려시대는 전반적으로 한랭했다는 견해를 밝혔는데, 이후 연구에서는 같은 데이터로 고대사회와 비교했을 때

이러한 문헌의 기록을 토대로 기상 지표를 선정하고 통계를 통해 기후 변화를 파악하는 연구는 장기간의 흐름을 이해하는 데에 유용하다. 이러한 기후 변화의 흐름 안에서 인간 사회의 이야기라는 특성을 고려한 역사학 분야의 연구를 진행할 필요가 있다. 온난이나 한랭이 지속되면 그에 따라 사회의 제반 요건들이 변화하며, 기상 이변에 제대로 대응하지 못한 점이 역사에서는 중요하게 다루어졌을 것이라는 관점에서 기상 이변 기록을 이해해야 한다는 견해를 바탕으로, 고려에서 11세기부터 12세기 들어서 재해기록이 급증하는 것은 대개 온난한 기후 속에서 12세기에 들어서자 이상 고온과 이상 저온이 불규칙하게 변화하면서 재해 발생 빈도를 높였기 때문으로 해석한다.[13]

한편, 11~14세기 중반이 중세온난기라는 것에 대체로 의견이 모아지는 가운데 건조와 습윤 기후에 관해서는 견해의 차이가 존재한다. 중국의 연구 성과에서는 송대 전후 시기에 건조와 습윤 기후에 변화가 있었다고 지적한다. 가장 대표적인 연구는 동굴의 석순을 통해 아시아 몬순의 영향에 따른 건조와 습윤 기후를 확인한 것이다. 간쑤성 우두현의 완샹 동굴에서 석순을 채취하여 분석한 결과 서기 530~850년에서 아시아 몬순이 쇠퇴하고 860년경에 상대적으로 급격하게 감소한 뒤, 910~930년 사이 다시 급락할 때까지 낮은 값을 유지하다가 980~1020년까지 높은 값을 유지하고, 1340~1360년 사이에 급락할 때까지 강하게 유지된다고 하였다.[14] 아시아 몬순이 약해지는 시기는 강수량이 감소하여 가뭄 발생의

상대적으로 한랭하다는 다소 차이가 있는 결론을 내렸다(김연옥, 「중세 온난기의 기후사적 연구」 『문화역사지리』 4, 1992),

13) 이정호, 앞의 논문, 2007 ; 앞의 논문, 2012.

14) Zhang P, Cheng H, Edwards RL, Chen F, Wang Y, Yang X, Liu J, Tan M, Wang X, Liu J, An C, Dai Z, Zhou J, Zhang D, Jia J, Jin L, Johnson KR. "A Test of Climate, Sun, and Culture Relationships from an 1810-Year Chinese Cave Record", *Science* 322, 2008.

우려가 크고, 반대로 아시아 몬순이 강해지면 강수량이 증가하여 습윤한 기후를 형성한다. 이에 따르면 당말에서 오대십국 시기, 원말에서 명초가 건조한 시기였으며, 송초부터 원대 전반까지 대체적으로 습윤한 시기로 구분할 수 있다.

그러나 티베트 고원과 황투 고원 사이에 있는 완샹 동굴은 한반도와는 달리 반건조 지역이므로 석순 분석에 따른 아시아 몬순의 영향을 한반도를 포함한 동아시아 지역 전반에 걸쳐 적용하는 것은 한계가 있다. 또한 이 지역은 10~14세기 중 상당 기간 동안 서하에 속해있었으므로, 문헌 기록과 대조하기가 어렵다. 그럼에도 불구하고 이 연구를 통해 아시아 몬순의 추이를 파악해 참고할 수 있다는 점에서 유용한 연구이다. 나아가 지구의 전체 기후 변화의 흐름 속에서 동아시아, 한반도의 기후 영향을 이해할 수 있다는 점에서 중요하게 다루어져야 하는 연구이다.

한편, 거촨성의 연구를 통해서 온난-한랭보다 건조-습윤의 차이를 구체

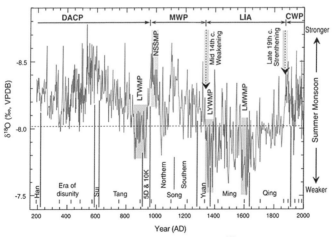

Fig. 1. The WX42B $\delta^{18}O$ record. Pink vertical bars show locations of ^{230}Th dates, with errors of ±1 to ±5 years. The three yellow vertical bars denote the LTWMP, LYWMP, and LMWMP; the shaded green bar denotes the NSSMP. Chinese dynasties are indicated, as are the mid–14th-century monsoon weakening and the late–19th-century monsoon strengthening. 5D & 10K stands for the Five Dynasties and Ten Kingdoms period.

적으로 파악할 수 있다. 앞의 같은 연구에서 건조와 습윤한 기후에 관해서는 오대부터 북송, 남송에서 원으로 구분해서 설명했다. 오대부터 북송까지는 건조한 편이었다고 할 수 있으며, 10세기 말에 습윤에서 건조로 변화하고 1040년대, 1080년대, 1120년대 전후에 건조 정도가 현저하다고 분석했다.

중국 전체 지역에서 건조와 습윤의 편차는 지역별로 다르게 나타나는데, 10세기부터 황투고원에서 중원지역, 사천 분지와 영남은 습하고, 장강 중하류, 황화 유역 평원은 장기간 건조하며 북서동부지대는 건습이 교차하여 공존하며 관중 지역 및 장강 중하류 유역은 약간의 가뭄이 존재한다고 하였다.[15] 또한 남송과 원대의 화북 지역은 다른 지역과 비교해 1173~1186년과 1294~1343년에 비교적 습윤했던 것을 제외하고 나머지 27%는 상대적으로 건조했으며, 중국 지역 전반에 걸쳐 건조-습윤 기후는 경도 $110°E$를 경계로 동서로 분리되며, $30°N$를 경계로 남북으로 차이가 난다고 한다.[16] 즉, 기후 분석에서 장기간의 경향성은 비슷하다고 하더라도 시기별로는 각 지역마다 편차가 존재하는 것을 확인할 수 있다. 이에 한반도 역시 중국과는 차이가 있으므로 몬순이나 편서풍, 온난-한랭의 변화 추세를 확인하면서 구체적인 문헌 분석을 통해 한반도의 기상 변화를 확인할 필요가 있다.

한편, 『송사』 기록을 통해 북송대 개봉 지역의 건조-습윤을 분석한 연구에 따르면, 북송대는 전반적으로 건조했으나 특히 960~976년의 태조대와 1068~1085년 신종대에 가뭄 발생이 많았으며, 1100년부터 가뭄 기록이 감소한다고 하고 있는데,[17] 그래프와 비교적 비슷한 추세라고 할 수 있다.

---

15) 葛全勝 等, 앞의 책, 2011, 396쪽.
16) 葛全勝 等, 앞의 책, 2011, 454쪽.
17) 이준호, 앞의 논문, 2017.

그리고 한국의 건조 습윤도 장기 범위의 분석이 이루어지고 있다. 고려의 기록을 토대로 건조지수와 습윤지수를 보여줄 수 있는 지표를 설정하고, 50년씩을 중복하여 그 횟수를 ＋－의 건습 지수로 분석한 연구가 있다. 이에 따르면 901~950년은 조금 습윤하나, 951~1100년은 건조하고 1101~1200년은 습윤, 1201~1350년은 건조, 1351~1400년은 습윤하다고 보았다.[18]

문헌 분석 외에도 화분과 석순 분석을 통해 건조와 습윤 변화를 살핀 연구들이 있다. 강원도 인제의 대암산 용늪에서 화분, 목탄, 탄소와 질소 함량을 분석한 결과를 보면, 한반도의 강수량 변화는 태평양의 엘니뇨와 긴밀하게 연결되어 있으면서 250~400년, 600~750년, 1000~1100년, 1250~1400년의 시기는 건조했고, 400~600년, 750~1000년, 1100~1250년은 습윤했다고 한다.[19]

이와 함께 제주도 물영아리 습지에서 확보된 홀로세 후기의 고기후 자료를 분석한 결과를 보면 1000~1080년, 1180~1320년은 제주도가 상대적으로 건조했는데, 이는 중세온난기에 엘니뇨가 강화되어 서태평양의 열대성 저기압의 생성 빈도가 줄었고, 한반도의 강수량이 감소하면서 기후가 건조해졌으며, 소빙기에는 라니냐가 강화되면서 강수량이 증가해

---

18) 김연옥, 앞의 논문, 1984, 19~20쪽.

표12.　　　　　　　　　　年代別 乾濕指數

年 代	乾 燥 回 數	濕 潤 回 數	乾 濕 指乾 數	
A.D. 901~950	1	2	-1	
951~1000	3	1	2	乾
1001~1050	26	11	15	
1051~1100	21	24	-3	
1101~1150	31	53	-22	濕
1151~1200	13	38	-25	
1201~1250	14	24	-10	
1251~1300	21	28	-7	乾
1301~1350	17	26	-9	
1351~1400	25	62	-37 }	濕

김연옥, 「고려시대의 기후환경 : 사료분석을 중심으로」『논총』 44, 1984, 131쪽.

19) 박진흠·박정재·김추홍·최지은, 「대암산 용늪에서 복원한 지난 3천 년간 한반도의 기후변화」『대한지리학회 학술대회 논문집』 11, 2020.

습윤했기 때문이라고 한다.[20] 이처럼 연구에서 지적하고 있는 것은 건조한 중세온난기와 습윤한 소빙기는 중국 동해안, 타이완, 제주도, 일본 규슈 등에서 명확하게 나타나고, 중국 내륙은 이 반대의 현상이 나타난다는 점이다.[21] 이를 염두에 두고 강원도 평창의 석회동굴에서 채취한 석순을 확인한 연구를 보면 서기 1100~1130년에 해당하는 석순의 구간은 성장률이 가장 빠르며 강수량의 변동이 심함에도 불구하고 이 시기 상당히 습윤했음을 보여준다.[22] 더불어 평창과 중국 북동부 지역, 제주도와 중국 남부 해안 지역이 비슷한 건조-습윤 변화를 보여준다고 한다.[23]

고려시대 건조 습윤 변화에 대해서 직접적으로 분석한 연구는 아니지만 고려시대 자연재해에 관해 전체적으로 분석하면서, 한재가 지속적으로 기록된 기간을 세밀하게 정리한 연구를 보면 1019~1025년, 1039~1043년, 1068~1071년, 1085~1091년, 1098년~1101년, 1106~1109년, 1111~1114년, 1194~1196년으로 11세기~12세기 전반, 12세기 후반경, 14세기 후반 우왕 재위기간 동안 가뭄 피해가 심했다는 것을 알 수 있다.[24]

종합하면 10~14세기는 한국과 중국은 온난기였으며, 다만 12세기경 한랭기가 되는 급격한 기후 변화가 발생했다. 건조와 습윤의 변화는 동시기 해안 지역과 내륙의 편차가 존재하지만, 한반도는 10세기 후반부터 11세기는 전반적으로 건조했으며 12세기 전후로 해안 지역에는 습윤한 기후였지만, 대륙 방면은 건조한 현상을 보였으며, 13세기 중반 이후 전반적인 습윤 기후로 변화한다는 것으로 말할 수 있을 것이다. 이는

---

20) 박정재, 「한반도 홀로세 후기 기후와 적도 태평양 해수면 온도 간의 연관성」, 『한국지역지리학회지』 24-1, 2018.

21) 박정재, 위의 논문, 2018, 129~130쪽.

22) 유근배·공달용·이현아·김찬웅·임종서, 「동굴생성물(석순)을 이용한 한반도 고기후 연구」『한국지역지리학회지』 22-2, 2016, 443~444쪽.

23) 유근배·공달용·이현아·김찬웅·임종서, 위의 논문, 2016, 445쪽.

24) 이정호, 앞의 논문, 2007, 26쪽 ; 앞의 논문, 2010, 358~359쪽 ; 앞의 논문, 2012, 229~230쪽.

10세기 후반 온난하고 건조한 기후로 변화하는 과정에서 겨울에 눈이 오지 않는 것, 이에 대한 의례 대응으로서 새로운 기후 의례인 기설제가 등장하게 되는 환경적 조건이 되었다고 할 수 있다.

3. '무설(無雪)'과 기설제 시행

1) 재해로서 '무설' 인식

동아시아 전통사회에서 시간의 흐름과 계절의 특성을 살피는 것, 나아가 무엇을 자연재해 혹은 기상 이변으로 인식하느냐의 문제는 월령과 관계가 깊다. 『예기』 월령에서는 주기적으로 순환하는 천시에 맞춰 달마다 천자 및 제후가 해야할 일, 시령과 금령 등을 구체적으로 제시한다.[25] 특히 시령을 제대로 내리지 않았을 경우 재해가 발생한다고 보았으며, 때와 시령이 두 가지를 연결지어 재해를 인식하고 있다. 이처럼 월령은 시기별 자연 환경의 적절성과 시령의 적합성을 연결해 구성되면서 자연관과 재해 인식의 토대를 구성했다고 할 수 있다.

겨울을 중심으로 살펴보면 다음과 같이 시기에 따라 해야할 일 하지 말아야 할 일을 구분하고, 이를 지키지 않았을 때 나타나는 여러 문제들을 제시한다. 맹동(孟冬)에는 물과 땅이 얼기 시작하는데, 이때 춘령(春令)을 내리면 어는 것이 긴밀하지 않고, 하령(夏令)을 내리면 폭풍이 일어나며, 춥지 않아 칩충(蟄蟲)이 발생하고, 추령(秋令)을 내리면 눈과 서리가 때가 아닐 때 내리게 된다고 보았다.[26] 중동(中冬)에는 얼음이 더욱 성해지고, 땅이 갈라지기 시작하며, 하령을 내리면 가뭄이 들고 안개로 어두워지며

---

25) 한정수, 「고려시대 월령과 국가운영」 『쌀삶문명 연구』 4, 2011, 31~33쪽.
26) 『예기』 월령, 孟冬.

우레소리가 들리고, 추령을 내리면 비와 눈이 섞여 내리며, 춘령을 내리면 황충(蝗蟲)이 발생하고 하천이 마른다고 하였다.[27] 계동(季冬)은 얼음이 견고해지는 때이며, 이때 추령을 내리면 이슬이 빨리 내리고, 개충(介蟲)이 움직이고, 춘령을 내리면 태아가 상하는 일이 많고, 하령을 내리면 수재가 발생하며, 눈이 내리지 않고 얼음과 언 것이 녹는다고 하였다.[28]

절기에 맞춰 환경의 변화를 파악하고 적절한 조치가 행해지지 않았을 경우, 자연과 인간 사회의 부조화로 인하여 재해가 발생했다고 본 것이다. 여기에서 겨울의 자연환경으로서 물과 땅이 어는 것, 눈이 제때 내리는 것이 중요했던 것을 알 수 있다. 그리고 겨울 자연환경에 문제가 발생할 경우, 충재나 수재, 가뭄, 전염병이 발생한다고 보았다.

얼음이 얼지 않는 것이나 눈이 제때 내리지 않는 것 모두 월령에서 거론되고 있는 주요 자연재해라고 볼 수 있으며, 이는 대체로 겨울이 충분히 춥지 않은 기상 이변으로 인한 재해라고 할 수 있다. 그러나 무빙과 무설은 차이점이 있다. 얼음은 채취부터 저장, 활용하는 예와 그것을 담당하는 조직이 운영되었지만, 눈은 사회적으로 활용된 사례 없이 잘못된 정치의 결과로서만 언급되고 있다는 것이다.

즉 사회적으로 중시되었던 것은 얼음이 얼지 않는 것 즉 '무빙'이었다고 보인다. 이는 고대사회에서 겨울의 눈보다 얼음이 더 중요한 기능이 있었기 때문이다. 월령에서도 계동이 되어 얼음이 단단하게 얼면 이를 채취하여 저장하도록 했다.[29] 그리고 저장한 얼음은 여름에 활용되었다.

동아시아에서는 고대사회부터 얼음을 활용했다. 중국에서는 상(商)대부터 얼음을 사용했다고 하며, 서주(西周)대에는 얼음의 저장과 유통을 관장하는 능인(凌人)이 설치되기도 하는 등 일찍부터 얼음이 중요하게

---

27) 『예기』 월령, 仲冬.
28) 『예기』 월령, 季冬.
29) 『예기』 월령, "氷方盛 水澤腹堅 命取氷 氷以入."

이용되고 있었다.[30] 이는 한반도에서도 마찬가지이다. 일찍이 부여에서는 여름에 상장례를 치르면 얼음을 사용하였다고 했고,[31] 신라에서도 여름에 얼음 위에 음식을 놓고 먹는다거나,[32] 얼음을 저장하고 관리하는 관청을 세우고 운영했다.[33] 고려에서도 입하(立夏)에 왕에게 얼음을 올리고, 전·현직 고위 관리들에게 얼음을 하사하는 등 겨울에 보관한 얼음을 여름부터 활용했다.[34] 그러므로 겨울에 얼음이 단단하게 얼기 위해 추위를 기원하는 것은 계절의 당연함도 있겠지만, 실질적으로 겨울에 얼음을 채취하여 보관하고, 다른 계절에 치러지는 제사, 상장의례, 음식 등에 활용하기 위한 목적이 있기 때문이다.

정리하면 겨울에 얼음이 얼지 않는 것과 눈이 오지 않는 것은 모두 문제였지만, 얼음은 실질적인 사회적 기능이 있었으므로, 더 중요하게 재해로 인식되었으며, 이에 얼음이 얼지 않는 따뜻한 겨울에 대응하여 겨울의 추위를 기원하는 의례인 사한제를 시행했던 것이다.

이처럼 따뜻한 겨울은 병충해 측면에서도 문제가 되었는데, 칩충·황충·개충으로 겨울 절기에 자연환경에 문제가 생기면 그 부조화에 해당하는 벌레가 일어나고 문제가 된다는 것은 인식하고 있다. 이러한 충재에 대해서도 '포제(酺祭)'로서 국가 의례 제도로 정비된 것은 송대인 것으로 보이나, 일찍부터 납제(臘制 ; 蜡祭)의 하나로 곤충에게 제의를 지내거나, 재해를 관장하는 포신(酺神)에게 제를 올려 의례로서 대응하는 모습은 고대사회부터 보인다.[35]

---

30) 기록뿐만 아니라 선진시기 얼음을 저장한 수혈유구를 비롯한 장빙시설 및 용기도 발굴되고 있다고 한다(조윤재, 「中國 先秦·漢唐時期 藏氷, 造氷 및 冷藏遺蹟 考古資料 考察」『선사와 고대』54, 2017).

31) 『삼국지』 권30, 위서 동이전, 부여, "其死, 夏月皆用冰."

32) 『신당서』 권220, 열전 신라전, "夏以食置氷上."

33) 『삼국유사』 권1, 기이, 第三弩禮王, "制犁耒及藏氷庫 作車乘.", 『삼국사기』 권39, 잡지8, 직관, "氷庫典, 大舍一人, 史一人."

34) 『고려사』 권6, 정종 2년 4월 임자 ; 6월 임신.

즉 겨울에 따뜻한 기상 이변으로 인해 얼음이 얼지 않고, 충재가 발생하고, 눈이 오지 않는 것은 고대사회에서부터 일찍이 자연재해로 이해되었으나, 무엇보다 사회적으로 중요한 재해로 인식된 것은 '무빙'이었다.36) 그러므로 사한(司寒)에 제를 지내는 것이 정규 의례로서 시행되었던 것이다. 사한제는 일찍부터 『춘추좌씨전』에서 확인되며,37) 당 대에도 맹동에 사한에게 제사를 지냄으로서 이미 국가 제사로 편제되었다.38) 고려에서도 사한제는 길례 소사로서 맹동에 얼음을 저장하면서, 춘분에 얼음을 꺼내면서 제사를 지내는 것으로 규정되어 있다.39) 이는 조선시대에도 마찬가지이다.40)

---

35) 황충과 관련한 의례는 다음 연구를 참조하였다. 채웅석, 「고려~조선시기의 황재 (蝗災) 인식과 대응」, 『전통사회 재해 기초용어 사전 편찬과 재해학』, 가톨릭대학교 인문사회연구소 학술연구발표회 자료집, 2023, 17~18쪽 ; 『한국중세사연구』 76. 2024, 113쪽 재수록.

고대에 시행된 포신에 대한 제례가 충재에 대응한 것인지는 모호하다. 『주례』에 봄가을에 포에 제의를 지낸다고 했고(族師, "春秋祭酺.") 『사기』에도 포제를 지낸 기록이 있으나(진시황6, 시황 26년 "五月, 天下大酺."), 이때 酺神은 대개 人物의 재해를 관장하는 넓은 의미를 가지며, 한대에 蝝螟의 酺神과 人鬼의 酺神으로 구분했던 것으로 보인다. 본격적으로 포제가 국가 의례로서 시행된 것은 송대이다. 송 소흥 연간에 蟲蝗을 대응하기 위해 의례를 시행하고 정비하였다(『송사』 권62, 오행1, 蝗旱, 崇寧 2년 ; 『송회요집고』 예18, 포제, 효종 소흥 32년). 이와 함께 蜡祭의 대상이 되는 것 중 하나가 곤충이므로 충재와 관련한 의례는 송대 포제로 정비되기 이전에도 시행되었다고 할 수 있다.

36) 『한서』 오행지 恆奧에 '無氷'이 기록되어 있으며(『한서』 권27, 오행7, 視羞, 恆奧), 그 외에도 『진서』, 『주서』, 『북사』 등에서부터 청대까지 지속적으로 기상 이변으로서 기록되어 있다.

37) 『춘추좌씨전』 소공 4년, "大雨雹, 季武子問於申豐曰, 雹可禦乎, 對曰, 聖人在上, 無雹, 雖有不爲災, 古者日在北陸, 而藏冰西陸, 朝覿而出之, 其藏冰也, 深山窮谷, 固陰沍寒, 於是乎取之, 其出之也, 朝之祿位, 賓食喪祭, 於是乎用之, 其藏之也, 黑牡秬黍, 以享司寒, 其出之也, 桃弧棘矢, 以除其災, 其出入也, 時食肉之祿, 冰皆與焉, 大夫命婦, 喪浴用冰, 祭寒而藏之."

38) 『대당개원례』 권51, "孟冬祭司寒【納氷開水禮附】."

39) 『고려사』 권63, 지17, 예5, 길례 소사, 사한, "孟冬及立春藏冰, 春分開冰."

40) 『세종실록』 권122, 세종 30년 11월 신묘. 이때 사한제에 대한 규정을 새로이 했는데, 예조에서 계동 월령에 있는 사한제를 장빙과 함께 11월에 시행하고

이에 반해 '무설'은 별도의 재해로 기록되는 사례가 적다. 중국 왕조의 문헌에서 눈이 오지 않는 것이 문제시되어 기록된 것은 당 대부터이다. 그 이전에는 대개 따뜻한 지역을 설명하면서 눈이 오지 않는다는 것을 특징으로 기록했을 뿐이다.[41]

'무설'이 재해로 확인되는 기록은 중국 왕조보다 한국의 기록이 빠르다. 『삼국사기』에서 '무설' 기록은 모두 13건이며, 8세기 이전 눈이 오지 않았다는 기록은 모두 6건인데, 고구려 5건, 신라 1건이다. '무설'이 고구려에 치우친 것은 지리적 차이 때문이라고 짐작되는데, 고구려는 신라보다 눈이 내리지 않는 기상 상황을 더 중요하게 생각했을 수 있다. 나머지 단독으로 '무설'만 기록된 것은 대체로 8세기 이후이다. 8세기 이전 고구려 기록의 2건은 '역(疫)', 2건은 '뇌(雷)'와 함께 기록되었으며, 신라의 1건은 '지진(地震)'과 함께 기록되어 있다.[42] 눈이 오지 않는 기후에 관해 문제시하고 있으나 별도의 기후 변화라기보다 이례적인 현상 및 다른 재해와 연결하여 이해하고 있다고 보인다. 앞서 월령에서도 겨울과 관련한 자연재해가 질병의 문제, 우레가 치는 것 등과 함께 거론되었는데, 기록에서도 이를 반영하였다고 볼 수 있다. 이는 자연관의 반영이기도 하지만 동시에 같은 해에 자연재해가 여러 차례 발생했던 기상 이변의 시기였음을 보여주는 것이기도 하다.

전염병과 지진은 눈이 오지 않는 기상 상황과 직접 관계가 없다. 그러나 고대사회의 재해 인식에는 예외적 기상 변화가 함께 일어나는 것이 중요

있다고 지적하면서 얼음을 저장할 때와 낼 때 행하는 사한제는 기후가 일정하지 않은 상황에서 지내기 어려우니 기일을 예정하지 않고 얼음을 저장하고 낼 때에 맞춰 시행할 것을 건의했고, 이것이 받아들여졌다.

41) 『진서』 권97, 열전67, 四夷, 南蠻, 林邑國.
42) 무설이 다른 재해와 함께 기록된 사례를 다음과 같다. 『삼국사기』 권1, 신라본기, 탈해이사금 8년 12월, "地震 無雪."; 권14, 고구려본기2, 대무신왕 14년 11월, "有雷無雪"; 권17, 고구려본기5, 중천왕 9년 12월 "無雪 大疫."; 권18, 고구려본기6, 소수림왕 7년 10월 "無雪 雷 民疫."

한 연결성을 가지며, 이것이 월령이 지적한 자연 재해라는 점이 중요했을 것이다.[43]

　『삼국사기』의 '무설' 인식과 관련하여 주목할만한 것은 '뇌(雷)'이다. 겨울에 발생하는 동뢰(冬雷)는 고대부터 재해라고 생각했는데, 대개 동아시아에서는 번개와 우레는 여름철 비와 동반하는 사례가 많으므로 겨울철 자연 현상은 아니었다. 이에 눈도 오지 않는 기상 상태에서 치는 우레는 문제가 있다고 이해한 것이다. 『예기』 월령에서도 8월에 양기와 함께 '뇌'가 그치기 시작한다고 하였으며, 중동에 하령을 내리면 안개가 생겨 낮에도 어둡고, 우레소리가 들린다고 하였다.[44] 즉 동아시아 기상 상황에서 겨울의 번개는 잘못된 정치의 징험으로 여겨졌으므로 고대사회에서부터 눈이 오지 않고 번개가 치는 상황을 기록한 것으로 보인다.

　중국 당 대에 '무설'은 가뭄의 연장선에서 이해되면서 기록되기 시작했다. 당에서는 649년 당 고종이 즉위한 해에 눈이 오지 않았다는 기록이 처음인데,[45] 이에 대한 대응은 확인되지 않는다. 『신당서』에서 눈이 오지 않았다는 본기 기록은 15건인데, 오행지에는 668년(總章 元) 경사에서 산동과 강회까지 큰 가뭄이 있었고, 이듬해 검남의 19주가 가물었으며, 겨울에 눈이 오지 않았다는 것,[46] 703년(長安 3) 이듬해 2월까지 눈이 오지 않았다는 2건만 싣고 있다. 즉, 눈이 오지 않는다는 기상 현상을 기록하기는 했으나 별도의 재해로 인식하여 대응하기보다 가뭄의 연장선으로서 비가 오지 않는다거나[不雨] 가물다는[旱] 것이 좀 더 강조되었으며, 적극적 재해 해석과 대응이 마련되지 않았다.

---

43) 다만 『삼국사기』에 '無雪'과 '雷'나 '疫', '地震'이 함께 기록된 것은 당대의 기록인지, 12세기 김부식 등 편찬자의 인식인지는 검토가 필요하다.

44) 『예기』 월령, "陽氣一衰, 雷始收聲."; "仲冬行夏令, 則其國乃旱, 氛霧冥冥, 雷乃發聲."

45) 『구당서』 권4, 고종 총서, "是冬無雪."; 『신당서』 3, 고종 총서.

46) 『신당서』 권35, 지25, 오행2, 금, 常暘, "總章 元年, 京師及山東江淮大旱. 二年 七月, 劍南州十九旱, 冬無雪."

또한, 『문헌통고』에도 겨울 가뭄에 대해 불우(不雨)와 무설(無雪), 한(旱)
이 모두 사용된다. 겨울에 비가 오지 않았다는 기록은 대개 남쪽 지역으로
서 원래 눈이 거의 오지 않는 지역도 있다.[47] 봄까지 가물 경우에는
겨울에 눈이 오지 않는 것이 '무설'로 기록될 때도 있었으나, 겨울까지
가뭄이 지속되는 것을 '불우'로서 가뭄으로 통칭하기도 했다.[48]

한편 눈이 오지 않는 현상에 대해 문제로 인식하고 조정에서 논의되기
시작한 것은 10세기 오대 시기부터이다. 908년(開平 2) 후량에서는 작년부
터 여러 주에 걸쳐 황충이 문제가 되었는데, 그 원인으로 겨울에 눈이
내리지 않았고 봄까지 따뜻하여[亢陽] 재해에 이르게 되었다고 하였다.[49]
여기에서 황충의 원인으로서 '무설'을 지적한 것은 따뜻한 겨울[冬溫 ; 冬暖]
에 대한 문제 인식이 '무설'과 관련된 것이다.

'무설'은 고대사회에서 '무빙'보다 사회적으로 중요시 되지 않았으나,
10세기경부터 기상 상황이 이전보다 온난-건조해지면서 황충문제와 함께
재해로서 조정에서 논의되기 시작했다. 그리고 그에 대한 의례 대응으로
서 사한제, 기우제와 별도로 겨울에 눈을 기원하는 기설제가 시행되기
시작했다.

2) 기설제 시행의 사회적 배경과 양상

기설제는 후당 924년(同光 2)에 황제가 용문불사로 행차하여 눈이 오기
를 기원한 것이 최초의 기록이다.[50] 용문불사는 당시 수도였던 낙양 지역

---

47) 『문헌통고』 권304, 물이고10, 항양, "(貞觀)十二年 吳楚巴蜀州二十六旱冬不雨至於明
年五月 ; 二十二年秋開萬等州旱 冬不雨至於明年三月."
48) 『문헌통고』 권304, 물이고10, 항양, "長安三年 冬無雪至於明年二月 ; 神龍二年 冬不雨
至於明年五月, 京師山東河北河南旱饑."
49) 『구오대사』 권4, 양서4, 太祖紀4, 開平 2년 5월 기축.
50) 『구오대사』 권32, 당서8 莊宗紀6, 同光 2년 12월 을유.

의 주요 사찰로 이때 기설제는 불교 의례였을 것이다. 용문불사의 기설제
는 2건만 기록되어 있지만 후당 황제들이 용문 지역으로 행차하여 천신에
게 제사를 지내거나,51) 기우제를 시행하기도 했으므로,52) 기설제를 지낸
용문불사도 하늘에 제사를 지내고 기우제를 지내는 후당의 제장으로
볼 수 있다.

다음의 〈표 1〉은 후당부터 후주까지 오대 시기 기설제와 무설에 관한
기록이다. 932년은 '무설' 기록만 있으나 기설제를 지냈을 가능성도 없지
않다. 또한 936년 후당에서 후진으로 오대가 교체되는 과정에서 눈이
오지 않는 재해와 그에 따른 기설제가 시행되고 있음을 확인할 수 있다.

〈표 1〉 오대의 '무설'과 '기설' 기록

	서기	원문	왕조	내용
1	924	幸龍門佛寺, 祈雪.	후당	기설
2	932	是冬無雪.	후당	무설
3	934	幸龍門, 祈雪, 自九月至是無雨雪故也.	후당	무설 기설
4	936	幸龍門佛寺, 祈雪.	후당	기설
5	936	時自秋不雨, 經冬無雪, 命群官遍加祈禱	후진	가뭄 무설 기설
6	937	車駕幸相國寺, 祈雪.	후진	기설
7	942	詔宰臣等分詣寺廟, 祈雪.	후진	기설
8	952	是冬無雪.	후주	무설

〈표 1〉은 『舊五代史』 참조

한편, 후진에서는 후당에서 이용했던 용문불사가 아닌 다른 곳으로
기도처를 바꾸는데, 936년 가을부터 가뭄이 지속되자 군신에게 명하여
두루 기도하도록 했고, 이듬해에는 상국사에서 기설제를 지냈다. 이때
석경당이 후진의 수도를 낙양에서 개봉으로 옮겼는데, 상국사는 개봉에
있는 사찰이므로 수도에서 기설제의 장소를 정했을 것이다. 이후에도

---

51) 『구오대사』 권32, 당서8 莊宗紀6, 同光 2년 7월 을유[己酉], "幸龍門之雷山 祭天神
從北俗之舊事也."

52) 『구오대사』 권32, 당서8 莊宗紀6, 同光 3년 5월 무신, "幸龍門廣化寺祈雨."

후진에서 재신 등에게 사묘에서 기설하도록 하면서 황제가 특정 절에 행차하여 눈을 빌던 것이 조정 차원에서 시행되는 의례로 확장되었다.

이처럼 겨울에 눈이 내리지 않으면 기설제를 시행하는 것은 송에서도 그대로 이어졌다. 다음은 11세기 이전 송에서 이루어졌던 기설제를 정리한 것이다.

〈표 2〉 960~1000년간 송의 '무설', '기설' 기록

	서기	원문	내용
1	961	京師夏旱, 冬又旱.	가뭄
2	963	冬, 京師旱.	가뭄
3		(윤12월) 命近臣祈雪.	기설
4	964	京師旱. 夏, 不雨. 冬, 無雪. 是歲, 河南府·陝虢麟博靈州旱, 河中府旱甚.	무설 가뭄
5	967	京師旱, 秋, 複旱. 冬, 無雪.	가뭄 무설
6	968	冬, 京師無雪.	무설
7	969	冬, 無雪.	무설
8	970	春夏, 京師旱. 冬, 無雪. 邠州夏旱.	가뭄 무설
9	972	春, 京師旱, 冬, 又旱.	가뭄 기설
10		(12월) 朔, 祈雪.	
11	973	冬, 京師旱.	가뭄 기설
12		(12월) 命近臣祈雪.	
13	974	京師春旱, 冬, 又旱. 河南府·晉解州夏旱. 滑州秋旱.	가뭄 기설
14		(12월) 命近臣祈雪.	
15	979	冬, 京師旱.	가뭄
16	985	冬, 京師旱.	가뭄
17	986	冬, 京師旱.	가뭄 기설
18		(11월) 幸建隆觀·相國寺祈雪.	
19	987	冬, 京師旱.	가뭄 기설
20		(12월) 幸建隆觀·相國寺祈雪.	
21	991	春京師大旱, 蝗. 冬複大旱. 是歲, 河南北河東陝西及毫建淮陽等 三十六州軍旱.	가뭄
22		幸建隆觀·相國寺祈雪.	기설
23	995	京師春旱. 冬, 無雪.	가뭄 무설
24	996	春夏, 京師旱. 冬, 無雪.	가뭄 무설

〈표 2〉는 『宋史』本紀 ; 五行志, 火, 恆燠 ; 『文獻通考』物異考, 恆暘을 참고

송대에 시행된 기설제 시행 모습을 살펴보면 몇 가지 사실을 확인할

수 있다. 첫째, '무설'이 아니더라도 겨울에 가뭄이 들면 기설제를 지냈다. 다시 말하면 겨울 가뭄은 기우제가 아닌 기설제를 지낸 것이다. 위 〈표 2〉를 보면 가뭄과 기설이 연이어 기록된 사례들이 있다. 974년이나 991년 처럼 가뭄이 전역에 걸쳐 발생한 상황에서 기설제도 시행되었다. 이는 겨울에 가뭄이 들면 기우제가 아닌 기설제를 지냈다는 것은 기설제가 추위와 가뭄 해소를 모두 기원하는 데에 적합하기 때문이 아닐까 생각한 다. 즉 10세기 후반 점차 온난해지는 기후 안에서 겨울에 추위를 유지하면 서도 가뭄을 해소하고자 하는 목적에서 이루어진 것이라고 볼 수 있다.

둘째, 후진에 이어서 송대에도 개봉의 상국사가 지속적으로 기설제가 시행되는 장소로 등장한다. 이와 함께 986년부터는 황제가 건륭관에도 행차하여 기설제를 지낸다. 건륭관은 송 태조대부터 제의를 위한 주요 공간으로 사용되었던 곳이다. 건륭관에는 홍려시에 소속된 제점소(提點 所)가 설치되어 있어서 재궁(齋宮)과 의물(儀物) 등을 관리하였으니,[53] 황 제가 친히 행차하여 의례를 지낼 수 있도록 마련된 곳이었다고 할 수 있다. 건륭관은 상원 연등일에도 황제가 다른 사찰과 함께 방문하기도 했으며, 기우제를 지내기도 하고, 순행할 때 들리기도 한 의례 공간이다.[54] 오대 시기 불교 사찰에 한정되었던 기설제가 송대에 들어서 도교적 제의 까지 확대되는 모습을 확인할 수 있다.

온난-건조한 기상 조건에서 사한제와 기우제가 아닌 기설제가 시행되 면서 기후 의례가 구체적으로 구분된 배경은 사회적 필요와 관련이 있을 것이다. 당말에서 송초에 화북 지역의 소맥(小麥) 재배가 확산되었는데, 기설제 시행의 배경에는 가을 파종 이후 겨울을 견뎌야 하는 소맥이

---

53) 『송사』권165, 지118, 직관5, 홍려시, "中太一宮 建隆觀等 各置提點所 掌殿宇齋宮 器用儀物 陳設錢幣之事."

54) 『송회요집고』帝系10, 三元燈, 上元燈, 太宗, 太平興國 2년 ; 禮18, 祈雨 ; 禮32, 后喪2, 章獻明肅皇后 ; 禮52, 巡幸, 太祖 乾德 5년.

확산되면서 겨울에 눈이 내리는 것이 사회적으로 중요해졌기 때문이라고
생각한다.

6세기 북위에서 간행된 농서인『제민요술』을 보면, 화북 지역은 원칙적
으로 1년 1작이 일반적이다.[55] 그러나 당 대에는 2년 3모작이 확산되어
여름에 기장을 재배하고, 겨울에 소맥, 여름에 기장을 재배하는 방식이
이루어졌다.[56] 이때 맥류는 파종을 한 이후에 겨울을 지내고 봄에서 여름
사이에 수확한다. 특히 동소맥(冬小麥)으로도 불린 작물은 늦봄과 초여름
에 수확하는 작물로 파종하고 안전하게 겨울을 나는 것이 중요하다.[57]
대체로 중국의 황하 유역에서 소맥류에 대한 농사는 일찍부터 이루어졌지
만 본격적으로 확산된 것은 이루어진 것은 당 대였다.

당 이전까지 황하 유역의 주요 농작물은 기장이었는데, 당 후기에 맥삼
(麥釤)이 개발되었다.[58] 맥류는 수확기에 비를 맞으면 쉽게 손상되기 때문
에 수확은 "불을 끄는 것처럼 빨리 해야 한다"고 하며, 이후 탈곡도 빠른
시일 내에 이루어져야 했다.[59] 즉 맥류는 익으면 빨리 시들어 변하며,
비를 맞으면 떨어져 수확하기 어려운데, 밀의 수확 시기인 여름은 대개
비가 많이 오므로 빠른 수확 속도가 밀 재배의 관건이었고, 당 후기 개발된
맥삼은 수확 효율성을 높여주었던 것이다.[60]

정리하면 오대부터 송대에 시행된 기설제는 온난·건조한 기후 변화와
함께 맥류 재배 기술의 발전과 확산을 계기로 겨울에 눈이 내리는 기상
조건의 중요성이 대두되었던 사회적 배경이 있었다.

---

55) 가사협 저, 구자옥·홍기용·김영진, 「해제」『제민요술 역주』, 농촌진흥청, 2018,
10쪽.
56) 마크 에드워드 루이즈 저, 김한신 역,『하버드 중국사 당_열린 세계제국』, 너머북스,
2017, 268쪽.
57) 包艶杰·李群, 「唐宋時期華北冬小麥主粮地位的确立」『中國農史』, 2015-1.
58) 包艶杰·李群, 위의 논문, 2015-1.
59) 최덕경 역주,『농상집요 역주』, 세창출판사, 2012, 118쪽.
60) 曾雄生, 「論小麥在古代中國之擴張」『中國飮食文化』1, 2005-1.

고려도 이와 같은 자연환경의 변화와 사회적 조건이 크게 다르지 않았을 것으로 짐작된다. 고려에서 기설제가 처음으로 시행된 것은 현종대이다. 1016년(현종 7) 11월에 군망(群望)에 눈이 오길 빌었다.[61] 이 해에 고려는 기후 변화와 전쟁이라는 복합적 재난 상황에 처해 있었다. 정월부터 거란이 곽주를 침입하여 수만 명이 죽었으며,[62] 강남에서는 이전 해부터 발생한 흉년으로 기근이 발생하여 식량과 종자가 지급되기도 했고,[63] 9월에도 강남 기근이 해결되지 않아 구휼을 시행했다.[64] 7월에 황충 피해가 발생했던 것을 보면[65] 전쟁과 흉년, 기근과 황충까지 겹치면서 겨울에 눈이 오지 않는 기상 이변이 다른 해보다 심각하게 여겨졌던 것이다.

고려 조정은 전쟁과 흉년의 여파가 중첩된 상황에서 실질적 구휼을 시행하면서도 새로운 의례를 도입하여 대응을 모색했다. 1016년 기설제를 지내는 것은 송의 영향을 받았을 것으로 추정된다. 조금 뒷 시기이긴 하지만 송 1026년(천성 4)의 기설제 기록을 보면 옥청소응궁(玉淸昭應宮), 개보사(開寶寺), 경령궁(景靈宮)에서 기설제를 시행했는데[66] 옥청소응궁, 경령궁은 회령관과 함께 3대 궁관으로 불리는 공간이다. 옥청소응궁은 북송대에 도교 최고신으로 부상한 옥황상제를 주신으로 받들던 도관으로서 1015년에 준공되었으며, 이듬해에 황충으로 인한 방재 의례가 전국 도관과 일반 가정까지 아울러 대제사로 거행되었다고 한다.[67] 또한 경령궁은 황가의 시조신으로서 위상을 가진 헌원상제를 모신 도관으로 1012년부터 축조되어 1016년 완공되었다.[68] 11세기 초부터 송에서는 도관, 불교

---

(61) 『고려사』 권4, 현종 7년 11월 병진.

(62) 『고려사』 권4, 현종 7년 정월 경술.

(63) 『고려사』 권4, 현종 7년 정월.

(64) 『고려사』 권80, 지34, 식화3, 진휼, 현종 7년.

(65) 『고려사』 권4, 현종 7년 7월 경신.

(66) 『송회요집고』 瑞異1, 祥瑞雜錄, "(天聖 4년)十二月壬午, 幸玉淸昭應宮 開寶寺 景靈宮祈雪."

(67) 김상범, 「北宋時期 景靈宮과 國家儀禮」 『동양사학연구』 136, 2016, 3쪽 ; 23쪽.

사원 등에서 자연재해에 대응하는 의례를 시행하고 있었다.

1015년 고려는 송에 거란 침입을 알리고 군사 협력을 요청하기 위해 곽원을 사신으로 파견했고, 이듬해 사신단이 송과 거란과 화목하게 지내기로 했다는 황제의 조서를 가지고 왔다. 고려의 외교 목적은 비록 달성하지 못했지만, 고려 사신이 머무르고 있었던 송의 수도에서 대규모의 방재와 기설제를 비롯한 기후 의례가 시행되었고, 고려가 영향을 받았을 가능성이 있다. 특히나 기설제는『주례』나『예기』등에 규정된 의례가 아니라, 후당부터 시작해 송대에 자리 잡은 의례로서 전범으로 참고할 고전(古典)이 없었다. 이에 고려가 기설제를 시행하는 데에는 같은 시기 송의 제도를 참작할 수밖에 없었을 것이다.

그리고 당·송과 마찬가지로 고려에서도 맥류 재배가 이루어졌다. 고려에서는 대개 소맥보다 대맥[보리] 재배가 주였다. 이는 가을에 파종하여 다음해 4월 경에 수확하여 추맥(秋麥)이라고도 부른다.[69] 13세기 후반의 기록이긴 하지만 원종대에 원으로 가을까지 한정하여 군량을 공급하겠다고 알리면서 6월인 "현재 보리와 밀은 수확을 마쳤고, 벼는 익는 중이며 8월을 넘기지 않을 것"이라고[70] 한 말에서 대·소맥이 겨울을 지내는 작물이었으며, 군량으로도 활용할 수 있을 정도의 재배량이 있었음을 확인할 수 있다.

이처럼 겨울에 눈이 내리는 기상 상황과 맥류 농사가 관련있다는 인식은 시문에서도 보인다. 이규보는 "겨울 초에 눈송이가 옥처럼 쌓여서 내년에 보리가 잘 익을 것이 의심할 것이 없다."고 읊는 등[71] 맥류 농사의

---

68) 김상범, 위의 논문, 2016, 23쪽. 이후 경령궁은 도관에서 원묘의 기능을 갖게 되었다(김상범, 같은 논문, 2016, 40쪽)

69) 맥류는 대맥[보리]와 소맥[밀]로 구분하여 봄에 파종하여 가을에 거두는 것을 춘맥이라고 했지만, 재배 가능성은 확실하지 않다. 국사편찬위원회 편,『농업과 농민, 천하대본의 길』, 두산동아, 2009, 130쪽.

70)『고려사』권27, 원종 13년 6월 임자, "今則大小麥已收, 而禾穀向熟, 穫者不過八月."

전체적인 규모는 단정하여 말하기 어려우나 보리 농사의 규모가 적지 않았을 것으로 추정된다.

그래서 고려에서는 현종대 이후 겨울에 눈이 오지 않으면 기설제를 지냈던 것으로 보인다.

> 제(制)하기를, "(절기가) 대설(大雪)이 되었는데도 눈이 한 척(尺)을 못 채웠으니, 마땅히 날을 가려, 천상(川上)에서 눈이 오길 기도하라."라고 하였다. 예부(禮部)에서 아뢰기를, "중동(仲冬) 이래로 비록 한 척도 되지 않는 눈이 내렸지만, 비가 계속되었습니다. 하물며 지금 절기가 입춘에 가까웠으니, 기설제는 마땅치 않습니다."라고 하니, 그 말을 따랐다.[72]

위의 기사는 1051년 문종이 대설까지 눈이 한 척도 되지 않으니, 기설제를 지내라고 했는데, 예부에서 비가 충분히 왔고 절기가 입춘에 가까웠다고 반대하는 내용이다. 이 사료로 11세기 중반 고려의 기상 상황이 비가 내리는 따뜻한 겨울이었다는 것이 확인된다. 여기에서 문종이 기설제를 명한 것을 통해 눈이 오지 않으면 기설제를 지내는 것을 자연스럽게 여겼다는 것과, 예부에서 가뭄이 아니니 기설제를 시행하지 않아도 된다고 한 것을 통해 기설제의 목적으로 겨울 가뭄 해소라는 농업적 측면이 고려되었다는 것을 확인할 수 있다.

11세기 후반은 고려와 송이 온난하고 건조한 기후가 극심했던 시기였던 것으로 보인다. 고려를 보면 1085년 여름인 4~6월에 지속적으로 기우제를 지냈고, 1086년 윤2월에는 화재가 발생했는데,[73] 이는 가뭄으로 인한

---

71) 『동국이상국집』 권5, 고율시, 十月八日五更大雪. "此時方始作初冬 再見雪華堆似玉 麥熟明年定不疑 但期不落桑田卜."

72) 『고려사』 권63, 지17, 예5, 길례소사, 잡사, 문종 5년 12월 무자.

73) 『고려사』 권53, 지7, 오행1, 화.

	서기	원문	왕조	내용
1	1085	冬, 無雪.	송	무설
2	1086	(10월) 祈雪.	고려	기설
3		(11월) 親醮祈雪.	고려	기설
4		(12월) 詔以冬溫無雪, 決系囚.	송	무설
5		冬, 無雪.	송	무설
6	1089	冬, 京師無雪.	송	무설
7	1090	(12월 임진) 祈雪.	고려	기설
8	1091	(11월 경술) 祈雪于社稷.	고려	기설
9	1092	(12월) 祈雪.	송	기설
10	1094	(12월) 命諸路祈雪.	송	기설
11		(11월) 以冬無雪, 決系囚.	송	무설

* 〈표 3〉은 『고려사』 및 『송사』 참조

목조 건물의 건조 현상이 화재를 촉발시켰을 가능성이 크다. 그리고 3~4월
과 6월에도 기우제 시행 기록이 확인된다. 위의 〈표 3〉은 11세기 후반의
고려와 송의 무설과 기설 기록이다. 표에서 확인할 수 있듯이 기설제를
10~11월에 연이어 시행하고 있다. 송도 마찬가지이다. 겨울 기온이 상승
하고 눈이 오지 않자 기설제를 지내는데, 이미 정월에 지난해부터 오래
가물었으며, 기우제를 지내자, 감로가 내렸다고 한다.[74] 4월에는 가뭄
지역에 대한 조를 감면해주고, 죄수를 심사하는 조치가 이루어졌다.[75]

고려에서는 이전에는 군망이나 천상에서 기설제를 지냈는데, 11세기
후반에는 국왕이 친초(親醮)를 지내거나, 사직에서 기설제를 지내는 등
눈을 기원하는 제의의 양식이 확대되고 있는 것도 확인할 수 있다.

다음 〈표 4〉는 12세기 전반의 무설과 기설 기록을 정리한 것이다. 이
시기에 두드러지는 것은 송의 무설과 기설 기록을 찾기 어렵다는 것이다.
1138년에 겨울 가뭄이 든 것을 제외하고 12세기 전반의 송의 겨울은 따뜻하

---

74) 『송사』 권17, 철종1, 원우 원년 정월 "丙辰 久旱 幸相國寺祈雨 立神宗原廟 戊午
甘露降."
75) 『송사』 권17, 철종1, 원우 원년 4월 "辛卯 詔諸路旱傷蠲其租 壬辰 以旱慮囚."

〈표 4〉 12세기 전반 '무설', '기설' 기록

	서기	원문	왕조	내용
1	1102	祈雪于太廟.	고려	기설
2	1104	(11월 계유) 祈雪于宗廟·社稷.	고려	기설
3		(11월 정해) 醮太一, 祈雪.	고려	기설
4		(11월 경인) 雪, 百官表賀.	고려	설
5		(12월 갑자) 祈雪于山川.	고려	기설
6	1107	(6월 정사) 氣寒如冬.	고려	한랭
7		(12월 갑자) 祈雪于大廟·群望.	고려	기설
8		(12월 을해) 祈雪于大廟及諸神祠.	고려	기설
9	1113	(2월 계사) 大雪, 平地一尺.	고려	대설 한랭
10		(3월 임술) 雨雪, 木冰.	고려	우설 한랭
11	1114	(4월 임진) 風雨寒甚, 凡二日.	고려	한랭
12		(11월) 無雪.	고려	무설
13	1116	(11월 을묘) 大雪.	고려	대설
14	1118	(3월 무자) 大雨雪.	고려	우설 한랭
15	1119	(1월 기사) 雨雪交下, 或雨土.	고려	우설 한랭
16	1123	(10월 병오) 雨雪, 木冰.	고려	우설
17	1124	(9월 을유) 雨雪雹.	고려	우설 한랭
18	1125	(2월 을사) 雨不止, 至夜, 大雪盈尺.	고려	대설 한랭
19	1131	(11월 계유) 祈雪.	고려	기설
20		(12월 갑자) 祈雪.	고려	기설
21	1134	(3월 경신) 雪.	고려	설 한랭
22	1138	冬, 不雨.	송	가뭄
23	1140	(3월 갑신) 大雪.	고려	대설 한랭
24		(3월 정해) 大雪, 雨土.	고려	대설 한랭
25	1143	(3월 병신) 大雨雪, 人有凍斃者.	고려	대설 한랭
26	1146	(11월) 太史奏, 立冬以來, 無大雪, 請祈雪.	고려	무설 기설
27	1147	(11월 갑신) 祈雪.	고려	기설
28	1148	(3월 기미) 雨雪.	고려	우설 한랭

* 〈표 4〉는 『고려사』 및 『송사』 참조

거나 건조하지 않았던 것으로 짐작된다. 기후 관련 연구에서도 12세기가 되면 송에서는 가뭄 기록이 감소한다고 지적한 바가 있다.[76] 그러나 고려 는 한랭한 가운데, 겨울 가뭄과 때아닌 눈이 내리는 등 건조와 습윤의

---

76) 이준호, 앞의 논문, 2017.

기상 상황이 계절마다 해마다 급격한 변화가 있었다. 1102~1107년에는 기설제가 여러 차례 시행되기도 했으며, 눈이 오자 백관들이 하례를 올리는 등 겨울 가뭄이 심해진 것을 확인할 수 있다. 이와 동시에 1107년에는 6월의 날씨가 겨울처럼 춥다고 기록한 것을 보면 한랭의 정도가 심했던 것으로 보인다.

12세기는 기후 연구 성과에서 지적한 것과 같이 전반적으로 한랭한 기후 빈도가 높았던 것으로 확인되는데, 봄까지 눈이 내리거나 9월에 눈이 내리는 사례의 비중이 높다. 그리고 때아닌 눈이 내리는 것과 겨울 기설제를 지내는 해가 교차되고 있다. 이는 건조와 습윤 기후가 계절이나 해에 따라서 급격하게 변화했다는 것이다.

1091년에 이어서 1102년에는 태묘에서도 기설제를 지내는 것을 확인할 수 있으며, 1104년에는 종묘와 사직은 물론이거니와 태일에 초를 지내는 도교 형식의 기설제도 이루어지고 있다. 드디어 경인일에 눈이 와서 백관이 표를 올려 하례하였는데, 그럼에도 12월에 다시 산천에 기설제를 지내는 것을 보면 겨울 가뭄의 정도가 심하다는 것을 추정할 수 있다. 또한 1107년에도 여러 곳에서 기설제가 시행되고 있는 것을 확인할 수 있다.

그런데 이러한 기상 상황이 지속되지 않는 것이 고려에는 더 큰 피해를 야기했을 수 있다. 1113년과 1116~1125년은 비와 눈이 많이 내리고, 1124년에는 비, 눈, 우박이 같이 내려 상당한 피해를 입혔을 것으로 짐작된다. 1125년에는 2월인데도 불구하고 비가 그치지 않고 밤에는 눈으로 변하여 한 척을 채울 정도로 내렸다고 하니 상당히 한랭-습윤한 기후가 형성되었던 것으로 보인다.

이에 1148년까지 눈을 기원하는 것과 눈이 내리는 것이 몇 년을 간격으로 교차되어 기후 변화가 급격했던 것을 알 수 있다. 이에 반해 송은 이 시기 가뭄 기사가 있지만 겨울 가뭄이 문제가 되어 기설제가 시행되는 사례가 확연하게 감소하고 있었다.

이러한 변화는 12세기 후반 들어서 차이가 더욱 드러난다. 다음 〈표 5〉는 12세기 후반기 동아시아의 기상 상황이다. 고려에서는 1157년 겨울에 따뜻하여 눈이 오지 않는다는 기록 이후로 대부분 '우설'과 '대설', '한랭'으로의 변화가 뚜렷하게 나타난다.

〈표 5〉 12세기 후반 고려와 송의 '무설'과 '기설' 기록

	서기	원문	왕조	내용
1	1157	(10월) 溫, 無雪.	고려	동온 무설
2	1159	(3월 무인) 雨雪, 霰雹, 平地三寸許, 草木盡枯.	고려	우설 한랭
3	1161	冬, 無雪.	송	무설
5	1165	(3월 신유) 移御普賢院, 天寒雨甚, 衛卒凍死者九人.	고려	한랭 동사
6	1167	冬溫, 少雪無冰.	송	동온 무설
7	1169	冬溫, 無雪.	송	동온 무설
8	1170	冬溫, 無雪冰.	송	동온 무설
9	1171	春, 江東西·湖南北·淮南·浙婺秀州皆旱, 至於夏秋, 江洪筠潭饒·南康興國臨江尤甚, 首種不入. 冬, 不雨.	송	가뭄
10	1177	(10월 신묘) 大雪雷電.	고려	대설
11	1178	(8월 경신) 冰.	고려	한랭
12	1184	四月…不雨, 至於八月. 吉·贛·建昌·福泉汀漳潮梅循邕賓象·興元·金洋西和皆旱, 吉·興元尤甚. 冬, 不雨, 至明年二月.	송	가뭄
13	1189	(12월) 是冬, 無雪.	금	무설
14	1192	(12月) 諭有司祈雪.	금	기설
15	1194	浙東西自去冬不雨, 至於夏秋. 常秀·鎭江·江陰大旱. 淮東西旱, 廬和豪楚爲甚. 江西七郡秋旱.	송	가뭄
16	1195	冬, 無雪.	송	무설
17	1196	命有司祈雪, 仍遣官祈於東嶽.	송	기설
18		冬, 無雪.	송	무설
19	1198	冬, 無雪. 越歲, 春燠而雷.	송	무설
20	1199	命有司祈雪.	송	기설
21	1200	冬燠無雪, 桃李華, 蟲不蟄.	송	동온 무설
22	1202	(4월 임오) 雨雪.	고려	우설
23	1202	遣使報謝於長白山. 冬, 無雪.	금	무설
24	1203	遣官祈雪於北嶽.	금	기설

* 〈표 5〉는 『고려사』 및 『송사』, 『금사』 참조

〈표 5〉를 보면 12세기 전반 습윤했던 송의 기후가 남송 시기로 접어들면서 점차 건조해졌다는 것을 보여준다. 송이 임안(항저우)에 도읍을 정한

이후 기후 변화와 기록의 중심 지역이 남쪽으로 이동했을 가능성을 고려해도 1167년 이후 기록을 보면 기온이 상승하고 건조해진 것은 문헌상 확인할 수 있다. 1194년의 가뭄의 사례는 현재 저장성으로, 일반적 기후로는 건조하지 않은 지역이다. 이는 회하도 마찬가지이다. 또한 1200년의 겨울이 따뜻하여 눈이 오지 않고 복숭아꽃이 핀다거나 벌레가 나온다는 기록은 남쪽임에도 불구하고 예년보다 기온이 상승하고 있음을 확연하게 보여준다.

또한 이 표에서는 금의 기록을 확인할 수 있다. 흥미로운 것은 『요사』에서는 가뭄 기록은 있어도 겨울에 눈이 오지 않는 것을 기록한 사례는 없는데, 금은 무설과 기설제 기록이 있다는 것이다. 이는 금이 송을 회하 남쪽으로 밀어내고 화북 지역을 차지하였으므로 겨울의 가뭄과 무설 기록은 대개 이 지역을 중심으로 농업과 관련한 재해 인식을 가진 결과로 추정할 수 있다.

흥미로운 점은 13세기 후반 고려에서는 무설과 기설 기록이 보이지 않는다는 것이다. 중국 왕조에서도 10~13세기까지와 비교하면 현저하게 감소한다. 물론 원은 겨울 가뭄 외에도 봄~가을까지 가뭄이 지속적으로 발생하여 농업 기반이 약해지고 반란이 발생할 수 있는 환경적 배경을 만들었다고 한다. 그럼에도 일부 기설제 시행과 겨울 가뭄 기록이 보이므로 고려와는 일부 편차가 있다고 할 수 있다. 다음의 〈표 6〉은 13세기 후반~14세기까지 원의 기설과 무설 기록이다.

1278년부터 1341년까지 8건에 불과하므로 이전 시기보다 기록이 현저히 감소했다. 여기에서 알 수 있는 것은 1278년과 같이 지방관이 기설제를 올리기도 했다는 점이다. 이는 현재 확인된 기록 중 1건에 불과하여 일반화하기 어렵지만 봄~가을까지 가뭄이 들면 기우제를 올리고, 겨울 가뭄이면 기설제를 올리는 것이 당연시되고 있다는 것, 군주와 조정 신료들뿐만 아니라 지방관도 기설제의 의례 주체가 되었음을 보여준다.

<표 6> 13~14세기 전반 원의 무설과 기설 기록

	서기	원문	왕조	내용
1	1278	許維禎 … 至元十五年, 爲淮安總管府判官. 屬縣鹽城及丁溪場, … 境內旱蝗, 維禎禱而雨, 蝗亦息. 是年冬, 無雪, 父老言於維禎曰 冬無雪, 民多疾, 奈何 維禎曰 吾當爲爾禱 已而雪深三尺.	원	기설
2	1312	遣官祈雪於社稷嶽鎭海瀆.	원	기설
3	1312	冬無雪, 詔禱嶽瀆.	원	무설
4	1314	大都檀·薊等州冬無雪, 至春草木枯焦.	원	무설 가뭄
5	1329	以去冬無雪, 今春不雨, 命中書及百司官分禱山川群祀.	원	무설
6	1340	冬無雪.	원	무설
7	1340	冬, 京師無雪.	원	무설
8	1341	拜監察御史, 上疏言 京畿去年秋不雨, 冬無雪, 方春首月蝗生, 黃河水溢. 蓋不雨者, 陽之尤, 水湧者, 陰之盛也. 嘗聞一婦銜冤, 三年大旱, 往歲伯顔專擅威福, 仇殺不辜, 郯王之獄, 燕鐵木兒宗黨死者, 不可勝數, 非直一婦之冤而已, 豈不感傷和氣邪. 宜雪其罪. 敕有司行禱百神, 陳牲幣, 祭河伯, 發卒塞其缺, 被災之家, 死者給葬具, 庶幾可以召陰陽之和, 消水旱之變, 此應天以實不以文也.	원	가뭄 무설 황충 범람

* 〈표 6〉은 『원사』 참조

한편 14세기 후반까지 고려에서 무설이나 기설제 시행은 확인되지 않는다. 1354~1392년의 고려는 한랭과 대설이 연이어 발생한다. 고려는 지속적으로 한랭해지면서 1372년의 겨울 가뭄을 제외하고는 한랭화로 인한 피해가 증가했으며, 1359년에는 평지에서 2척 반이나 눈이 쌓이는 사례도 있었다.[77] 다른 한편에서는 가뭄이 발생했는데, 대개 4~6월 여름 가뭄의 비중이 크다. 한재와 수재, 한랭화에 따른 냉해 등이 계절에 따라 지속적으로 발생하면서 기근이라는 재해에 따른 사회적 피해가 가중되었다.[78] 이와 같은 기후 상황에서 온난·건조 기후에 대응하는 기설제를 설행한 필요성이 없었던 것이라고 할 수 있다.

---

77) 『고려사』 권53, 지7, 오행1, 수, 공민왕 3년.
78) 14세기 가뭄과 기근에 관해서는 이정호, 앞의 논문, 2010 참조.

4. 맺음말

지금까지 10~14세기 기후 변화와 겨울에 눈이 내리지 않는 '무설'에 대한 기록을 확인하여, 재해 인식의 변화, 기설제 시행 배경과 양상에 대해 살펴보았다. 기설제는 환경변화와 그에 따른 재해에 대응하기 위한 사회적 필요성에 의해 새롭게 만들어진 의례라는 점에서 의례의 사회적 기능을 파악할 수 있는 대표적 사례가 될 수 있다. 기설제 시행에는 두 가지 배경이 있다. 하나는 10세기부터 온난하고 건조한 환경 조건으로 변화하면서 따뜻한 겨울 환경이 형성된 것, 다른 하나는 가을에 뿌리고 봄이나 여름에 수확하는 맥류 재배에 따라 겨울 가뭄 즉 눈이 오지 않는 '무설'에 대한 재해 인식이 강화된 것이다.

이에 중국에서는 10세기 후당 대부터, 고려에서는 11세기 전반 현종대에 처음으로 기설제가 시행되었다. 후당에서 송까지 기설제는 불교 사원에서 도관, 산천 등지로 확산되었고, 고려에서는 천상과 사직, 종묘에서 눈을 기원했고, 친초도 이루어졌다. 겨울에 적정한 눈을 기원하기 위한 목적으로 다양한 형식의 기설 의례가 시행된 것이다.

그러나 기설제는 고려에서 우사와 같은 정규 의례로서 자리 잡지는 않았던 것으로 보인다. 왜냐하면 송에서는 12세기 이후 무설과 기설제 시행 기록을 찾기 어렵다가 12세기 후반 다시 무설과 기설 기록이 나타나기 시작하며, 고려에서는 12세기까지 기설제가 빈번하게 시행되다가 14세기가 되면 관련 내용을 찾을 수 없기 때문이다. 즉 기후 환경 변화에 따른 대응 의례로서 겨울 기온이 회복되고 가뭄이 심하지 않다면 시행되지 않았다.

이처럼 '무설'이 재해로서 인식되고 의례 대응이 성립되는 과정을 통해 10~14세기 동아시아 전통사회의 온난-한랭, 건조-습윤의 기후 변화와 더불어 농업 기술 발전에 따른 맥류 재배 확대와 작물 구성의 변화라는 사회적 조건에 따라 의례가 성립되고 시행되는 양상을 확인할 수 있었다.

320

이 책에 실린 글은 각 필자가 기존 학회에서 발표하거나 논문으로 게재한 것을 일부
수정·보완한 것이다. 출처는 다음과 같으며, 순서는 목차순이다.

구분	필자	논문명	게재지	발행처	연도
총 론	허태구	조선 초 祈雨祭 시행의 당대적 맥락과 災異論의 특징	한국학연구 73	인하대학교 한국학연구소	2024
제1부 제1장	이정호	12세기 전반기 고려(高麗)에서의 자연재해 발생과 사회변화-'기후위기론'의 검토와 새로운 연구방법의 모색-	한국중세사연구 76	한국중세사학회	2024
제1부 제2장	채웅석	고려~조선시기의 황재(蝗災) 인식과 대응	한국중세사연구 76	한국중세사학회	2024
제1부 제3장	최봉준	고려시대의 재이론과 사상 간의 다원적 교섭	한국중세사연구 76	한국중세사학회	2024
제1부 제4장	이정호	高麗前期 異變現象 기록을 통해 본 災異觀과 위기인식 -『高麗史』 五行志 기록을 중심으로-	역사와 담론 80	湖西史學會	2016
제2부 제1장	신안식	고려시대 한재(旱災)의 발생과 그 영향	한국중세사연구 76	한국중세사학회	2024
제2부 제2장	이승민	고려시대 우사(雩祀) 시행과 운영	韓國思想史學 73	韓國思想史學會	2023
제2부 제3장	최봉준	고려시대 기우제 거행과 용신신앙	歷史敎育 168	歷史敎育研究會	2023
제2부 제4장	이승민	10~14세기 동아시아(한·중) 온난-건조 기후와 기설제(祈雪祭)의 시행	한국중세사연구 76	한국중세사학회	2024

필자_

허태구 | 가톨릭대학교 국사학과
채웅석 | 가톨릭대학교 국사학과
신안식 | 가톨릭대학교 인문사회연구소
이승민 | 가톨릭대학교 인문사회연구소
이정호 | 목원대학교 역사학과
최봉준 | 가톨릭대학교 인문사회연구소

동아시아 전통사회 재해 인식과 대응

허 태 구 편저

초판 1쇄 발행 2024년 6월 20일

펴낸이 오일주
펴낸곳 도서출판 혜안

등록번호 제22-471호
등록일자 1993년 7월 30일

주 소 ⑨04052 서울시 마포구 와우산로35길3 (서교동) 102호
전 화 3141-3711~2
팩 스 3141-3710
이메일 hyeanpub@daum.net

ISBN 978-89-8494-720-7 93910

값 32,000 원

이 저서는 2022년 대한민국 교육부와 한국연구재단의 지원을 받아 수행된 연구임
(NRF-2022S1A5C2A02092478)
This work was supported by the Ministry of Education of the Republic of Korea
and the National Research Foundation of Korea (NRF-2022S1A5C2A02092478)